Lehrbuch

Physik

Sekundarstufe 1

Optik
Mechanik
Thermodynamik
Elektrizitätslehre

Volk und Wissen Verlag GmbH

Inhalt

Optik — 4

1. Vom Licht und seiner Ausbreitung — 4
2. Die Reflexion des Lichtes — 14
3. Die Brechung des Lichtes — 20
4. Bildentstehung an Sammellinsen — 28
5. Optische Geräte — 34

Kräfte in der Mechanik — 38

1. Kräfte — 38
2. Addition von Kräften — 46
3. Reibungskräfte — 50
4. Masse, Schwerkraft und Gewichtskraft — 56
5. Dichte — 62
6. Auflagedruck — 64

Kraftumformende Einrichtungen — 70

1. Seile, Rollen, Flaschenzüge — 70
2. Geneigte Ebene — 76
3. Hebel — 80
4. Mechanische Arbeit — 84
5. Mechanische Leistung — 90

Energie in Natur und Technik — 92

1. Energie und Energieformen — 92
2. Umwandlung und Übertragung von Energie — 98
3. Wirkungsgrad — 104
4. Energie und Umwelt — 108

Mechanik der Flüssigkeiten und Gase — 114

1. Kolbendruck — 114
2. Schweredruck — 122
3. Auftrieb — 130
4. Luftdruck — 138
5. Gasdruck — 148
6. Strömende Gase — 154

Temperatur und Temperaturänderung — 164

1. Temperatur — 164
2. Ausdehnung von festen Körpern — 168
3. Ausdehnung von Flüssigkeiten — 176
4. Ausdehnung von Gasen — 180

Thermische Energie und Wärme — 188

1. Wärmequellen — 188
2. Spezifische Wärmekapazität — 192
3. Änderung des Aggregatzustandes — 198
4. Energieübertragung durch Wärme — 208

Verrichten von Arbeit durch Gase   **220**

  1 Verbrennungsmotoren und Turbinen   220

Stromkreis und Strom   **228**

  1 Der elektrische Stromkreis   228
  2 Wirkungen des elektrischen Stromes   236
  3 Elektrische Ladungen   242
  4 Der elektrische Strom   248

Größen des elektrischen Stromes   **252**

  1 Die elektrische Stromstärke   252
  2 Die elektrische Spannung   256
  3 Der Zusammenhang von Stromstärke und Spannung   262
  4 Der elektrische Widerstand   264

Widerstände in Stromkreisen   **270**

  1 Stromstärke, Spannung und Widerstand   270
  2 Das Widerstandsgesetz   278
  3 Die elektrische Leistung und Energie   286

1 Vom Licht und seiner Ausbreitung

Wer schon einmal Ferien an der See verlebt hat, wird sich erinnern: Zu den eindrucksvollsten Erlebnissen gehört ein Sonnenaufgang. Wie ein feuriger Ball steigt die Sonne rotglühend aus dem Meer und überzieht alles – Wasser, Strand, Bäume und Sträucher – mit einem goldenen Licht.

Schon frühzeitig haben die Menschen die Bedeutung der Sonne mit ihrem Licht und ihrer Wärme für das Leben auf der Erde erkannt. Deshalb verehrten sie die Sonne als göttliches Wesen, während sie die Finsternis mit Schrecken und Unheil verbanden. So gab es bei einer Sonnenfinsternis die Vorstellung, daß ein riesiges Untier die Sonne verschlingen wolle – und Angst und Schrecken erfüllten die Beobachter eines solchen Ereignisses.

Unsere Kenntnisse über das Licht, über seine Entstehung und Ausbreitung haben sich im Laufe der Zeit erweitert. Wir können heute die meisten mit dem Licht zusammenhängenden Erscheinungen gut erklären.

Lichtquellen

Neben der Sonne, der bedeutendsten Lichtquelle für den Menschen, gibt es weitere Lichtquellen in der Natur. Ein Blitz erhellt für Bruchteile von Sekunden die gesamte Umgebung, selbst wenn der Himmel über und über mit dunklen Wolken bedeckt ist (Bild 1). Die züngelnden Flammen des Feuers strahlen ihr Licht aus.

Wir alle kennen das Licht einer brennenden Kerze. Petroleumlampen erhellten jahrzehntelang die Wohnungen, bis sie durch elektrische Glühlampen oder Leuchtstofflampen abgelöst wurden (Bild 2). Wo heute in den Städten hohe elektrische Peitschenleuchten Straßen hell erleuchten, haben über eine lange Zeit Gaslaternen ihr flackerndes Licht gespendet (Bild 3).

Körper, die Licht erzeugen und aussenden, heißen Lichtquellen oder selbstleuchtende Körper.

Beleuchtete Körper

Stehen wir in einem dunklen Zimmer, so sehen wir nichts. Schalten wir dann die Beleuchtung ein, so sehen wir nicht nur die Lichtquelle. Wir sehen auch andere Gegenstände, die sich im Zimmer befinden, z. B. den Tisch, Stühle, Schränke, Wände, Bilder. Wir sehen diese Gegenstände, obwohl sie selbst kein Licht erzeugen.

Das Licht der Lichtquelle, das auf diese Körper fällt, wird von ihnen zurückgeworfen. Das zurückgeworfene Licht fällt in unser Auge. Wir sehen die Körper. Im Licht der Taschenlampe findet der Junge die Schraube, die ihm unter den Schrank gerollt ist (Bild 1, S. 6). Das Warnkreuz am Bahnübergang ist deutlich sichtbar, wenn es vom Licht der Scheinwerfer angestrahlt wird (Bild 2, S. 6).

6 OPTIK — VOM LICHT UND SEINER AUSBREITUNG

Mit einem Experiment wollen wir untersuchen, wie gut oder wie schlecht die einzelnen Körper das auf sie fallende Licht zurückwerfen.

Experiment 1
Wir legen unser Physikbuch aufgeschlagen auf den Tisch und stellen dahinter ein Brett auf. Auf dieses Brett heften wir der Reihe nach (aus einem Heft Buntpapier) weißes, gelbes, rotes, blaues, braunes und schwarzes Papier. Dann richten wir das Licht einer Leuchte auf dieses Papier und betrachten jeweils die Schrift des Buches.

Die Eigenschaft der Körper, Licht in unterschiedlichem Maße zurückzuwerfen, wird vom Menschen ausgenutzt. Soll ein Raum, z. B. die Küche, besonders hell sein, dann streicht man die Wände hell oder benutzt eine helle Tapete. Will man hingegen solche Helligkeit vermeiden, so wählt man dunkle Tapeten oder Stoffe für die Ausgestaltung.

Körper, die auf sie fallendes Licht zurückwerfen, heißen beleuchtete Körper.

Die Ausbreitung des Lichtes

Wenn man am frühen Morgen im Herbstwald spazierengeht, zeigen Nebelschwaden den Weg des durch die Bäume fallenden Lichtes (Bild 1). Solche Beobachtungen wie im Bild 2 legen die Vermutung nahe, daß sich das Licht geradlinig ausbreitet.

Unsere Vermutung, daß sich das Licht geradlinig ausbreitet, wollen wir durch ein Experiment überprüfen.

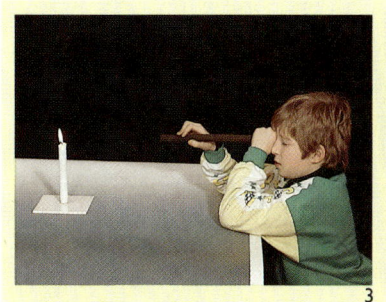

Der Junge blickt durch einen Schlauch. Der Schlauch ist gerade. Der Junge sieht die Kerze.

Das Mädchen blickt auch durch einen Schlauch. Der Schlauch ist gebogen. Das Mädchen sieht die Kerze nicht.

Experiment 2
Du benötigst eine brennende Kerze und ein Stück Schlauch. Der Durchmesser des Schlauches soll etwa 1 cm betragen. Versuche, durch den Schlauch auf die Kerze zu blicken! Halte den Schlauch dabei gerade und gebogen! Vergleiche dein Beobachtungsergebnis mit den Bildern 3 und 4!

Das Ergebnis unseres Experiments überrascht uns nicht. Jeder weiß schon aus der eigenen Erfahrung, daß man beispielsweise ohne besondere Hilfsmittel nicht um die Ecke sehen kann.
Wir merken uns:

Das Licht breitet sich geradlinig aus.

OPTIK — VOM LICHT UND SEINER AUSBREITUNG

Zur weiteren Untersuchung der Ausbreitung des Lichtes experimentieren wir mit einer Heftleuchte.

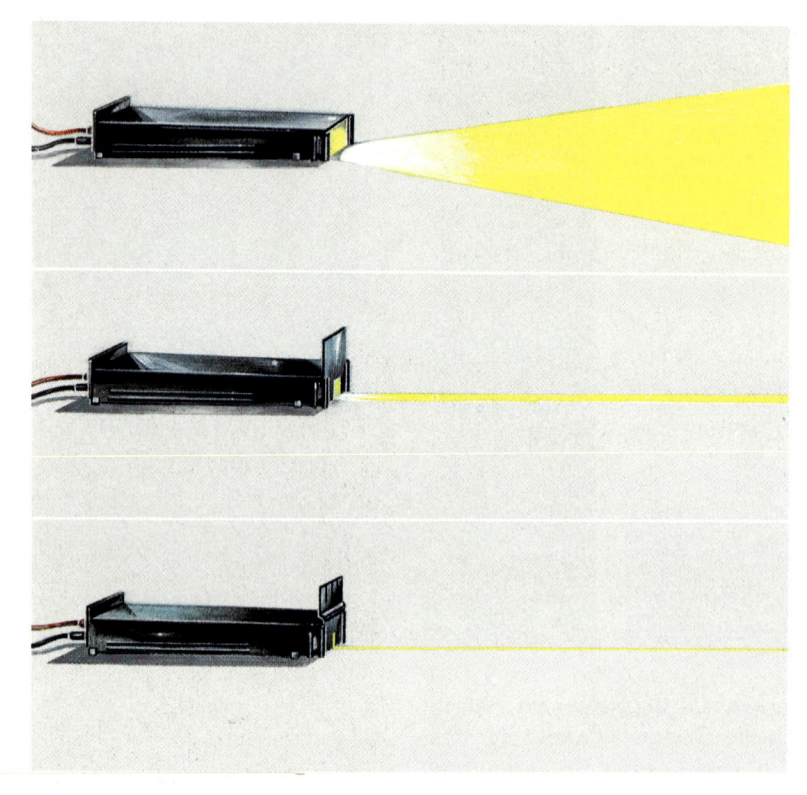

1 Das Licht tritt in Form eines breiten Lichtbündels aus der Heftleuchte.

2 Setzen wir vor die Heftleuchte eine Spaltblende, so wird das Lichtbündel schmaler.

3 Eine Blende mit einem sehr kleinen Spalt ergibt ein ganz schmales Lichtbündel.

Wollen wir für alle drei Fälle den Weg des Lichtes zeichnerisch darstellen, so können wir das mit Hilfe von Geraden.

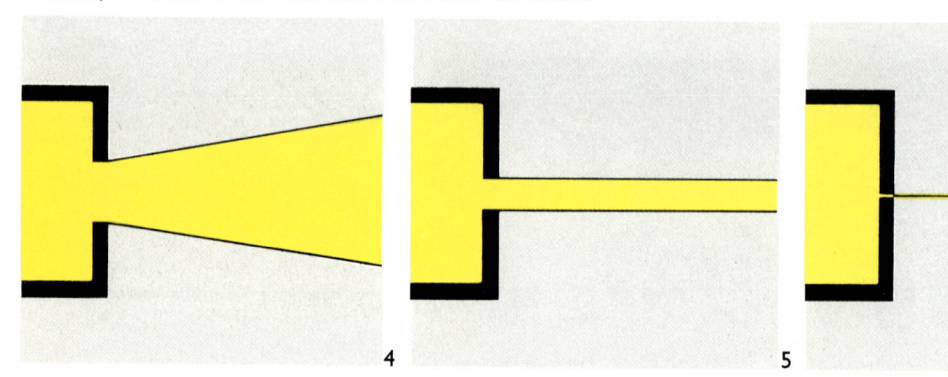

4 Mit zwei Geraden können wir das breiter werdende Lichtbündel darstellen.

5 Mit diesen beiden Geraden stellen wir ein paralleles Lichtbündel dar.

6 Zum Zeichnen eines sehr schmalen Lichtbündels genügt eine einzige Gerade.

Geraden, die von einem Punkt ausgehen und eine Richtung angeben, kennen wir bereits aus der Geometrie im Mathematikunterricht. Es sind Strahlen.

Wir stellen den Verlauf von Lichtbündeln mit Hilfe von Strahlen dar.

OPTIK VOM LICHT UND SEINER AUSBREITUNG 9

Licht und Schatten

Ein weiterer Beweis für die geradlinige Ausbreitung des Lichtes ist die Bildung von Schatten. Wir alle kennen Schatten. Schattenspiele (Bild 2) können uns in den Wintermonaten erfreuen, wenn das Wetter zum Spielen im Freien ungeeignet ist. Eine Schreibtischlampe, ein Bettlaken und etwas Phantasie schaffen die schönsten Gebilde.

Im Bild 1 weiß jeder sofort: Dieses Fußballspiel findet nicht bei hellem Sonnenschein statt. Eine Flutlichtanlage sorgt für die helle Beleuchtung.

Von wie vielen Lampen wird Licht ausgestrahlt?

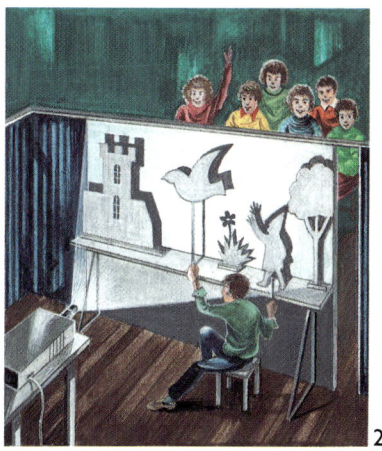

Mit einigen einfachen Experimenten läßt sich die Entstehung der Schatten zeigen.

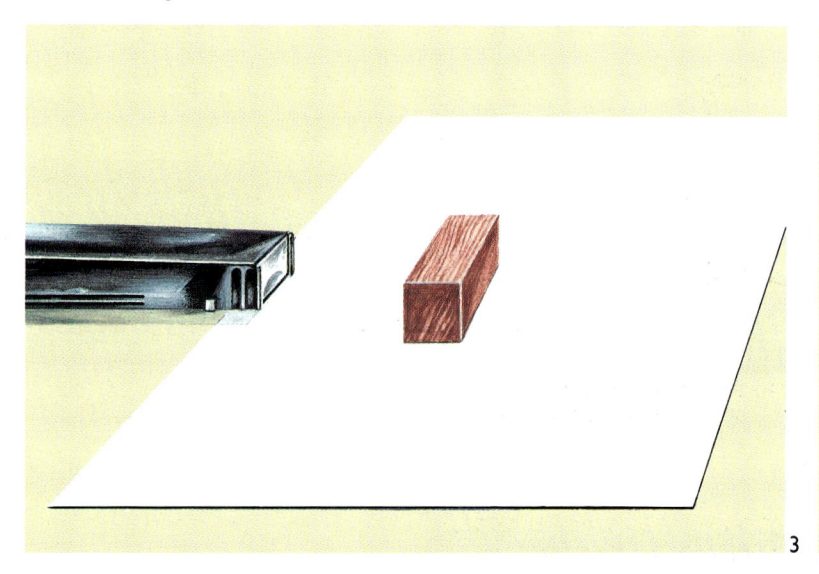

Experiment 3
Bringe in das Licht einer Heftleuchte einen Körper, der kein Licht hindurchläßt, zum Beispiel einen Bauklotz!
Wir beobachten: Hinter dem Körper ist der Raum dunkel. Auf dem Papier sehen wir einen Schatten.

Wenn ein lichtundurchlässiger Körper von einer Lichtquelle beleuchtet wird, dann entsteht hinter dem Körper ein Schatten.

10 OPTIK   VOM LICHT UND SEINER AUSBREITUNG

Experiment 4
Ein Körper, der kein Licht hindurchläßt, wird von zwei Haftleuchten beleuchtet. Hinter dem Körper entstehen Schatten, die unterschiedlich dunkel sind. Wir nennen sie Kernschatten und Halbschatten.

Kernschatten: Der Kernschatten ist der Raum, in den kein Licht gelangt.
Halbschatten: Der Halbschatten ist der Raum, in den jeweils nur das Licht einer Lichtquelle gelangt.

Wenn ein lichtundurchlässiger Körper von zwei Lichtquellen beleuchtet wird, dann entstehen hinter dem Körper Kernschatten und Halbschatten.

Die gleiche Wirkung wie zwei Lichtquellen hat eine ausgedehnte Lichtquelle, beispielsweise eine Leuchtstofflampe oder die Sonne.

Finsternisse

Mondfinsternis. Vielleicht hast du schon einmal Gelegenheit gehabt, eine Mondfinsternis zu beobachten. Wenn nicht, die nächsten sind am 9. 2. 1992, am 4. 6. und 29. 11. 1993 und am 4. 4. und 27. 9. 1996.
Bei einer Mondfinsternis befindet sich der Mond im Schatten der Erde. Es befinden sich also Sonne, Erde und Mond auf einer (gedachten) geraden Linie. Man könnte daher vermuten, daß bei jedem Umlauf des Mondes um die Erde eine Mondfinsternis eintritt. Das ist aber nicht der Fall, weil die Ebene der Mondbahn etwas gegen die der Erdbahn geneigt ist.

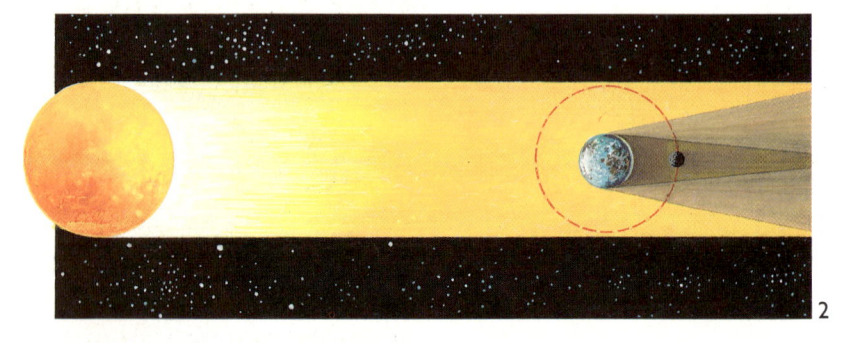

Sonnenfinsternis. Die letzte Sonnenfinsternis, die von Deutschland aus zu beobachten war, fand am 22. 7. 1990 statt. Die nächste

OPTIK   VOM LICHT UND SEINER AUSBREITUNG   11

ist am 11.8.1999. Ähnlich wie bei der Mondfinsternis ist die Schattenbildung die Ursache dieser Erscheinung. Bei der Sonnenfinsternis ist es der Schatten des Mondes, der sich über ein bestimmtes Gebiet der Erde bewegt. In diesem Gebiet ist dann für einige Zeit die Sonne teilweise oder ganz verdeckt (Bild 2). Der Mond steht bei einer Sonnenfinsternis in der direkten Verbindungslinie Sonne – Erde.

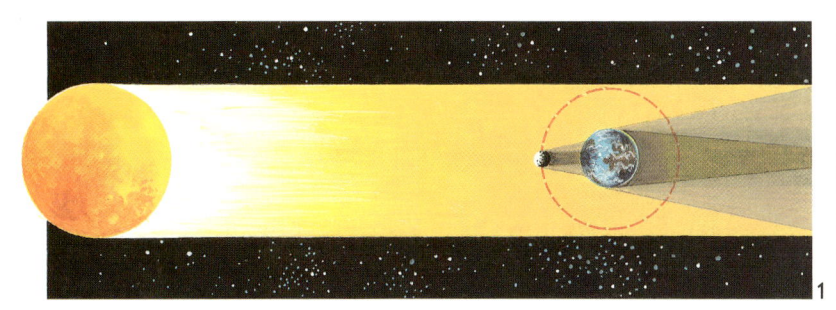

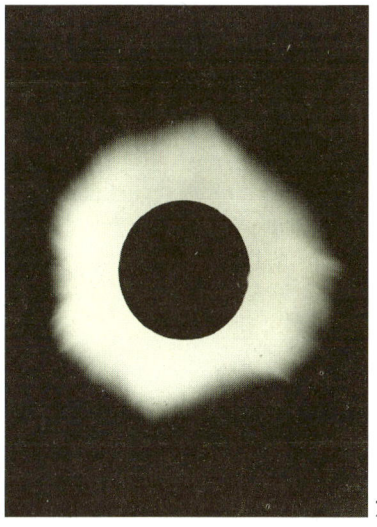

Lichtgeschwindigkeit

Bei einem Gewitter sehen wir erst den Blitz, dann hören wir den Donner. Der Schall ist also langsamer als das Licht. Aber wie schnell ist das Licht? Schalten wir eine Taschenlampe ein, dann leuchtet die Lampe scheinbar in dem Moment auf, in dem wir den Schalter betätigen. Beim Einschalten einer Leuchte in der Wohnung ist es ähnlich. Braucht das Licht überhaupt keine Zeit zu seiner Ausbreitung?

Diese Frage stellte sich auch *Galileo Galilei* (1564 bis 1642), wohl der berühmteste Physiker und Astronom seiner Zeit. *Galilei* kam zu keinen brauchbaren Ergebnissen.

Dem Dänen *Olaf Römer* (1644 bis 1710) gelang es 1675, aus astronomischen Messungen die Lichtgeschwindigkeit zu berechnen. Er ermittelte, daß das Licht in einer Sekunde eine Strecke von mehr als 200 000 km zurücklegt.

Der Franzose *Fizeau* (1819 bis 1896) baute einen Apparat, mit dem er die Lichtgeschwindigkeit messen konnte. Nach seinen Messungen legt das Licht in einer Sekunde einen Weg von mehr als 300 000 km zurück.

Mit heutigen Meßmethoden kann die Lichtgeschwindigkeit sehr genau ermittelt werden. Dabei wurde festgestellt, daß die Lichtgeschwindigkeit im Vakuum und in der Luft am größten ist. In verschiedenen Stoffen ist sie unterschiedlich. Im Wasser legt das Licht beispielsweise in einer Sekunde einen Weg von 225 000 km zurück.

Wir wollen uns merken:

Das Licht legt in der Luft in einer Sekunde einen Weg von etwa 300 000 km zurück.

Man sagt auch: Die Lichtgeschwindigkeit in Luft beträgt 300 000 Kilometer je Sekunde.

Ein Blick in die Technik

Für die Sicherheit der Radfahrer im Straßenverkehr ist unbedingt eine vorschriftsmäßige Beleuchtung erforderlich (Bild 1).
Positionsleuchten entlang der Einflugschneisen an Flughäfen ermöglichen den Flugverkehr auch in der Nacht (Bild 2).
Leuchtröhren werden bei der Leuchtreklame genutzt (Bild 3). Weil sie bei trübem Wetter gut sichtbar sind, setzt man sie auch als Signalbeleuchtung ein.

Ein Blick in die Geschichte

Der Weg vom Höhlenfeuer der Urzeit bis zur elektrischen Beleuchtung in unseren Wohnungen ist sehr lang. Die Menschen erkannten frühzeitig, wie man Licht erzeugen kann: Es muß etwas verbrennen. Die Suche nach gut brennbaren Materialien, die helles Licht aussenden, begann. Der Mensch erfand Lampen, in denen Harz, Fett und Öl verbrannten. Später nutzte er Petroleum, Stearin und Gas. Doch diese Lampen rußten, erzeugten verbrauchte Luft und führten oft zu Feuerschäden. Deshalb suchte man nach einer Lampe ohne Feuer. Zur Erzeugung von Licht genügt es, daß bestimmte Materialien glühen. Elektrischer Strom kann Stoffe zum Glühen bringen. In einer Glühlampe werden Metalle (z. B. Osmium, Wolfram, Tantal) bis zur Weißglut erhitzt. Glühlampen senden sehr helles Licht aus.
Die Entwicklung der künstlichen Lichtquellen ging weiter. Physiker und Chemiker entdeckten, daß auch Gase durch den elektrischen Strom zum Leuchten angeregt werden. Die Leuchtröhren, gasgefüllte Glasröhren, wurden erfunden. Ihnen folgten die Leuchtstofflampen, deren Licht dem Tageslicht sehr ähnelt.
Eine völlig neue Lichtquelle ist der Laser. Zur Lichterzeugung wird meist ein Kristall, z. B. ein Rubin, zum Leuchten angeregt. Dabei wird Licht mit bisher unbekannten Eigenschaften erzeugt.

OPTIK VOM LICHT UND SEINER AUSBREITUNG

Weißt du es? Kannst du es?

1. Nenne Lichtquellen und gib an, für welchen Zweck sie eingesetzt werden!
2. Ordne die folgenden Lichtquellen den entsprechenden Spalten der Tabelle zu: Glühlampe, Leuchtstofflampe, Blitz, Kienspan, Sonne, Glimmlampe, Leuchtkäfer, Nordlicht!

natürlich	künstlich

3. Nenne je drei Beispiele für Lichtquellen und beleuchtete Körper!
4. Welche auf dem Bild 1 auf S. 12 hell leuchtenden Teile des Fahrrads sind Lichtquellen? Welche Teile des Fahrrades sind beleuchtete Körper?
5. Obwohl die meisten Körper kein Licht aussenden, sind sie zu sehen. Erkläre!
6. Warum sind im Fotoatelier manchmal helle Tücher aufgespannt, die sich seitlich hinter den zu fotografierenden Personen befinden?
7. Warum ist es nicht klug, bei dichtem Nebel mit Fernlicht zu fahren? Warum ist das abgeblendete Licht günstiger?
8. Warum ist der mondlose Himmel nachts tiefschwarz, obwohl doch in klaren Nächten so viele Sterne leuchten?
9. Warum schließen kleine Kinder mitunter die Augen und decken diese noch mit den Händen zu, wenn sie sich verstecken wollen?
10. Wie breitet sich das Licht aus?
11. Welchen Weg legt das Licht in einer Sekunde in Luft zurück?
12. Überlege, warum die Schülertische im Klassenraum so aufgestellt sein sollen, daß das Tageslicht von links einfällt!
13. Lege eine Taschenlampe so auf den Tisch, daß ihr Licht eine Wand beleuchtet! Halte die Hand so zwischen Lampe und Wand, daß sie einmal etwa 5 cm, einmal etwa 30 cm von der Wand entfernt ist!
    Beobachte sorgfältig und begründe deine Beobachtung!
14. Gib Beobachtungen an, die zeigen, daß sich das Licht schneller ausbreitet als der Schall! Denke nicht nur an Gewitter!
15. *Wie viele Tage würde ein Schnellzug für die Strecke brauchen, die das Licht in einer Sekunde durchläuft?
    Der Schnellzug soll in einer Stunde eine Strecke von 150 km zurücklegen.
16. *Welchen Weg legt das Licht in einem Jahr zurück? (Diese Strecke nennen die Astronomen 1 Lichtjahr.)

Kurz und knapp

Licht wird von Lichtquellen erzeugt und ausgesendet. Lichtquellen sind selbstleuchtende Körper.

Körper, die von Lichtquellen beleuchtet werden, heißen beleuchtete Körper.

Licht breitet sich geradlinig aus.

Wird ein lichtundurchlässiger Körper beleuchtet, entstehen hinter ihm Schatten.

2 Die Reflexion des Lichtes

Wer hat nicht schon einmal solch ein Bild gesehen: In einer ruhigen Wasseroberfläche spiegeln sich Häuser, Bäume, Sträucher so, als wären sie noch einmal da, nur daß sie auf dem Kopf stehen. Welche Eigenschaften muß die Wasseroberfläche aufweisen, damit solche Bilder entstehen können?

Reflexion an ebenen Flächen

Nicht nur ruhige Wasseroberflächen haben die Eigenschaft, die Dinge zu spiegeln. Wir kennen solche Bilder von Spiegeln, von glatten, metallischen Flächen und von Fensterscheiben.
Im Bild 2 sieht es aus, als würden einige Wohnungen in Flammen stehen. Aber es ist nur die Abendsonne, die sich in den Fensterscheiben des Hauses spiegelt.
Durch diese Brillengläser (Bild 3) kann die Brillenträgerin zwar alles sehen, aber wir sehen nicht ihre Augen.

Körper mit einer glatten Oberfläche haben die Eigenschaft, das Licht zurückzuwerfen. Das Zurückwerfen des Lichtes nennen wir Reflexion.

OPTIK REFLEXION DES LICHTES 15

Die Bilder, die wir in den spiegelnden Flächen sehen, müssen nicht immer genau so aussehen wie die Körper, die gespiegelt werden. Woran liegt es, daß der Junge im Bild 1 so ein entsetzlich langes Gesicht hat? Ist er in Wirklichkeit auch so dünn? Hat das Mädchen im Bild 2 zuviel Pudding gegessen? Weißt du, warum es so dick aussieht?

Wir untersuchen zunächst nur solche spiegelnden Flächen, die eben sind. An ihnen wollen wir herausfinden, ob das Zurückwerfen des Lichtes nach bestimmten Regeln geschieht. Wir sagen im Physikunterricht: Wir untersuchen, ob es ein Naturgesetz gibt, das diesem Vorgang zugrunde liegt. Oder mit anderen Worten: Gibt es ein Gesetz für die Reflexion des Lichtes?

Das Reflexionsgesetz

Zur eindeutigen Verständigung benutzen wir folgende Begriffe:
einfallender Strahl (für das einfallende Lichtbündel),
reflektierter Strahl (für das reflektierte Lichtbündel),
Einfallslot (für die Senkrechte zur Spiegelebene),
Einfallswinkel α (für den Winkel zwischen einfallendem Strahl und Einfallslot),
Reflexionswinkel α' (für den Winkel zwischen reflektiertem Strahl und Einfallslot).
Diese Begriffe mußt du dir fest einprägen, wenn du sagen willst, wie die Reflexion an einem ebenen Spiegel erfolgt!

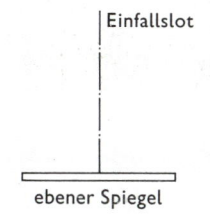

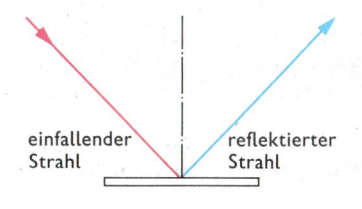

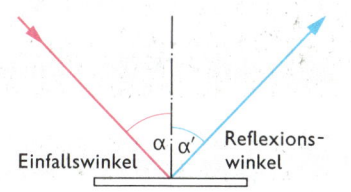

Experiment 1

Für das Experiment benötigst du die Heftleuchte, die Einspaltblende, die Spiegelkombination, die Kreisscheibe mit Winkelteilung und weißes Papier als Unterlage.

1. Richte das Lichtbündel der Heftleuchte mit Einspaltblende genau auf den Mittelpunkt der Winkelteilung auf der Kreisscheibe!
2. Lege die ebene Seite der Spiegelkombination an die Verbindungslinie der 90°-Markierungen!
3. Miß den Einfallswinkel α
   und den
   Reflexionswinkel α'!
4. Notiere die gemessenen Winkel!
5. Verändere den Einfallswinkel α durch Verändern der Lage der Heftleuchte! Miß erneut und notiere!
6. Führe insgesamt vier Messungen durch!
7. Vergleiche jeweils Einfallswinkel und Reflexionswinkel!

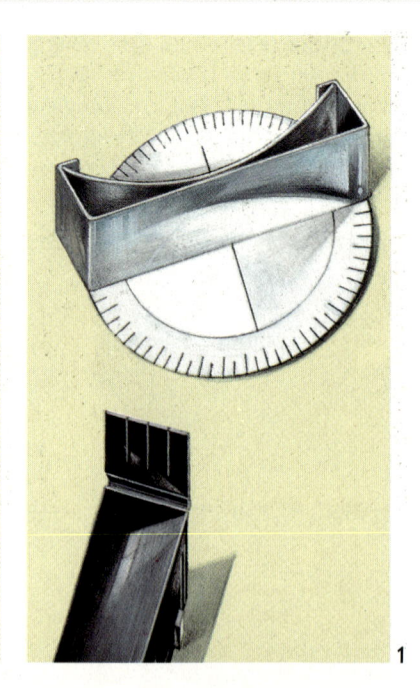

Die folgende Tabelle zeigt die Ergebnisse mehrerer Messungen. Du kannst deine Ergebnisse damit vergleichen.

Einfallswinkel α	10°	20°	34°	48°	62°	84°
Reflexionswinkel α'	10°	20°	35°	50°	60°	85°

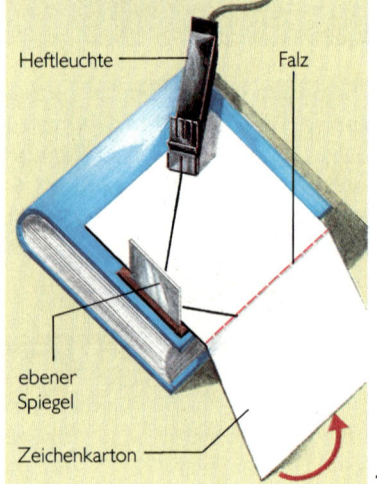

Mit einer dem Bild 2 entsprechenden Experimentieranordnung kannst du herausfinden, wie einfallender und reflektierter Strahl im Raum liegen. Der reflektierte Strahl wird auf der beweglichen Hälfte des Zeichenkartons nur sichtbar, wenn sie mit der auf dem Buch liegenden Hälfte eine Ebene bildet. Damit ist gezeigt, daß einfallender Lichtstrahl und reflektierter Lichtstrahl in der gleichen Ebene liegen.

Bei der Reflexion des Lichtes an ebenen Flächen gilt das Reflexionsgesetz:

**Einfallswinkel und Reflexionswinkel sind gleich groß.
Es ist $\alpha = \alpha'$.
Einfallender Strahl, Einfallslot und reflektierter Strahl liegen in einer Ebene.**

Es bleibt nach unseren Untersuchungen die Frage offen, ob das Reflexionsgesetz auch für die Reflexion des Lichtes an rauhen Flächen gilt. Wir wissen bereits, daß alle beleuchteten Körper das Licht reflektieren – wir könnten sie sonst nicht sehen. Gilt aber auch das Reflexionsgesetz?
Betrachten wir eine rauhe Fläche unter dem Mikroskop, so erkennen wir die unregelmäßige Form. Trifft Licht auf solch eine Fläche, wird jedes einzelne Lichtbündel nach dem Reflexionsgesetz zurückgeworfen (Bild 3).

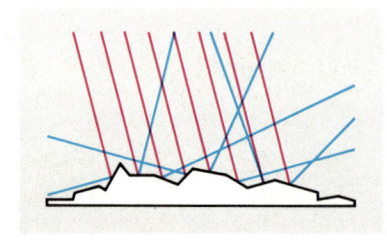

OPTIK — REFLEXION DES LICHTES — 17

In unserem Experiment (Bild 1) trifft ein paralleles Lichtbündel auf eine rauhe Fläche. Es wird nicht als paralleles Lichtbündel reflektiert. Aufgrund der unregelmäßigen Form der rauhen Fläche wird es in verschiedene Richtungen reflektiert. Es entsteht ein helles Gebiet.
Bei der indirekten Beleuchtung nutzt man aus, daß Licht an rauhen Stellen in ganz verschiedene Richtungen zurückgeworfen wird (Bild 2).

Hohlspiegel

Bei den bisherigen Experimenten zur Reflexion haben wir ebene Spiegel benutzt. Nun wollen wir den Verlauf von Lichtbündeln an gewölbten Spiegeln (Bilder 3 bis 5) untersuchen. Wir benutzen zunächst nur den Hohlspiegel (Bild 3).

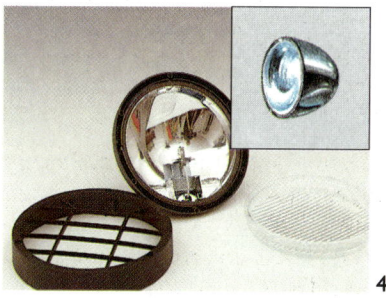

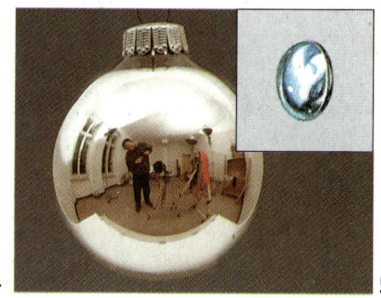

Gewölbte Spiegel.   3) Hohlspiegel   4) Parabolspiegel   5) Wölbspiegel

Experiment 2
Benutze die Geräte aus dem Experiment 1, aber anstelle der Einspaltblende eine Dreispaltblende! Die Spiegelkombination wird mit dem nach innen gewölbten, eingespannten Spiegelstreifen benutzt.
1. Zeichne auf den Karton eine Gerade! Diese Linie nennen wir die optische Achse.
2. Lege die Spiegelkombination so auf die Unterlage, wie es das Bild 6 zeigt! Die optische Achse steht senkrecht auf dem Hohlspiegel.
3. Lege die Heftleuchte so auf die Unterlage, wie es das Bild 6 zeigt! Verschiebe den Einschub so, daß die Lichtbündel parallel zur optischen Achse auf den Hohlspiegel treffen! Der Hohlspiegel reflektiert die Lichtbündel.
4. Der Punkt, in dem sich die reflektierten Lichtbündel treffen, heißt Brennpunkt.

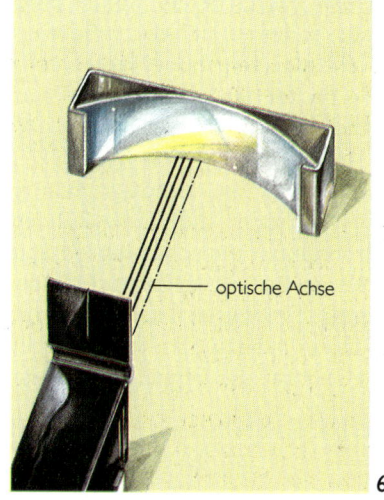

Licht, das parallel zur optischen Achse auf den Hohlspiegel trifft, wird so reflektiert, daß es nach der Reflexion durch den Brennpunkt verläuft.

Betrachten wir ein Lichtbündel, so können wir erkennen, daß auch am Hohlspiegel das Reflexionsgesetz gilt.
1. Wir zeichnen um M einen Halbkreis mit dem Radius 4 cm. Wir zeichnen einen Radius ein und verlängern ihn über M hinaus. Diese Linie ist die optische Achse (Bild 1)!
2. Wir tragen zwischen M und dem Hohlspiegel auf der optischen Achse den Brennpunkt F ein. Er befindet sich in der Mitte der Strecke.
3. Wir zeichnen parallel zur optischen Achse den Weg eines Lichtbündels. Es verläuft nach der Reflexion durch den Punkt F (Bild 2).
   Trägt man das Einfallslot ein (Bild 3) und mißt die Winkel α und α', dann stellt man fest, daß $\alpha = \alpha'$ ist.

Wir denken uns den Hohlspiegel aus vielen kleinen ebenen Stücken zusammengesetzt. Für die Reflexion an jedem Stück gilt das Reflexionsgesetz.

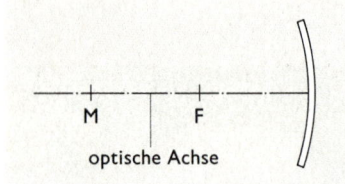

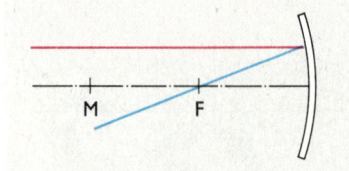

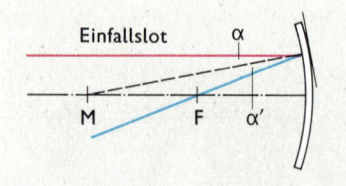

Ein Blick in die Technik

Hohlspiegel. Der Brennpunkt verdankt seinen Namen dem Umstand, daß brennbare Gegenstände, die sich im Brennpunkt befinden, leicht entzündet werden können.
Wenn das Licht der Sonne parallel auf einen großen Hohlspiegel fällt, sammelt sich das reflektierte Licht im Brennpunkt. Dort entsteht eine sehr hohe Temperatur. Sie reicht aus, um beispielsweise die Fackel des olympischen Feuers zu entzünden.
Nach diesem Prinzip arbeiten auch Sonnenöfen.

Scheinwerfer. Benötigt man paralleles Licht, beispielsweise im Theater oder auf Show-Bühnen, benutzt man Scheinwerfer. Im Brennpunkt eines gewölbten Spiegels, der etwa die Form des Spiegels im Bild 3, S. 17 hat, befindet sich eine starke Lichtquelle. Der Spiegel reflektiert das vom Brennpunkt auf ihn fallende Licht so, daß ein nahezu paralleles Lichtbündel den Scheinwerfer verläßt. Es beleuchtet die Dinge, auf die es gerichtet ist, taghell.

OPTIK — REFLEXION DES LICHTES

Weißt du es? Kannst du es?

1. Nenne Beispiele, die zeigen, daß glatte Flächen das Licht zurückwerfen!
2. Warum ist es in einem der Sonne abgewandten Zimmer nicht dunkel?
3. Werfen auch rauhe Körper das Licht zurück? Denke an beleuchtete Körper!
4. Wodurch unterscheidet sich die Reflexion des Lichtes an glatten und an rauhen Flächen?
5. Wie groß ist bei der Reflexion am ebenen Spiegel der Einfallswinkel α, wenn der Winkel zwischen reflektiertem Strahl und Spiegel 40° beträgt? Wie groß ist der Reflexionswinkel? Löse die Aufgabe mit Hilfe einer Skizze!
6. Wie lautet das Reflexionsgesetz?
7. Nenne Beispiele für indirekte Beleuchtung!
8. Halte einen Spiegel so in ein paralleles Strahlenbündel, daß dieses um 45° aus der ursprünglichen Richtung abgelenkt wird! Um wieviel Grad mußt du den Spiegel jetzt noch drehen, damit das Lichtbündel insgesamt um 90° abgelenkt wird? Kontrolliere deine Antwort an Hand einer Skizze!
9. Stelle einen Spiegel senkrecht auf ein Zeichenblatt! Stecke im Abstand von einigen Zentimetern eine Stecknadel davor (Bild 1)! Lege an der Spiegelkante einen Einfallspunkt E fest! Zeichne eine Verbindungslinie von der Nadel zu E! Stecke eine zweite Nadel so ein, daß sie mit dem Punkt E und dem Spiegelbild der Nadel 1 eine Linie bildet! Errichte im Punkt E das Einfallslot und miß die Winkel α und α'!

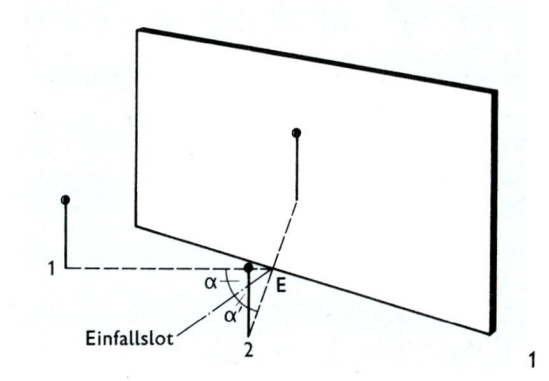

Kurz und knapp

Körper werfen auf sie fallendes Licht zurück. Sie reflektieren das Licht. Dieser Vorgang heißt Reflexion.

Bei der Reflexion gilt das Reflexionsgesetz: Einfallswinkel und Reflexionswinkel sind gleich groß.

$\alpha = \alpha'$

Einfallender Strahl, Einfallslot und reflektierter Strahl liegen in einer Ebene.

Licht, das parallel zur optischen Achse auf einen Hohlspiegel trifft, verläuft nach der Reflexion durch den Brennpunkt.

Das Reflexionsgesetz gilt stets, wenn Licht reflektiert wird.
Das Reflexionsgesetz ist ein Naturgesetz.

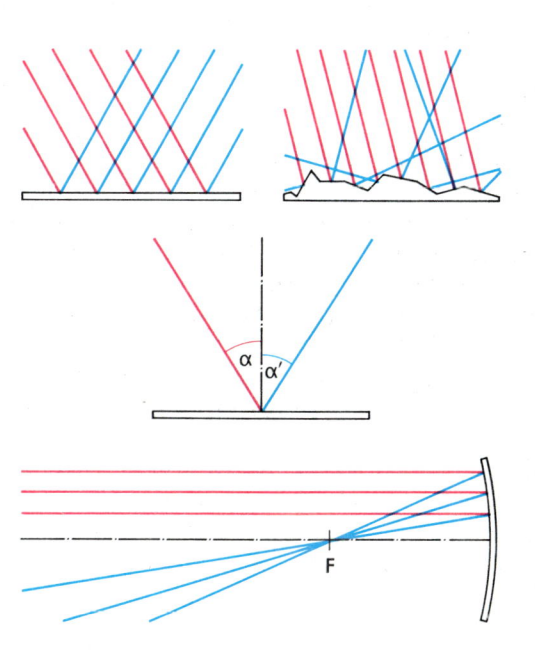

3 Brechung des Lichtes

Das Trinkröhrchen hat scheinbar an der Eintrittsstelle in die Flüssigkeit einen Knick. Nehmen wir es heraus, ist es gerade. Wie kommt das? Wodurch entsteht diese Erscheinung?

Das Brechungsgesetz

Wir erinnern uns: Licht breitet sich geradlinig aus.
Das Scheinwerferlicht des Leuchtturms (Bild 2) breitet sich in Luft geradlinig aus. Das ist möglich, weil die Luft das Licht hindurchläßt.
Das Scheinwerferlicht des Tauchers (Bild 3) breitet sich im Wasser geradlinig aus. Das ist möglich, weil das Wasser das Licht hindurchläßt.

Luft und Wasser sind lichtdurchlässige Stoffe. Auch Glas, Plexiglas und Einmachfolie sind lichtdurchlässige Stoffe. Wie sich Licht in einem einheitlichen Stoff ausbreitet, weißt du bereits. Aber wie breitet sich Licht aus, wenn es von einem Stoff in einen anderen übergeht?

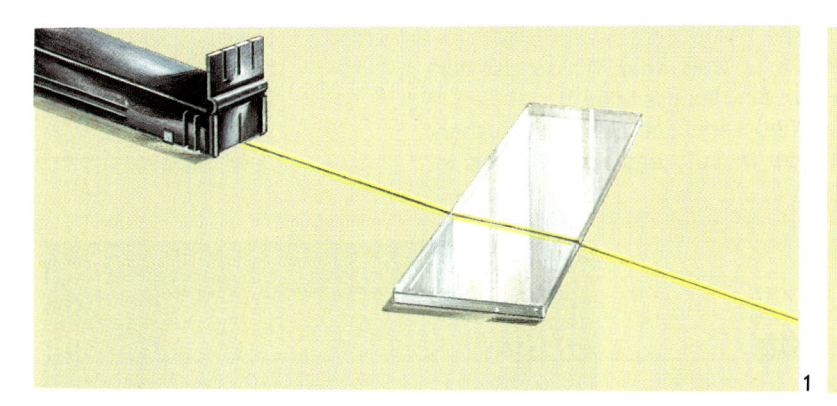

| OPTIK | BRECHUNG DES LICHTES | 21 |

Experiment 1
Untersuche, wie sich das Licht ausbreitet, wenn es von einem lichtdurchlässigen Stoff in einen anderen übergeht!

Licht ändert seine Ausbreitungsrichtung, wenn es von Luft in Glas übergeht. Das Licht ändert seine Richtung auch, wenn es von Glas in Luft übergeht. Wir sagen: Das Licht wird gebrochen. Wir sprechen von der Brechung des Lichtes.
Trifft Licht senkrecht auf einen Körper, wird es nicht gebrochen.
Der Weg des Lichtes soll genauer untersucht werden. Damit wir uns besser verständigen können, legen wir bestimmte Begriffe fest.

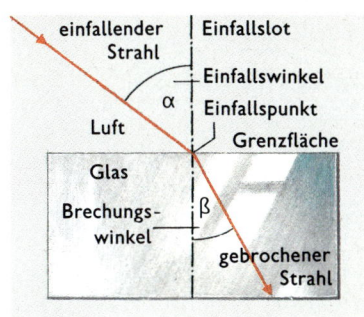

Experiment 2
1. Baue die Experimentieranordnung nach dem nebenstehenden Bild auf!
2. Lenke das Lichtbündel der Heftleuchte so auf den Einfallspunkt, daß verschiedene Einfallswinkel α entstehen!
3. Miß jeweils den Brechungswinkel β!
4. Trage das richtige Relationszeichen ein: α   β!
5. Formuliere das Ergebnis in einem Satz!

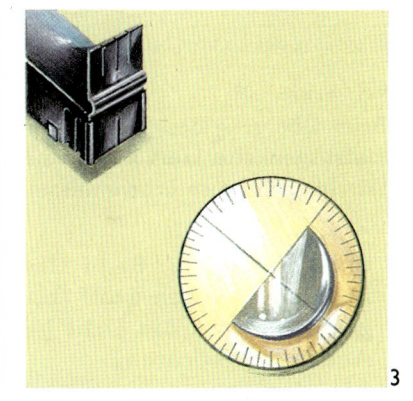

Wie das Experiment in den Bildern 4 und 5 zeigt, gilt auch beim Übergang des Lichtes von Luft in Wasser, daß der Einfallswinkel α größer ist als der Brechungswinkel β.

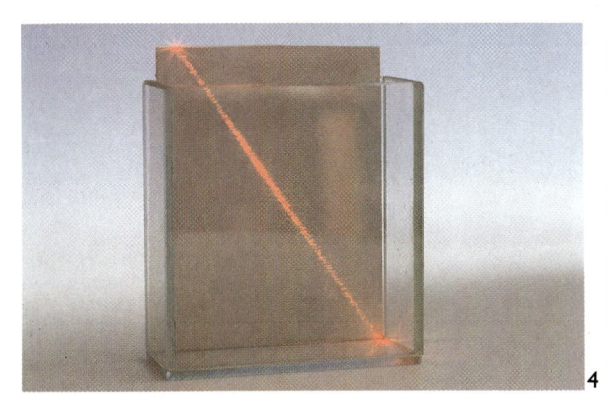

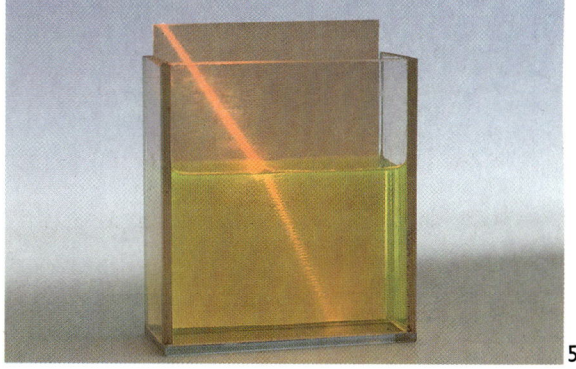

22 OPTIK — BRECHUNG DES LICHTES

Wir erkennen:
Beim Übergang des Lichtes von Luft in Glas oder Wasser ist der Einfallswinkel α stets größer als der Brechungswinkel β.
Wir wollen jetzt den umgekehrten Weg verfolgen. Wir untersuchen den Übergang des Lichtes von Glas in Luft und von Wasser in Luft.

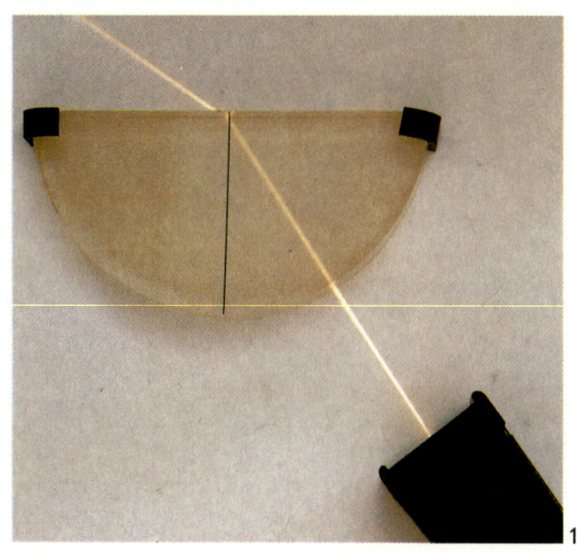

Brechung des Lichtes beim Übergang von Glas in Luft

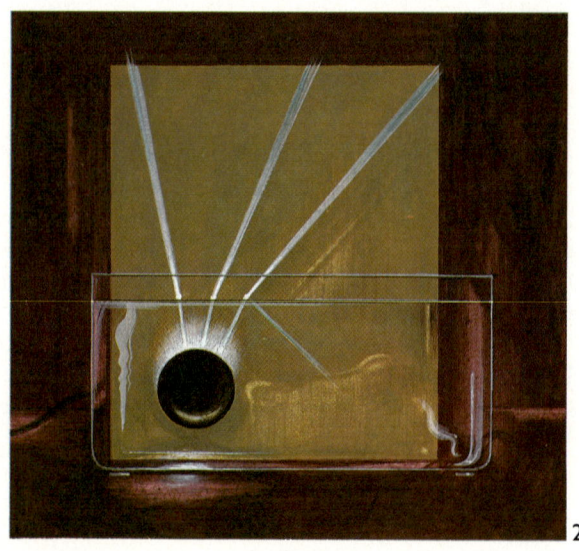

Brechung des Lichtes beim Übergang von Wasser in Luft

Wir erkennen:
Beim Übergang des Lichtes von Glas oder Wasser in Luft ist der Einfallswinkel α stets kleiner als der Brechungswinkel β.
Wir fassen unsere Erkenntnisse zusammen.

Brechungsgesetz: Beim Übergang des Lichtes von einem lichtdurchlässigen Stoff in einen anderen lichtdurchlässigen Stoff wird das Licht gebrochen. Es ändert sich seine Ausbreitungsrichtung.

Nun können wir auch verstehen, warum das Trinkröhrchen im Bild 1, S. 20 einen Knick hat. Das Licht wird beim Übergang von Wasser in Luft gebrochen.
Im Bild 3 ist die wirkliche und die wahrgenommene Lage des Trinkröhrchens dargestellt. Wir sehen die Gegenstände in der Richtung, aus der das ins Auge fallende Licht zu kommen scheint.

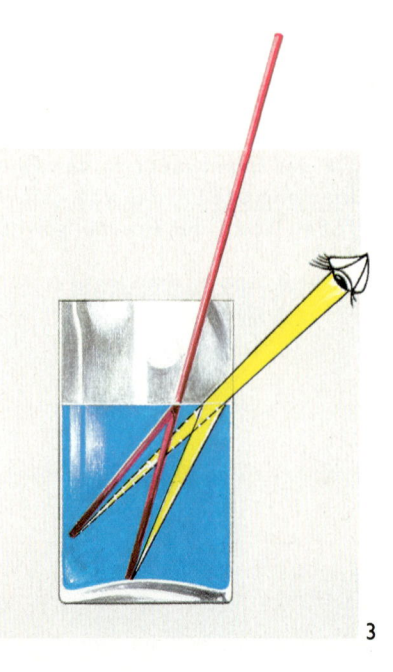

OPTIK BRECHUNG DES LICHTES 23

Lichtbrechung durch optische Linsen

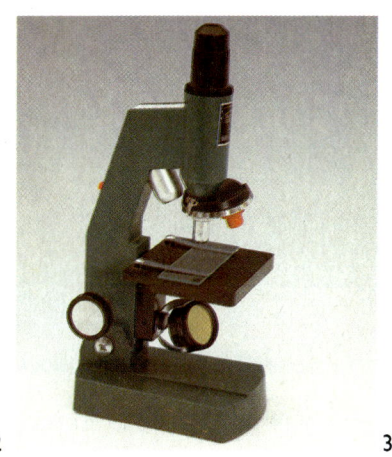

1 Brille
2 Lupe
3 Schülermikroskop

Die abgebildeten Geräte haben ein gemeinsames Bauteil — optische Linsen. Optische Linsen (künftig kurz als Linsen bezeichnet) sind meist Glaskörper, von denen einige in der Form dem Linsensamen ähneln.

Linsenarten

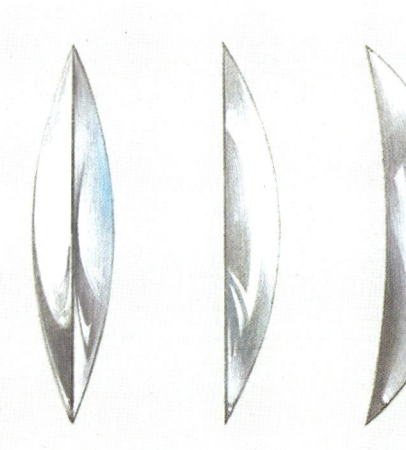

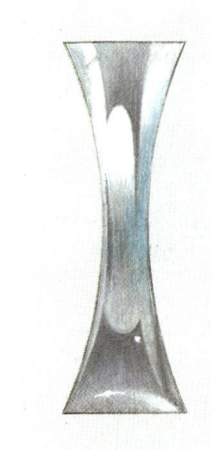

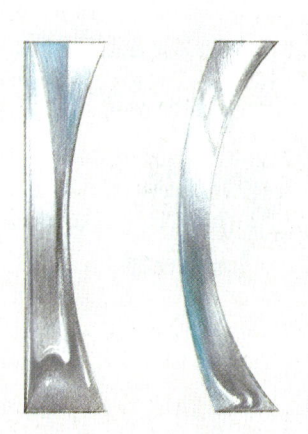

4 Bei diesen Linsen ist die Mitte dicker als der Rand.
5 Bei diesen Linsen ist die Mitte dünner als der Rand.

Richten wir parallele Lichtbündel auf Linsen, können wir beobachten:
Glaslinsen, die in der Mitte dicker sind als am Rand, sammeln paralleles Licht im Brennpunkt F (Bild 1, S. 24). Solche Linsen heißen Sammellinsen.
Glaslinsen, die in der Mitte dünner sind als am Rand, zerstreuen paralleles Licht (Bild 2, S. 24). Solche Linsen heißen Zerstreuungslinsen.

BRECHUNG DES LICHTES

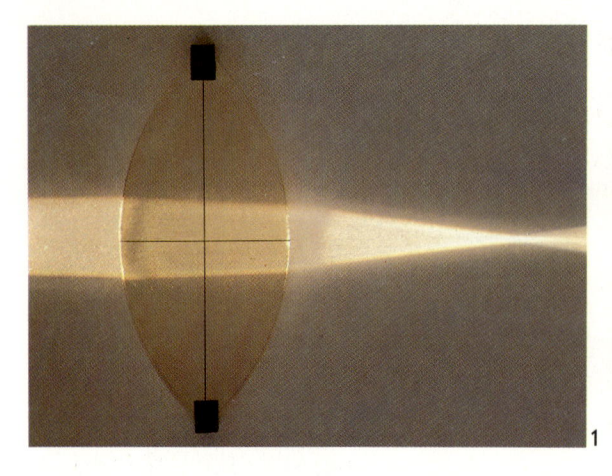

Zur Kennzeichnung von Sammellinsen wird die Brennweite benutzt. Die Brennweite f ist der Abstand zwischen Brennpunkt und Linsenmitte.
Die Brennweite f wird meist in Millimetern angegeben, z. B. $f = 100$ mm.
Im folgenden Experiment wollen wir die Brennweite f einer Sammellinse ermitteln.

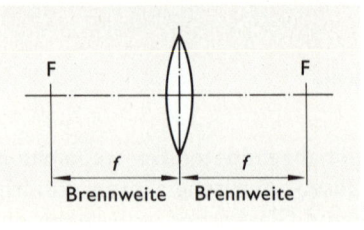

1. Baue die Experimentieranordnung nach Bild 4 auf!
2. Verschiebe den Einschub der Experimentierleuchte so, daß ein paralleles Lichtbündel entsteht!
3. Verschiebe den Schirm so lange, bis der beobachtete Lichtfleck am kleinsten ist! Jetzt liegt der Brennpunkt auf dem Schirm.
4. Miß den Abstand Linse – Schirm!

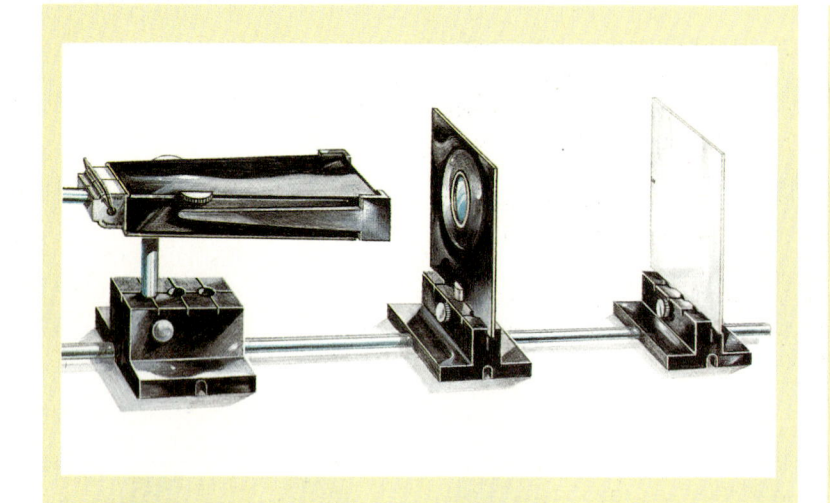

Experiment 3
Bestimme die Brennweite einer Sammellinse!
Benötigte Geräte:
Stativstab   Schirm
Experimentierleuchte   3 Linsenfüße
Sammellinse

Der ermittelte Abstand entspricht annähernd der Brennweite f der Linse.
Untersucht man mehrere Linsen, so stellt man fest:
Die Brennweite einer Sammellinse ist um so kürzer, je stärker die Linse gewölbt ist. Schwach gewölbte Linsen haben eine lange Brennweite.

Strahlenverlauf an Sammellinsen

Bei der Reflexion des Lichtes haben wir bereits 2 Strahlen besonders hervorgehoben:
- den Strahl, der parallel zur optischen Achse verläuft (er heißt Parallelstrahl, Bild 2),
- den Strahl, der durch den Brennpunkt verläuft (er heißt Brennpunktstrahl, Bild 2).

Jetzt wollen wir einen weiteren besonderen Strahl kennenlernen, den Mittelpunktstrahl (Bild 3).

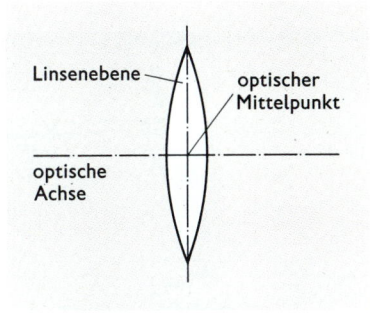

1 Sammellinse mit optischer Achse und optischem Mittelpunkt

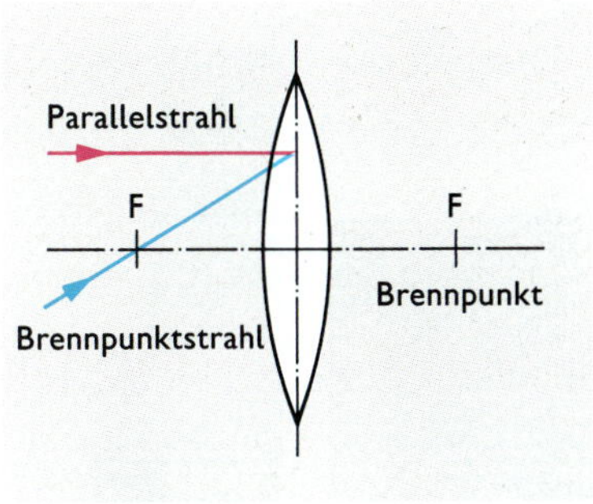

2 Sammellinse mit Parallelstrahl (rot) und Brennpunktstrahl (blau)

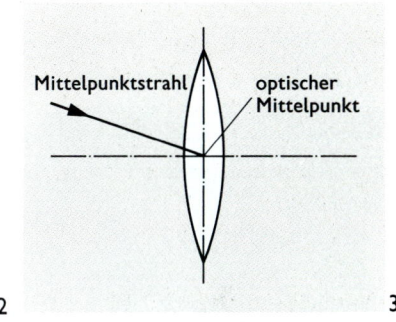

3 Sammellinse mit Mittelpunktstrahl

Den Verlauf dieser 3 Strahlen beim Durchgang durch eine Sammellinse können wir gut mit den folgenden Experimenten zeigen.

Das einfallende Lichtbündel verläuft parallel zur optischen Achse (Bild 4). Wir verändern mehrmals den Abstand des Lichtbündels von der optischen Achse.

Das einfallende Lichtbündel verläuft durch den Brennpunkt F (Bild 5). Wir verändern mehrmals den Winkel, unter dem das Lichtbündel auf den Linsenkörper trifft.

Das einfallende Lichtbündel verläuft durch den Mittelpunkt der Linse (Bild 6). Wir verändern mehrmals den Winkel, unter dem das Lichtbündel auf den Mittelpunkt trifft.

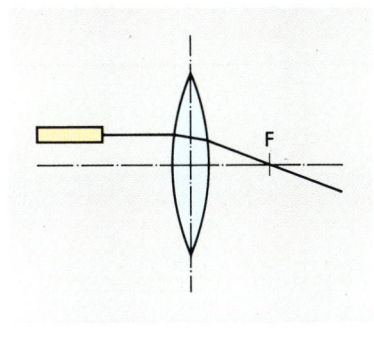

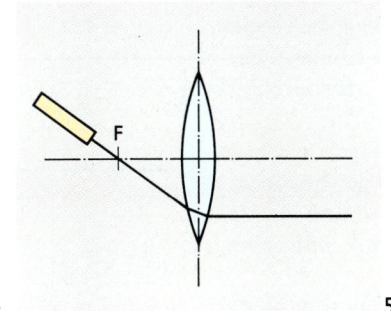

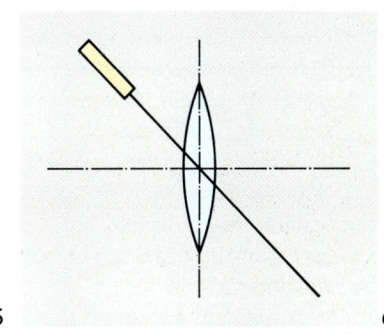

Wir schließen aus unseren Beobachtungen:
Parallelstrahlen werden an Sammellinsen durch die Brechung zu Brennpunktstrahlen.
Brennpunktstrahlen werden an Sammellinsen durch die Brechung zu Parallelstrahlen.
Mittelpunktstrahlen werden durch Sammellinsen nicht gebrochen.

Ein Blick in die Technik

Sammelwirkung von Linsen. Viele optische Geräte haben als Bauteile Linsen, wie zum Beispiel ein Bildwerfer. Bei ihm befindet sich etwa im Brennpunkt einer Linsenkombination (zwei Sammellinsen) eine Glühlampe (die Lichtquelle). Das Licht der Glühlampe fällt so auf die Linsenkombination, daß es hinter ihr parallel verläuft. Auf das abzubildende Diapositiv fällt paralleles Licht, wodurch es besonders gut ausgeleuchtet wird. (Später werden wir lernen, warum das Diapositiv so groß auf der Leinwand erscheint.)

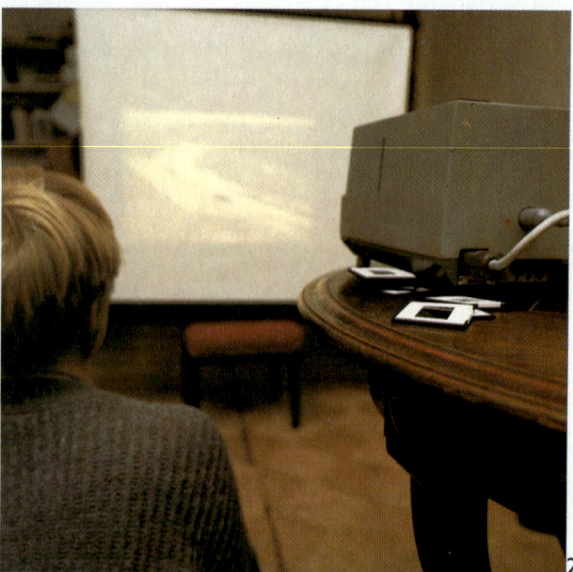

Weißt du es? Kannst du es?

1. Nenne 2 Beispiele aus dem Alltag, bei denen Richtungsänderungen des Lichtes beim Übergang von Luft in einen anderen lichtdurchlässigen Stoff auftreten!
2.* Du stehst am Ufer und siehst einen Fisch im Wasser. Schwimmt er dort, wo du ihn siehst? Schwimmt er höher, oder schwimmt er tiefer? Begründe deine Antwort mit Hilfe einer Zeichnung!
3. Was versteht man unter der Brechung des Lichtes? Was versteht man unter Einfallslot, Einfallswinkel und Brechungswinkel? Trage in eine entsprechende Skizze die Winkel α und β ein!
4. In den Bildern 3 bis 6 sind die Strahlenverläufe nicht immer richtig gezeichnet. Welche Zeichnungen sind falsch, welche sind richtig? Begründe deine Entscheidung!

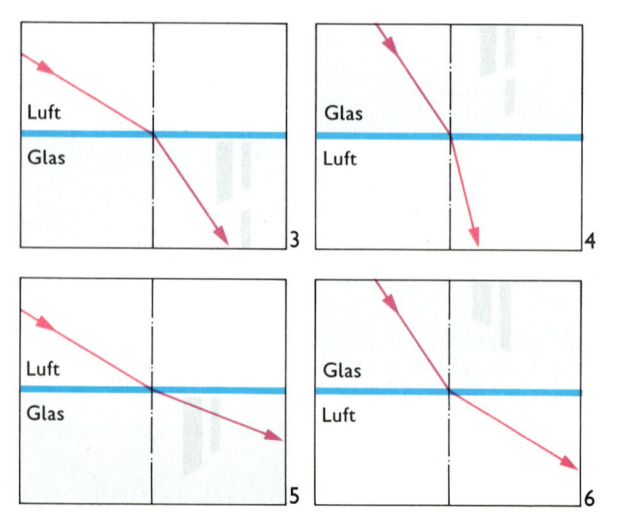

5. Erkläre die Begriffe Parallelstrahl, Brennpunktstrahl und Mittelpunktstrahl! Beschreibe ihren Verlauf beim Durchgang durch eine Sammellinse!
6. Beschreibe ein Experiment, mit dem man die Brennweite einer Sammellinse bestimmen kann!
7. Warum haben manche Taschenlampen eine Sammellinse vor der Glühlampe?
8.* Stelle dir vor, eine Linse, wie sie das Bild 4, S. 23 zeigt, sei aus Luft und befände sich im Wasser! Wie würde ein paralleles Lichtbündel, das durch das Wasser auf die Luftlinse trifft, gebrochen werden?

Kurz und knapp

Beim Übergang des Lichtes von einem lichtdurchlässigen Stoff in einen anderen ändert das Licht seine Ausbreitungsrichtung, es wird gebrochen.

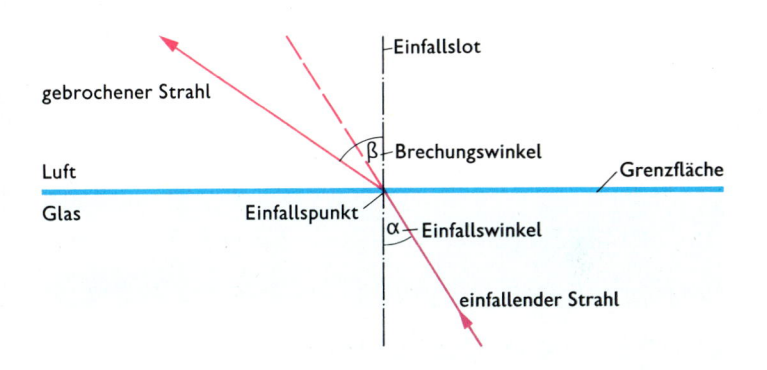

Paralleles Licht wird hinter einer Sammellinse im Brennpunkt gesammelt.
Paralleles Licht wird hinter einer Zerstreuungslinse zerstreut.

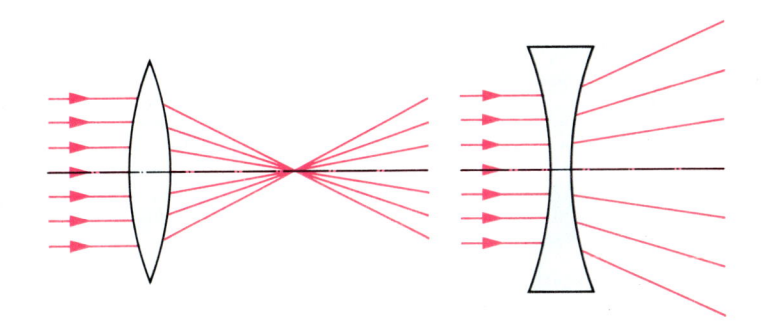

Für Sammellinsen aus Glas (in Luft) gilt:
Parallelstrahlen verlaufen hinter der Linse durch den Brennpunkt.
Brennpunktstrahlen verlaufen hinter der Linse parallel zur optischen Achse.
Mittelpunktstrahlen werden nicht gebrochen.

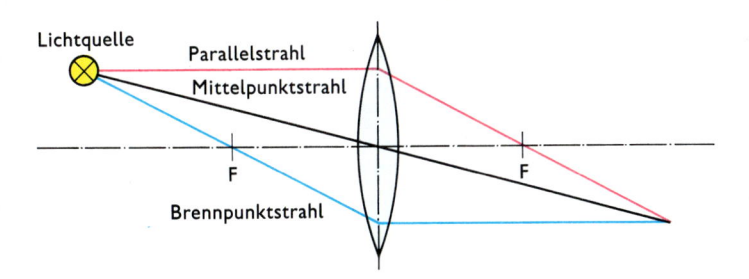

4 Bildentstehung an Sammellinsen

Mit dem Fotoapparat machen wir Bilder – und meinen Aufnahmen, aus denen Papierbilder oder Dias entstehen. Wir sehen Bilder im Kino – und meinen die auf die Leinwand gebrachten Bilder. Bilder sehen wir auch, wenn wir durch ein Mikroskop oder ein Fernrohr schauen. Wodurch unterscheiden sich diese Bilder voneinander? Wie werden sie erzeugt?

Erzeugen von Bildern

Aus der Gruppe von Bildern wählen wir zunächst nur solche Bilder aus, die man auffangen kann, beispielsweise auf der Leinwand im Kino oder auf einem Schirm in einem Experiment.

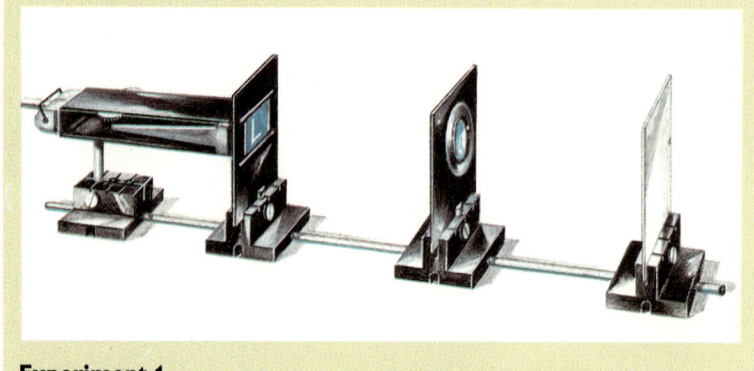

Experiment 1
Wir benötigen:
4 Linsenfüße
1 Experimentierleuchte
1 Blendrahmen mit Linse
 (f = 100 mm)
1 Blendrahmen mit L
1 Schirm
1 Maßstab
1 Stativstab

1. Halte das L (Gegenstand) so an die Experimentierleuchte, daß es gleichmäßig beleuchtet wird!
2. Stelle die Sammellinse etwa 25 cm vor dem L auf den Stativstab!
3. Bewege den Schirm so auf dem Stab, daß das L scharf auf dem Schirm abgebildet wird!

Dieses und weitere Experimente zeigen:

Mit Sammellinsen lassen sich von Gegenständen Bilder erzeugen.

OPTIK   BILDENTSTEHUNG AN SAMMELLINSEN   29

Experiment 2
Mit der Experimentieranordnung aus dem Experiment 1 wollen wir untersuchen, welche Eigenschaften unser Bild hat.
1. Verändere den Abstand Gegenstand – Linse (Verschieben der Linse)!
2. Ermittle durch Verändern des Abstandes Linse – Schirm (Verschieben des Schirmes) den Ort, an dem ein scharfes Bild entsteht!
3. Vergleiche die Größe des Gegenstandes mit der Größe des Bildes!
4. Vergleiche die Lage von Gegenstand und Bild!
5. Ordne Linse und Schirm so an, daß das Bild genauso groß ist wie der Gegenstand!
6. Miß die Entfernung Gegenstand – Linse und Linse – Schirm!

Wir erkennen:

**Die Bilder, die wir mit Sammellinsen erzeugen, sind umgekehrt und seitenvertauscht.
Gegenstand und Bild befinden sich auf verschiedenen Seiten der Linse.**

Die Konstruktion von Bildern

Wir können die Bildentstehung mit Hilfe von Lichtstrahlen zeichnerisch darstellen.
Von dem Gegenstand (einer Lichtquelle oder einem beleuchteten Körper) breitet sich das Licht geradlinig aus. Ein Teil des Lichtes trifft auf die Sammellinse (Bild 2a).
Für die Abbildung des Punktes G (G: Gegenstand) durch die Sammellinse kommt nur das Licht in Frage, das die Linse durchdringt. Dieses Licht sammelt sich nahezu in einem Punkt, dem Punkt B (B: Bildpunkt) (Bild 2b).

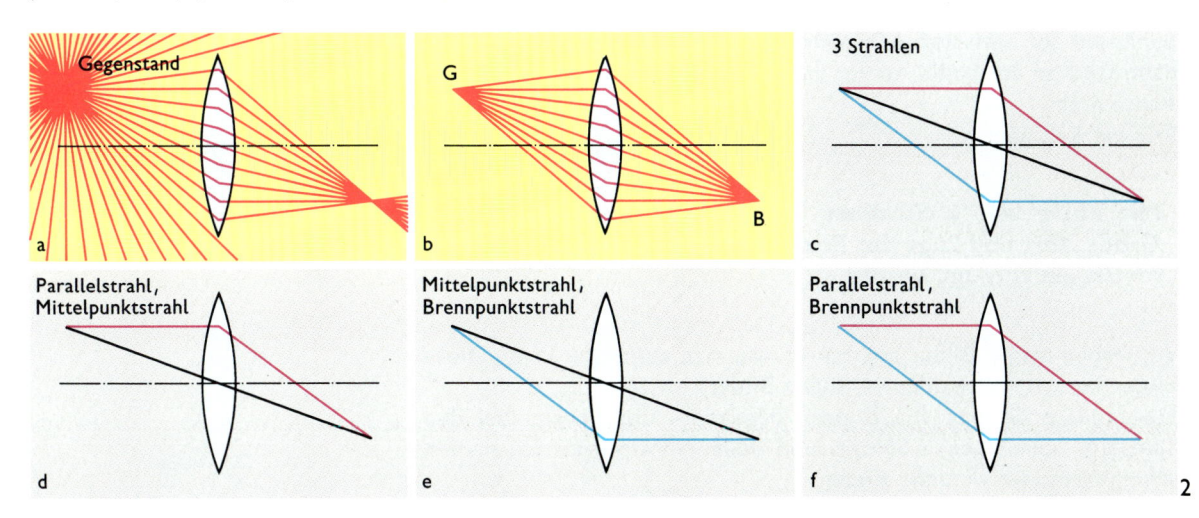

Aus der Vielzahl der Strahlen, die vom Punkt G ausgehen, greifen wir drei Strahlen heraus, deren Verlauf uns bekannt ist. Diese Strahlen sind der Parallelstrahl, der Mittelpunktstrahl und der Brennpunktstrahl (Bild 2c, S. 29). Dort, wo diese Strahlen einander schneiden, ist der Bildpunkt B. Um den Punkt B zu finden, genügen bereits zwei Strahlen (Bilder 2d, e, f, S. 29).
Ein Körper besteht aber aus vielen Punkten G. Jeder einzelne Punkt wird so abgebildet, wie es für den Punkt G beschrieben wurde. Alle Punkte B zusammen ergeben das Bild des Körpers.
Ersetzen wir jetzt unser L durch einen Pfeil, so ergibt sich eine Zeichnung, wie sie die Bilder 1 und 2 zeigen.
Von den vielen Lichtstrahlen, die vom Gegenstand ausgehen, genügt es, die Strahlen zu zeichnen, die von den Begrenzungspunkten ausgehen (Bild 1).

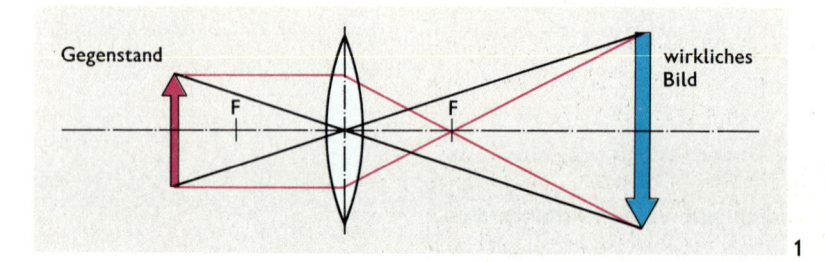

Eine weitere Vereinfachung ergibt sich, wenn der Gegenstand senkrecht auf der optischen Achse steht und auf ihr endet.

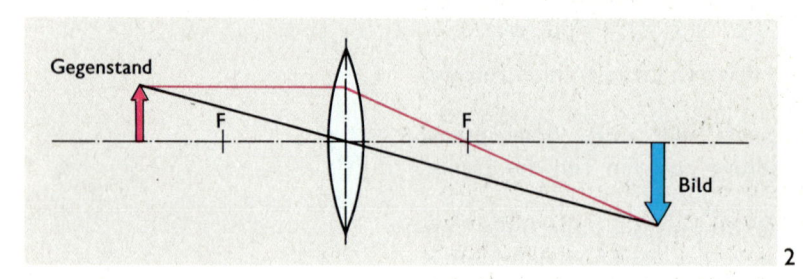

Im Bild 2 ist erkennbar, daß man das Bild mit 2 Strahlen konstruieren kann, die von der Pfeilspitze ausgehen. Dies gilt, wenn der Fußpunkt auf der optischen Achse steht. Der Fußpunkt des Bildes liegt dann stets an der Stelle, an der das Bild senkrecht auf der optischen Achse steht.
Wir merken uns:

Mit Hilfe von 2 Strahlen können wir durch Zeichnen Größe, Ort und Lage der Bilder ermitteln, die durch Sammellinsen erzeugt werden.

Wir haben bisher Bilder betrachtet, die man auffangen kann. Diese Bilder heißen reelle oder wirkliche Bilder.
Eine andere Gruppe von Bildern begegnete uns bereits bei den Spiegeln, beim ebenen Spiegel und beim Hohlspiegel. Sie heißen scheinbare oder virtuelle Bilder.

OPTIK — BILDENTSTEHUNG AN SAMMELLINSEN

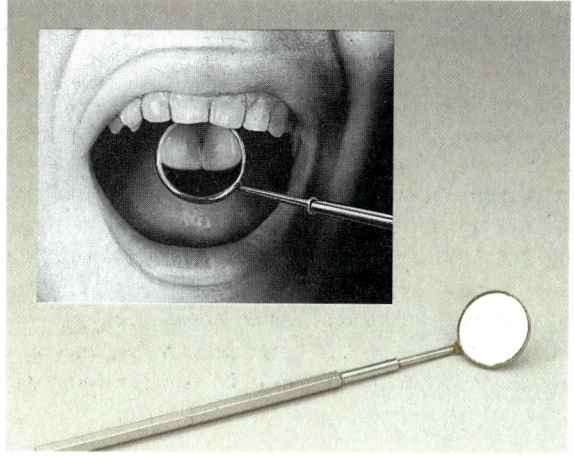

Auch bei der Lupe haben wir es mit scheinbaren Bildern zu tun. Sie vergrößert z. B. Schrift um ein Vielfaches. Für Uhrmacher und Sammler ist sie ein unentbehrliches Hilfsmittel (Bild 3).

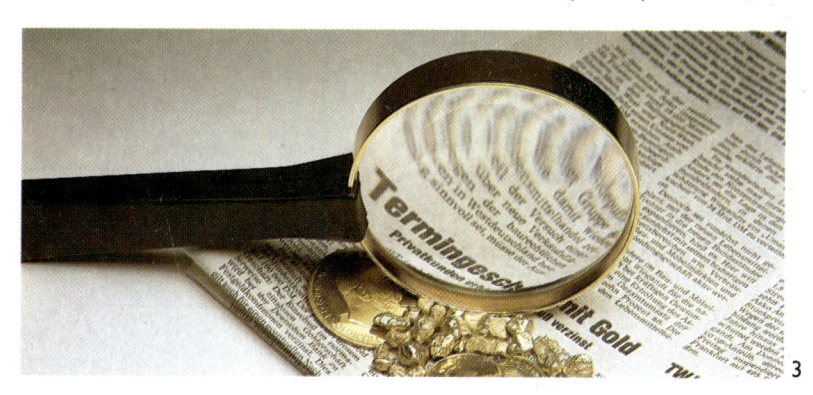

Mit Hilfe von Lichtstrahlen lassen sich auch die scheinbaren Bilder an der Sammellinse zeichnerisch darstellen. Wir benutzen einen Parallelstrahl und einen Mittelpunktstrahl. Der Gegenstand befindet sich zwischen der Linse und dem Brennpunkt. Den Fußpunkt des Gegenstandes setzen wir zur Vereinfachung wieder auf die optische Achse.
Wir sehen das Bild dort, wo die rückwärtigen Verlängerungen der Lichtstrahlen einander schneiden (Bild 4).

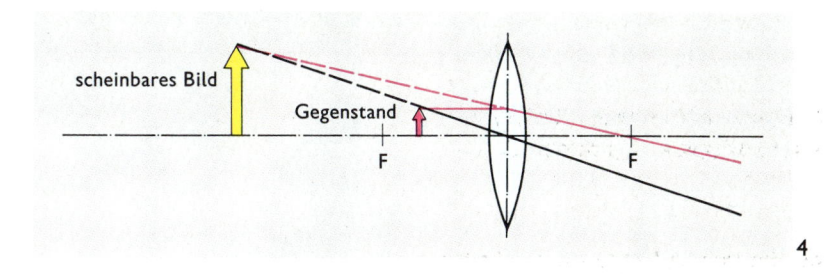

Mit Sammellinsen lassen sich scheinbare Bilder erzeugen. Die Bilder sind vergrößert, aufrecht und seitenrichtig. Wir sehen das Bild auf der Seite, auf der sich der Gegenstand befindet.

Ein Blick in die Geschichte

Die feinmechanisch-optische Werkstatt des Universitätsmechanikus *Carl Zeiß* (1816 bis 1888) in Jena ist weltbekannt geworden. *Carl Zeiß* fertigte mit viel Geschick durch Handarbeit die für optische Geräte notwendigen Glaslinsen. Es wurde probiert, immer wieder geschliffen und poliert, bis endlich die geeignete Linse für ein benötigtes Gerät geschaffen war. *Zeiß* fragte sich, ob es nicht Gleichungen gebe, mit denen man die Linsengröße und die Linsenform vorausberechnen könnte. Dann würde das zeitaufwendige Probieren aufhören.

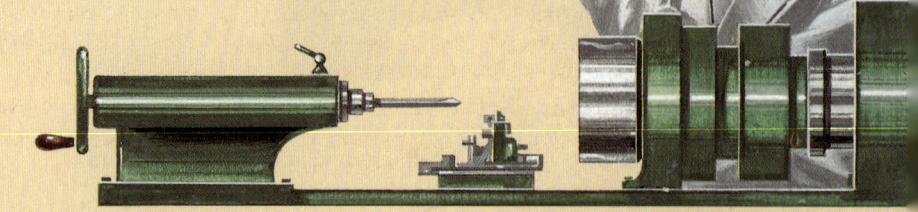

Er lernte an der Jenaer Universität *Ernst Abbe* kennen, dem es gelang, Linsen zu berechnen. Beide verband eine für die Entwicklung optischer Geräte erfolgreiche Zusammenarbeit. Bald aber mußten sie erkennen, daß alle Mühe und Arbeit umsonst waren, wenn es nicht gelang, ein besonderes, für die Herstellung von Linsen geeignetes optisches Glas zu produzieren.

Ein Chemiker mit Namen *Otto Schott*, dessen Vater eine Glashütte besaß, befaßte sich mit dem Geheimnis des Glases. Bei Schmelzversuchen erhielt er Gläser, die seiner Meinung nach für die Linsenherstellung gut geeignet schienen. Er schickte sie 1879 nach Jena. Daraus entstand eine enge Zusammenarbeit, die 1884 zur Gründung einer Glasfabrik in Jena führte. In dieser untersuchte *Schott* zielgerichtet das Schmelzverhalten, die Eigenschaften und die Herstellungsbedingungen für optische Gläser.

Weißt du es? Kannst du es?

1. Beschreibe eine Experimentieranordnung, mit deren Hilfe man die Erzeugung von Bildern an Sammellinsen untersuchen kann!
2. Wie verändert sich die Größe des Bildes, wenn wir den Gegenstand aus weiter Entfernung zum Brennpunkt hin verschieben? Überprüfe deine Antwort durch eine Konstruktion!
3. Bilde mit Hilfe einer Sammellinse ein durch das Fenster sichtbares Haus auf einem weißen Blatt Papier scharf ab! Wie mußt du die Linse verschieben, damit du den näher gelegenen Fensterrahmen scharf abbilden kannst?
4. Konstruiere von einem Punkt G, der sich vor einer Sammellinse befindet, mit Hilfe von Parallelstrahl und Mittelpunktstrahl das Bild!
5.* Vor einer Sammellinse mit einer Brennweite $f = 25$ mm steht in einer Entfernung von 6 cm ein 1 cm hoher Gegenstand. Stelle diese Anordnung zeichnerisch dar! Konstruiere das dazugehörige Bild! Entnimm der Zeichnung die Höhe des Bildes!
6.* Vor einer Sammellinse mit einer Brennweite $f = 30$ mm steht in einer Entfernung von 7 cm ein 1,5 cm hoher Gegenstand (Fußpunkt auf der optischen Achse). Konstruiere das Bild! Wie weit ist das Bild von der Linse entfernt?
7. Wodurch unterscheiden sich wirkliche und scheinbare Bilder voneinander?

Kurz und knapp

Reelle Bilder lassen sich mit Hilfe von Sammellinsen erzeugen, wenn der Abstand Gegenstand – Linse größer als die Brennweite der Linse ist.
Die erzeugten Bilder sind umgekehrt und seitenvertauscht.
Die reellen Bilder werden um so größer, je mehr sich der Gegenstand dem Brennpunkt nähert.

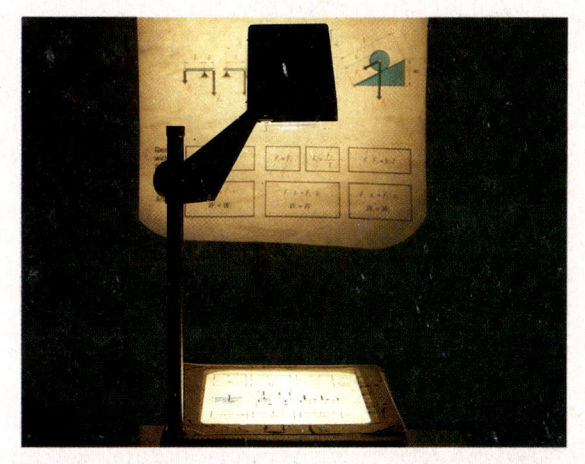

Scheinbare Bilder lassen sich mit Hilfe von Sammellinsen erzeugen, wenn der Abstand Gegenstand – Linse kleiner als die Brennweite der Linse ist.
Die erzeugten Bilder sind aufrecht und vergrößert.
Die scheinbaren Bilder sind um so größer, je kleiner die Brennweite der Linse ist.

5 Optische Geräte

Im Haushalt, in der Schule, in Betrieben, in Krankenhäusern und auch in der Freizeit werden in großer Anzahl optische Geräte verwendet. Eines haben fast alle optischen Geräte gemeinsam: das Abbilden von Gegenständen mit Linsen und Spiegeln. Wie sind die Geräte aufgebaut? Wie ist die Wirkungsweise der Geräte?

Der Fotoapparat

Ganz gleich, ob man zum Schluß ein Diapositiv oder ein Papierbild, schwarzweiß oder farbig, erhalten möchte, zunächst muß ein Film belichtet werden. Dazu muß für eine bestimmte Zeit – das können Bruchteile einer Sekunde oder aber auch mehrere Minuten sein – auf dem Film der Gegenstand mit Hilfe von Linsen abgebildet werden.

Den Sprung des Reiters im Bild 2 hat man in einer Zeit von $\frac{1}{1000}$ Sekunde fotografiert. Dagegen wurde das Bild von einer Stadt am Abend (Bild 3) mit einer Belichtungszeit von mehreren Minuten aufgenommen.

Wir wollen die Wirkungsweise des Fotoapparates – man sagt auch fotografische Kamera – kennenlernen. Dazu bauen wir die abgebildete Experimentieranordnung auf (Bild 1, S. 35).

Auf dem Stativstab befinden sich eine Linse (das Objektiv unserer Kamera) und ein Schirm (der Film im Inneren unserer Kamera). Alle anderen Teile lassen wir weg. So haben wir keine richtige Kamera. Wir sagen: Es ist ein Modell der Kamera.

OPTIK   OPTISCHE GERÄTE   35

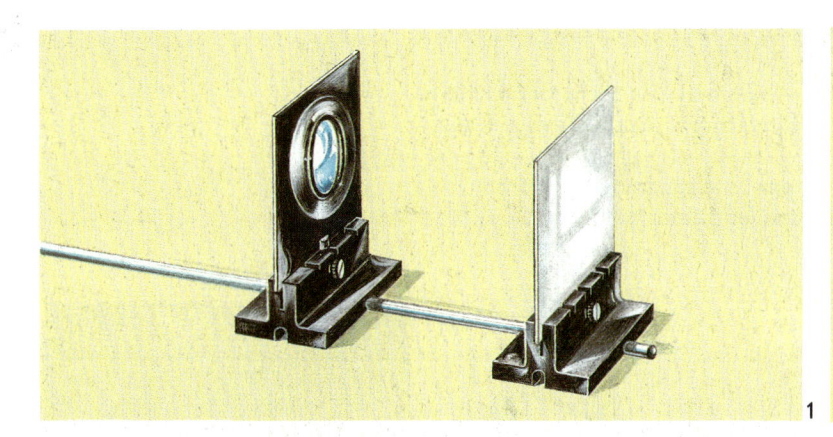

Experiment 1
Wir richten unser Modell auf verschiedene möglichst helle Gegenstände. Durch Verschieben der Linse (wir stellen die „Entfernung" ein) erhalten wir nach einigem Probieren ein reelles Bild auf dem Schirm. Es ist gegenüber dem Gegenstand umgekehrt und seitenvertauscht. Es ist auch im allgemeinen kleiner als der Gegenstand.

1

Bei einer fotografischen Kamera entsteht von einem Gegenstand ein reelles Bild. Das Bild ist umgekehrt und seitenvertauscht. Beim Fotografieren ist es ganz wichtig, daß eine bestimmte Lichtmenge auf den Film trifft. Zuviel oder zuwenig Licht führt zu unbrauchbaren Aufnahmen. Für die Steuerung der Lichtmenge gibt es zwei Möglichkeiten:
— Wir lassen den Verschluß unterschiedlich lange geöffnet, indem wir unterschiedliche Belichtungszeiten einstellen.
— Wir verändern die Größe der Öffnung, indem wir die Blendeneinstellung verändern.

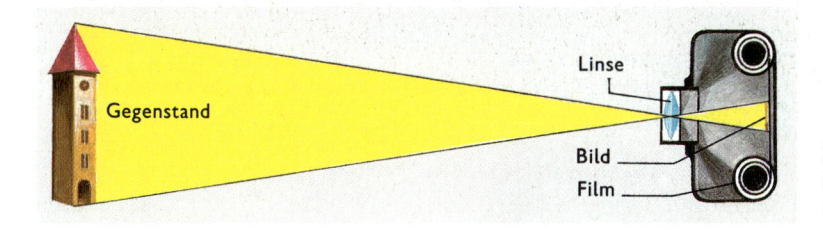

2 Strahlenverlauf bei der fotografischen Kamera

Der Bildwerfer

Wir führen ein Experiment durch, um die Wirkungsweise eines Bildwerfers zu zeigen.

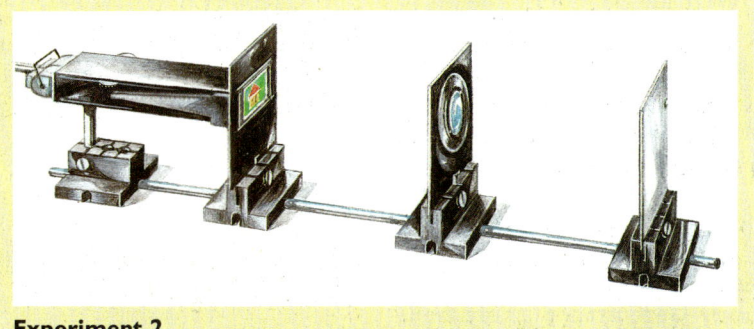

Experiment 2
1. Baue die Experimentieranordnung nach Bild 3 auf! Schalte die Lichtquelle ein!
2. Beleuchte das Dia!
3. Setze die Linse wenige Zentimeter vor das Dia!
4. Fange mit dem Schirm das Bild auf! Wenn es unscharf ist, verändere den Abstand Linse – Dia durch Verschieben der Linse!
5. Welche Eigenschaften hat das Bild? Was mußt du deshalb bei der Benutzung eines Bildwerfers beachten?

3

Die Konstruktion des Strahlenverlaufs (Bild 1) bestätigt unsere Überlegungen:
Der Kondensor — 2 Sammellinsen — sammelt das Licht der Lichtquelle so, daß auch Licht von den Rändern des Diapositivs auf das Objektiv trifft.
Das Objektiv ist ähnlich wie bei einem Fotoapparat eine Kombination mehrerer Linsen. Objektive erzeugen Bilder besserer Qualität als einfache Sammellinsen.

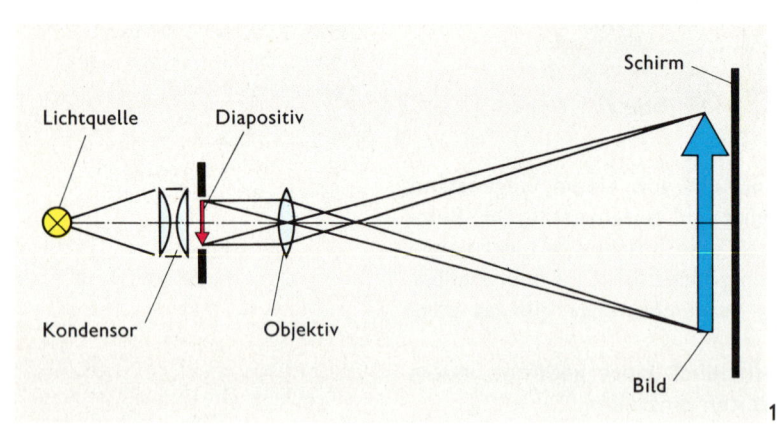

Brillen

Zunächst beschäftigen wir uns mit dem Sehvorgang im Auge.

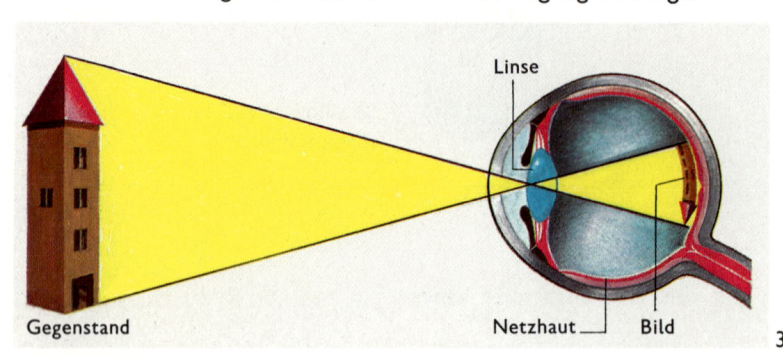

Mit Hilfe der Linse entsteht auf der Netzhaut ein reelles Bild. Es ist verkleinert, seitenvertauscht und umgekehrt. Dabei wirkt die Iris (Regenbogenhaut) als Blende, die die einfallende Lichtmenge regelt.
Damit auf der Netzhaut scharfe Bilder entstehen, wird die Krümmung der Linse durch einen Muskel verändert. Dadurch ändert sich die Brennweite der Linse.
Bild 1 zeigt die Abbildung eines nahen und eines entfernten Gegenstandes im Auge.
Bei Betrachtung naher Gegenstände ist die Augenlinse stark gekrümmt. Zur scharfen Abbildung ferner Gegenstände ist sie weniger gekrümmt.
Im menschlichen Auge entsteht von einem Gegenstand ein reelles Bild. Das Bild ist verkleinert, umgekehrt und seitenvertauscht.

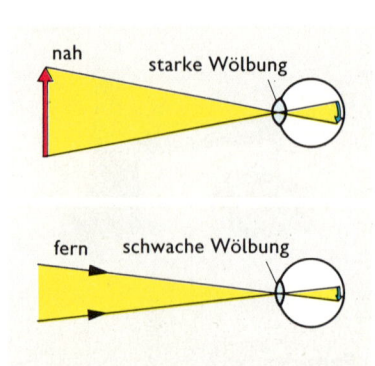

Durch Krankheit oder im Alter kann die Anpassung der Linse an verschiedene Entfernungen gestört sein. So sieht beispielsweise ein 10jähriges Kind Gegenstände scharf, die sich bis zu 8 cm vor dem Auge befinden, bei einem 50jährigen beträgt der Abstand etwa 50 cm. Die Schrift eines Buches ergibt in dieser Entfernung ein zu kleines Bild auf der Netzhaut. Das Lesen ist dann sehr anstrengend. Eine Lesebrille ist da hilfreich.

Wenn der Glaskörper im Auge eines Menschen etwas zu kurz oder zu lang ist, entstehen die scharfen Bilder hinter oder vor der Netzhaut. Auch das kann durch Brillen korrigiert werden.

Der Glaskörper ist zu lang. Die Augenlinse vermag es nicht, Gegenstände scharf auf der Netzhaut abzubilden. Eine Zerstreuungslinse schafft Abhilfe (Bild 1).

Der Glaskörper ist zu kurz. Die Augenlinse vermag es nicht, Gegenstände scharf auf der Netzhaut abzubilden. Eine Sammellinse schafft Abhilfe (Bild 2).

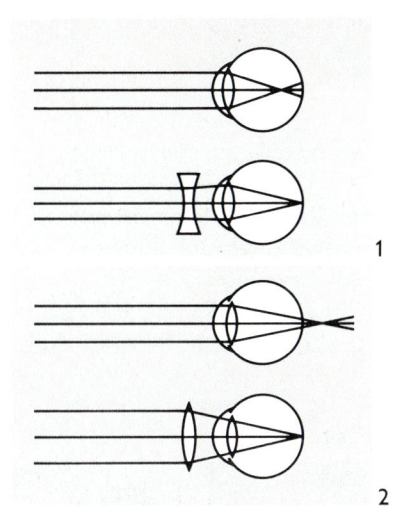

Prismen

Die optischen Prismen haben ihren Namen von ihrer Form. Sie bestehen meist aus Glas (Kronglas, Flintglas), sie können aber auch aus durchsichtigen Kunststoffen gefertigt sein.

Prismen brechen Licht — je nach dem Einfallswinkel — wie optische Linsen. Das Bild 3 zeigt den Verlauf eines einfarbigen Lichtbündels durch ein Prisma.

Durch die Brechung des Lichtes an Prismen kommt es zu einer Erscheinung, die wir in einem Experiment zeigen.

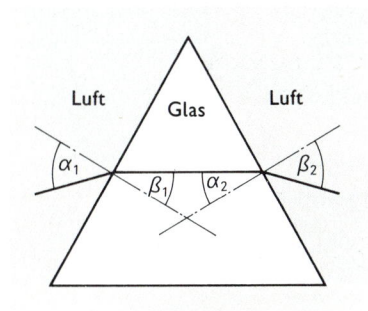

Experiment 3
In das Lichtbündel einer Optikleuchte stellen wir ein Prisma. Dahinter befindet sich ein Schirm.
Wir sehen auf dem Schirm ein Bild aus farbigen Streifen: das **Spektrum** des weißen Lichtes.

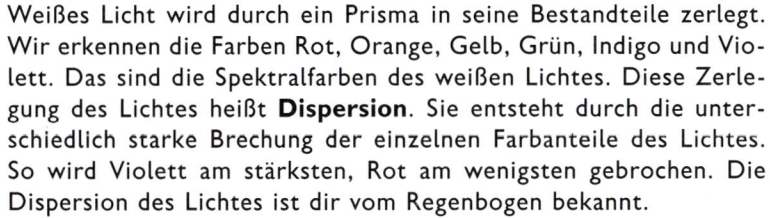

Weißes Licht wird durch ein Prisma in seine Bestandteile zerlegt. Wir erkennen die Farben Rot, Orange, Gelb, Grün, Indigo und Violett. Das sind die Spektralfarben des weißen Lichtes. Diese Zerlegung des Lichtes heißt **Dispersion**. Sie entsteht durch die unterschiedlich starke Brechung der einzelnen Farbanteile des Lichtes. So wird Violett am stärksten, Rot am wenigsten gebrochen. Die Dispersion des Lichtes ist dir vom Regenbogen bekannt.

Nach dem Regen wird bei sonnigem Himmel in den Wassertröpfchen das weiße Licht der Sonne zerlegt. Ein farbiger Regenbogen spannt sich über den Himmel.

Die Dispersion findet in der Forschung Anwendung. In Spektrografen wird das Licht von Gasen zerlegt. Aus den entstehenden Spektren kann man auf die Zusammensetzung der Gase schließen. Durch solche Untersuchungen hat man auch festgestellt, daß die Erde aus den gleichen Elementen besteht wie die Sonne.

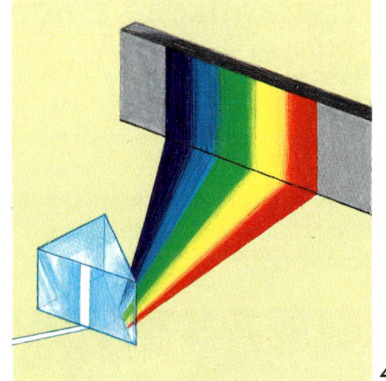

1 Kräfte

Der Gewichtheber hebt mit seinen Armen eine 200 kg schwere Hantel. Ein „Goliath" wirft einen 100 kg schweren Stein hoch in die Luft. Ein Athlet zieht einen über 6 t schweren Lastkraftwagen.

Physikalische Bedeutung von Kräften

Wenn wir diesen Männern am Badestrand begegneten, würden wir sagen: „Die haben Kraft." Wir meinen damit, daß sie einen schweren Körper heben, wegziehen oder hochwerfen können. Ob es wirklich so ist, können wir erst entscheiden, wenn die Männer auf einen Körper einwirken. Die Beispiele zeigen: Die Muskelkräfte eines Menschen können nur wirken, wenn ein zweiter Körper vorhanden ist.

KRÄFTE

In der Physik spricht man nur dann von Kraft, wenn zwei Körper gegenseitig aufeinander einwirken. Im Bild 1 kann man sehen, daß nicht nur der Junge mit seiner Kraft den Expander auseinanderzieht, sondern daß gleichzeitig die Federn des Expanders die Arme des Jungen zusammenziehen wollen.

Kräfte können verschiedene Wirkungen hervorrufen.

Kräfte können *bewegliche Körper*
— in Bewegung versetzen,
— gegen einen Widerstand in Bewegung halten,
— aus ihrer Bewegungsrichtung bringen,
— aus der Bewegung abbremsen.

Kräfte können *unbewegliche Körper*
— zeitweilig verformen,
— bleibend verformen,
— zerstören.

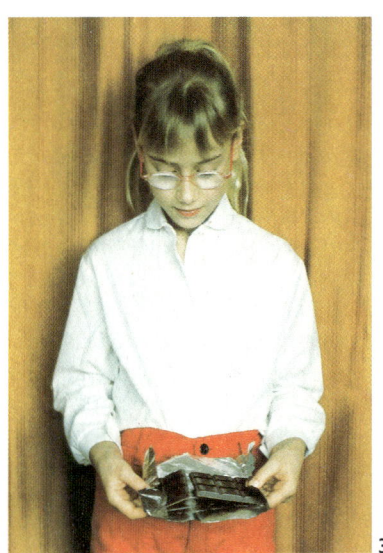

Kräfte geben an, wie stark Körper aufeinander einwirken. Kräfte können die Bewegung (Geschwindigkeit und Richtung) und die Form eines Körpers ändern.

Es gibt verschiedene Arten von Kräften: Gewichtskräfte, magnetische Kräfte, elektrische Kräfte, Reibungskräfte, Federkräfte, Windkräfte, Muskelkräfte usw.

Messen von Kräften

Wollen zwei Jungen ihre Kräfte messen, müssen sie die Wirkungen ihrer Kräfte auf andere Körper vergleichen. Sie verabreden: Zwei Kräfte sind gleich groß, wenn sie dieselbe Feder um die gleiche Länge dehnen oder wenn sie dieselbe Kugel aus der Ruhelage auf die gleiche Geschwindigkeit beschleunigen. Wollen sie ihre Kräfte zahlenmäßig angeben, müssen beide eine Einheit für die Kraft verabreden.

Herr Findig braucht keinen Topflappen.

KRÄFTE IN DER MECHANIK

Für die Kraft wurde international die Einheit Newton (N) (sprich: njutn) festgelegt. Damit werden die Leistungen des englischen Physikers *Isaac Newton* gewürdigt (Bild 1). Dieser Forscher hat vor allem Kräfte und ihre Wirkungen untersucht.

1 N ist die Kraft, die einen Körper mit einer Masse von 1 kg in einer Sekunde auf eine Geschwindigkeit von $1\,\frac{m}{s}$ beschleunigt.

Es ist auch möglich, das Newton so zu definieren:

1 N ist die Kraft, mit der ein Körper mit einer Masse von etwa 100 g (exakter 98,1 g) an seiner Aufhängung zieht oder auf seine Unterlage drückt.

In der Technik benutzt man oft Vielfache der Einheit Newton: Kilonewton (kN) und Meganewton (MN).
Es gilt: 1 kN = 1 000 N   1 MN = 1 000 kN = 1 000 000 N
Zum Messen von Kräften dienen Federkraftmesser in verschiedenen Ausführungen. Alle Federkraftmesser haben eine Stahlfeder, eine Skala und eine Möglichkeit zur Nullpunkteinstellung (Bild 2).
Das Formelzeichen für die Kraft ist $\vec{F}$ (vom englischen Wort force). Da Kräfte gerichtete Größen sind, stellt man über das Formelzeichen einen Pfeil. Gerichtete Größen nennt man *Vektorgrößen*. Sind nur die Beträge der Kräfte bedeutsam, läßt man ihn weg.
Will man Kräfte voneinander unterscheiden, werden dem $\vec{F}$ weitere Buchstaben hinzugefügt, beispielsweise $\vec{F}_G$ Gewichtskraft.
In Zeichnungen stellen wir Kräfte durch Kraftpfeile dar (Bild 3). Der Anfangspunkt des Pfeils ist der Angriffspunkt der Kraft. Die Richtung des Pfeils gibt die Richtung der Kraft an. Die Länge des Pfeils veranschaulicht den Betrag der Kraft. Für die Länge des Pfeils kann ein Maßstab vereinbart werden, zum Beispiel 1 cm $\triangleq$ 10 N.

Isaac Newton (1643 bis 1727)

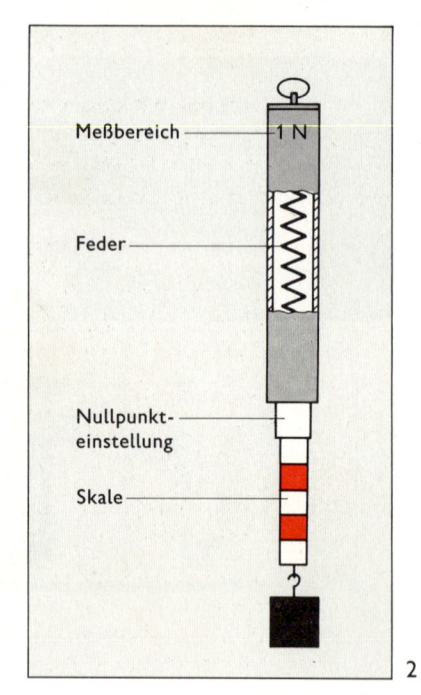

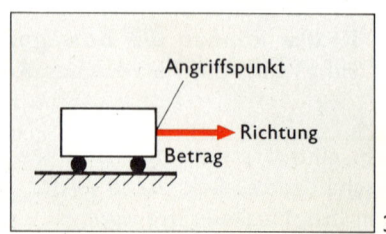

Angriffspunkt, Richtung und Betrag von Kräften

Die Wirkungen einer Kraft können unterschiedlich sein. Wovon die Wirkung einer Kraft abhängt, soll experimentell untersucht werden.

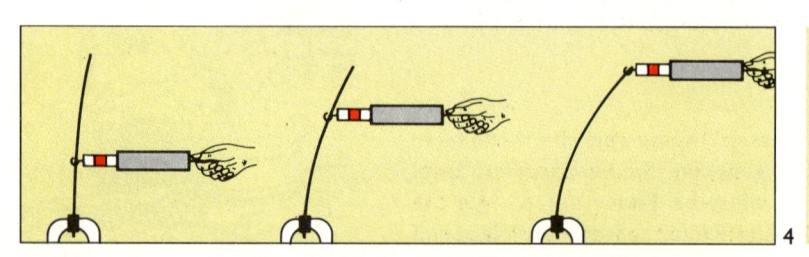

Experiment 1
Wir ziehen mit einem Federkraftmesser an verschiedenen Stellen einer Blattfeder mit jeweils gleich großen Kräften.

Wir erkennen: Gleich große Kräfte gleicher Richtung verursachen bei unterschiedlichen Angriffspunkten verschiedene Wirkungen.

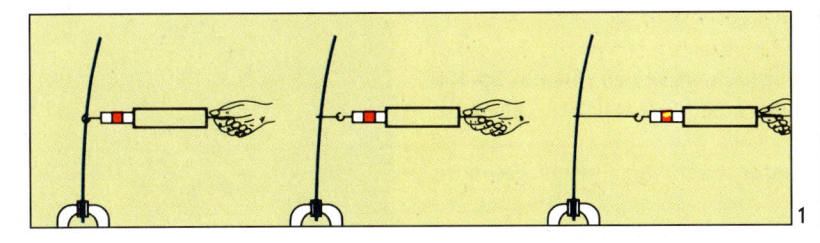

KRÄFTE

Experiment 2
Wir ziehen jeweils aus verschiedenen Entfernungen mit gleicher Kraft an derselben Stelle der Blattfeder.

Wir erkennen: Die Wirkung einer Kraft ändert sich nicht, wenn ihr Angriffspunkt längs einer Geraden verschoben wird. Diese Gerade heißt *Wirkungslinie* der Kraft.

Kraft gleich Gegenkraft

Eine Kraft kann nur wirken, wenn mindestens zwei Körper vorhanden sind. Die Einwirkung eines Körpers auf einen zweiten bleibt nicht ohne „Antwort". Stets wirkt der zweite Körper mit einer Gegenkraft auf den ersten zurück.

Der Magnet zieht mit der Kraft F_2 den Eisenkörper an. Dieser wirkt mit der Kraft F_1 auf den Magneten zurück. Auch der Magnet bewegt sich.

Jens zieht mit der Kraft F_1 Peter an. Obwohl Peter die Leine nur festhält, wirkt er mit der Kraft F_2 auf Jens zurück. Beide treffen sich in der Mitte.

Beim Start wirkt der Sprinter mit der Kraft F_1 auf den Startblock. Der Startblock wirkt mit der Kraft F_2 auf den Sprinter zurück.

Aus ähnlichen Beispielen erkannte *Newton* das **Gesetz von Kraft und Gegenkraft**:

Wirken zwei Körper aufeinander ein, treten stets zwei Kräfte auf. Der Angriffspunkt der Kraft F_1 befindet sich im Körper 2, die Gegenkraft F_2 hat ihren Angriffspunkt im Körper 1. Die Beträge der zwei Kräfte sind gleich groß.

Im täglichen Leben sprechen viele Beispiele scheinbar gegen dieses Gesetz. Stößt sich beispielsweise ein 100-m-Läufer von den Startblöcken ab, so hat seine Kraft auf die Erde keine meßbare Wirkung, weil die Masse der Erde im Vergleich zu ihm sehr groß ist. Nur die Gegenkraft der Erde auf den Sportler führt zu einer sichtbaren Wirkung. Befänden sich die Startblöcke auf losem Untergrund, würden sie mit der Abstoßkraft des Läufers nach hinten weggeschoben. Der Start würde mißlingen.

Kraft und Bewegung

Ein Fußball bleibt so lange auf dem Spielplatz liegen, bis ein Spieler ihn anstößt. Auch weitere Erfahrungen aus dem täglichen Leben besagen:
Ein ruhender Körper beharrt im Zustand der Ruhe, wenn keine äußere Kraft auf ihn einwirkt.
Dieses Beharrungsvermögen eines Körpers bezeichnet man in der Physik als *Trägheit*.
Manchmal führen tägliche Beobachtungen auch zu Fehlschlüssen. Jeder weiß, daß die Bewegung eines Fahrrades, eines Ruderbootes oder eines Pkw allmählich aufhört, wenn man die Pedalen nicht mehr tritt, die Ruderblätter nicht mehr betätigt oder den Motor abschaltet. Das führt zu der Ansicht: Für das Aufrechterhalten der Bewegung eines Körpers sei eine Kraft erforderlich. Der italienische Physiker *Galileo Galilei* hat den Fehler in diesen Überlegungen entdeckt.
Läßt man einen Wagen von einer Erhöhung auf eine ebene Bahn fahren, rollt er um so weiter, je kleiner die Reibung zwischen ihm und der Bahn ist. Gäbe es keine die Bewegung hemmende Kraft (Reibungskraft), würde der Körper seine Bewegung mit gleichbleibender Geschwindigkeit fortsetzen.
Wenn es möglich wäre, eine Bahn ohne jegliche Reibung zu schaffen, würde der Wagen von selbst mit gleichbleibender Geschwindigkeit immer weiter geradeaus fahren, er bliebe immer in Bewegung.

Galileo Galilei (1564 bis 1642)

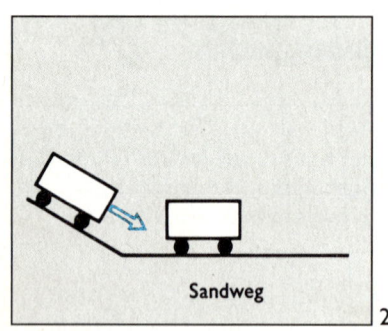

Rollt der Wagen auf einer Sandbahn, ist die bewegungshemmende Reibungskraft sehr groß. Der Wagen bleibt nach kurzem Rollen stehen.

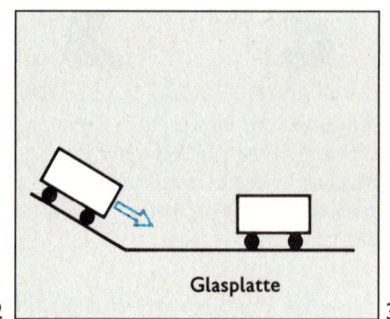

Rollt der Wagen auf einer Glasplatte, ist die bewegungshemmende Reibungskraft kleiner. Die Bewegung des Wagens hält länger an.

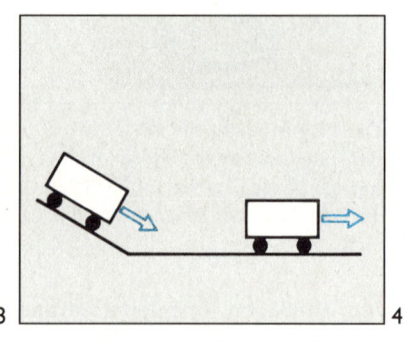

Rollt der Wagen auf einer Bahn ohne bewegungshemmende Reibungskraft, würde die Bewegung ewig fortdauern.

Galilei schlußfolgerte: *Wenn auf einen in Bewegung befindlichen Körper keine Kraft einwirkt, beharrt er in seinem Bewegungszustand.* Aus beiden Aussagen folgt das von *Galilei* formulierte Beharrungsgesetz oder **Trägheitsgesetz**:

> **Jeder Körper beharrt im Zustand der Ruhe oder der geradlinig gleichförmigen Bewegung, wenn er sich selbst überlassen bleibt und nicht durch äußere Kräfte gezwungen wird, seinen Zustand zu ändern.**

KRÄFTE

Ein Blick über die Schulter des Physikers

Wissenschaftler sind bemüht, *physikalische Gesetze* zu erkennen.

Ein physikalisches Gesetz ist ein wesentlicher Zusammenhang, der sich unter gleichen Bedingungen immer wieder wiederholt.

Wie erkennt man physikalische Gesetze?
Aus Beobachtungen der Umwelt ergeben sich *Fragen an die Natur*. So eine Frage wäre: Welcher Zusammenhang besteht zwischen der Zugkraft F an einer Feder und der Verlängerung s dieser Feder? Ein Physiker versucht, den beobachteten Vorgang im Labor nachzuvollziehen. Er plant ein *Experiment* und führt es durch. Um die obige Frage zu beantworten, läßt er eine immer größere Kraft an der Feder ziehen. Dazu hängt er immer mehr Wägestücke an die Feder (Bild 1). Je größer die Zugkraft F, desto größer wird die Verlängerung s der Feder. Die erhaltenen Meßwerte werden in einer *Meßwerttabelle* erfaßt. Danach werden die Meßwertpaare in ein *Koordinatensystem* eingetragen (Bild 2). Durch die so erhaltenen Punkte legt der Physiker eine Gerade, die durch den Ursprung des Koordinatensystems verläuft und von der die einzelnen Punkte nicht zu weit entfernt sind (Bild 3). Er ist nämlich der Ansicht, daß sich die Feder gleichmäßig dehnt und Abweichungen einzelner Meßwertpaare von dieser Geraden durch Meßfehler entstanden. Aus dieser grafischen Darstellung erkennt der Physiker:

Die Zugkraft F und die Verlängerung s einer Feder sind direkt proportional zueinander ($F \sim s$).

Merkmale einer Proportionalität sind:
– Wenn sich die eine Größe verdoppelt (verdreifacht), dann verdoppelt (verdreifacht) sich auch die andere Größe (vgl. Meßwerttabelle).
– Die grafische Darstellung ist eine Gerade.
– Der Quotient aus beiden Größen ist konstant.
$\left(\text{im Beispiel: } \dfrac{F}{s} = 2\ \dfrac{N}{cm}\right)$

Aus einer einzelnen Meßreihe schließt ein Physiker nicht auf ein Gesetz. Er *wiederholt* seine *Messungen* mehrfach. Er verwendet dabei in unserem Fall unterschiedliche Federn – harte und weiche, Federn aus verschiedenen Materialien. So erkennt er die *Gültigkeitsbedingungen* eines physikalischen Gesetzes. Für unser Gesetz gilt:

Die Kraft darf nicht so groß sein, daß die Feder sich bleibend verformt.

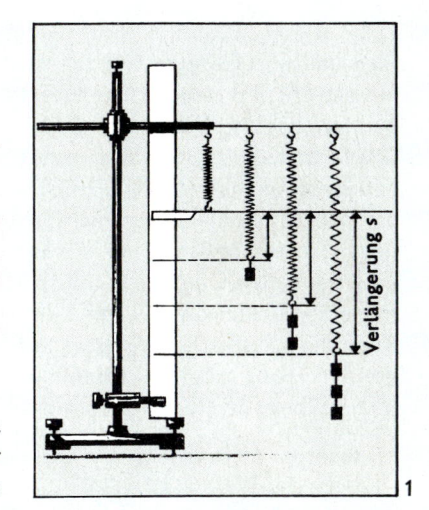

Kraft F	Verlängerung s
1 N	0,5 cm
2 N	1,1 cm
3 N	1,6 cm
4 N	1,9 cm
5 N	2,6 cm

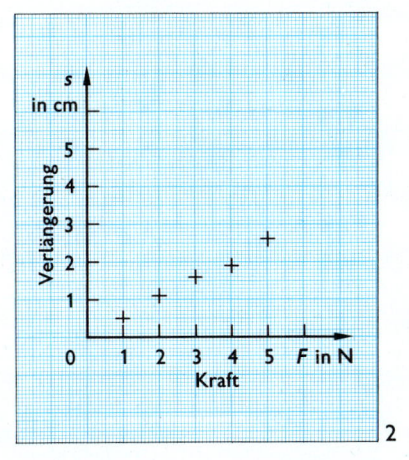

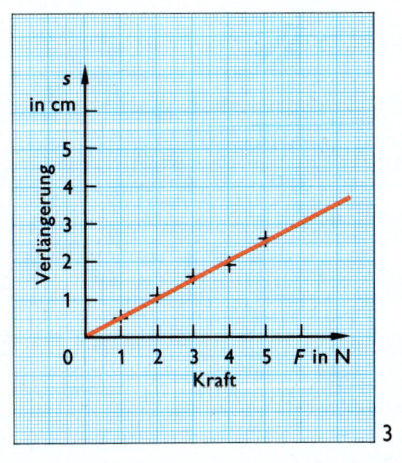

Physikalische Gesetze werden häufig nach den Physikern benannt, die sie erkannt haben. Das Gesetz in unserem Beispiel heißt nach dem englischen Physiker *Robert Hooke* das Hookesche Gesetz.
Die *grafische Darstellung* eines gesetzmäßigen Zusammenhangs hat verschiedene Vorzüge. Es ist zum Beispiel sofort erkennbar, ob ein proportionaler oder nichtproportionaler Zusammenhang vorliegt. Sie ermöglicht eine Vorhersage über physikalische Größen. So ist aus dem Diagramm ablesbar, daß sich die Feder beim Ziehen mit einer Kraft von 6 N um 3 cm verlängern wird.
Kann das physikalische Gesetz mit einer *Gleichung* formuliert werden, so ist es möglich, zusammengehörige Wertepaare zu berechnen. Mühevolle Messungen sind nicht mehr nötig.

In unserem Beispiel ist der Quotient $\frac{F}{s}$ von der benutzten Feder abhängig. Dieser Quotient charakterisiert die „Steifheit" der Feder. Man bezeichnet daher diesen Quotienten als Federkonstante D und schreibt $\frac{F}{s} = D$. Löst man die Gleichung nach F auf, so erhält man die Gleichung für das Hookesche Gesetz: $F = D \cdot s$.
Wenn der Physiker oder Techniker die Federkonstante D kennt, kann er folgende Fragen beantworten:

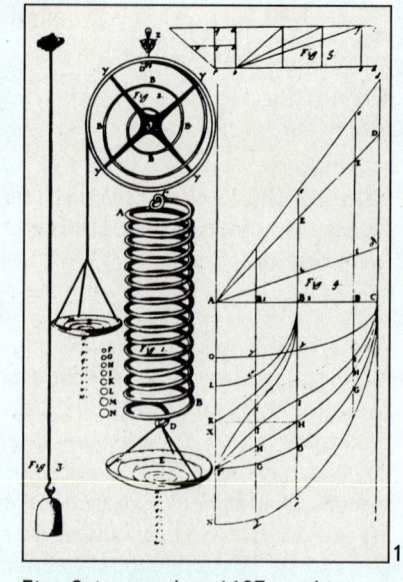

Eine Seite aus dem 1687 erschienenen Hookschen Lectures de Potentia Restitutiva.
Sie zeigt seine Experimentieranordnung und grafische Auswertung von Meßwerten.

Aufgabe 1
Wie groß darf die Kraft höchstens sein, wenn sich eine Feder mit der Federkonstante $D = 1{,}2 \frac{N}{cm}$ höchstens um 6 cm dehnen soll?

Gesucht: F in N
Gegeben: $D = 1{,}2 \frac{N}{cm}$
$s = 6$ cm

Lösung: $F = D \cdot s$

$F = 1{,}2 \frac{N}{cm} \cdot 6 \text{ cm} = 1{,}2 \cdot 6 \frac{N \cdot cm}{cm}$

$\underline{\underline{F = 7{,}2 \text{ N}}}$

Ergebnis: Es darf höchstens eine Kraft von 7,2 N wirken.

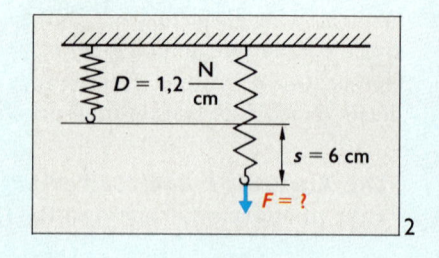

Aufgabe 2
An eine Feder mit einer Federkonstanten $D = 1{,}2 \frac{N}{cm}$ soll ein Körper mit einer Gewichtskraft von 3 N angehängt werden. Wie groß wird die Verlängerung der Feder sein?

Gesucht: s in cm
Gegeben: $D = 1{,}2 \frac{N}{cm}$
$F = 3$ N

Lösung: $F = D \cdot s$ Umformen der Gleichung nach s ergibt

$s = \frac{F}{D}$

$s = \frac{3 \text{ N}}{1{,}2 \frac{N}{cm}} = \frac{3 \text{ N} \cdot cm}{1{,}2 \text{ N}}$

$\underline{\underline{s = 2{,}5 \text{ cm}}}$

Ergebnis: Die Verlängerung der Feder beträgt 2,5 cm.

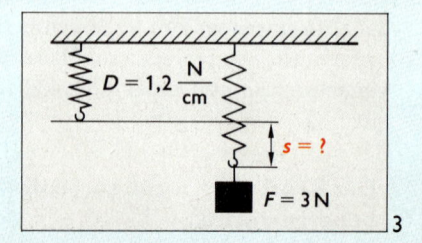

KRÄFTE

Ein Blick in die Technik

Während auf der Erde bei allen Bewegungen die Reibungskraft als bewegungshemmende Kraft wirkt, ist das im Weltall nicht so.

So haben beispielsweise die amerikanischen Astronauten *N. Armstrong, E. Aldrin* und *M. Collins* im Jahre 1969 nach dem Verlassen des erdnahen Raumes den 384 000 km langen Weg zum Mond in zwei Tagen ohne jeglichen Antrieb zurückgelegt. Sie behielten ihre Geschwindigkeit von 10,8 km/s bei, da es im Weltall keine Luft und demzufolge keine Luftreibung gibt. Eine noch größere Entfernung legte die Raumsonde Voyager 2 zurück. Nach Verlassen des erdnahen Raumes im August 1977 erreichte sie ohne weiteren Antrieb nach 12 Jahren den 4 500 000 000 km entfernten Planeten Neptun.

Weißt du es? Kannst du es?

1. Wie groß ist die Gewichtskraft eines Körpers, wenn seine Masse a) 10 g, b) 50 g, c) 200 g und d) 20 kg beträgt?
2. Welche Gemeinsamkeiten und welche Unterschiede weisen die Kräfte F_1, F_2, F_3 und F_4 im Bild 2 auf?
3. Mit der im Bild 3 dargestellten Experimentieranordnung kann gezeigt werden, daß sich auch Tischplatten beim Einwirken von Kräften verformen. Was wird geschehen, wenn man das Wägestück auf die Tischplatte stellt? Begründe deine Erwartungen!
4. Zwei Federkraftmesser für 1 N bzw. 10 N sind gleich lang. Welcher Federkraftmesser hat die härtere Feder?
5. Eine Feder wird durch eine Kraft von 0,4 N um 6 cm verlängert.
   a) Zeichne das *F-s*-Diagramm!
   b) Ermittle grafisch und rechnerisch die Kraft, die die Feder um 4,5 cm verlängert und die Verlängerung der Feder, wenn eine Kraft von 0,25 N wirkt!
   c) Trage in das *F-s*-Diagramm je eine Gerade für eine härtere bzw. weichere Feder ein!
6. Wie verhält sich die Kugel im Bild 4
   a) beim plötzlichen bzw. allmählichen Anfahren,
   b) beim plötzlichen bzw. allmählichen Abbremsen,
   c) bei geradlinig gleichförmiger Fahrt,
   d) bei einer Kurvenfahrt nach links bzw. nach rechts?

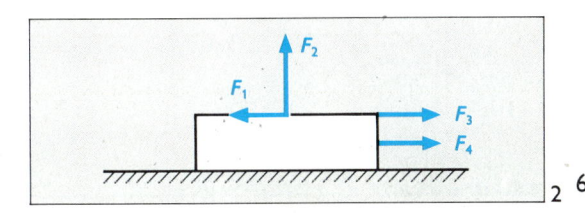

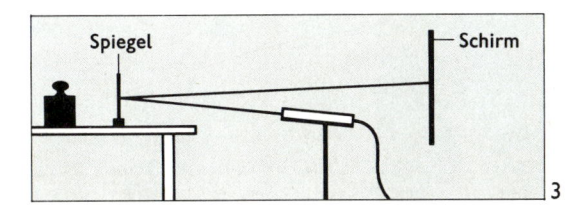

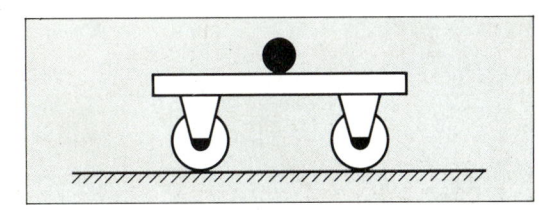

46 KRÄFTE IN DER MECHANIK

2 Addition von Kräften

Beim Bändertanz zieht jeder Tänzer mit einer bestimmten Kraft an seinem Band. Die Tänzer ziehen alle in unterschiedlicher Richtung am Sammelpunkt der Bänder. Trotzdem soll der Sammelpunkt der Bänder immer am selben Ort bleiben. Wie kann das gelingen?

Zusammensetzen von Kräften, Gesamtkraft

Wirken auf einen Körper mehrere Kräfte, so addieren sie sich zu einer Gesamtkraft. Man nennt sie Resultierende F_R.
Beim Tauziehen (Bild 2) addieren sich die Kräfte der Mitglieder einer Mannschaft nach der einfachen Gleichung

$F_R = F_1 + F_2 + \ldots + F_n$.

Das gilt nur, wenn die Kräfte längs derselben Wirkungslinie wirken.

ADDITION VON KRÄFTEN

Die Kraft eines Schleppers reicht nicht aus, große Schiffe zu ziehen. Zwei Schlepper schaffen es (Bild 3, vorhergehende Seite). Die Kräfte der Schlepper haben verschiedene Wirkungslinien.
Wie addieren sich Kräfte unterschiedlicher Richtung?

Experiment 1
In einem Experiment veranschaulichen wir das Ziehen eines Schiffes durch zwei Schlepper. Die Schlepper werden durch zwei Federkraftmesser ersetzt. Mit ihnen ziehen wir an einem dritten Federkraftmesser. Er ersetzt das große Schiff.

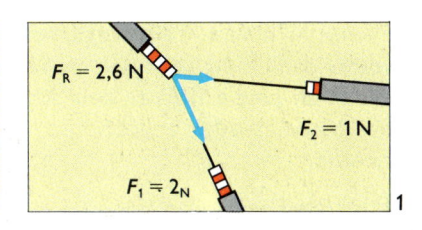

Am Federkraftmesser 3 addieren sich die zwei Kräfte F_1 und F_2 zu einer resultierenden Kraft F_R. Wenn $F_1 = 2$ N und $F_2 = 1$ N ist, zeigt der Federkraftmesser die Resultierende $F_R = 2,6$ N an. Verändern wir den Winkel zwischen den Kräften F_1 und F_2, dann verändert sich auch F_R.
Das heißt, wenn F_1 und F_2 nicht entlang derselben Wirkungslinie wirken, kann man die Resultierende F_R nicht durch Addition der Beträge von F_1 und F_2 erhalten.
Im Bild 2 sind die Richtungen und Beträge der Kräfte F_1 und F_2 sowie die Resultierende F_R maßstabsgerecht dargestellt. Ergänzen wir die Kraftpfeile von F_1 und F_2 zu einem Kräfteparallelogramm, so bildet der Kraftpfeil von F_R gerade die eingeschlossene Diagonale des Parallelogramms. Diese Möglichkeit der Addition nennt man geometrische Addition oder Vektoraddition.

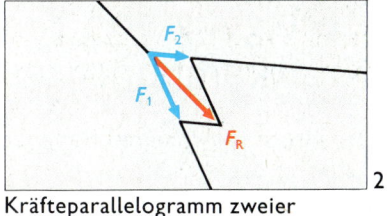

Kräfteparallelogramm zweier Kräfte

Kräfte können geometrisch addiert werden.
Greifen die Kräfte entlang einer Wirkungslinie am Körper an, dann werden die Längen der Kraftpfeile addiert.
Greifen die Kräfte nicht entlang einer Wirkungslinie am Körper an, ist die Resultierende F_R zweier Kräfte F_1 und F_2 die eingeschlossene Diagonale des von ihnen aufgespannten Kräfteparallelogramms.

Wie ändert sich die Resultierende zweier Kräfte, wenn sich der Winkel zwischen ihren Wirkungslinien verändert?

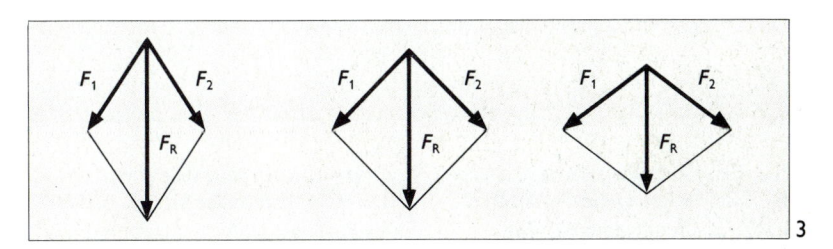

Aus den Bildern ist erkennbar:

Die Resultierende F_R zweier Kräfte ist um so kleiner (größer), je größer (kleiner) der Winkel zwischen ihren Wirkungslinien ist.

Vergrößert man den Winkel zwischen zwei Kräften auf 180°, haben beide Kräfte dieselbe Wirkungslinie.
Ist dann auch noch der Betrag der beiden Kräfte gleich groß, ergibt sich für die Resultierende $F_R = 0$. Es besteht ein **Kräftegleichgewicht**.
Wenn an einem freibeweglichen Körper Kräftegleichgewicht besteht, dann ruht er, oder er bewegt sich geradlinig gleichförmig. Wenn an einem Körper kein Kräftegleichgewicht besteht, wird er beschleunigt oder abgebremst, oder er ändert seine Bewegungsrichtung.

An einem Körper besteht Kräftegleichgewicht, wenn an ihm zwei gleich große, aber entgegengesetzt gerichtete Kräfte angreifen.

Zerlegung von Kräften, Kraftkomponenten

Auf einem verschneiten Hang treibt es einen Skifahrer bergab. Ursache ist das Wirken der *Hangabtriebskraft* F_H (Bild 2).
Der Skifahrer hinterläßt eine Spur. Sie entsteht, weil senkrecht zum Hang eine Kraft wirkt. Diese Kraft heißt *Normalkraft* F_N. Die Hangabtriebskraft und die Normalkraft entstehen als Folge der Gewichtskraft F_G. Wenn eine Kraft nicht längs ihrer eigentlichen Wirkungslinie wirken kann, teilt sie sich in Teilkräfte auf. Diese nennt man *Kraftkomponenten*.
Ähnliche Kräftezerlegungen spielen in der Technik eine wichtige Rolle, da auf diese Weise die an einzelnen Bau- und Maschinenteilen auftretenden Teilkräfte bestimmt werden können.
Im Bild 3 ruft die Gewichtskraft des Artisten zwei Zugkräfte hervor, die längs der Seilstücke wirken.
Wie kann man die Beträge und die Richtungen der Kraftkomponenten ermitteln?

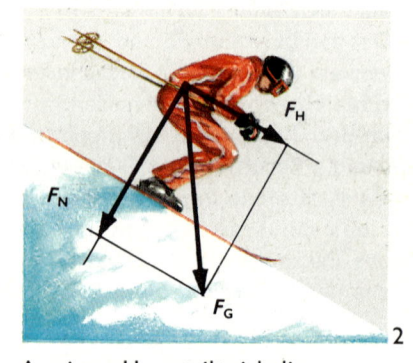

An einem Hang teilt sich die Gewichtskraft F_G in eine Hangabtriebskraft F_H und eine Normalkraft F_N auf.

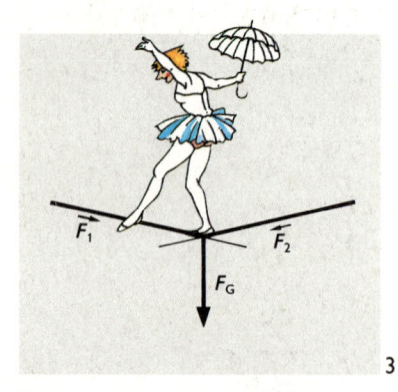

Zuerst muß man herausfinden, in welche Zug- und Druckkräfte sich die Gewichtskraft aufteilen kann. Dann zeichnet man die Wirkungslinien dieser Kraftkomponenten.

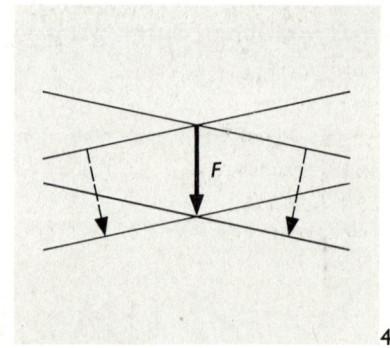

Man führt eine Parallelverschiebung der zwei Wirkungslinien durch die Spitze des Kraftpfeils für die Gewichtskraft durch und erhält so ein Parallelogramm.

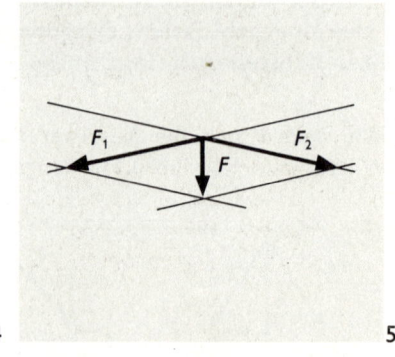

Die zwei, vom Angriffspunkt der Gewichtskraft ausgehenden Seiten des Parallelogramms ergeben die zwei gesuchten Kraftkomponenten F_1 und F_2.

Die Zerlegung einer Kraft in Kraftkomponenten setzt voraus, daß die Wirkungslinien der jeweiligen Kraftkomponenten bekannt sind.

ADDITION VON KRÄFTEN

Ein Blick in die Natur

Kräftezerlegung. Das Bild 1 zeigt die typische Haltung eines Spechtes beim Klopfen. In dieser Stellung wird seine Gewichtskraft F_G in zwei Kraftkomponenten zerlegt. Die Kraftkomponente F_1 ist eine Zugkraft, deshalb muß sich der Specht mit seinen Füßen festkrallen. Die Komponente F_2 ist eine Druckkraft. Sie wirkt über die stabilen Schwanzfedern auf den Stamm.

Kräftegleichgewicht. Anfänger haben bei Skifahrten vor langen steilen Hängen Angst. Sie meinen, sie würden bis zum Ende der Abfahrt immer schneller werden. Das ist aber ein Irrtum. Mit zunehmender Geschwindigkeit steigt die Widerstandskraft der Luft schneller an als die Geschwindigkeit des Skifahrers. Bei einer bestimmten Geschwindigkeit wird zwischen der konstanten Hangabtriebskraft F_H und der Widerstandskraft der Luft F_W Kräftegleichgewicht erreicht. Danach ist die weitere Abfahrt bei gleichbleibender Neigung des Hanges eine gleichförmige Bewegung.

Weißt du es? Kannst du es?

1. Zwei Schlepper ziehen mit einer Zugkraft von 200 kN einen Frachter in den Hafen. Wie groß ist die resultierende Zugkraft am Frachter, wenn die zwei Schleppseile einen Winkel von a) 20° und b) 40° einschließen?
2. Finde durch Konstruktion (Kräftezerlegung) heraus, welches Leiterteil stärker belastet wird! Wie erklärst du dir die Gefahr des Wegrutschens einer Leiter, und wie begegnet man ihr durch geeignete Bauweise? 
3. Man kann ein Wägestück von 1 kg auf verschiedene Weise an zwei Seilen aufhängen. Welche Kraft zieht jeweils an den Seilen?
4. Beim Ziehen eines Schlittens kann eine zweite Person durch Ziehen oder Schieben helfen. Was ist günstiger? Führe jeweils eine Kräftezerlegung durch!
5. Wie ändert sich das Kräftegleichgewicht bei einem Skifahrer, wenn der Hang steiler bzw. flacher wird?

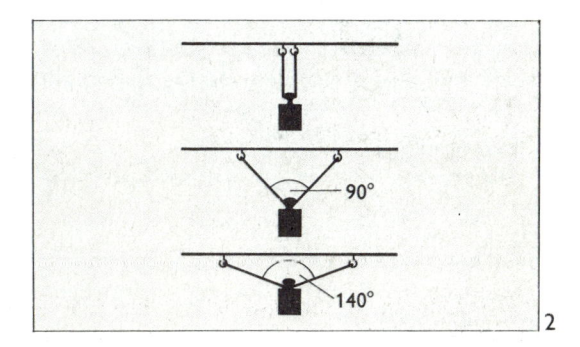

3 Reibung

Was für ein Vergnügen, in schnellem Tempo auf einer Wasserrutsche in das kühle Naß zu gleiten.
Welche physikalischen Erscheinungen sind Grundlage für unser Vergnügen?

Reibungskräfte

Wer ist beim Skifahren noch nicht gestürzt, wenn er mit einem Ski über Steine, Sand oder Wurzeln fuhr? Ursache dafür war die plötzliche Änderung der **Reibungskraft** F_R.
Es gibt verschiedene Reibungskräfte. Die **Gleitreibungskraft** F_{Gleit} wirkt der Bewegung entgegen und behindert das Gleiten. Die **Haftreibungskraft** F_{Haft} läßt einen Körper an seiner Unterlage fest haften und hindert einen Körper daran, von seiner Stelle wegzugleiten.
Die Reibungskräfte können wir nicht direkt messen. Wir schließen auf den Betrag der Reibungskraft aus den Meßwerten für die Zugkraft, die wir benötigen, um einen Körper zu bewegen. Solange ein Körper in Ruhe oder in gleichförmiger Bewegung bleibt, muß an ihm ein Kräftegleichgewicht bestehen. Der Betrag der Reibungskraft muß also gleich dem Betrag der Zugkraft sein (Bild 2).

Experiment 1
Wir erhöhen bei einem ruhenden Körper allmählich die Zugkraft.

Wir beobachten: Erst bei einem bestimmten Betrag der Zugkraft setzt sich der Körper ruckartig in Bewegung (Bilder 3 bis 5). Wir schließen daraus:

Mit zunehmender Zugkraft nimmt die Haftreibungskraft bis zu einem maximalen Wert zu.

Wird die Zugkraft noch größer, reicht die Haftreibungskraft zum Festhalten des Körpers nicht mehr, der Körper beginnt zu gleiten.

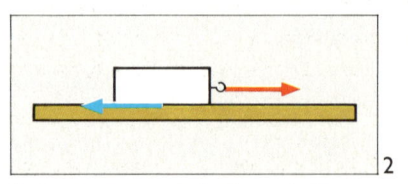

So bestimmen wir Reibungskräfte.

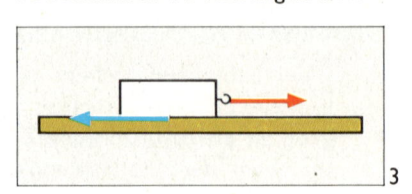

Der Körper haftet.
$F_{Haft} = F_{Zug}$

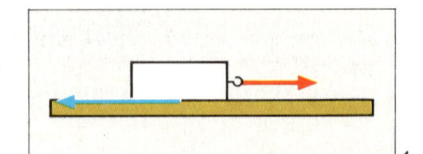

Der Körper haftet gerade noch.
F_{Haft} hat ihren größten Wert.

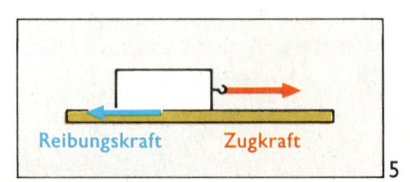

Reibungskraft   Zugkraft

Der Körper gleitet.
$F_{Haft} < F_{Zug}$

REIBUNG

Experiment 2
Wir messen und vergleichen jeweils an dem gleichen Körper die Haftreibungskraft und die Gleitreibungskraft.

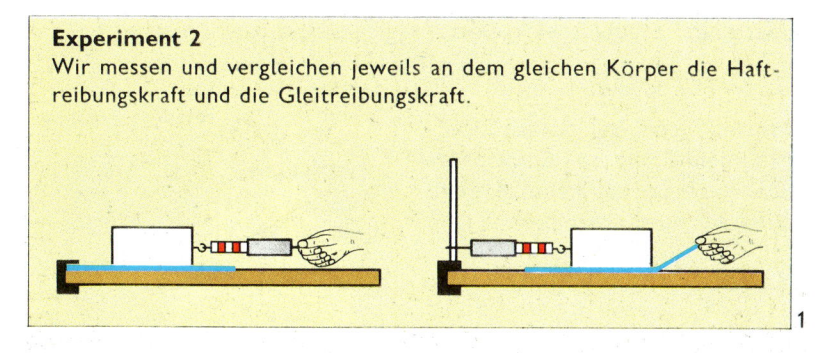

Wir erkennen:

Die Haftreibungskraft ist größer als die Gleitreibungskraft.

Bei vielen Vorgängen möchten wir vorab wissen, wie groß die Reibungskraft ist. Kann man sie berechnen?
Aus unserer Erfahrung vom Schlittenziehen vermuten wir, daß die Reibungskraft F_R von der Kraft abhängt, mit der ein Körper auf seine Unterlage gepreßt wird. Am Hang ist diese Kraft die Normalkraft, bei einer Felgenbremse ist es die Muskelkraft. Unabhängig von der Art nennen wir diese Kraft **Normalkraft** F_N, weil sie senkrecht auf die Unterlage wirkt.

Normalkraft F_N	Reibungskraft F_R
1 N	0,4 N
2 N	0,8 N
3 N	1,2 N

Experiment 3
Durch Aufsetzen von Wägestücken auf den gleitenden Körper vergrößern wir schrittweise die Normalkraft. Zu jeder Normalkraft messen wir die Reibungskraft.

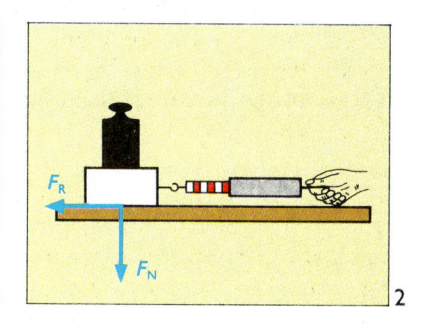

Aus den Meßwerten und dem Diagramm erkennen wir:

Die Reibungskraft F_R ist der Normalkraft F_N direkt proportional. $F_R \sim F_N$

Für diese Proportionalität ist der Quotient $\dfrac{F_R}{F_N} = 0{,}4$.

Wiederholen wir dieselben Messungen für das Haften, so ist der Quotient größer als beim Gleiten.
Welchen Einfluß haben die Stoffe, aus denen die aufeinandergleitenden Körper bestehen?

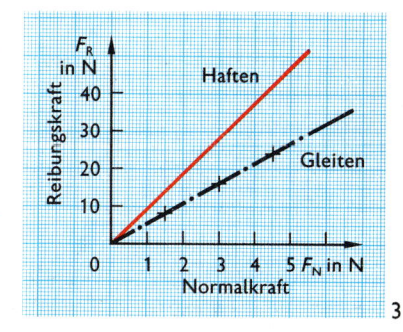

Experiment 4
Wir wählen eine konstante Normalkraft. Der Körper soll nacheinander auf Unterlagen aus Glas, Holz und Sandpapier gleiten.

Für die verschiedenen Stoffkombinationen ergeben sich unterschiedliche Quotienten $\frac{F_R}{F_N}$. Sind die Oberflächen der sich berührenden Oberflächen rauh, ist der Quotient groß, bei glatten Oberflächen ist er meist kleiner. Man nennt diesen Quotienten **Reibungszahl** zweier Stoffe. Die Reibungszahl hat keine Einheit. Ihr Formelzeichen ist μ. Damit können wir auch schreiben:

$\frac{F_R}{F_N} = \mu$ und nach Umformen $F_R = \mu \cdot F_N$.

Reibungszahlen μ

Stoffe	Haft-reibung	Gleit-reibung
Stahl auf Stahl	0,15	0,10
Metall auf Holz	0,55	0,35
Holz auf Holz	0,65	0,36

Die Reibungskraft ist um so größer, je größer die Reibungszahl μ und die Normalkraft F_N, mit der die zwei Körper aneinander gepreßt werden, sind.

$$F_R = \mu \cdot F_N$$

Will man die Reibung verkleinern, gibt es zwei Möglichkeiten. Man kann den Körper auf Rollen legen (Bild 1) oder ihn mit Rädern versehen. Dem Rollen eines Körpers wirkt zwar auch eine Reibungskraft entgegen, Messungen ergeben jedoch:

Die Rollreibungskraft ist kleiner als die Gleitreibungskraft.

Noch kleiner wird die Reibungskraft, wenn man zwischen die sich reibenden Körper eine Flüssigkeit bringt, am besten Schmieröl. Man spricht von einer Flüssigkeitsreibung.

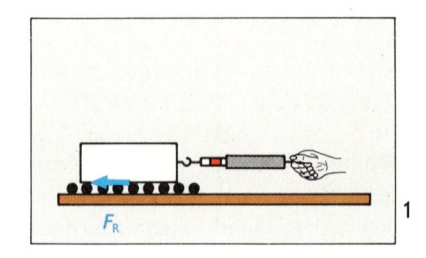

Ein Blick in die Geschichte

Feuermachen. Schon unsere Urahnen nutzten die Reibung zum Erzeugen von Feuer. Sie hatten beobachtet, daß Reibung zu einer sehr starken Erwärmung von Hölzern führen kann. Bestimmte Hölzer können sich dabei entzünden.
Durch Reibung erzeugen Naturvölker noch heute Feuer.

Transport von Baumaterial. Beim Bau von Tempeln und Pyramiden machten die Menschen die Erfahrung, daß schwere behauene Felsbrocken leichter fortbewegt werden konnten, wenn man vor die Kufen der Lastschlitten Wasser goß oder unter die Felsbrocken Rundhölzer legte.
Beim Bau von Schlössern wurde für den Transport des Baumaterials beispielsweise zwischen einem Fluß und dem Bauplatz ein Kanal angelegt. Nach Fertigstellung des Bauwerks veränderte man die Wasserwege so, daß sie sich in die Gestaltung des Schloßparks einfügten.

Ursprünglich diente dieses Gewässer zum Antransport des Baumaterials.

Ein Blick in die Natur

Flüssigkeitsreibung. Der Regenwurm trägt außen eine Hülle aus Schleim, die ihn feucht hält, vor Insekten schützt und das Gleiten in der Erde erleichtert. Auch Schnecken erleichtern ihre Fortbewegung durch eine feuchte Kriechsohle am Fuß. Besonders aktiv sind Schnecken, wenn die Pflanzen naß sind. Eisbären können sich auf dem glatten Eis geschickt bewegen, weil sie an ihren Fußflächen Haare haben. Dadurch entsteht eine ausreichend große Reibungskraft, und sie rutschen nicht so leicht aus.

Zur Zeit der Schneeschmelze, bei Wolkenbrüchen oder bei Dauerregen treten verstärkt Erdrutsche auf. Der Boden wird stark mit Wasser durchtränkt. Zwischen dem Boden und der wasserundurchlässigen Schicht entsteht eine dünne Wasserschicht. Auf ihr gleitet die feuchte Erde hinab wie ein Kind auf einer Wasserrutsche. Die rutschenden Erdmassen können großen Schaden anrichten.

1 Flüssigkeitsreibung begünstigt die Fortbewegung der Schnecke.

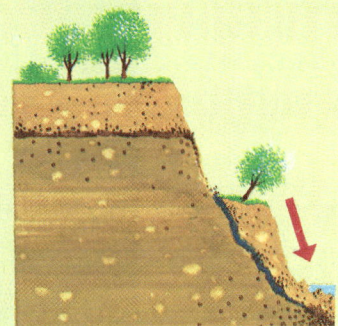

2 Flüssigkeitsreibung begünstigt einen Erdrutsch.

Sicheres Gehen. Die Haftreibung zwischen den Schuhsohlen und dem Untergrund ist für ein sicheres Stehen und Gehen wichtig. Beim Gehen drückt der Fuß mit seiner Antrittskraft auf die Straße. Die Haftreibung als Gegenkraft wirkt über die Schuhe in umgekehrter Richtung. Solange die Antrittskraft des Fußes auf die Straße nicht größer ist als die größtmögliche Haftreibungskraft zwischen Schuh und Straße, ist ein sicheres Gehen möglich. Wir müssen also auf einer Eisfläche, feuchtem Laub oder nassen Fliesen so gefühlvoll losgehen, daß die Antrittskraft auf den Untergrund nicht größer ist als die größtmögliche Haftreibungskraft. Aus den Betrachtungen folgt etwas auf den ersten Blick Verwunderliches. Nicht die Antrittskraft auf den Untergrund bewegt uns vorwärts, sondern die Haftreibungskraft als Gegenkraft zu ihr! Aber nur wenn eine Antrittskraft wirkt, kann die Haftreibungskraft als Gegenkraft entstehen.

Ein Blick in die Technik

Haftreibung. Die Haftreibung wird zur Übertragung von Kräften genutzt, denn die Haftreibung nimmt bewegliche Körper mit in Bewegung. Beispiele hierfür sind der Keilriemenantrieb und der Transport von Gütern auf Förderbändern.
Damit eine möglichst große Kraft übertragen werden kann, müssen die sich berührenden Materialien eine große Haftreibungszahl haben. Zugleich muß eine große Normalkraft wirken. Deshalb werden Keilriemen regelmäßig nachgespannt. Auch das Halten von Knoten zwischen Seilen sowie das Halten von Tauen an Pollern beruhen auf der Haftreibung.
Besondere Bedeutung hat die Haftreibung für Straßenfahrzeuge. Die Haftreibungskraft zwischen der Bereifung eines Pkw und der Straße hält den kleinen Teil der Bereifung fest, der gerade die Straße berührt. Ohne diese Haftreibungskraft würden die Antriebsräder durchdrehen. Die Bereifung wird auf der Straße um so besser festgehalten, je größer die Haftreibungszahl ist. Auf einer trockenen Straße beträgt sie 0,9 , auf nasser Straße nur noch 0,4 und auf vereister Straße sogar nur noch 0,1.
Infolge der Drehbewegung rollt das Rad nach vorn, der Pkw fährt. Die Haftreibung ist auch für die Kurvenfahrt und das Bremsen von großer Bedeutung.

Gleitreibung. Die Gleitreibung wird unter anderem zum Abbremsen von Fahrzeugen genutzt. Das geschieht beispielsweise mit Felgenbremsen beim Fahrrad und mit Scheibenbremsen bei Personenkraftwagen. Als Kraft wirkt hier nicht die Gewichtskraft, sondern die Kraft, mit der die sich berührenden Flächen aneinander gepreßt werden.
In allen Maschinen, in denen sich Teile bewegen, tritt Reibung auf. Die Reibung wirkt hierbei störend.
Zum Verringern der Reibungskraft beim Gleiten werden die gleitenden Flächen geschmiert. Beim Schmieren nutzt der Mensch die Vorteile der Flüssigkeitsreibung.

Kugellager. Bei Drehbewegungen wird die Gleitreibung häufig durch den Einbau von Kugellagern vermieden. Es wirkt dann die Rollreibung. Sie hemmt die Bewegungsvorgänge nicht so stark.

Keilriemen

Ohne Haftreibung dreht das Rad durch.

Kugellager, aufgeschnitten

REIBUNG

Weißt du es? Kannst du es?

1. Nenne Beispiele für Haftreibung, Gleitreibung und Flüssigkeitsreibung!
2. In einem Zimmer soll ein Schrank verschoben werden. Wie kann man sich das Verschieben erleichtern? Begründe deine Antwort!
3. Ein Stahlkörper hat eine Masse von 10 kg. Wie groß ist die Reibungskraft, wenn er a) auf Stahl und b) auf Eis gleitet?
4. Welche Reibungsart ermöglicht das Festhalten eines Nagels in der Wand? Wodurch entsteht die Anpreßkraft, und welche Unterschiede gibt es dabei?
5. Welche Reibungsart nutzt man für das Halten von Knoten und Schleifen? Wie erhöht man die Anpreßkraft?
6. Kann ein Pkw ($m = 1$ t) auf einem vereisten Hang (Neigung 10°) sicher stehen oder rutscht er weg? Bestimme die auftretenden Kräfte!
7. Warum rutschen nasse Gläser leichter aus der Hand als trockene?
8. Warum reibt man sich vor dem Stangenklettern die Hände mit Magnesiumpulver ein?
9. Warum haben Eisbären an den Laufsohlen Haare, Affen aber nicht?
10. Beim Spielen eines Cello nehmen die Haare des Bogens die angestrichene Saite aufgrund der Haftreibung mit. Bei einer bestimmten seitlichen Auslenkung der Saite gleitet diese an den Haaren des Bogens wieder zurück. Welche Reibungskräfte, welche Anpreßkräfte und welche anderen Kräfte wirken hier zusammen?
11. Warum haben Pkw vielfach einen Vorderradantrieb, Lkw aber ausschließlich einen Hinterradantrieb?
12. Erkundige dich, was man beim Autofahren unter Aquaplaning versteht! Welche Ursachen hat es? Welche Schlußfolgerungen sollte man daraus ziehen?
13. Das Festhalten von Schraubverbindungen beruht auf der Haftreibung zwischen Mutter und Schraube. Welchen physikalischen Sinn haben dabei Federringe?
14. Straßenbahnen haben mehrere Bremsen, unter anderen auch eine Sandbremse. Wie funktioniert sie?

4 Schwerkraft, Gewichtskraft und Masse

Auf dem Mond kann ein Mensch Geräte tragen, die ihm auf der Erde viel zu schwer wären. Wie ist das möglich?

Schwerkraft

Läßt man irgendwo auf der Erde einen Stein los, so fällt er zu Boden. Das bedeutet, der Stein fällt in Richtung Erdmittelpunkt. Ursache dafür ist die Anziehungskraft der Erde. Man bezeichnet diese Anziehungskraft auch als Schwerkraft der Erde. Nach dem lateinischen Wort gravis für schwer nennt man die Schwerkraft auch **Gravitationskraft**.

Auch auf dem Mond fällt ein Stein zu Boden, wenn er losgelassen wird. Das bedeutet auf dem Mond, der Stein fällt in Richtung Mondmittelpunkt. Die Ursache dafür ist die Schwerkraft oder die Gravitationskraft des Mondes.

> **Die Schwerkraft gibt an, wie stark ein Körper von der Erde (oder vom Mond) angezogen wird. Angriffspunkt der Schwerkraft ist der Mittelpunkt des Körpers. Die Schwerkraft ist zum Mittelpunkt der Erde (des Mondes) gerichtet.**

An jeder Stelle der Erde ist die Gewichtskraft zum Erdmittelpunkt hin gerichtet.

Auf dem Mond beträgt die Schwerkraft nur ein Sechstel der Schwerkraft der Erde.

Zu jeder Kraft gibt es eine Gegenkraft. Gegenkraft zur Gravitationskraft der Erde auf einen Körper ist die Kraft, mit der dieser Körper seinerseits die Erde anzieht. Ja, du hast richtig gelesen. Die Erde zieht nicht nur jeden Körper an, jeder Körper zieht auch die Erde an.

> **Gravitationskräfte treten stets paarweise auf. Zwei Körper ziehen sich gegenseitig an. Die Ursache dafür ist die Masse der Körper.**

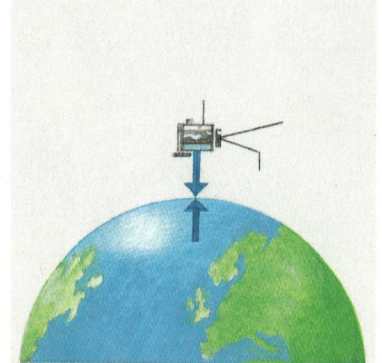

Von der Gravitationskraft der Körper auf die Erde merken wir im täglichen Leben nichts, weil die Masse der Erde viel größer ist als die Masse des Körpers. Die Gravitationskraft des Mondes auf die Erde ist die Ursache für das Entstehen von Ebbe und Flut.

Die Gravitationskraft der Erde auf einen Körper ist genau so groß wie die Gravitationskraft des Körpers auf die Erde.

SCHWERKRAFT, GEWICHTSKRAFT UND MASSE

Gewichtskraft

Wenn man einen Körper an einer Aufhängung festhält oder durch eine Unterlage stützt, kann er nicht in Richtung Erdmittelpunkt fallen. Dennoch wirkt die Gravitationskraft der Erde auf diesen Körper. Infolge der Gravitationskraft zieht er an seiner Aufhängung oder drückt er auf seine Unterlage. Die Kraft, die an einer Aufhängung zieht oder auf eine Unterlage drückt, heißt Gewichtskraft F_G. Gewichtskräfte mißt man oft mit Federkraftmessern.

**Die Gewichtskraft F_G gibt an, wie stark ein Körper an seiner Aufhängung zieht oder auf seine Unterlage drückt.
Die Gewichtskraft eines Körpers auf der Erde stimmt mit der Schwerkraft der Erde auf den Körper überein.**

Gegenkraft zur Gewichtskraft ist die Spannkraft der Feder oder der Unterlage. Nehmen wir den Körper wieder weg, so gehen Feder bzw. Unterlage wieder in die alte Form zurück.

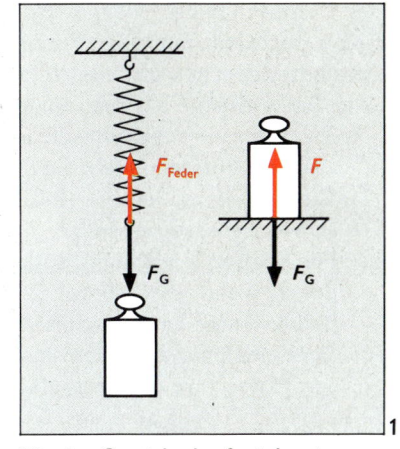

Mit der Gewichtskraft zieht ein Körper an seiner Aufhängung oder drückt ein Körper auf seine Unterlage.

Schwerelosigkeit

Wie groß ist die Gewichtskraft eines fallenden Körpers? Diese Frage untersuchen wir mit einem Experiment.

Experiment 1
Der Federkraftmesser zeigt die Gewichtskraft des an ihm hängenden Körpers. Der Federkraftmesser selbst hängt an einem Faden. Schneiden wir den Faden durch, so fallen Körper und Federkraftmesser gemeinsam.

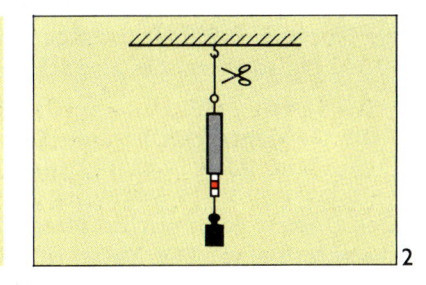

Wir beobachten:
Während des Fallens zeigt der Federkraftmesser die Kraft Null an.
Das heißt:

Ein fallender Körper ist gewichtslos.

Das entspricht auch der Festlegung darüber, was wir unter Gewichtskraft verstehen wollen.
Dieser **gewichtslose Zustand** eines fallenden Körpers wird häufig fälschlich als schwereloser Zustand bezeichnet. Der Körper fällt ja nur, weil auf ihn eine Schwerkraft wirkt. Schwerelos ist ein Körper z. B. an dem Punkt zwischen Erde und Mond, wo die Resultierende aus der Schwerkraft der Erde und der Schwerkraft des Mondes Null ist.

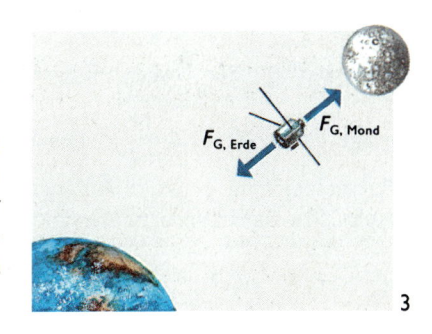

Masse und Gewichtskraft

Der Gemüsehändler wiegt beispielsweise 1 kg Äpfel aus. Ein Apotheker bestimmt mit einer Präzisionswaage wenige Milligramm von Bestandteilen aus Arzneimitteln. Für das Messen der Masse mit einer Balkenwaage hat man folgende *Meßvorschrift* vereinbart.

1. Zwei Körper haben dieselbe Masse, wenn ihre durch die Erdanziehung entstehenden Gewichtskräfte eine *Balkenwaage* im Gleichgewicht halten (Bild 1). Mit einer Waage wird die schwere Masse bestimmt.
2. Ein Körper 1 hat eine doppelt so große Masse wie ein Körper 2, wenn vom Körper 2 zwei erforderlich sind, um an der Balkenwaage das Gleichgewicht herzustellen.
3. Als Einheit für die Masse hat man einen Körper bestimmt, dessen Masse mit 1 kg festgelegt wurde.

Teile dieser Einheit sind das Gramm (g) und das Milligramm (mg). Vielfache der Einheit sind die Tonne (t) und die Dezitonne (dt).
Es gilt: 1 kg = 1 000 g   1 t = 1 000 kg
          1 g = 1 000 mg   1 dt =   100 kg

Zum Messen mit einer Balkenwaage benötigt man einen Wägesatz. Er besteht aus Wägestücken, die zum Vergleich der Massen dienen. Die so bestimmte Masse eines Körpers ist an allen Orten der Erde und auch im Weltall gleich groß.

Die Masse eines Körpers ist vom Ort unabhängig.

Bestimmt ein Forscher die Gewichtskraft einer Tafel Schokolade am Nordpol (0,983 N), am Äquator (0,978 N) oder auf dem Mond (0,162 N), so erkennt er eine scheinbar überraschende Tatsache:

Die Gewichtskraft ist vom Ort abhängig.

Den Unterschied zwischen Masse und Gewichtskraft kann man so charakterisieren: Die Masse ist „Besitz" eines Körpers. Die Gewichtskraft ist die Folge der Anziehung zwischen dem Körper und der Erde oder dem Mond.

Mißt man für Körper mit einer Masse von 1 kg bis 5 kg mit einem Federkraftmesser in Mitteleuropa und auf dem Mond die zugehörigen Gewichtskräfte, erhält man die Meßwerte in der Tabelle.

Für die Berechnung der Gewichtskraft F_G aus der Masse m können wir einen Umrechnungsfaktor ermitteln. Dazu bildet man den Quotienten aus der Gewichtskraft F_G und der Masse m. Für Mitteleuropa beträgt der Umrechnungsfaktor 9,8 $\frac{N}{kg}$. Auf dem Mond beträgt er nur 1,6 $\frac{N}{kg}$. Dieser Umrechnungsfaktor hat das Formelzeichen g (vom Anfangsbuchstaben des Wortes Gravitation). Mit dem Umrechnungsfaktor können wir schreiben:

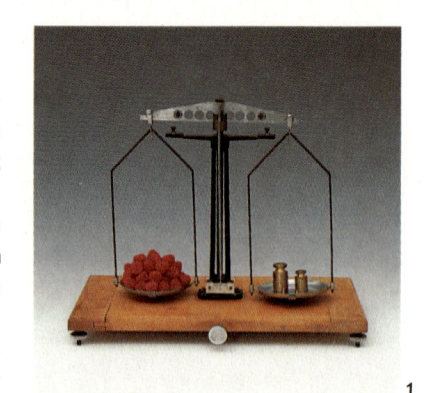

$$\frac{F_G}{m} = g \quad \text{oder} \quad F_G = m \cdot g$$

Wägesatz

Masse m	Gewichtskraft F_G in Mitteleuropa	Gewichtskraft F_G auf dem Mond
1 kg	9,8 N	1,6 N
2 kg	19,6 N	3,2 N
3 kg	29,4 N	4,9 N
4 kg	39,2 N	6,5 N
5 kg	49,0 N	8,1 N
$\frac{F_G}{m}$	9,8 $\frac{N}{kg}$	1,6 $\frac{N}{kg}$

SCHWERKRAFT, GEWICHTSKRAFT UND MASSE

Die Gewichtskraft F_G eines Körpers ergibt sich aus dem Produkt der Masse m und des Umrechnungsfaktors g.

$$F_G = m \cdot g$$

Aufgabe
Welche Gewichtskraft hat ein Junge mit einer Masse von 50 kg in Mitteleuropa und auf dem Mond?

Umrechnungs-faktor	g in $\frac{N}{kg}$
Mitteleuropa	9,81
Äquator	9,78
Pole	9,83
Mount Everest	9,78
Mond	1,62
Mars	3,39
Jupiter	26

Gesucht: F_G in Mitteleuropa
F_G auf dem Mond

Gegeben: $m = 50$ kg
$g = 9,8 \frac{N}{kg}$ (Mitteleuropa)
$g = 1,6 \frac{N}{kg}$ (Mond)

Lösung: $F_G = m \cdot g$

Mitteleuropa $F_G = 50 \text{ kg} \cdot 9,8 \frac{N}{kg} = \underline{\underline{490 \text{ N}}}$

Mond $F_G = 50 \text{ kg} \cdot 1,6 \frac{N}{kg} = \underline{\underline{81 \text{ N}}}$

Bei den meisten Personenwaagen wird eigentlich die Gewichtskraft gemessen. Die Anzeige wurde aber unter Berücksichtigung des Umrechnungsfaktors in der Einheit der Masse (Kilogramm) geeicht.

Masse und Trägheit

Körper mit unterschiedlichen Massen setzen der Änderung ihres Bewegungszustandes ein unterschiedliches Beharrungsvermögen entgegen.

Experiment 2
Auf einem Tisch stehen zwei Wagen mit unterschiedlicher Masse. Beide sollen aus der Ruhe heraus auf dieselbe Geschwindigkeit beschleunigt werden. Dazu sind unterschiedlich große Kräfte nötig.

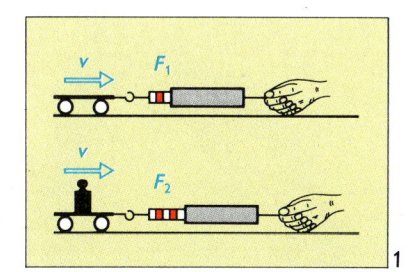

Experiment 3
Zwei Wagen mit unterschiedlicher Masse bewegen sich mit gleicher Geschwindigkeit. Die Wagen werden abgebremst. Die dazu jeweils erforderliche Kraft wird gemessen.

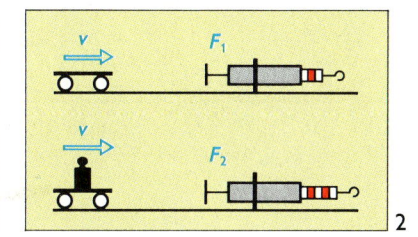

Je größer die Masse eines Körpers ist, um so größer ist auch sein Beharrungsvermögen.

Hat ein Körper eine doppelt so große Masse wie ein anderer, dann ist er auch doppelt so träge wie der andere Körper.

Ein Blick in die Natur

Nahrungsaufnahme. Meist sind wir uns nicht bewußt, daß bei vielen Lebensvorgängen die Gewichtskraft eine Rolle spielt. Sie unterstützt zum Beispiel den Schluckvorgang und den Verdauungsvorgang. Liegend oder gar kopfstehend können wir viel schlechter essen und trinken als in aufrechter Haltung.

Gefühl beim Fallen. Wenn ein Mensch selbst oder mit seiner Unterlage fällt, ist er gewichtslos. Dies führt zu einem eigenartigen Gefühl in der Magengegend. Wir kennen das vom Fahren mit einem Lift, einem Riesenrad oder einer Achterbahn. Dieses Gefühl ist um so stärker, je schneller die Fahrt nach unten geht.
Normalerweise drückt der Mageninhalt mit seiner Gewichtskraft auf die untere Hälfte des Magens. Daran sind wir gewöhnt. Die Gewichtskraft führt zu einer Spannkraft der Bauchmuskulatur als Gegenkraft.

Während des Fallens fällt der Mageninhalt genauso schnell wie die Magenwand. Auf die Magenwand wirkt also keine Gewichtskraft mehr. Demzufolge wird die Bauchmuskulatur entlastet, denn sie muß keine Gegenkraft mehr erzeugen.
Diese plötzliche, von unserem Willen unabhängige Veränderung in der Spannung der Bauchmuskulatur führt zu dem eigenartigen Gefühl.

Gießen von Bleikugeln. Im Mittelalter war es nicht einfach, vollkommen runde Kugeln zu gießen. Die nach dem Gießen noch flüssigen Bleikugeln verformten sich unter ihrem eigenen Gewicht.

Deshalb baute man Falltürme. In den bis zu 40 Meter hohen Türmen goß man oben geschmolzenes Blei durch ein Sieb. Während des Fallens erstarrten die Bleitropfen infolge der Gewichtslosigkeit zu vollkommen runden Kugeln.

Ein Blick in die Geschichte

Am 29. November 1800 einigte sich eine Kommission auf ein international gültiges Maßsystem. Als Einheit der Masse wurde das Kilogramm festgesetzt. Als 1 kg legte die Kommission die Masse von 1 Liter Wasser fest. Da Wasser bei einer Temperatur von 4 °C am schwersten ist, mußte das Wasser bei Messungen immer diese Temperatur haben.

Überall standen zwar Wasser und ziemlich genaue Litergefäße zur Verfügung, es war aber nicht einfach, die vorgeschriebene Temperatur von 4 °C einzuhalten. Deshalb stellte man Zylinder aus Platin her, deren Masse genauso groß sein sollte wie von 1 l Wasser bei 4 °C. Diesen Zylinder nannte man Urkilogramm. Aufgrund verschiedener Fehlerquellen war das Urkilogramm jedoch 0,4 g schwerer geworden.

Als 1989 ein neues Urkilogramm aus Platin-Iridium gefertigt wurde und 40 Länder, die sich dem einheitlichen Maßsystem angeschlossen hatten, eine Kopie erhielten, hat man die ursprüngliche Größe des Urkilogramms beibehalten.

Die deutsche Kopie des Urkilogramms befindet sich in der Physikalisch-Technischen Bundesanstalt in Braunschweig.

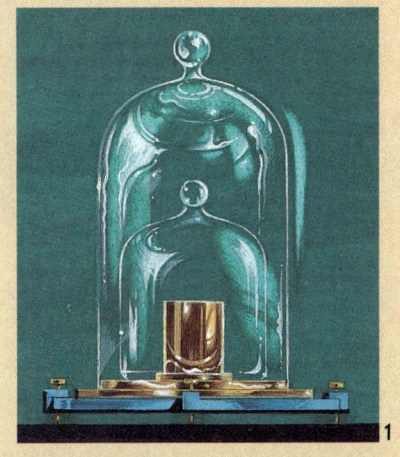

Zylinder aus Platin-Iridium mit der Masse 1 kg

Weißt du es? Kannst du es?

1. Warum enthält ein Wägesatz zwei 2 g-Wägestücke und zwei 20 g-Wägestücke, alle anderen Wägestücke aber nur einmal?
2. Könnte man die Masse eines Körpers mit einer Balkenwaage auch auf dem Mond exakt bestimmen?
3. Massen werden mit Balkenwaagen gemessen. Es gibt aber auch Waagen, die eine Schraubenfeder enthalten. Welchen physikalischen Zusammenhang nutzt man dabei aus? Wie eicht man die Skale dieser Waage? Könnte man damit die Masse eines Körpers auf dem Mond ermitteln?
4. Mit einem Federkraftmesser werde am Äquator die Gewichtskraft eines Sandbeutels gemessen. Sie beträgt 1 N. Anschließend wird die Messung am Nordpol wiederholt. Muß man Sand aus dem Beutel herausnehmen oder hinzugeben, damit der Federkraftmesser wieder 1 N anzeigt?
5. Welche Masse und welche Gewichtskraft hätte das Urkilogramm auf dem Mond?
6. Wie groß ist der Fehler, wenn man sagt: 1 N ist die Gewichtskraft von einem Körper mit einer Masse von 100 g?
7. Welche Masse muß ein Hakenkörper in Mitteleuropa haben, damit seine Gewichtskraft exakt 1 N beträgt?
8. Ein Astronaut kann bei angelegter Raumkleidung in einer Hand einen Körper tragen, dessen Gewichtskraft nicht größer als 200 N ist. Welche Masse kann ein solcher Körper höchstens haben, wenn sich der Astronaut
    a) auf der Erde,
    b) auf dem Mond befindet?
9. Zwischen zwei ruhenden Mauersteinen liegt ein Blatt Papier. Die Gewichtskraft des oberen Mauersteins drückt das Papier so fest an, daß man es kaum herausziehen kann. Läßt man die Steine aber fallen, geht es mühelos. Warum?
10. Eine Stahlfeder wird auf der Erde durch einen Körper um 6 cm verlängert. Wie ändert sich die Verlängerung der Feder auf dem Mond?

5 Dichte

Was ist schwerer, Schaumstoff oder Stein?
Auf diese Frage antwortet man sofort – Stein.
Die Antwort ist aber ungenau.

Physikalische Bedeutung der Dichte

Die Frage nach dem schwereren Stoff ist irreführend, weil jeder Mensch dabei an Körper mit unterschiedlich großem Volumen denken kann.
Zur Untersuchung des Zusammenhangs von Masse und Volumen verschiedener Stoffe hat man Einheitswürfel mit einem Volumen von 1 cm³ hergestellt und deren Masse ermittelt. Bei Flüssigkeiten konnte man keine Einheitswürfel herstellen. Flüssigkeiten wie Öl, Wasser und Quecksilber hat man in kleine Becher mit einem Volumen von 1 cm³ gefüllt und dann gewogen.
Die erhaltenen Angaben nennen wir **Dichte** eines Stoffes.

Die Dichte gibt an, wie schwer 1 cm³ eines Stoffes ist.

Damit wird auch der Unterschied zwischen der physikalischen Größe Dichte und Masse verständlich.

Die Dichte ist eine Eigenschaft des Stoffes, aus dem ein Körper besteht.
Die Masse ist eine Eigenschaft des Körpers selbst.

| 1 cm³ wiegt | Alkohol 0,79 g | Wasser 1 g | Aluminium 2,7 g |

| Kupfer 8,9 g | Quecksilber 13,59 g | Gold 19,2 g | Platin 21,4 g |

Berechnung der Dichte

Wenn nicht bekannt ist, aus welchem Stoff ein Körper besteht, braucht man nur die Dichte des Stoffes bestimmen. Vergleicht man die erhaltene Dichte mit Angaben in Tabellen, kann man feststellen, aus welchem Stoff der Körper besteht.
Die meisten Körper haben aber nicht gerade ein Volumen von 1 cm³. Um die Dichte des Stoffes, aus dem sie bestehen, zu ermitteln, bestimmen wir die Masse m des Körpers und sein Volumen V. Die Masse erhalten wir durch Wägen. Bei regelmäßig geformten Körpern (z. B. Würfel, Quader) errechnet man das Volumen meist.

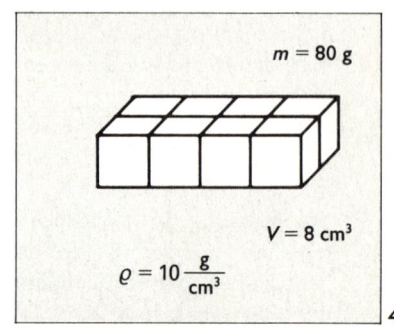

$m = 80$ g
$V = 8$ cm³
$\varrho = 10 \frac{g}{cm^3}$

Aus welchem Stoff könnte dieser Körper bestehen?

DICHTE

Bei unregelmäßig geformten Körpern nutzt man die Überlaufmethode oder die Differenzmessung (Bilder 1 und 2). Aus der Masse und dem Volumen können wir die Dichte berechnen.

Die Dichte eines Stoffes berechnet man als Quotient aus der Masse m und dem Volumen V eines Körpers. $\varrho = \dfrac{m}{V}$

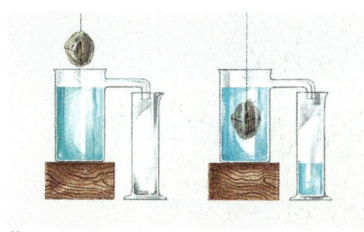

Überlaufmethode

Einheiten: $1 \dfrac{g}{cm^3}$ oder $1 \dfrac{kg}{cm^3}$ oder $1 \dfrac{t}{m^3}$.

Gültigkeitsbedingung der Gleichung: Der Körper ist homogen (gleichmäßig) aus dem Stoff aufgebaut.
Von Stoffgemischen wie Sand, Kies und Zement bestimmt man mit dem Quotienten aus Masse und Volumen die mittlere Dichte des Stoffgemisches. Auch für Körper, die aus mehreren Materialien bestehen, wird mitunter eine mittlere Dichte angegeben.

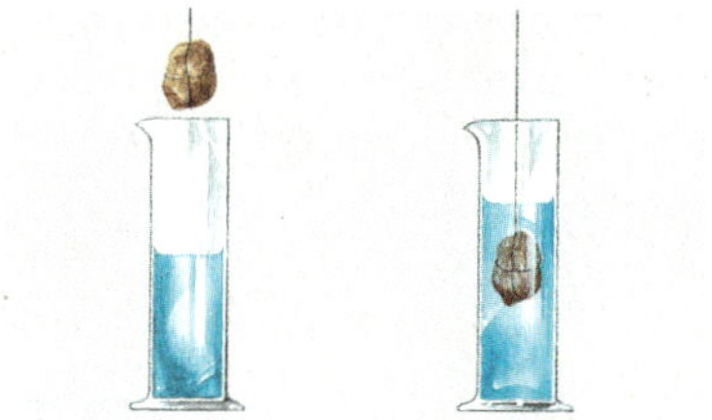

Differenzmessung

Ein Blick in die Natur

Dichte der Erde. Für die Erde hat man als mittlere Dichte $5,52 \dfrac{g}{cm^3}$ ermittelt. Natürlich konnte man die Erdkugel nicht auf eine Waage legen. Man hat die Masse der Erde mit physikalischen Gesetzen berechnet, die wir später kennenlernen werden. Das Volumen der Erdkugel konnte man berechnen, denn der Durchmesser der Erde ist bekannt. Aus Messungen weiß man, daß die oberen Schichten des Erdmantels eine mittlere Dichte von $3,5 \dfrac{g}{cm^3}$ haben.

Da diese Dichte kleiner ist als die mittlere Dichte der gesamten Erde, folgt hieraus: Der Erdkern muß aus Stoffen mit großer Dichte bestehen. Man vermutet, daß der Erdkern aus einer Kombination von Eisen und Nickel besteht.

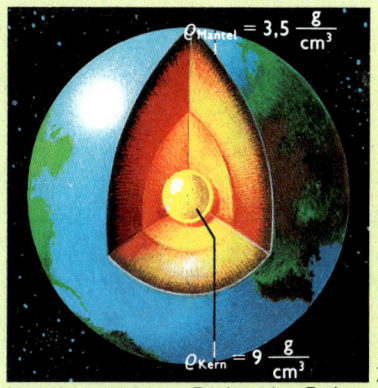

Aus der mittleren Dichte der Erde und der Dichte des oberen Erdmantels erhält man Informationen über den Aufbau des Erdkerns.

Weißt du es? Kannst du es?

1. Eisen ist schwerer als Holz.
   Hans ist schwerer als Peter.
   Formuliere diese Sätze physikalisch korrekt!
2. In einem Raumschiff werden 6 kg Eisen zum Mond gebracht. Ändert sich dadurch a) die Masse, b) die Dichte, c) die Gewichtskraft?
3. Karins Vater besitzt einen Brieföffner, der wie Gold glänzt. Wie kann Karin prüfen, ob er aus Gold ist?
4. Peter kann eine Last von 20 kg anheben. Könnte er auch einen Würfel (Kantenlänge 30 cm) aus Stein anheben? $\left(\varrho = 2,5 \dfrac{g}{cm^3}\right)$
5. Könnte jeder von uns 1 m³ Kork oder 1 m³ Styropor anheben?
   $\left(\varrho_{Kork} = 0,15 \dfrac{g}{cm^3}, \varrho_{Styropor} = 0,015 \dfrac{g}{cm^3}\right)$
6. In eine Sauerstoffflasche kann man 10 m³ Sauerstoff hineinpressen. Um wieviel Kilogramm nimmt die Masse zu?
7. Warum sind bei einem Wägesatz die größeren Wägestücke aus Messing oder Stahl, die kleineren aber aus Aluminium?
8. Die Masse einer Stahlhantel ist 7,5 kg, ihr Volumen 1 000 cm³. Besteht die Kugel vollständig aus Stahl?

6 Auflagedruck

Die Schieberaupe und die Frau drücken mit ihren Gewichtskräften auf den Schnee. Warum sinkt gerade die Frau so tief in den Schnee ein? Warum nicht die viel schwerere Raupe?

Physikalische Bedeutung des Auflagedruckes

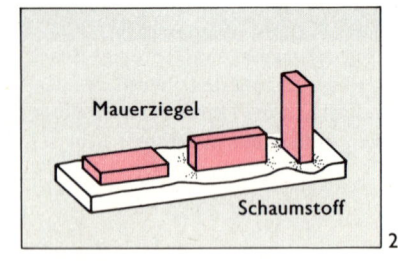

Bei gleicher Gewichtskraft wird der Schaumstoff um so tiefer eingedrückt, je kleiner die Auflagefläche ist.

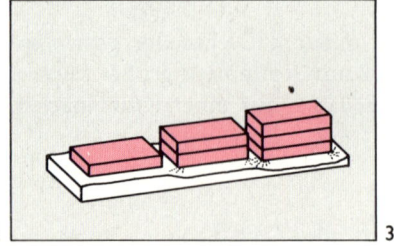

Bei gleicher Auflagefläche wird der Schaumstoff um so tiefer eingedrückt, je größer die Gewichtskraft ist.

In beiden Fällen üben die Ziegelsteine einen Druck auf ihre Unterlage aus. Aus den Bildern kannst du erkennen:
Jeder Körper übt auf seine Unterlage einen Druck aus. Dieser hängt von seiner Gewichtskraft und von der Auflagefläche ab. In der Physik sagt man: Die Körper üben auf ihre Unterlage einen Auflagedruck aus. Für den Auflagedruck gilt:

Der Auflagedruck gibt an, wie groß die Kraft ist, die senkrecht auf eine Fläche von 1 cm² wirkt.

Berechnung des Auflagedruckes

Für den Auflagedruck gibt es kein Meßgerät. Wir können den Auflagedruck aber berechnen. Dazu ermitteln wir die Gewichtskraft, die auf eine Fläche von 1 cm² wirkt.
Den Auflagedruck können wir nach folgender Gleichung berechnen:

$$\text{Auflagedruck} = \frac{\text{Kraft}}{\text{Fläche}}$$

Für den Auflagedruck wird das Formelzeichen p gewählt (vom Anfangsbuchstaben des englischen Wortes für Druck: pressure). Damit können wir diese Gleichung auch wie folgt schreiben:

$$p = \frac{F}{A}$$

Bei der Berechnung des Auflagedruckes ergibt sich die Einheit Newton je Quadratzentimeter $\left(\frac{N}{cm^2}\right)$.

Jetzt können wir auch die anfangs gestellte Frage beantworten: Warum sinkt die Frau tiefer ein als die Schieberaupe? Dazu berechnen wir jeweils den Auflagedruck und vergleichen beide Ergebnisse.

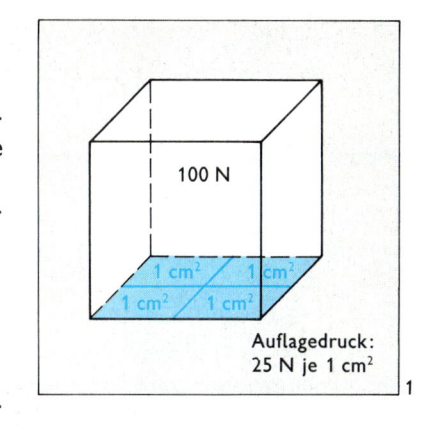

Der Würfel drückt mit einer Kraft von 100 N auf eine Auflagefläche von 4 cm². Auf die Fläche von 1 cm² wirkt demnach eine Kraft von 25 N.

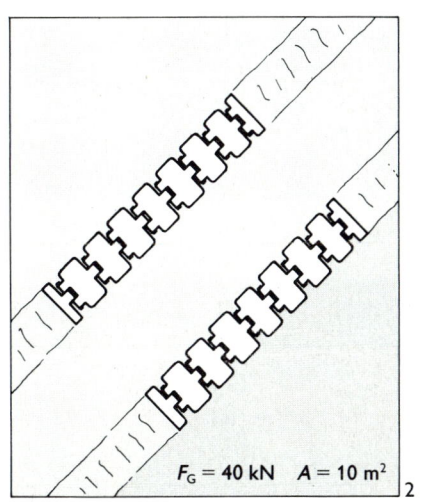

$F_G = 40$ kN $\quad A = 10$ m²

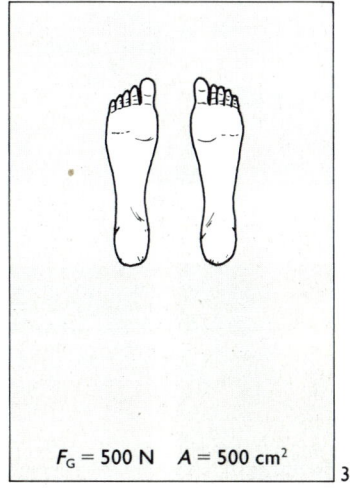

$F_G = 500$ N $\quad A = 500$ cm²

Raupe:
$F_G = 40\,000$ N
$A = 100\,000$ cm²
$p = \frac{40\,000 \text{ N}}{100\,000 \text{ cm}^2}$
$p = 0{,}4 \frac{N}{cm^2}$

Frau:
$F_G = 500$ N
$A = 500$ cm²
$p = \frac{500 \text{ N}}{500 \text{ cm}^2}$
$p = 1 \frac{N}{cm^2}$

Die Frau sinkt tiefer in den Schnee ein, weil sie einen mehr als doppelt so großen Auflagedruck ausübt wie die Schieberaupe.

Ein Blick in die Technik

Mitunter will man einen sehr großen Auflagedruck erreichen, beispielsweise bei Eisbrechern (Bild 1) und Straßenwalzen.

Der Bug des Eisbrechers ist im Unterwasserteil flach. Er kann dadurch auf Eisschollen auffahren. Diese brechen dann durch den großen Auflagedruck. Sind die Eisschollen besonders dick, besteht zusätzlich die Möglichkeit, im Bug vorhandene Tanks mit Meerwasser zu füllen. Dadurch erhöht sich noch der Auflagedruck. Das Brechen wird so erleichtert.

Manchmal ist es auch notwendig, den Auflagedruck zu verringern, beispielsweise bei Fahrzeugen im Bauwesen und in der Landwirtschaft.

Eisbrecher

Große Standflächen (Untersetzer, breite Reifen) vermindern den Auflagedruck.

AUFLAGEDRUCK

Ein Blick in die Natur

Du hast bestimmt schon im Wald Fährten von Tieren gesehen. Besonders im Schnee sind sie gut zu erkennen. Sie entstehen durch den Auflagedruck.

Zum Winterkleid der Schneehühner gehören auch Federn an den Füßen. Sie vergrößern die Auftrittsfläche des Fußes.

Die Fläche der vier Fußsohlen eines Elefanten kann bis zu 1 800 cm² groß sein.

Weißt du es? Kannst du es?

1. Berechne den Auflagedruck, den ein Elefant mit einer Masse von 4 t (Gewichtskraft 40 kN) auf den Boden ausübt ($A = 1\,800$ cm²)!
2. Peter meint, seine Mutter ($F_G = 600$ N) würde mit ihren Pfennigabsätzen ($A = 0{,}5$ cm²) auf einem Parkettfußboden einen größeren Schaden anrichten als ein ausgewachsener Elefant. Hat er recht?
3. Menschen, die in Eis eingebrochen sind, brauchen Hilfe. Warum ist eine Hilfe, wie im Bild 3 dargestellt, lebensgefährlich? Was haben die Helfer in den Bildern 4 und 5 berücksichtigt?
4. Eine Landmaschine hat eine Masse von 1,2 t. Die Räder liegen mit einer Fläche von insgesamt 0,14 m² auf dem Boden auf. Der Auflagedruck auf den Boden soll 70 kPa nicht überschreiten. Überprüfe, ob für die Maschine diese Forderung erfüllt ist!

KRÄFTE IN DER MECHANIK

Physikalische Größe	Bedeutung	Formelzeichen	Meßgerät, Gleichung	Einheit	Beispiel
Kraft	Kräfte geben an, wie stark Körper aufeinander einwirken.	F	Federkraftmesser	1 N	
Masse	Die Masse gibt an, wie schwer und träge ein Körper ist.	m	Balkenwaage	1 kg	
Dichte	Die Dichte eines Stoffes gibt an, wie groß die Masse von 1 cm³ des Stoffes ist.	ϱ	$\varrho = \dfrac{m}{V}$	$1 \, \dfrac{g}{cm^3}$	$m = 18\,g$ $\varrho = \dfrac{m}{V}$ $V = 6\,cm^3$ $\varrho = \dfrac{18\,g}{6\,cm^3}$ $\varrho = 3\,\dfrac{g}{cm^3}$
Auflagedruck	Der Auflagedruck gibt an, wie groß die Kraft ist, die auf eine Fläche von 1 cm² wirkt.	p	$p = \dfrac{F}{A}$	$1 \, \dfrac{N}{cm^2}$	$A = 8\,cm^2$ $F = 40\,N$ $p = \dfrac{40\,N}{8\,cm^2}$ $p = 5 \, \dfrac{N}{cm^2}$

Kräfte
Kräfte können die Richtung der Bewegung oder die Geschwindigkeit oder die Form eines Körpers ändern.

Gesetz von Kraft und Gegenkraft
Körper können immer nur wechselseitig aufeinander einwirken. Die Kräfte, die zwei Körper aufeinander ausüben, sind gleich groß und entgegengesetzt gerichtet. Der Angriffspunkt F_1 befindet sich im Körper 2, die Gegenkraft F_2 greift am Körper 1 an.

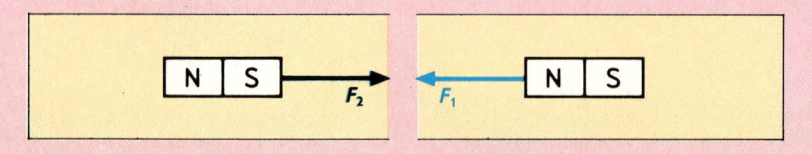

Trägheitsgesetz
Jeder Körper beharrt im Zustand der Ruhe oder der geradlinig gleichförmigen Bewegung, wenn er sich selbst überlassen bleibt und nicht durch äußere Kräfte gezwungen wird, seinen Zustand zu ändern.

Addition von Kräften
Kräfte können geometrisch addiert werden. Greifen die Kräfte entlang einer Wirkungslinie am Körper an, dann werden die Längen der Kraftpfeile addiert. Sonst ist die Resultierende F_R zweier Kräfte F_1 und F_2 die Diagonale des von diesen Kräften aufgespannten Kräfteparallelogramms.

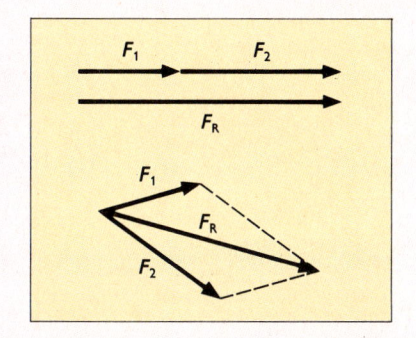

Reibungskraft
Reibungskräfte wirken entgegen der Bewegungsrichtung.
Die Reibungskraft F_R ist um so größer,
— je größer die Reibungszahl μ ist und
— je größer die Normalkraft F_N ist, mit der die zwei Körper aufeinandergepreßt werden.
Für die Reibungskraft gilt das Reibungsgesetz: $F_R = \mu \cdot F_N$

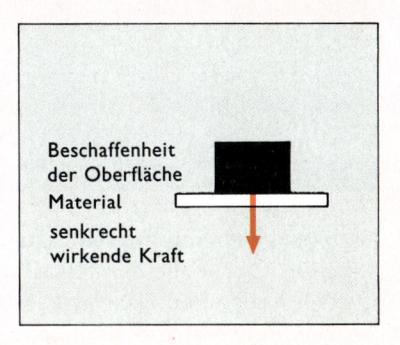

Schwerkraft und Gewichtskraft
Die Schwerkraft gibt an, wie stark ein Körper von der Erde (dem Mond) angezogen wird. Angriffspunkt der Schwerkraft ist der Mittelpunkt des Körpers. Die Schwerkraft ist zum Mittelpunkt der Erde (des Mondes) gerichtet.
Infolge der Schwerkraft zieht ein Körper an seiner Aufhängung, oder er drückt auf seine Unterlage.
Die Gewichtskraft F_G gibt an, wie stark ein Körper an seiner Aufhängung zieht oder auf seine Unterlage drückt.

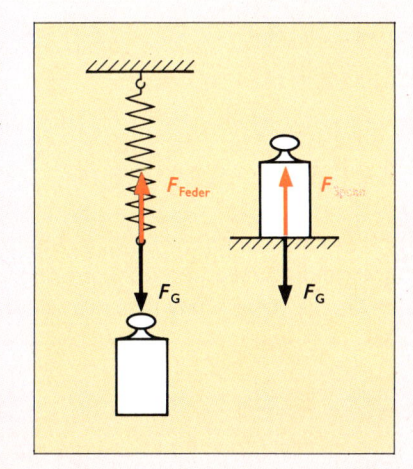

Masse und Gewichtskraft
Die Masse m eines Körpers ist nicht ortsabhängig, seine Gewichtskraft F_G hingegen ist ortsabhängig.
Man berechnet die Gewichtskraft F_G eines Körpers an einem bestimmten Ort aus der Masse m des Körpers und dem Umrechnungsfaktor g: $F_G = m \cdot g$

1 Seile, Rollen, Flaschenzüge

Bei starkem Wind gehört viel Kraft dazu, das Segel festzuhalten. Dem Segler gelingt das nur, weil am Großbaum noch ein Flaschenzug befestigt ist.

Auch zum Heben schwerer Lasten und für viele andere körperliche Arbeiten reichen die Muskelkräfte allein nicht aus. Man benutzt zusätzlich Rollen und Flaschenzüge. Manchmal sind auch die Körper, die gehoben, festgehalten oder gezogen werden sollen, weit entfernt. Dann helfen Seile, Ketten und Stangen. Alle diese Hilfsmittel heißen kraftumformende Einrichtungen. Warum heißen sie so? In welcher Weise formen sie Kräfte um?

Seile, Ketten und Stangen

Peter ist mit seinem Boot auf Grund gelaufen. Die Arme von Sandra reichen nicht aus, um Peter zu helfen. Nachdem Peter ihr ein Seil zugeworfen hat, geht es. Sandras Muskelkraft greift am Seil an und wird durch das Seil auf das Boot übertragen.

2 Sandra findet keinen Angriffspunkt für ihre Kraft.

3 Der Angriffspunkt der Kraft (Hand) wird vom Seil auf das Boot übertragen.

4 Der Angriffspunkt der Kraft wird durch die Stange auf den Grund des Sees übertragen.

SEILE, ROLLEN, FLASCHENZÜGE

Mit einer Stange hätte sich Peter durch Staken auch selbst befreien können.
Der Betrag einer Kraft wird durch ein Seil nicht verändert. Zum Übertragen von Zugkräften werden beispielsweise Stahlseile und Ketten benutzt. Zum Übertragen von Druckkräften sind Stangen erforderlich.

Seile und Ketten übertragen Zugkräfte. Stangen übertragen Zug- und Druckkräfte. Der Betrag der Kräfte ändert sich nicht.

Feste Rolle auf einer Baustelle

Feste Rolle

Als feste Rolle bezeichnet man eine Rolle, die an einer bestimmten Stelle (Mast oder Gerüst) befestigt ist (Bild 1 und 2). Mit ihr lassen sich Lasten bequem hochziehen, denn der Mensch kann seine Muskelkraft noch durch seine Gewichtskraft vergrößern.

Feste Rollen ändern die Richtung von Kräften.

Lose Rolle

Als lose Rolle bezeichnet man eine Rolle, an der die Last befestigt ist und die sich mit der Last mitbewegt (Bild 3).
Bei der Benutzung einer losen Rolle verteilt sich die Last zu gleichen Teilen auf zwei tragende Seilstücke. Die eine Hälfte der Last wirkt auf den Haken, an dem das Seil befestigt ist. Die andere Hälfte der Last wirkt an dem Arm, mit dem man zieht. Die Zugkraft F_{Zug} braucht deshalb nur halb so groß zu sein wie die Gewichtskraft der Last.

Feste Rolle zum Hochziehen des Großsegels

Lose Rollen sparen Kraft. $\quad F_{Zug} = \dfrac{F_{Last}}{2}$

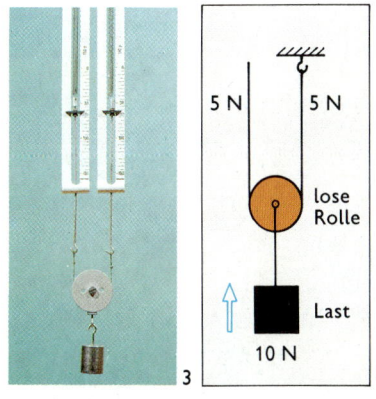

Lose Rolle.
Auf jedes tragende Seilstück wirkt die halbe Gewichtskraft der Last.

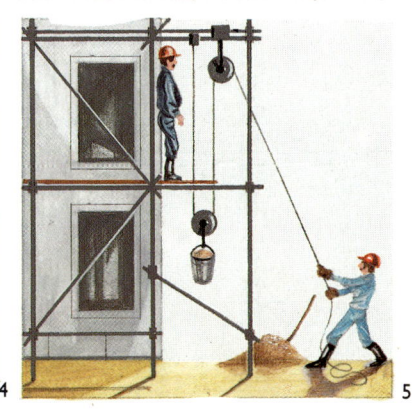

Es gibt nur zwei tragende Seilstücke. Die feste Rolle ändert lediglich die Richtung der Kraft.

Herrn Findigs Hometrainer für Babys

Flaschenzug

Besonders viel Kraft kann man sparen, wenn mehrere lose und mehrere feste Rollen zusammenwirken. Im Bild 1 läuft das Seil abwechselnd über zwei lose und zwei feste Rollen. Hier verteilt sich die Last auf vier tragende Seilstücke, und die Zugkraft braucht nur noch ein Viertel der Gewichtskraft der Last zu sein.

$$F_{Zug} = \frac{F_{Last}}{4}$$

Die Rollen werden in Gehäuse eingebaut, die man Flaschen nennt. Daher kommt die Bezeichnung Flaschenzug.
Es gibt Flaschenzüge mit vier, sechs und acht Rollen. Je größer die Anzahl der Rollen ist, desto größer ist die Anzahl der tragenden Seilstücke.

Je größer bei Flaschenzügen die Anzahl der tragenden Seilstücke ist, desto mehr Kraft wird gespart.

$$F_{Zug} = \frac{F_{Last}}{\text{Anzahl der tragenden Seilstücke}} = \frac{F_{Last}}{n}$$

n Anzahl der tragenden Seilstücke

Auf jedes der vier tragenden Seilstücke wirkt ein Viertel der Gewichtskraft der Last.

Goldene Regel der Mechanik

Womit müssen wir die Krafteinsparung „bezahlen"? Wir bezahlen sie damit, daß wir den Zugweg verlängern. Hierfür hat vor 400 Jahren der italienische Physiker *Galileo Galilei* die **Goldene Regel der Mechanik** formuliert:

Was man an Kraft spart, muß man an Weg zusetzen.

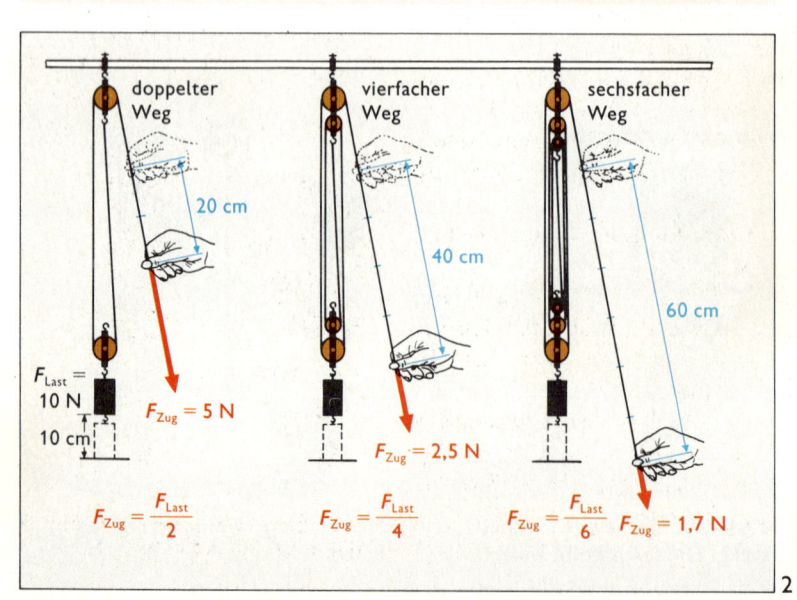

$F_{Last} = 10\ N$
$10\ cm$

doppelter Weg — 20 cm — $F_{Zug} = 5\ N$ — $F_{Zug} = \frac{F_{Last}}{2}$

vierfacher Weg — 40 cm — $F_{Zug} = 2{,}5\ N$ — $F_{Zug} = \frac{F_{Last}}{4}$

sechsfacher Weg — 60 cm — $F_{Zug} = 1{,}7\ N$ — $F_{Zug} = \frac{F_{Last}}{6}$

Ein Blick in die Technik

Der Einsatz von Kränen hängt unter anderem davon ab, welche Lasten sie heben sollen und bis auf welche Höhe die Lasten zu heben sind. Es gibt Kräne mit einer festen Rolle, mit einer losen und einer festen Rolle sowie mit Flaschenzügen. Je höher die Lasten zu heben sind und je mehr Rollen genutzt werden, desto länger muß das Seil sein, das vom Motor auf eine Seiltrommel aufgewickelt wird. Damit bei hohen Baukränen nicht mehrere hundert Meter Seil aufgewickelt werden müssen, haben Baukräne meist nur eine feste Rolle oder eine lose Rolle. Der Kran zum Entladen von Waggons nutzt 4 Rollen (Bild 1). Wo befinden sie sich?

Ein Blick über die Schulter des Physikers

Physiker untersuchen auch an Rollen und Flaschenzügen Gesetze. Der Physiker nimmt dazu nicht irgendeine Rolle und irgendeinen Körper als Last. Er sucht sich die Experimentiergeräte ganz gezielt aus.
Warum macht er das?
Der Physiker weiß: Bei allen Messungen treten Fehler auf. Diese kann er nicht verhindern, aber er will sie möglichst so klein halten, daß sie nicht stören.
Schwierig zu erkennen sind Fehler in der Experimentieranordnung. An diese denkt man häufig gar nicht. So hebt man mit einer losen Rolle nicht nur die zu befördernde Last, sondern auch die Rolle selbst. Dafür ist eine zusätzliche Kraft nötig. Der Physiker wählt deshalb sehr leichte Rollen aus. Dann ist dieser Fehler zwar immer noch nicht behoben, aber er ist äußerst klein.
Der Physiker wählt auch Rollen aus, die sich sehr leicht drehen. Dann ist nur eine kleine zusätzliche Kraft erforderlich, um die Reibung zu überwinden. Diese Kraft hat mit der Zugkraft zum Heben der Last eigentlich gar nichts zu tun. Ist sie aber zu groß, kann sie das Ergebnis stark verfälschen.
Bei der Wahl des Seiles entscheidet er sich für einen dünnen Faden, denn dieser hat nur eine kleine Gewichtskraft.
Schließlich probiert er verschiedene Federkraftmesser aus und führt damit erste Messungen durch. Er entscheidet sich für den Federkraftmesser, der sich nicht ganz bis zum Ende der Skale ausdehnen muß, aber auch nicht gleich am Anfang stehenbleibt.
Zu Beginn der Messung kontrolliert er die Nullpunkteinstellung des unbelasteten Federkraftmessers. Durch besondere Sorgfalt vermeidet der Physiker persönliche Fehler. Beim Ablesen des Meßwertes blickt er stets senkrecht auf die Skale, nie schräg.

Vor der ersten Messung ist eine Nullpunkteinstellung vorzunehmen.

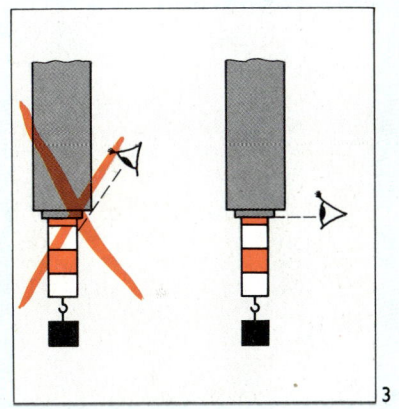

Stets senkrecht ablesen!

Ein Blick in die Geschichte

Die Anwendung von Rollen, Flaschenzügen und anderen kraftumformenden Einrichtungen war lange Zeit die einzige Möglichkeit, auf Baustellen große Lasten zu heben. Auf solche Weise wurde im Jahre 1586 von dem Baumeister des damaligen Papstes der „große Obelisk" auf dem Platz vor der Peterskirche aufgerichtet. Dieser Obelisk war seinerzeit aus Heliopolis nach Rom gebracht worden. Später lag er unter den Trümmern des „Circus Vaticanus". Man hielt seinen Transport für unmöglich. Die Kraft von Tausenden von Menschen und einigen hundert Pferden wurde durch ein ausgeklügeltes System von Seilen, Rollen und Flaschenzügen vereint. Trompeten und Flaggensignale gaben den einzelnen Gruppen das Kommando zum Ziehen. Die Aufstellung des Obelisken war eine vielbewunderte Großtat der damaligen Technik. Nach diesem Vorbild wurden später auch in anderen Orten große Säulen aufgestellt.

Aufrichten eines Obelisken

SEILE, ROLLEN, FLASCHENZÜGE

Weißt du es? Kannst du es?

1. Welche Zugkraft ist erforderlich, um mit einer festen Rolle einen Sack zu heben, dessen Masse 50 kg beträgt?
2. Welche Zugkraft ist erforderlich, um mit einer losen Rolle einen Sack zu heben, dessen Masse 50 kg beträgt?
3. Ein Arbeiter ist in der Lage, eine Zugkraft von 800 N aufzubringen. Wie groß kann die Masse eines Körpers sein, den dieser Arbeiter mit Hilfe einer losen Rolle heben kann?
4. Ein Hänger ist steckengeblieben. Die Zugkraft des Traktors reicht nicht aus, um ihn ohne weitere Hilfsmittel herauszuziehen (Bild 1). Welche Möglichkeiten bieten sich dem Fahrer, wenn er über ein Seil und eine Rolle verfügt?

Wozu könnte der Baum dienen?

5. Mit einer Zugkraft von höchstens 600 N soll ein Körper gehoben werden, dessen Masse 100 kg beträgt. Entscheide, ob eine lose Rolle oder ein Flaschenzug mit vier tragenden Seilstücken zum Heben erforderlich ist!
6. Mit den drei Kränen im Bild 2 soll jeweils eine Betonplatte mit einer Masse von 1 t um 20 m gehoben werden. Welche Kraft ist dafür bei jedem der drei Kräne notwendig? Wieviel Seil muß jeweils auf die Seiltrommel aufgewickelt werden? Muß man bei der Auswahl der Seile die Seilstärke beachten? Begründe!

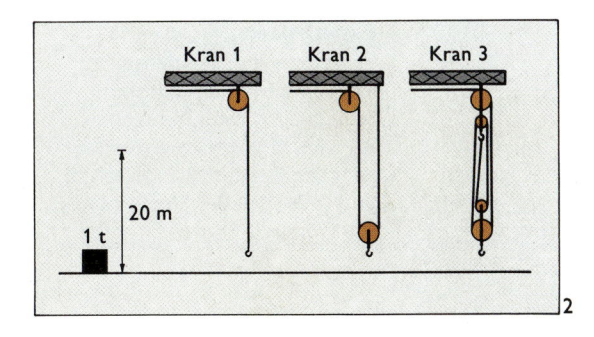

7. Erläutere die Goldene Regel der Mechanik an Beispielen für die Anwendung von Rollen und von Flaschenzügen!
8. Die Kraft von Herrn Findig reicht nicht aus, um am Seil hochzuklettern. Er benutzt deshalb eine Rolle als Hilfsmittel. Er kann dabei sogar bequem sitzen (Bild 3).
   Wird er es jetzt schaffen? Welche Idee hast du?

9. Der Lehrer will seinen Schülern zeigen, daß die Gewichtskraft eines 100-g-Wägestückes ausreicht, um mit einem Flaschenzug eine viel größere Last hochzuziehen (Bild 4). Peter will dem Lehrer im voraus sagen, wie groß die Last höchstens sein darf, damit das Experiment gelingt.
   a) Kannst du die höchstmögliche Last auch voraussagen?
   b) Warum muß die berechnete Last in Wirklichkeit noch etwas kleiner sein?

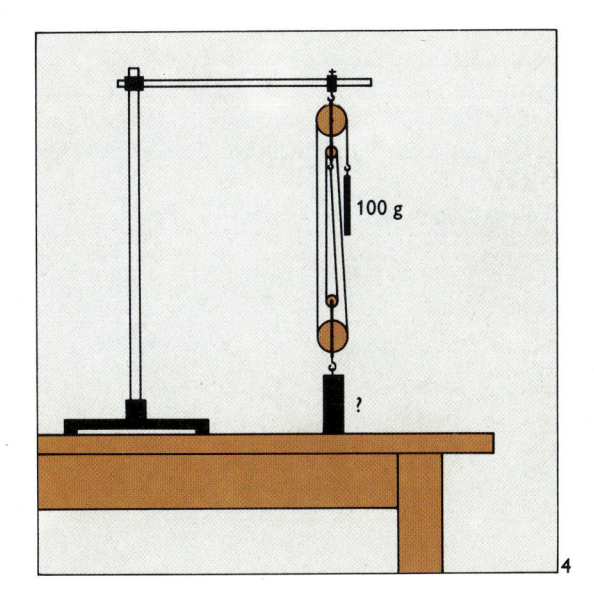

2 Geneigte Ebene

Sollen im Herbst größere Boote oder gar Fahrgastschiffe aus dem Wasser geholt werden, sind dafür Schiffswagen und Motorwinden erforderlich. Die Schienen führen auf geneigten Ebenen aus dem Wasser.

Auch Straßen mit Steigungen bezeichnet man in der Physik als geneigte Ebenen. Hierbei nutzt man eine uralte Erfahrung der Menschen: Es ist leichter, einen Körper eine geneigte Ebene hinaufzuziehen als ihn senkrecht auf dieselbe Höhe zu heben. Welches physikalische Gesetz wirkt hier? Wovon hängt die Zugkraft ab?

Das Gesetz der geneigten Ebene

Mit Hilfe von Experimenten wollen wir die Frage untersuchen: Wovon hängt die Zugkraft an der geneigten Ebene ab? Wir vermuten:
— Die Zugkraft hängt von der Neigung der geneigten Ebene ab.
— Die Zugkraft hängt von der Gewichtskraft der hochzuziehenden Last ab.
Daher planen wir zwei Experimente.

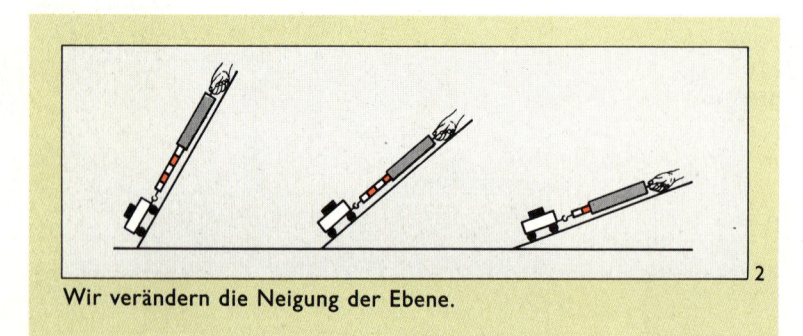

Wir verändern die Neigung der Ebene.

Experiment 1
Wir ziehen ein und denselben Körper auf Ebenen mit unterschiedlichen Neigungen hoch. Aus den Meßwerten erkennen wir: Die Zugkraft ist um so größer, je stärker die Ebene geneigt ist.

GENEIGTE EBENE

Experiment 2
Wir ziehen unterschiedliche Lasten auf ein und derselben geneigten Ebene hoch.

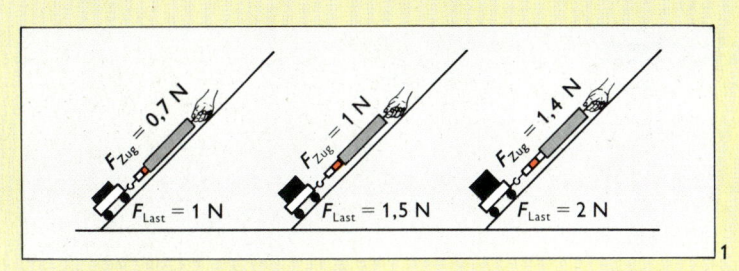

Wir verändern die Lasten.

Aus den Meßwerten erkennen wir: Die Zugkraft ist um so größer, je größer die Gewichtskraft der Last ist.
Wir wiederholen die Experimente 1 und 2 und messen gleichzeitig die Längen und die Höhen der geneigten Ebenen.
Aus den Meßwerten finden wir eine Gleichung, die für jede geneigte Ebene gilt. Sie lautet:

Zugkraft : Gewichtskraft der Last = Höhe : Länge der geneigten Ebene

Benutzen wir für die physikalischen Größen die Formelzeichen, so erhalten wir:

$F_{Zug} : F_G = h : l$ oder $\dfrac{F_{Zug}}{F_G} = \dfrac{h}{l}$ oder $F_{Zug} = \dfrac{h}{l} \cdot F_G$

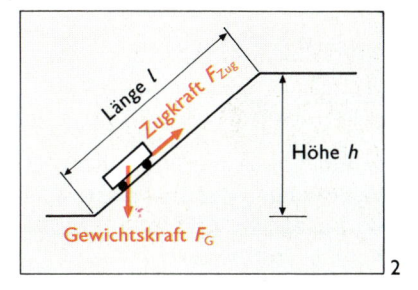

Ein Blick in die Technik

Serpentinen erleichtern Straßenfahrzeugen das Überwinden von Höhenunterschieden.

Die Bergbahn in Oberweißbach (Thüringen) überwindet auf einer geneigten Ebene eine Höhe von 320 m.

Ein Blick in die Geschichte

1 Grabmäler der Pharaonen

Schon im Altertum galten die Pyramiden als Weltwunder der Baukunst. Wie ist es den Menschen damals gelungen, die schweren Steine so hoch aufzutürmen?

Die Forscher sind verschiedener Meinung, denn auf keinem Bild ist überliefert, welche Technik damals benutzt wurde. Eines ist sicher: Die Muskelkraft der Menschen reichte dazu nicht aus. Sie müssen kraftumformende Einrichtungen benutzt haben. Lose Rollen und Flaschenzüge konnten es nicht gewesen sein. Die Ägypter lernten das Rad erst tausend Jahre später kennen. Wahrscheinlich benutzten sie geneigte Ebenen.

Damit die Sklaven die mächtigen Steinblöcke aufeinanderlegen konnten, schütteten sie eine geneigte Ebene in Form einer Rampe auf. Anfangs war diese nur sehr kurz. Dann wuchs der Bau in die Höhe. Damit die Neigung der Ebene klein blieb, mußte die Rampe von Stufe zu Stufe verlängert werden. Zum Schluß reichte sie bis zur Spitze der Pyramide und war mitunter bis zu einem halben Kilometer lang. War das Bauwerk fertig, mußte der Sand für die Rampe wieder abgetragen werden.

An einer Pyramide hat man Reste einer solchen Baurampe entdeckt.

2 Die geneigte Ebene als Baurampe wuchs mit dem Bau der Pyramide in die Höhe.

GENEIGTE EBENE

Weißt du es? Kannst du es?

1. Welche Meßfehler sind bei den Messungen nach der Experimentieranordnung im Bild 1, S. 77, unvermeidlich? Wie können sie verkleinert werden?
2. Eine Straße hat auf einer Länge von 500 m einen Höhenunterschied von 100 m. Mit welcher Kraft muß eine Zugmaschine einen Hänger mit einer Masse von 2 t ziehen?
3. Früher wurden Fischnetze mit Muskelkraft oder mit Kränen am Schiff seitlich hochgezogen. Moderne Fangschiffe haben am Heck eine geneigte Ebene (Bild 2).
   a) Welche Vorteile bringt die Anwendung der geneigten Ebene?
   b) Welche Kraft ist erforderlich, um ein Fischnetz mit einer Last von 6 t die 15 m lange und 10 m hohe Schräge nach oben ziehen zu können?
4. Bei einem Schrägaufzug wird auf einer Länge von 120 m ein Höhenunterschied von 20 m überwunden. Die Zugkraft der Motorwinde kann höchstens 6 000 N betragen. Wie groß darf die Masse der zu ziehenden Lasten im Höchstfall sein (10 N ≙ 1 kg)?
5. Erläutere die Goldene Regel der Mechanik am Beispiel der geneigten Ebene!
6. Der Lehrer will in einem Experiment zeigen, daß ein einzelnes Wägestück drei gleiche Wägestücke auf einer geneigten Ebene hochziehen kann (Bild 1). Petra flüstert Sven zu, wie hoch die geneigte Ebene im Vergleich zu deren Länge höchstens sein darf, damit das Experiment gelingt. Was hat Petra wohl geflüstert?
7. Nenne Beispiele für geneigte Ebenen im täglichen Leben!
   Wie groß ist dabei gewöhnlich das Verhältnis von Höhe zu Länge? Welche Krafteinsparung ist damit verbunden?

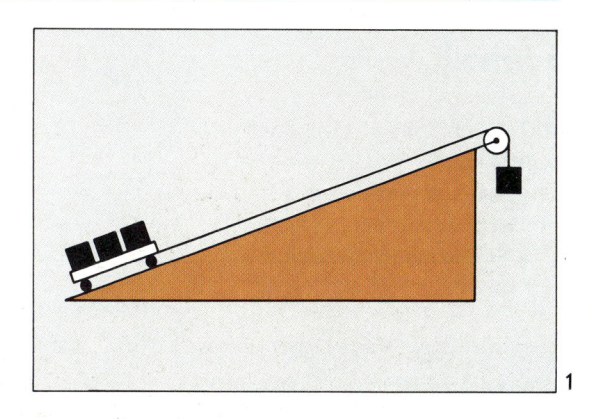

3 Hebel

Auf vielen Spielplätzen findet man Wippen. Wippen sind – physikalisch gesehen – Hebel. Zum Heben, Halten und Verformen verwenden wir ebenfalls Hebel.

Diese Bezeichnung stammt aus jener Zeit, in der man Hebel vor allem zum Heben benutzte. Was mußt du beachten, wenn du einen Hebel sinnvoll anwenden willst?

Hebelgesetz

Wir benutzen verschiedene Gegenstände als Hebel, beispielsweise Nußknacker, Zangen und Scheren.
Alle Hebel haben eine Drehachse und zwei Kraftarme. An jedem Kraftarm greift eine Kraft an.

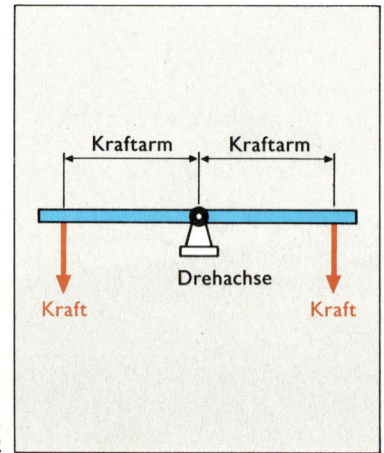

HEBEL

Drehachse

Drehachse

Beim **zweiseitigen Hebel** (Bild 1) befinden sich die beiden Kraftarme links und rechts von der Drehachse, also auf zwei Seiten.
Beim **einseitigen Hebel** (Bild 2) befinden sich die beiden Kraftarme auf einer Seite. Ein Ende des Hebels ist die Drehachse.

Es gibt **zweiseitige Hebel** und **einseitige Hebel**.
Vom Spiel auf der Wippe wissen wir bereits: Soll ein Hebel ins Gleichgewicht gebracht werden, so muß am kürzeren Kraftarm die größere Kraft und am längeren Kraftarm die kleinere Kraft angreifen. Dafür gilt ein Gesetz, das wir durch Messungen finden wollen. Uns interessiert die Frage: Wie müssen die Kräfte auf die Kraftarme verteilt werden, damit sich der Hebel im Gleichgewicht befindet?

Experiment
Wir wählen drei verschiedene Verhältnisse der Kraftarme (Bilder 3 bis 5). Jetzt hängen wir immer an einen Kraftarm ein Wägestück mit einer Gewichtskraft von 1 N an und probieren, wie groß die zweite Kraft am Hebel sein muß, damit Gleichgewicht zustande kommt.

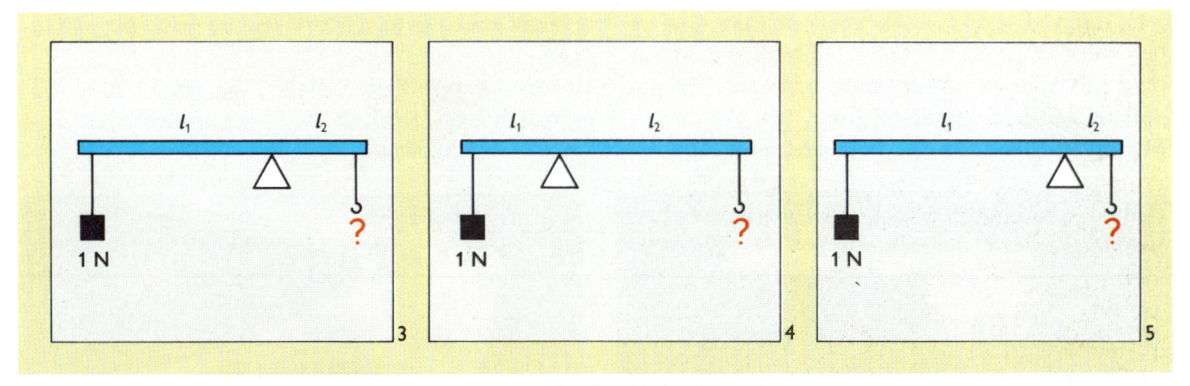

Vergleichen wir jeweils das Verhältnis der zwei Kräfte F_1 und F_2 mit dem Verhältnis der Längen der zwei Kraftarme l_1 und l_2, so erkennen wir das **Hebelgesetz**.

Die Kräfte verhalten sich zueinander umgekehrt wie die Längen der zugehörigen Kraftarme. Für alle Hebel gilt im Gleichgewicht: $F_1 : F_2 = l_2 : l_1$ oder $F_1 \cdot l_1 = F_2 \cdot l_2$.

Am kürzeren Kraftarm greift die größere Kraft an und am längeren Kraftarm die kleinere Kraft.
Das Hebelgesetz gilt auch für einseitige Hebel.

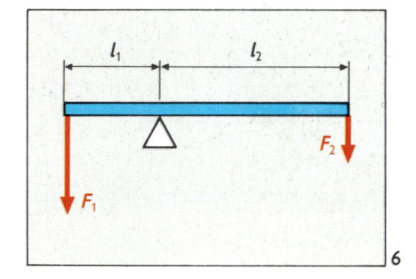

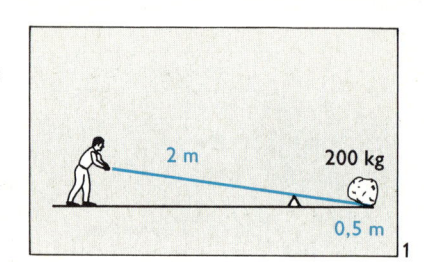

KRAFTUMFORMENDE EINRICHTUNGEN

Aufgabe
Welche Muskelkraft ist erforderlich, um den angehobenen Stein mit der als Hebel benutzten Stange im Gleichgewicht zu halten (Bild 1)?

Analyse:

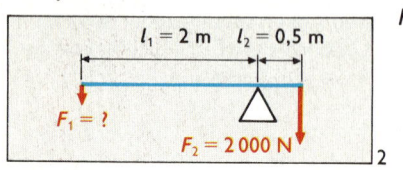

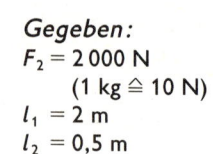

Gesucht:
F_1

Gegeben:
$F_2 = 2000$ N
(1 kg $\triangleq$ 10 N)
$l_1 = 2$ m
$l_2 = 0,5$ m

Lösung:
Das Hebelgesetz besagt: Die Kräfte verhalten sich zueinander umgekehrt wie die Längen der zugehörigen Kraftarme. Die Kraftarme l_1 und l_2 verhalten sich wie 4:1 (2 m : 0,5 m). Daher verhalten sich die Kräfte F_1 und F_2 wie 1:4. Das heißt: F_1 ist nur ein Viertel so groß wie F_2. Daher ist $F_1 = 500$ N.

Ergebnis:
Um den Stein mit der als Hebel benutzten Stange im Gleichgewicht zu halten, ist eine Muskelkraft von 500 N erforderlich.

Ein Blick in die Technik

Überall im Alltag kannst du Hebel erkennen. Man wendet nicht nur einseitige und zweiseitige Hebel an. Häufig werden auch zwei Hebel miteinander kombiniert. Die Hebel bewegen sich um eine gemeinsame Drehachse und vereinen ihre Kraftwirkung. Beispiele hierfür sind Scheren, Zangen, Nußknacker und Felgenbremsen.
Oft sind die Hebel auch nicht gestreckt. Die beiden Kraftarme schließen vielmehr einen Winkel ein. Man spricht in solchen Fällen von einem Winkelhebel. Ein Winkelhebel ist beispielsweise der Hebel zum Herausziehen von Nägeln (Nagelzieher).
In allen diesen Fällen dienen die Hebel zum Vergrößern von Kräften und nicht zum Erreichen eines Gleichgewichts.

Flaschenöffner

Kartoffelquetsche

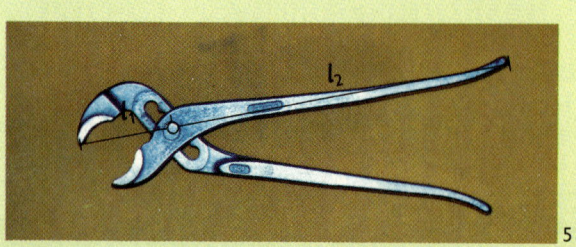

Zange

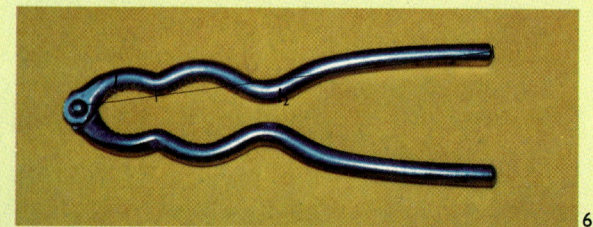

Nußknacker

Ein Blick in die Natur

Auch die Natur bedient sich des Hebels. Der Unterarm des Menschen ist beim Anwickeln ein einseitiger Hebel, der Arm ist beim Strecken ein zweiseitiger Hebel. Der Unterkiefer ist ein einseitiger Hebel. In ähnlicher Weise kommen Hebel bei anderen Lebewesen vor.

Im Unterarm des Menschen sind ein einseitiger und ein zweiseitiger Hebel miteinander kombiniert.

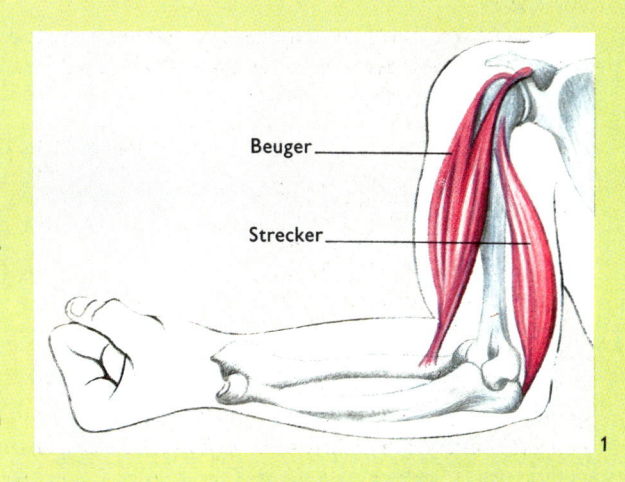

Weißt du es? Kannst du es?

1. Bei welchen Gelegenheiten hast du schon einmal Hebel benutzt? Ordne die Beispiele nach zweiseitigen Hebeln, einseitigen Hebeln und kombinierten Hebeln!
2. Bei einem Hebel wird eine der beiden Kräfte verdoppelt.
   Welche Möglichkeiten gibt es, das Gleichgewicht wieder herzustellen? Überprüfe deine Antworten in einem Experiment!
3. Nutze ein Holzlineal und einen Kugelschreiber als Modell für eine Wippe! Stelle ein 50-g-Wägestück als „Kind" genau in die Mitte einer Seite deiner Wippe (Bild 2).
   a) Wohin mußt du ein 100-g-Wägestück als „Vater" stellen, damit Gleichgewicht herrscht? (Finde deine Lösung durch Überlegen und Rechnen!)
   b) Kannst du mit einem 20-g-Wägestück als „jüngerer Bruder" das Gleichgewicht herstellen?
4. Von einem Hebel, der sich im Gleichgewicht befindet, sind folgende Größen bekannt:
   $F_1 = 1$ N; $F_2 = 0{,}5$ N; $l_2 = 20$ cm.
   Wie lang ist der Kraftarm l_1?
   Bestätige das Ergebnis in einem Experiment!
5. Michael meint:
   Der Handgriff einer Fahrradbremse ist ein Winkelhebel.
   Der Bowdenzug ist eine kraftumformende Einrichtung.
   Die Schubkarre ist ein zweiseitiger Hebel.
   Die Felgenbremse besteht aus zwei miteinander kombinierten zweiseitigen Hebeln.
   Stimmt das alles?
6. Am Hebel im Bild 3 soll mit einem 50-g-Wägestück Gleichgewicht hergestellt werden.
   Christoph schlägt vor, das Wägestück ganz links außen zu befestigen.
   Romy meint, es ginge auch rechts außen.
   Warum haben beide recht?

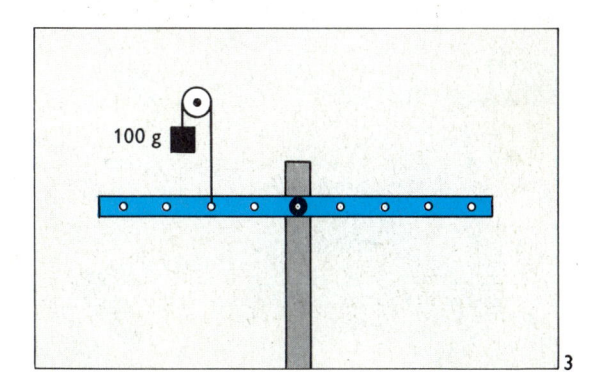

4 Mechanische Arbeit

Beide werden abends sagen, sie hätten heute schwer gearbeitet. Haben sie das wirklich? Was verstehen wir in der Physik unter Arbeit?

Physikalische Bedeutung der mechanischen Arbeit

In den Bildern 2 bis 4 sind verschiedene Vorgänge dargestellt. All diesen Vorgängen ist gemeinsam, daß eine Kraft an einem Körper angreift. Durch diese Kräfte werden eine Kiste gehoben, ein Lkw beschleunigt, ein Motorrad in Fahrt gehalten, ein Pkw abgebremst und ein Werkstück verformt. In der Physik sagt man: An den Körpern wird eine **mechanische Arbeit** verrichtet.

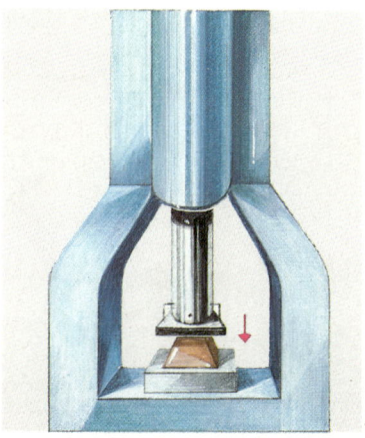

MECHANISCHE ARBEIT

Mechanische Arbeit wird verrichtet, wenn ein Körper durch eine Kraft bewegt, abgebremst oder verformt wird.

Hierfür benutzt man in der Physik auch die Begriffe Hubarbeit, Beschleunigungsarbeit, Reibungsarbeit und Verformungsarbeit.

In den Bildern 1 bis 3 sind Beispiele dargestellt, bei denen im physikalischen Sinne *keine* mechanische Arbeit verrichtet wird.

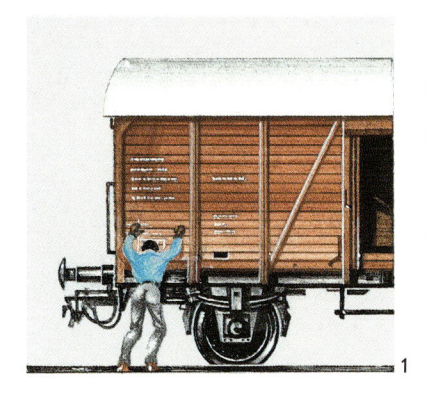

Der Waggon wird durch diese Kraft nicht bewegt.

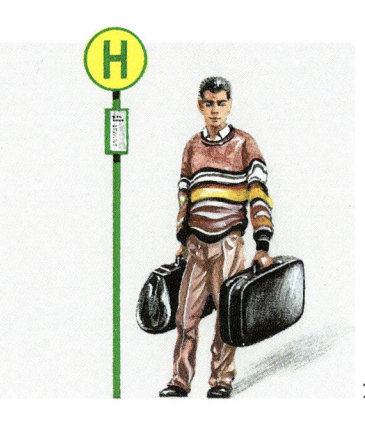

Die Kraft dient nur zum Halten der Gepäckstücke.

Das Fahrrad rollt allein als Folge seiner Trägheit weiter.

Im täglichen Leben benutzen wir das Wort *Arbeit* für jede Art von Tätigkeit. Wir sprechen von der Arbeit eines Arztes, eines Verkäufers oder eines Schülers. Physikalisch gesehen, wird bei diesen nützlichen Tätigkeiten des Menschen jedoch keine oder nur sehr wenig mechanische Arbeit verrichtet.

Berechnung der mechanischen Arbeit

Wir suchen eine Möglichkeit, die verrichtete mechanische Arbeit zu berechnen. Dann können wir mechanische Arbeiten miteinander vergleichen und dadurch physikalische Zusammenhänge erkennen.
Wir untersuchen die mechanische Arbeit, die eine Kleinlok beim Ziehen von Loren verrichtet. Aus den Bildern 4 bis 6 entnehmen wir:
Die mechanische Arbeit der Lok ist um so größer, je mehr Loren die Lok bei gleich langen Wegen zieht. Die dabei aufzuwendenden Kräfte sind verschieden groß.

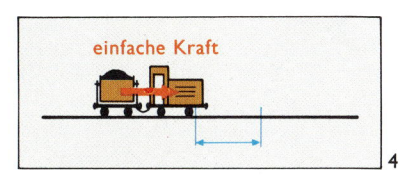

Einfache Arbeit

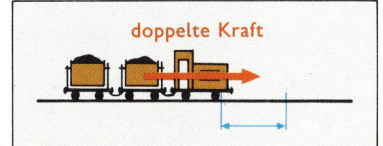

Doppelte Arbeit

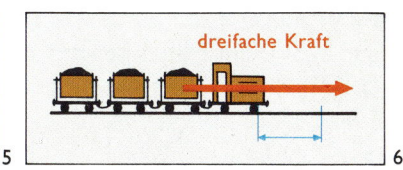

Dreifache Arbeit

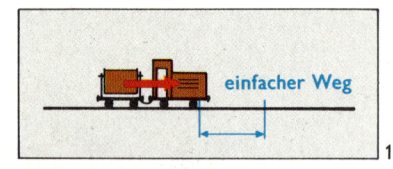

KRAFTUMFORMENDE EINRICHTUNGEN

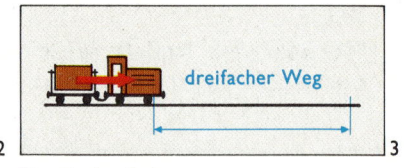

Einfache Arbeit — Doppelte Arbeit — Dreifache Arbeit

Die mechanische Arbeit der Kleinlok ist aber auch um so größer, je weiter sie die Loren zieht, d. h., je länger der Weg ist.
Die Beispiele zeigen:
Die mechanische Arbeit ist um so größer, je größer die angreifende Kraft und je länger der zurückgelegte Weg ist. Zur zahlenmäßigen Angabe der mechanischen Arbeit hat man daher das Produkt aus Kraft und Weg festgelegt.

mechanische Arbeit = angreifende Kraft · zurückgelegter Weg

Bezeichnen wir die Arbeit mit dem Formelzeichen W (nach dem Anfangsbuchstaben des englischen Wortes für Arbeit: work), können wir auch schreiben:

$$W = F \cdot s.$$

Bei der Berechnung der mechanischen Arbeit ergibt sich die Einheit Newtonmeter (N · m). Hierfür wurde international der Name Joule (J) (gesprochen: dschuhl) festgelegt. Damit wird der in England geborene Physiker *James Prescott Joule* geehrt. Joule arbeitete in jungen Jahren in der Brauerei seiner Eltern. Sein Herz gehörte jedoch der Mathematik und Physik. Deshalb nahm er neben der Tätigkeit in der Brauerei auch Unterricht in Mathematik und Physik. Joule experimentierte mit einfachen Maschinen, mit der Wärme und mit dem elektrischen Strom. Dabei gelang es ihm, für verschiedene Vorgänge die jeweils verrichteten Arbeiten zu bestimmen und miteinander zu vergleichen.

Eine mechanische Arbeit von 1 J wird verrichtet, wenn ein Körper durch eine Kraft von 1 N einen Weg von 1 m zurücklegt.

James Prescott Joule
(1818 bis 1889)

$$1 \text{ J} = 1 \text{ N} \cdot \text{m}$$

Das Joule ist eine sehr kleine Einheit. In der Technik wirken oft sehr große Kräfte. Häufig werden auch sehr lange Wege zurückgelegt. In solchen Fällen benutzt man die Vielfachen dieser Einheit: das Kilojoule (kJ) und das Megajoule (MJ).
Es gilt:

1 kJ = 1 000 J
1 MJ = 1 000 kJ = 1 000 000 J

MECHANISCHE ARBEIT

Aufgabe
Auf ein Schiff werden Lkw verladen. Der Kran hebt die Lkw auf eine Höhe von 12 m. Die Masse eines Lkw beträgt 5 200 kg. Wie groß ist die mechanische Arbeit, die beim Heben eines Lkw verrichtet wird?

Analyse: Bild 1
Gesucht: *Gegeben:*
W (in kJ) $s = 12$ m
  $m = 5\,200$ kg

Lösung:
Die mechanische Arbeit wird nach der Gleichung $W = F \cdot s$ berechnet. Der Weg s ist bekannt, die Kraft F nicht. Sie kann aber aus der Masse berechnet werden (5 200 kg $\triangleq$ 52 000 N).

$W = F \cdot s$
$W = 52\,000$ N $\cdot$ 12 m
$W = 52\,000 \cdot 12$ N $\cdot$ m
$W = 624\,000$ J   (sinnvolle Genauigkeit:
$W = 620$ kJ   nur erste und zweite Ziffer)

Ergebnis:
Beim Heben eines Lkw verrichtet der Kran eine mechanische Arbeit von 620 kJ.

Bei den bisher betrachteten Beispielen wurden zwei Bedingungen vorausgesetzt:
1. Die Richtung der am Körper angreifenden Kraft stimmt mit der Richtung des Weges überein.
2. Die Kraft ist konstant.
Nur wenn diese Bedingungen erfüllt sind, kann die mechanische Arbeit nach der Gleichung $W = F \cdot s$ berechnet werden.
Greift eine Kraft schräg zum Weg an, muß erst die in Richtung des Weges wirkende Kraftkomponente ermittelt werden. Die Kraft F wird in eine Kraftkomponente in Wegrichtung und eine Kraftkomponente senkrecht dazu zerlegt (Bild 2). Für die Berechnung der Arbeit ist nur die in Wegrichtung wirkende Kraftkomponente F_{Zug} von Bedeutung: $W = F_{Zug} \cdot s$
Kann man vielleicht bei kraftumformenden Einrichtungen Arbeit sparen?
Bei kraftumformenden Einrichtungen ist stets eine kleinere Kraft nötig als ohne Einsatz solcher Einrichtungen.
Beim Benutzen von kraftumformenden Einrichtungen setzt sich die zu verrichtende Arbeit stets aus mehreren Arbeiten zusammen (Bild 3). So muß zum Heben einer Last mit einer losen Rolle oder einem Flaschenzug nicht nur die Arbeit zum Heben der Last, sondern auch die Arbeit zum Überwinden der Reibung und die Arbeit zum Heben der Rollen selbst verrichtet werden. Außerdem muß die kleinere Kraft entlang eines längeren Weges wirken.
Man kann sagen: Was man an Kraft spart, muß man an Weg zusetzen.

Mit kraftumformenden Einrichtungen kann man nur Kraft, aber keine mechanische Arbeit einsparen.

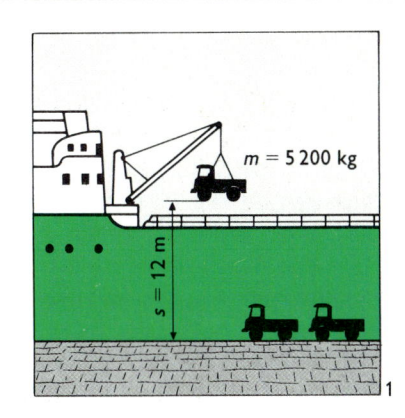

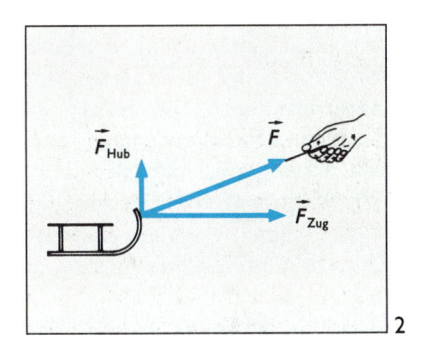

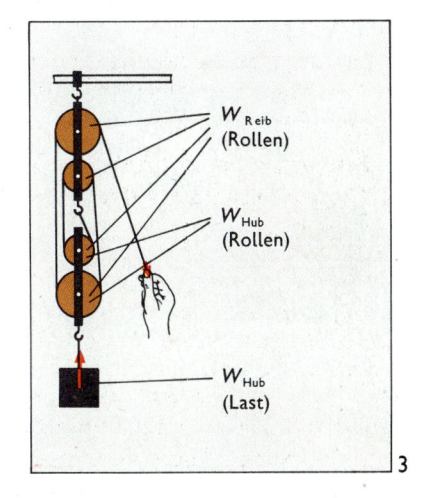

Ein Blick in die Natur

Birke. In der Natur wird in vielfältiger Weise mechanische Arbeit verrichtet. So saugt zum Beispiel eine Birke an einem heißen Tag bis zu 400 Liter Wasser in ihre Blätter, wo es dann verdunstet. Stell dir vor, du müßtest 40 Eimer Wasser bis in die Krone der Birke tragen!
Springkraut schießt bei Berührung der Fruchtkapseln die Samen bis zu 5 m weit.
Tiere. Große mechanische Arbeiten verrichten Zugtiere, wie Pferde, Ochsen und Esel. Auch Sprünge von Pferden, Delphinen und Zirkustieren über Hindernisse sind große mechanische Arbeiten. Schwäne beispielsweise verrichten beim Beschleunigen und Abheben in die Luft Schwerstarbeit.
Halten einer Last. Und warum ermüden deine Arme schon nach wenigen Minuten beim waagerechten Halten einer kleinen Last? Physikalisch wird scheinbar keine mechanische Arbeit verrichtet, da deine Arme diese Last während des Haltens nicht heben. Genauere Betrachtungen zeigen jedoch, daß die Arme unter der Last einige Millimeter absinken. Dann müssen deine Armmuskeln die Arme um diese wenigen Millimeter wieder heben. Das wiederholt sich ständig, zum Schluß spürst du sogar das Zittern deiner Arme. Diese vielen kleinen Arbeiten summieren sich mit der Zeit und führen zur Ermüdung deiner Muskeln.

Beim Aufsteigen verrichtet der Schwan mechanische Arbeit.

Während des waagerechten Haltens einer Last wird in Folge der Zitterbewegung mechanische Arbeit verrichtet.

Solche Sprünge sind mechanische Schwerstarbeit.

MECHANISCHE ARBEIT

Ein Blick in die Technik

Bei allen Maschinen setzt sich die vom Motor verrichtete Arbeit aus mehreren Arbeiten zusammen. Das wird am Beispiel des in der Gießerei verwendeten Kranes deutlich.

Eigentlich soll nur die flüssige Schmelze transportiert werden. Aber dazu ist ein „Riesentopf" erforderlich, der Gießpfanne heißt. Und diese Pfanne hängt wieder an einem sehr großen Haken (Bild 1).

Insgesamt muß so der Motor des Gießkrans gleichzeitig drei Arbeiten verrichten:

$$W_{Motor} = W_{Schmelze} + W_{Pfanne} + W_{Haken}$$

Flasche mit Haken
Rahmen mit Öse
Schmelze
Pfanne

Weißt du es? Kannst du es?

1. 70 Mauerziegel sollen mit einem Aufzug 10 m hoch gehoben werden. Ein Mauerziegel hat eine Masse von 3,5 kg.
   Berechne die mechanische Arbeit, die verrichtet werden muß!

2. Du trägst einen Eimer Kohlen (10 kg) vom Keller zur 3. Etage (Höhenunterschied 12 m). Welche Arbeit verrichtest du dabei?
   Dein älterer Bruder sagt, die Antwort 1,2 kJ sei falsch. Hat er recht?

3. Ein Junge ($m = 50$ kg) hebt ein Paket ($m = 20$ kg) auf. In einer Höhe von 1 m trägt er es 10 m bis zum Fahrrad. Bei jedem Schritt schwankt er etwa um 10 cm. Mit dem Rad fährt er es noch 1 km.
   Berechne die Arbeit, die er verrichtet a) beim Heben, b) beim Tragen und c) Radfahren (Reibungszahl $\mu = 0{,}1$)!

4. Zwei Jungen schieben mit einer Kraft von 100 N einen Schlitten 3 m auf einer waagerechten Strecke an. Der Schlitten rutscht noch 15 m weiter. Dann bleibt er stehen. Wie groß ist die von den Jungen verrichtete mechanische Arbeit?

5. Warum benutzt man kraftumformende Einrichtungen, obwohl bei diesen der Weg länger ist, als wenn man den Körper direkt hebt?

6. Ein Junge schiebt mit einer Kraft von 80 N einen Radfahrer auf einer waagerechten Straße 10 m an. Danach rollt das Fahrrad noch 50 m weiter. Dann bleibt es wieder stehen. Drei Mädchen überlegen, wie groß die von dem Jungen verrichtete mechanische Arbeit sein könnte. Petra meint 800 J, Ines 4 000 J und Gabi 4 800 J. Wer hat recht?

5 Mechanische Leistung

Beim Stangenklettern erreichen drei Schüler das Ende der Stangen unterschiedlich schnell. Sportlich gesehen, vollbringt Roy die größte Leistung. Er benötigt nur 6 s. Gert benötigt 9 s. Für Peter werden 10 s gemessen. Ist Roys Leistung auch physikalisch gesehen die größte?

Physikalische Bedeutung der mechanischen Leistung

Peter füllt mit Hilfe einer Handpumpe im Garten ein Faß mit Wasser. Der Nachbar benutzt für den gleichen Zweck eine Motorpumpe (Bild 2). In beiden Fällen wird die gleiche mechanische Arbeit verrichtet. Die Motorpumpe braucht für diese Arbeit weniger Zeit als Peter. Das bedeutet: Die Motorpumpe verrichtet in einer bestimmten Zeit eine größere mechanische Arbeit als Peter. In der Physik sagt man: Die Motorpumpe hat eine größere mechanische Leistung als Peter.

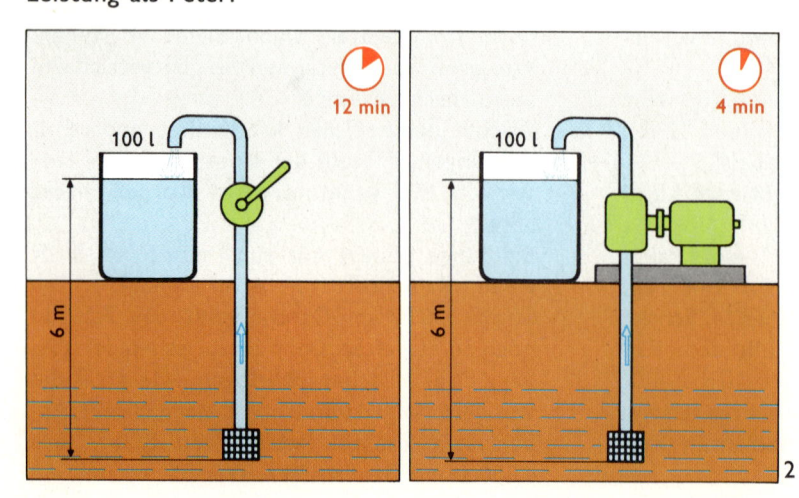

2 Handpumpe und Motorpumpe

MECHANISCHE LEISTUNG

Berechnung der mechanischen Leistung

Soll die mechanische Leistung zahlenmäßig angegeben werden, dann muß man wissen, wie groß die verrichtete mechanische Arbeit und die dazu benötigte Zeit sind. Die Berechnung wird dann nach folgender Gleichung durchgeführt.

$$\text{mechanische Leistung} = \frac{\text{verrichtete mechanische Arbeit}}{\text{benötigte Zeit}}$$

Bezeichnen wir die mechanische Leistung mit dem Formelzeichen P (nach dem Anfangsbuchstaben des englischen Wortes für Leistung: power), können wir auch schreiben:

$$P = \frac{W}{t}.$$

Für die mechanische Leistung ergibt sich damit die Einheit Joule je Sekunde $\left(\frac{J}{s}\right)$. Hierfür wurde international der Name Watt (W) festgelegt.
Es gilt: $1 \frac{J}{s} = 1 \text{ W}$.
Mit der Einheit Watt wird der englische Physiker und Ingenieur *James Watt* geehrt.

Eine Maschine hat eine mechanische Leistung von 1 W, wenn sie in einer Zeit von 1 s eine mechanische Arbeit von 1 J verrichtet.

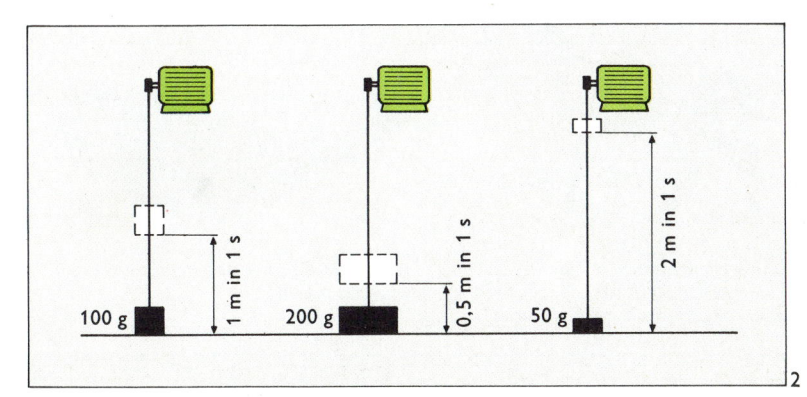

James Watt (1736 bis 1819)

Diese mechanische Leistung hat beispielsweise ein Motor, der einen Körper mit einer Masse von 100 g in einer Zeit von 1 s um 1 m hebt.
Das Watt ist eine sehr kleine Einheit. Deshalb benutzt man die Vielfachen dieser Einheit: das Kilowatt (kW) und das Megawatt (MW).
Es gilt:
1 kW = 1 000 W   1 MW = 1 000 kW = 1 000 000 kW

In allen drei Fällen beträgt die Leistung 1 W.

Aufgabe

Aus dem Schacht eines Bergwerkes werden durch eine Pumpe in einer Stunde etwa 50 m³ Wasser mit einer Gewichtskraft von 500 000 N gepumpt. Die Tiefe des Schachtes beträgt 30 m. Berechne die Leistung der Pumpe!

Analyse: Bild 1

Gesucht: *Gegeben:*
P (in kW) F_G = 500 000 N
                 s = 30 m
                 t = 1 h = 3 600 s

Lösung:

Die mechanische Leistung wird nach der Gleichung $P = \dfrac{W}{t}$ berechnet. Die Arbeit W ist nicht gegeben. Sie kann aber aus der Gewichtskraft F_G des hochgepumpten Wassers und aus dem Weg s berechnet werden. Die Zeit ist gegeben, sie wird in Sekunden umgerechnet. Insgesamt sind somit zwei Berechnungen durchzuführen.

1. Berechnung von W
$W = F_G \cdot s$
W = 500 000 N · 30 m
W = 15 000 000 N · m
W = 15 000 000 J

2. Berechnung von P
$P = \dfrac{W}{t}$
$P = \dfrac{15\,000\,000\ \text{J}}{3\,600\ \text{s}}$
P = 4 200 W
P = 4,2 kW

Ergebnis: Die Wasserpumpe hat eine Leistung von 4,2 kW.

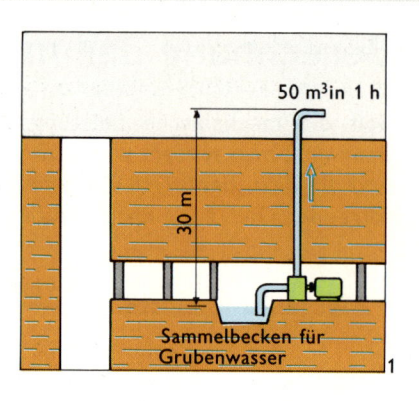

Ein Blick in die Natur

Eine ganz phantastische mechanische Leistung hat das menschliche Herz. Sie beträgt zwar nur 1,5 W, aber das ein Leben lang. Es pumpt bei jedem Herzschlag etwa 70 ml Blut (eine halbe Kaffeetasse voll) durch den Körper.

Leistungen von Mensch und Tier

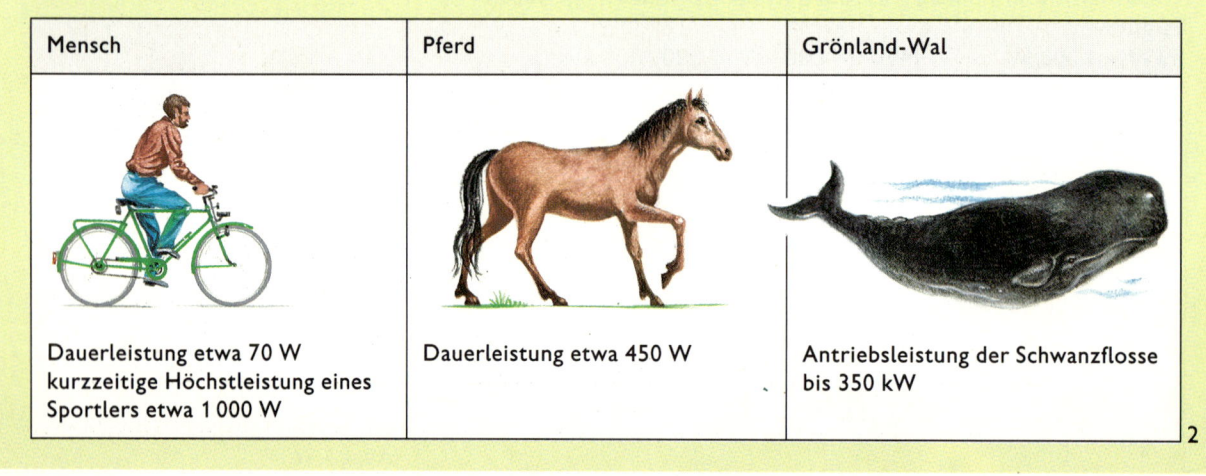

Mensch	Pferd	Grönland-Wal
Dauerleistung etwa 70 W kurzzeitige Höchstleistung eines Sportlers etwa 1 000 W	Dauerleistung etwa 450 W	Antriebsleistung der Schwanzflosse bis 350 kW

KURZ UND KNAPP

Weißt du es? Kannst du es?

1. Was gibt die mechanische Leistung einer Maschine an?
2. Von zwei Motoren werden gleich große mechanische Arbeiten verrichtet. Mit dem Motor 1 sind dafür 30 s erforderlich, mit dem Motor 2 sind es 60 s. Vergleiche die beiden mechanischen Leistungen!
3. Es soll ein Bauaufzug konstruiert werden, der Lasten bis zu 200 kg innerhalb von 20 s auf eine Höhe von 14 m hebt. Ein Motorenwerk bietet Motoren mit einer Leistung von 0,6 kW, 0,8 kW, 1,1 kW, 1,5 kW und 2 kW an. Welchen Motor würdest du für den Aufzug auswählen?
4. Romy berechnet beim Lösen einer Aufgabe die Leistung mit Hilfe der Gleichung $P = \frac{W}{t}$. Christian benutzt zum Lösen der Aufgabe die Gleichung $P = \frac{F \cdot s}{t}$, Christoph die Gleichung $P = F \cdot v$. Kannst du den Zusammenhang erklären?

Physikalische Größen

Physikalische Größe	Bedeutung	Formelzeichen	Gleichung	Beispiel	Einheit	Darstellung
mechanische Arbeit	Mechanische Arbeit wird verrichtet, wenn ein Körper durch eine Kraft bewegt, abgebremst oder verformt wird.	W	$W = F \cdot s$	$W = 10\,N \cdot 3\,m$ $W = 30\,J$	$1\,J = 1\,N \cdot m$	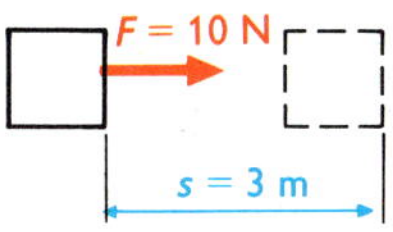 $F = 10\,N$; $s = 3\,m$
mechanische Leistung	Die mechanische Leistung gibt an, wieviel mechanische Arbeit in einer Sekunde verrichtet wird.	P	$P = \frac{W}{t}$	$P = \frac{20\,N \cdot 2\,m}{5\,s}$ $P = 8\,W$	$1\,W = 1\,\frac{J}{s}$	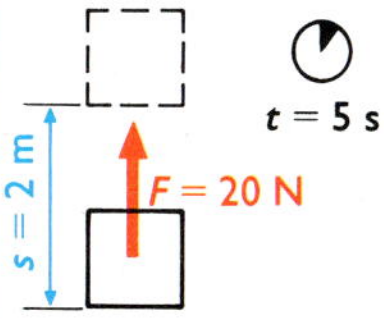 $t = 5\,s$; $s = 2\,m$; $F = 20\,N$

Goldene Regel der Mechanik
Was man an Kraft spart, muß man an Weg zusetzen.

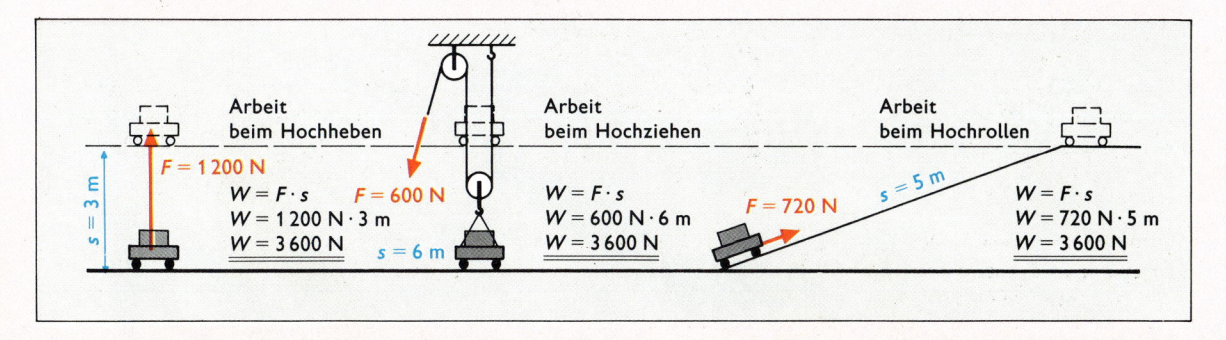

Arbeit beim Hochheben
$F = 1200\,N$
$s = 3\,m$
$W = F \cdot s$
$W = 1200\,N \cdot 3\,m$
$W = 3600\,N$

Arbeit beim Hochziehen
$F = 600\,N$
$s = 6\,m$
$W = F \cdot s$
$W = 600\,N \cdot 6\,m$
$W = 3600\,N$

Arbeit beim Hochrollen
$F = 720\,N$
$s = 5\,m$
$W = F \cdot s$
$W = 720\,N \cdot 5\,m$
$W = 3600\,N$

ENERGIE IN NATUR UND TECHNIK

1 Energie und Energieformen

Bei Sonnenschein und Regen, bei Wind und Kälte, im Sommer und im Winter sichern die Menschen in den Kraftwerken die Versorgung der Wohnungen und Betriebe mit Energie. Warum ist Energie so wichtig? Was versteht man in der Physik unter Energie?

Physikalische Bedeutung der Energie

Wir betrachten zunächst einige Beispiele aus dem täglichen Leben, in denen die Energie eine wichtige Rolle spielt. Beim Fahren eines Zuges verrichtet die Elektrolokomotive mechanische Arbeit. Hierzu

ENERGIE UND ENERGIEFORMEN

muß durch ihre Elektromotoren elektrischer Strom fließen.
Damit der Motor eines Lastkraftwagens mechanische Arbeit verrichten kann, muß der Fahrer beispielsweise zuvor Dieselkraftstoff tanken.
Preßlufthämmer verrichten die mechanische Arbeit mit Hilfe von Druckluft.
Elektrischer Strom, Kraftstoff und Druckluft besitzen die Fähigkeit, mechanische Arbeit zu verrichten. Sie besitzen Energie.
Energie ist auch zum Erwärmen von Körpern sowie zum Beleuchten von Räumen und Straßen erforderlich.
Die Sonne und die Brennstoffe besitzen die Fähigkeit, Wärme abzugeben und Licht auszusenden. Sie besitzen ebenfalls Energie.

Durch Verbrennen von Kohle wird das Zimmer erwärmt (Bild 1).
Die Sonne beleuchtet und erwärmt die Erde (Bild 2).

Energie ist die Fähigkeit, mechanische Arbeit zu verrichten, Wärme abzugeben oder Licht auszusenden.

Formelzeichen und Einheit der Energie

Das Formelzeichen für die Energie ist E (vom Anfangsbuchstaben des englischen Wortes energy).
Da man mit Energie zum Beispiel mechanische Arbeit verrichten kann, benutzt man für die Energie dieselbe Einheit wie für die mechanische Arbeit: das Joule (J). Meist werden jedoch die Vielfachen dieser Einheit benutzt: das Kilojoule (kJ) und das Megajoule (MJ).

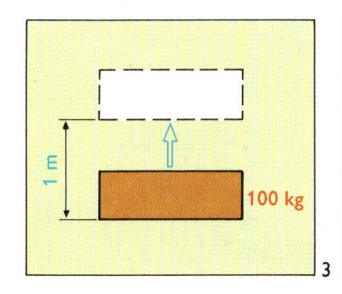

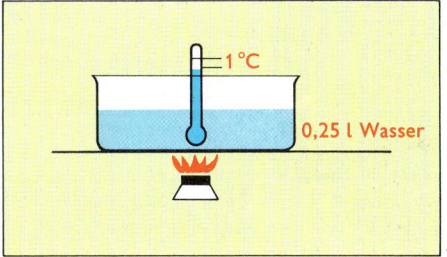

Eine Energie von 1 kJ ist erforderlich, um einen Körper mit einer Masse von 100 kg um 1 m zu heben (Bild 3).
Eine Energie von 1 kJ ist erforderlich, um etwa 0,25 l Wasser um 1 °C zu erwärmen (Bild 4).

Energieformen

Energie kommt in verschiedenen Formen vor.
Potentielle Energie. Der Bär und das angestaute Wasser besitzen potentielle Energie aufgrund ihrer höheren Lage gegenüber der Umgebung. Der gespannte Bogen und die gespannte Feder besitzen potentielle Energie aufgrund ihrer elastischen Verformung. Diese Energie nennt man Spannenergie. Lageenergie bekommt der Bär aufgrund der an ihm verrichteten Hubarbeit $W = F_G \cdot h$. Beim Herunterfallen kann er mit dieser Energie Verformungsarbeit verrichten.

**Gehobene Körper und elastisch verformte Körper besitzen potentielle Energie.
Der Betrag der Lageenergie eines Körpers ist gleich der zuvor an ihm verrichteten Hubarbeit.**

$$W_{Hub} = F_G \cdot h$$
$$E_{pot} = F_G \cdot h$$

Der gehobene Bär hat potentielle Energie. Mit dieser Energie können Pfähle in den Boden gerammt werden.

Das Wasser des Stausees hat potentielle Energie. Mit dieser Energie können Turbinen angetrieben werden.

Der gespannte Bogen besitzt potentielle Energie. Bogenschützen nutzen sie für den Abschuß des Pfeils.

Herr Findig nutzt die Energie der gespannten Federn und Gummibänder des Trampolins.

ENERGIE UND ENERGIEFORMEN

Fließendes Wasser hat kinetische Energie. Mit dieser Energie verrichtet der Bach am Wasserrad mechanische Arbeit.

Ein fahrender Pkw hat kinetische Energie. Beim Aufprallen auf ein Hindernis wird Verformungsarbeit verrichtet.

Kinetische Energie. Die Bilder 1 und 2 zeigen Körper, die kinetische Energie besitzen.

Körper, die sich in Bewegung befinden, besitzen kinetische Energie.

Die kinetische Energie erhält ein Körper aus der Arbeit, die zu seiner Beschleunigung auf die Geschwindigkeit erforderlich war. Diese mechanische Arbeit ist in dem Körper als kinetische Energie gespeichert.
Potentielle und kinetische Energie werden auch als **mechanische Energie** bezeichnet.

Thermische Energie. Alle Körper besitzen die Fähigkeit, an eine kältere Umgebung Wärme abzugeben. Besonders deutlich ist das bei Körpern mit hohen Temperaturen festzustellen. Ist die Temperatur so hoch, daß sie glühen, dann senden sie auch Licht aus.

Alle Körper besitzen thermische Energie.

Die Lava hat thermische Energie. Sie gibt Wärme ab und sendet Licht aus.

Feuerwerkskörper besitzen chemische Energie. Mit dieser Energie wird beispielsweise Licht erzeugt.

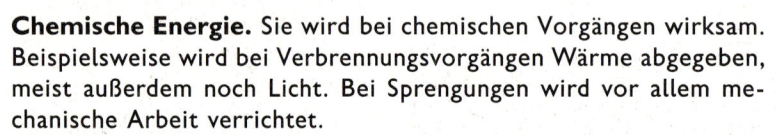

Nahrungsmittel besitzen chemische Energie. Mit dieser Energie können Menschen mechanische Arbeit verrichten.

Chemische Energie. Sie wird bei chemischen Vorgängen wirksam. Beispielsweise wird bei Verbrennungsvorgängen Wärme abgegeben, meist außerdem noch Licht. Bei Sprengungen wird vor allem mechanische Arbeit verrichtet.

Elektrische Energie. Sie wird aus den Kraftwerken in Fabriken und Wohnhäuser übertragen. Elektrische Energie kann aber auch aus Batterien entnommen werden.
Mit Hilfe der elektrischen Energie
— können Elektromotoren mechanische Arbeit verrichten,
— können Heizgeräte Wärme abgeben,
— können Glühlampen Licht aussenden.

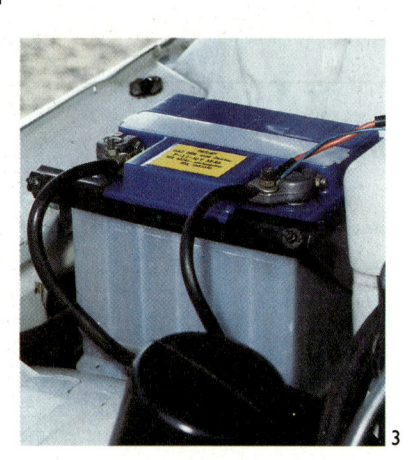

Weißt du es? Kannst du es?

1. Begründe, daß Wasser in einem Hochbehälter, fliegende Bälle und im Fluß treibende Baumstämme Energie besitzen!
2. Woran kann man beim Kochen von Speisen erkennen, daß Wasserdampf Energie besitzt?
3. Nenne Geräte, in denen die verschiedenen Energieformen genutzt werden!
4. Spielzeugautos können beispielsweise folgende Antriebe haben: Elektromotor mit Batterie, Motor mit Aufziehfeder, Schwungscheibe. Ordne diesen Antrieben die entsprechende Energieform zu!
5. Zum Antrieb von Uhren dienen Gewichte, Federn oder Batterien. Welche Energieformen werden jeweils genutzt?
6. Herr Findig will sich ein umweltfreundliches Auto bauen. Er fährt ohne Benzin, nur mit Wasser. Wird sich sein Auto bewegen?

ENERGIE UND ENERGIEFORMEN

Ein Blick in die Geschichte

Maschinen werden heute fast ausschließlich mit elektrischer Energie betrieben. Diese Energie steht den Menschen jedoch erst seit rund 100 Jahren zur Verfügung. Anfangs nutzten die Menschen nur ihre eigene Muskelkraft und die von Tieren. Auch der im Altertum erfundene Göpel durfte nur so groß gebaut werden, daß Menschen oder Tiere ihn drehen konnten.

Das Bedürfnis nach mehr Nahrung, besserer Kleidung und Erleichterung der Arbeit spornte die Menschen immer wieder an, Maschinen zu erfinden, mit denen sie weitere Energieformen nutzen konnten, beispielsweise die Energie des Windes und des Wassers. Es entstanden Windmühlen und Wassermühlen. Dort, wo es kein Wasser und nur selten Wind gab, baute man Treträder.

Ochsen bewegen einen Göpel. Dieser treibt ein Rad an, mit dem Wasser aus einem Brunnenloch geschöpft wird.

Orientalische Windmühlen sind noch heute im Mittelmeerraum weit verbreitet.

Tretrad zum Antrieb eines Mahlwerkes für Getreide

Mittelalterliche Hammerwerke wurden mit Wasserrädern angetrieben.

2 Umwandlung und Übertragung von Energie

Mit einer Achterbahn zu fahren macht großen Spaß. Zuerst werden die Wagen mit einer Zugvorrichtung ganz hoch gezogen.

Die Energie für die dafür erforderliche Hubarbeit liefert der elektrische Strom. Dann fahren die Wagen bergab und bergauf. Das wiederholt sich einige Male. Woher stammt die Energie, die die Wagen immer wieder bergauf fahren läßt? Warum ist die Fahrt dennoch viel zu schnell zu Ende?

Umwandlung von Energie

Auf einem Berg hat ein Radfahrer potentielle Energie. Wenn er sich in das Tal rollen läßt, dann wird er schneller. Erreicht er den tiefsten Punkt, so hat er keine potentielle Energie mehr. Ist die Energie des Radfahrers verschwunden? Nein! Seine potentielle Energie ist in eine andere Energieform umgewandelt worden, in kinetische Energie.

UMWANDLUNG UND ÜBERTRAGUNG VON ENERGIE

Rollt der Radfahrer anschließend wieder bergauf, so wird er immer langsamer. Schließlich kommt er oben zum Stillstand. Er hat keine kinetische Energie mehr. Aber auch diese Energie ist nicht verschwunden. Sie hat sich in potentielle Energie umgewandelt. Diese Energieumwandlung kann man schematisch wie folgt darstellen:

$E_{pot} \rightarrow E_{kin} \rightarrow E_{pot}$ E_{pot} potentielle Energie des Radfahrers,
                         E_{kin} kinetische Energie des Radfahrers.

Ähnlich sind die Energieumwandlungen bei einem Pendel. Auch weitere Beispiele zeigen:

Energie kann von einer Energieform in eine andere Energieform umgewandelt werden.

Übertragen von Energie

Die Bilder 1 bis 3 zeigen, wie mit Hilfe einer Feder eine Kugel abgeschossen wird. Zuerst hat die gespannte Feder potentielle Energie. Beim Entspannen der Feder wird die Kugel fortgeschleudert. Die entspannte Feder besitzt keine potentielle Energie mehr. Ist die Energie der Feder verlorengegangen? Nein! Die Energie ist von der Feder auf die Kugel übertragen worden ($E_{Feder} \rightarrow E_{Kugel}$). Dabei ist die Energie umgewandelt worden ($E_{pot} \rightarrow E_{kin}$).
Auch beim Spannen eines Bogens wird Energie übertragen und umgewandelt. Für das Abschießen eines Pfeiles gilt:

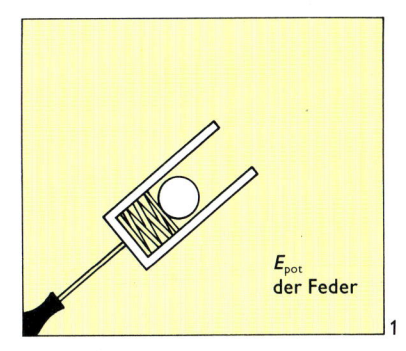

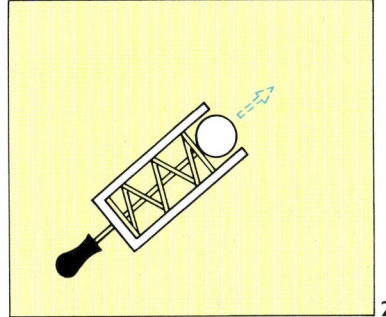

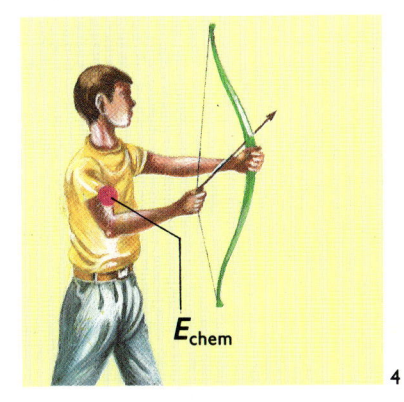

$E_{chem\ der\ Muskeln} \rightarrow E_{pot\ des\ Bogens} \rightarrow E_{kin\ des\ Pfeiles}$

Beim Abbremsen von Gegenständen, wie zum Beispiel Autos, wird ebenfalls Energie übertragen und umgewandelt.
Für das Abbremsen eines Autos gilt:
$E_{\text{kin des Autos}} \rightarrow E_{\text{therm der Bremsen}}$
Die vorgestellten und zahlreiche weitere Beispiele aus Natur und Technik lassen erkennen:

Energie kann von einem Körper auf einen anderen übertragen werden. Dabei kann die Energie von einer Energieform in eine andere umgewandelt werden.

Physiker wie *J. P. Joule* und der deutsche Naturforscher *J. R. Mayer* (Bild 1) haben die Beträge der Energien vor und nach einer Energieumwandlung verglichen. Dabei entdeckten sie das **Gesetz von der Erhaltung der Energie:**

Bei keinem Vorgang kann Energie neu entstehen oder verschwinden. Energie kann durch mechanische Arbeit, Wärme oder Licht von einem Körper auf einen anderen übertragen werden und sich von einer Energieform in eine andere umwandeln.

Robert Mayer 1814 bis 1878

Das Gesetz von der Erhaltung der Energie kann man sich am Beispiel der Energieumwandlungen in einem Wohnhaus verdeutlichen. In das Wohnhaus gelangt die Energie in Form von thermischer Energie mit dem Wasser, in Form von elektrischer Energie mit dem Strom, in Form von chemischer Energie mit den Brennstoffen. Im Haus wird diese Energie für Beleuchtung, die Heizung und das Verrichten verschiedener Arbeiten genutzt. Am Ende der Kette von Energieumwandlungsprozessen steht stets die thermische Energie. Sie verläßt das Haus in Form von Wärmeabstrahlung, als thermische Energie der Abgase, der Lüftung oder des Abwassers. Die Summe aller dem Haus zugeführten Energien ist gleich dem Betrag der thermischen Energie, die das Haus wieder abgibt.

Ein Blick in die Natur

Energieumwandlung in der Sonne. In jeder Sekunde erhält die Erde von der Sonne eine Energie von 170 000 000 000 MJ. Woher kommt die Energie der Sonne? Im Innern der Sonne finden Vorgänge statt, bei denen sich die Energie der Atome in Sonnenenergie umwandelt. Mehr darüber wirst du erst später erfahren.

Die Sonne war schon immer die natürliche Energiequelle der Erde. Lange bevor Menschen auf der Erde lebten, gab es in der Urzeit auf der Erde ausgedehnte Wälder mit riesigen Bäumen. Die Bäume wandelten durch biologische Vorgänge die Energie der Sonnenstrahlung in chemische Energie um und speicherten sie in dieser Form. Klima und geologische Veränderungen führten dazu, daß ganze Wälder von Erdreich überdeckt wurden. Im Laufe von Jahrmillionen entstanden aus den Bäumen Kohle und Erdgas. Da die Entstehung der Brennstoffe so weit zurück liegt, nennt man diese auch *fossile Brennstoffe*.

Energieumwandlung in Pflanzen. Pflanzen nutzen die Energie der Sonnenstrahlung in den Blättern und Früchten zum Aufbau energiereicher pflanzlicher Stoffe, wie z. B. Stärke. Dazu entnehmen sie aus dem Boden Nährsalze und Wasser und aus der Luft Kohlendioxid. So wird die Energie der Sonnenstrahlung in chemische Energie umgewandelt.

Ernährung. Menschen und Tiere ernähren sich von energiereichen Stoffen. Dabei entstehen Abhängigkeiten, die man als Nahrungspyramide darstellen kann.

Ein Teil der chemischen Energie der Nahrung wird im Körper in thermische Energie umgewandelt. Dadurch kann die Körpertemperatur konstant gehalten werden. Ein anderer Teil der chemischen Energie der Nahrung dient zum Aufbau körpereigener Stoffe, vor allem Stärke und Fett. Durch die Freisetzung der chemischen Energie aus der körpereigenen Stärke und dem körpereigenen Fett können Menschen und Tiere mit ihren Muskeln mechanische Arbeit verrichten.

Nahrungspyramide

Ein Blick in die Geschichte

1 Abwärts nutzte man die potentielle Energie.

Praktische Straßenbahnen. Bevor die elektrische Energie bekannt war, versuchte man, insbesondere die potentielle Energie zu nutzen. Ein Beispiel dafür ist die Straßenbahn von Ontario in Californien aus dem Jahre 1890 (Bild 1).
In Ontario führte die Bahn auf einem steil ansteigenden Weg in einen höher gelegenen Stadtteil. Bei der Fahrt bergauf wurde der Wagen von zwei kräftigen Maultieren gezogen. Bergab nutzte man die potentielle Energie des Wagens, der Fahrgäste und der Tiere.
Bei der Fahrt bergauf wurde der Hänger zusammengeklappt und unter dem Wagen befestigt. Während der Fahrt bergab fuhren die Tiere im Hänger mit nach unten. Dabei blieb ihnen so viel Zeit zur Erholung, daß sie für die nächste Fahrt bergauf wieder eingespannt werden konnten.
Auch bei einigen der früheren Bergbahnen in den Alpen nutzte man als Antrieb die potentielle Energie. Die beiden Wagen einer Seilbahn hatten je einen Wassertank. In der Bergstation wurde der Tank des ankommenden Wagens jeweils mit Wasser vollgepumpt, wodurch dessen potentielle Energie stark zunahm. Bei der anschließenden Fahrt bergab zog er über ein Seil den unteren Wagen mit dem leeren Tank nach oben. Oben angekommen, wurde sein Tank voll Wasser gepumpt, während in der Talstation der Tank des unten angekommenen Wagens geleert wurde.

Wasserförderung. Jahrhundertelang hatte auf dem 361 m hohen Tafelberg bei Königstein/Sächsische Schweiz eine Burg gestanden. Sie war zu Beginn des 16. Jahrhunderts verlassen worden und seitdem allmählich verfallen. Im Jahre 1589 wurde befohlen, das alte Gemäuer abzutragen und eine moderne Festung zu erbauen.

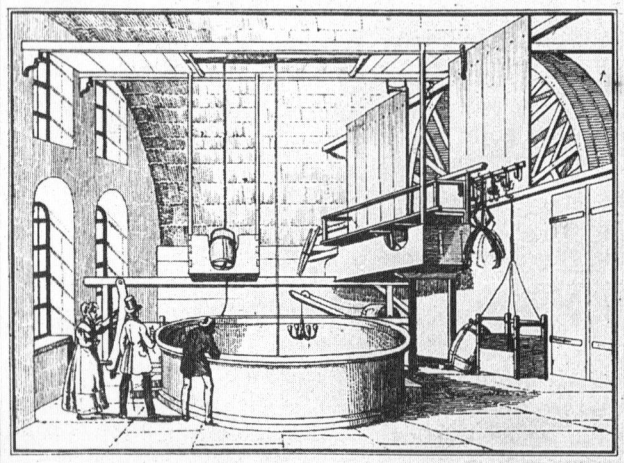

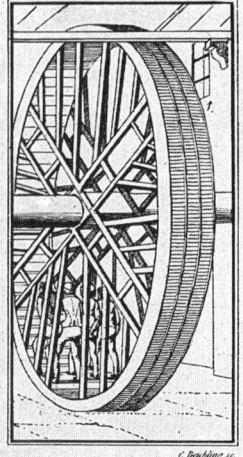

Brunnenhaus mit Tretrad
2 um 1840

Bereits 30 Jahre davor hatte man begonnen, einen Brunnen zu bauen, der die Menschen in der Festung mit Wasser versorgen sollte. In sieben Jahren trieben Bergleute ein 3,5 m breites Brunnenloch in eine Tiefe von 152,5 m. Damit zählt dieser Brunnen zu den wenigen Tiefbrunnen Europas, die über Jahrhunderte hinweg zur Wasserversorgung dienten.

Die Art und Weise, wie das Wasser nach oben befördert wurde, ist ein Beispiel dafür, wie die Menschen neue Erkenntnisse der Energieumwandlung in der Praxis anwandten.

Anfangs wurde das Wasser mit der von Pferden und Menschen aufgebrachten Energie aus der Tiefe gehoben. Dazu diente bis etwa 1600 ein Pferdegöpel, danach mußten Häftlinge die Wasserfässer mit einem Tretrad hochziehen. Das Tretrad hatte einen Durchmesser von 7 m. In ihm mußten gleichzeitig vier Männer je 28 000 Schritte hochtreten, um ein Faß mit 150 l Wasser hochzuheben. 36 Fässer Wasser waren täglich notwendig, um die etwa 150 Menschen und Pferde mit Wasser zu versorgen.

In den Jahren 1870/71 wurden in der Festung 700 französische Kriegsgefangene festgehalten. Um zu dieser Zeit die insgesamt 1 400 Menschen mit Wasser zu versorgen, reichte die alte Fördertechnik nicht mehr aus. Seit 1871 wurde als Antrieb für die Wasserförderung eine Dampfmaschine benutzt. Um diese Maschine zu betreiben, war ein sehr aufwendiger Transport von Kohle auf die Festung notwendig. So war man froh, daß man 1912 einen Elektromotor in Betrieb nehmen konnte. Die elektrische Energie zu seinem Antrieb lieferte ein Generator, der seine Energie wiederum von einem Dieselmotor erhielt. Im Jahre 1923 wurden der Dieselmotor und der Generator abgelöst. Von nun an erhielt der Elektromotor seine Energie aus dem öffentlichen Stromversorgungsnetz.

Im Jahre 1967 wurde der Brunnen stillgelegt und die Festung an das öffentliche Wassernetz angeschlossen.

Weißt du es? Kannst du es?

1. Beschreibe die Umwandlung von Energie bei folgenden Vorgängen:
   a) Springen eines Balles,
   b) Bewegen einer Schaukel,
   c) Schleifen eines Brettes mit Sandpapier,
   d) Bremsen eines Fahrrades auf waagerechter Straße!
2. Baue zu Hause die im Bild 1 dargestellte Experimentieranordnung nach! Benutze dazu zwei Gegenstände mit etwa gleicher Masse, z. B. zwei Steine! Stoße einen der beiden Gegenstände einmal parallel zur Stuhllehne an! Berichte über deine Beobachtungen!
3. Während eines Gewitters kam es in dem Ort, in dem Herr Findig wohnt, zu einer Unterbrechung des elektrischen Stromes. Beim Kerzenlicht kam ihm die Idee, sich ein eigenes Kraftwerk zu bauen (Bild 2). Könnte ein solches Kraftwerk funktionieren?

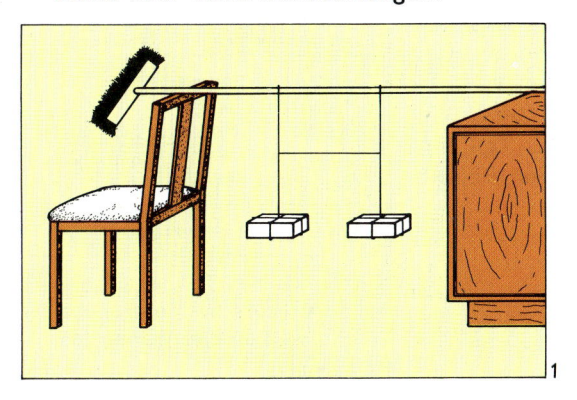

3 Wirkungsgrad

Dampflokomotiven sind nur noch selten zu sehen. Seit langem werden Züge von Diesellokomotiven und Elektrolokomotiven gezogen. Warum wurden die Dampflokomotiven durch andere ersetzt? Welche physikalischen Ursachen könnte das haben?

1

Physikalische Bedeutung des Wirkungsgrades

Der Motor eines Pkw ist bereits nach kurzer Betriebszeit warm. Im Motor wird chemische Energie des Benzins zunächst in thermische Energie und schließlich in kinetische Energie umgewandelt. Dabei wird nicht die gesamte thermische Energie in nutzbare kinetische Energie umgewandelt (Bild 3). Der größte Teil der aufgewandten Energie geht für den Antrieb des Pkw verloren.

In der Technik spricht man in einem solchen Falle häufig von „Energieverlust". Diese Bezeichnung ist physikalisch gesehen falsch, denn Energie geht niemals verloren. Mit dem Wort „Energieverlust" will man in der Umgangssprache ausdrücken, daß diese Energie für die beabsichtigte Anwendung verlorengeht, d. h. nicht nutzbar ist.

Die im Pkw nicht zum Antrieb genutzte Energie wird als Wärme an die Umgebung abgegeben. Diese Wärme bezeichnet man als Abwärme. Auch bei Elektromotoren tritt Abwärme auf.

Bei allen Energieumwandlungen ist die nutzbare Energie stets kleiner als die aufgewandte Energie. Um anzugeben, welcher Teil der aufgewandten Energie genutzt wird, verwendet man den Begriff Wirkungsgrad.

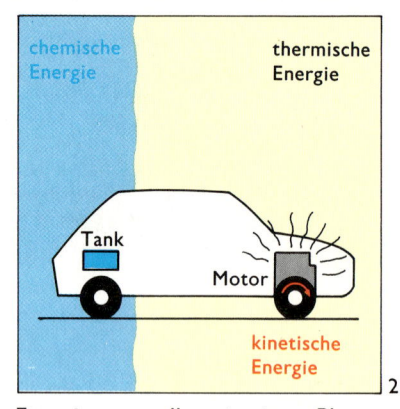

2 Energieumwandlung in einem Pkw

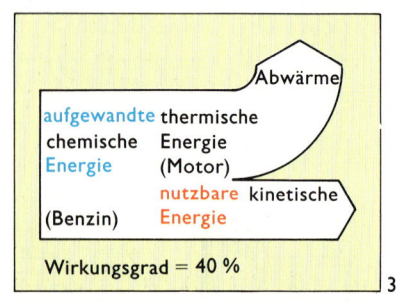

3 Nur der kleinere Teil der aufgewandten chemischen Energie des Benzins wird für den Antrieb des Pkw genutzt.

Wirkungsgrad = 40 %

Der Wirkungsgrad gibt an, welcher Teil der aufgewandten Energie in nutzbare Energie umgewandelt wird.

Berechnung des Wirkungsgrades

Wollen wir den Wirkungsgrad zahlenmäßig angeben, müssen wir das Verhältnis von nutzbarer Energie und aufgewandter Energie bilden.

$$\text{Wirkungsgrad} = \frac{\text{nutzbare Energie}}{\text{aufgewandte Energie}}$$

Der Wirkungsgrad hat als Formelzeichen η (lies: eta). Damit ergibt sich:

$$\eta = \frac{E_{nutz}}{E_{aufgew}}.$$

Der Wirkungsgrad ist stets kleiner als 1. Er wird als Dezimalbruch oder in Prozent angegeben, z. B. $\eta = 0{,}73$ bzw. $\eta = 73\,\%$.

Ein Blick in die Technik

Wirkungsgrade von Dampfmaschinen und Motoren

Maschine/Motor	Wirkungsgrad
erste Dampfmaschine von James Watt (1769)	3 % bis 4 %
Dampfmaschine (1930)	bis 18 %
Benzinmotor	bis 34 %
Dieselmotor	bis 40 %
Elektromotor	bis 90 %

Den Ingenieuren ist es gelungen, den Wirkungsgrad von Maschinen immer weiter zu vergrößern. Sie möchten Maschinen bauen, deren Wirkungsgrad möglichst dicht an 100 % heranreicht. Dafür müssen neue physikalische Erkenntnisse gewonnen und angewandt werden. Das zeigen auch die Wirkungsgrade von Motoren, Wärmekraftwerken und Lokomotiven.

Wirkungsgrade von Wärmekraftwerken

Kraftwerk	Wirkungsgrad
erstes Wärmekraftwerk (1882)	15 %
heutiges Wärmekraftwerk	bis 40 %
Heizkraftwerk	85 %

Wirkungsgrade von Lokomotiven

Lokomotive	Wirkungsgrad
Dampflokomotive	bis 8 %
Diesellokomotive	bis 28 %
Elektrolokomotive	bis 90 %

Weißt du es? Kannst du es?

1. Aus einem Staubsauger tritt schon nach kurzer Betriebsdauer ein warmer Luftstrom aus. Was kannst du über die erfolgten Energieumwandlungen aussagen? Welche Energieumwandlung ist unerwünscht?
2. Begründe, warum der Wirkungsgrad einer Anlage zur Energieumwandlung stets kleiner als 1 ist!
3. Ein Benzinmotor hat einen Wirkungsgrad von 30 %. Im Tank befinden sich noch 10 l Benzin. Wieviel Liter Benzin werden davon für den Antrieb des Pkw wirksam? Wieviel Liter Benzin heizen die Umgebung?
4. Bei einem Schiffsdieselmotor erhält man aus 30 000 kJ aufgewandter Energie eine nutzbare kinetische Energie von 10 000 kJ. Berechne den Wirkungsgrad dieses Motors! Warum benutzt man die heißen Auspuffgase noch zum Vorwärmen von Wasser, beispielsweise für die Kombüse?
5. Suche den Fehler! In welcher der Angaben a) bis c) können die Zahlen nicht stimmen?

	E_{nutz}	E_{aufgew}
a) Motor 1	300 kJ	400 kJ
b) Motor 2	200 kJ	300 kJ
c) Motor 3	300 kJ	200 kJ

4 Energie und Umwelt

Von Tag zu Tag verbrauchen die Menschen mehr Energie. Deshalb müssen in den Kraftwerken, in Wohnhäusern und in Fahrzeugen immer mehr Erdöl, Kohle und Benzin verbrannt werden. Die dabei entstehenden Verbrennungsgase zerstören unsere Umwelt. Welche Möglichkeiten gibt es, den nach uns kommenden Menschen eine gesunde Umwelt zu erhalten?

Energienutzung und Umweltschutz

Beim Verbrennen von Erdöl, Kohle, Erdgas oder Benzin entstehen Verbrennungsgase. Sie entweichen in die Luft und kommen als „saurer Regen" auf die Erde zurück, schädigen Wälder, Bauwerke und Lebewesen. Je mehr Energie die Menschen nutzen, desto mehr Brennstoffe müssen verbrannt werden und desto mehr schädliche Abgase entstehen.

Einige Gase kann man mit Filtern und Katalysatoren zurückhalten, ein Gas aber nicht, das Kohlendioxid CO_2. Dieses Gas behindert die Wärmeabgabe der Erde an das Weltall. Dadurch entsteht für die Erde ein „Treibhauseffekt". Dieser bewirkt auf der Erde zwar nur eine Temperaturerhöhung um wenige Grade. Aber eine solche Temperaturerhöhung führt beispielsweise zum Abschmelzen großer Teile des Eises an den Polen der Erde. Das entstehende Wasser würde den Meeresspiegel der Weltmeere anheben und große Landflächen, zum Beispiel in Norddeutschland, selbst ganze Länder, wie Bangladesch, im Meer versinken lassen.

ENERGIE UND UMWELT

Erschließung neuer Energiequellen

Die größte Bedeutung gewinnt hierbei die Energie der Sonnenstrahlung. Bei ihrer Nutzung entstehen keine schädlichen Abgase. Mit Solarzellen, Sonnenkollektoren (Bild 1 und 3), Solarhäusern und Sonnenöfen kann man die Energie der Sonnenstrahlung vielfältig nutzen.

Sonnenkollektoren auf dem Dach des Hauses

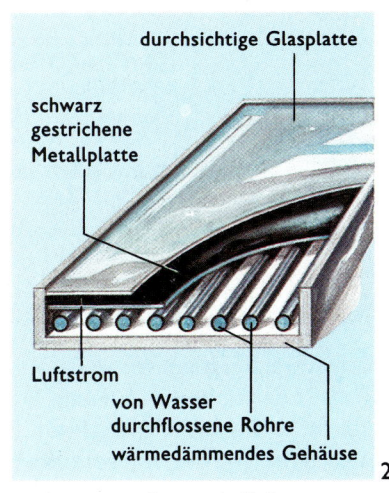

Aufbau eines Sonnenkollektors

Noch ist es wesentlich teurer, aus Sonnenstrahlung Energie zu gewinnen als aus Erdöl und Kohle. Für die Umwandlung der Sonnenenergie in elektrische Energie sind noch viele physikalische und technische Forschungen notwendig. Am Neurather See befindet sich das derzeit größte Sonnenkraftwerk Deutschlands (Bild 3). Auf dem Hang eines ehemaligen Braunkohletagebaues sind jeweils mehrere Solarzellen zu einer 2 m² großen Einheit zusammengeschaltet. Die 3 850 Einheiten erfordern eine Fläche von 8 000 m². Sie liefern elektrische Energie zur Versorgung von 70 Haushalten.

Die Strahlungsenergie der Sonne kann auch mit Wasserkraftwerken, Windkraftwerken (Bild 1) oder Biogasanlagen genutzt werden. Schließlich ist es die Sonnenenergie, die den Wasserkreislauf der Erde bewirkt, den Wind erzeugt und Pflanzen wachsen läßt. Alle diese Energien erneuern sich infolge der täglichen Sonnenstrahlung fortwährend. Man nennt sie deshalb *erneuerbare Energien*.

Gegenwärtig stammen in Deutschland nur 3 % der gesamten Energie aus der Sonnenstrahlung. Dieser Anteil soll bis zum Jahre 2005 auf mehr als 10 % anwachsen. Im Jahre 2050 soll bereits mehr als die Hälfte (63 %) der gesamten Energie aus der Strahlungsenergie der Sonne kommen.

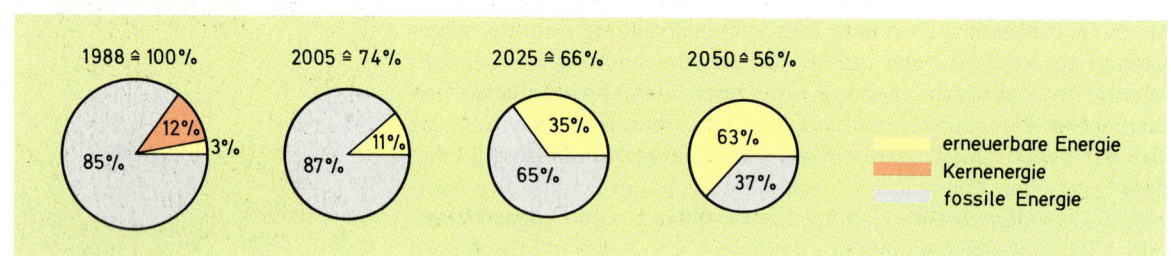

Die Erschließung neuer Energiequellen ist nicht nur für eine Verringerung des CO_2-Anteils in der Erdatmosphäre wichtig. Ebenso bedeutsam ist sie für den Aufbau einer Energieversorgung in den Entwicklungsländern, die meist über keine Vorräte an Kohle, Erdöl oder Erdgas verfügen.

Der Gesamtenergiebedarf Deutschlands soll in den kommenden Jahren gesenkt werden. Auch die Anteile der einzelnen Energieformen werden sich ändern.

Verminderung des Energiebedarfs

Es ist nicht möglich, die gesamte für die Industrie, die Kleinbetriebe, den Verkehr und die Haushalte erforderliche Energie aus der Sonnenstrahlung zu gewinnen. Es müssen auch weiterhin Erdöl, Kohle und Erdgas verbrannt werden. Damit wird weiterhin Kohlendioxid erzeugt. Um die Menge so gering zu halten, daß davon keine Gefahr für die Natur ausgeht, gibt es nur eine Möglichkeit: Der Energieverbrauch muß vermindert werden.

ENERGIE UND UMWELT

Dafür gibt es verschiedene Möglichkeiten:

Energieeinsparungen durch technische Verbesserungen in der Industrie. Allein durch den Ausbau des Recycling-Systems können große Energiemengen eingespart werden. Die Wiederaufbereitung von gebrauchten Metallen, Gläsern oder Kunststoffmaterialien erfordert weniger Energie als die Neuherstellung aus Rohstoffen.

Energieeinsparung durch Ausbau der Massenverkehrsmittel. Die Fahrt eines Menschen mit einem Pkw erfordert sechsmal so viel Energie wie mit der Eisenbahn (Graphik). Die Zahlen geben an, wieviel Energie in Kilojoule notwendig sind, um 1 Person 1 km zu befördern.

Energieeinsparung durch bessere Wärmedämmung von Wohnhäusern. Im Jahre 1972 gab es die erste weltweite Ölkrise. Seitdem haben die an Wohnhäusern vorgenommenen Dämmaßnahmen dazu geführt, daß der Jahresverbrauch an Heizöl von 40 l Heizöl je Quadratmeter Wohnfläche auf 15 bis 20 Liter gesunken ist.

Energieeinsparung durch einen jeden von uns. Wer wirklich die Natur erhalten will, muß auch in seinem persönlichen Leben sinnvoll mit Energie umgehen.
So sollte er beim Kauf von elektrischen Geräten stets vergleichen, wieviel Energie zum Betreiben der verschiedenen angebotenen Geräte erforderlich ist.
Heizgeräte sollten nur so lange eingeschaltet werden, wie dies unbedingt erforderlich ist. Man sollte auch nur soviel warmes Wasser zubereiten, wie man wirklich benötigt.
Für Räume, die täglich längere Zeit beleuchtet werden, kann man Sparlampen benutzen. Sie benötigen zum Erzeugen von Licht nur ein Sechstel der elektrischen Energie, die andere Glühlampen dafür benötigen.
Schließlich sollte jeder bei der Auswahl eines Pkw auf den angegebenen Benzinverbrauch achten und auf die Fahrt mit dem Pkw verzichten, wenn man mit dem Fahrrad oder mit einem öffentlichen Verkehrsmittel genausogut sein Ziel erreichen kann.

Energieeinsatz bei Transportmitteln

Transportmittel	Energie in Kilojoule pro Personenkilometer
Eisenbahn (Fernverkehr)	345
S-Bahn	385
Straßenbahn	471
Omnibus	612
Eisenbahn (Nahverkehr)	1 086
Motorrad	1 369
Flugzeug (Auslandflüge)	1 729
Pkw	2 325
Flugzeug (Inlandflüge)	2 989

Weißt du es? Kannst du es?

1. Informiere dich über den Benzinverbrauch einiger Pkw!
2. In manchen Pkw wird auch eine Klimaanlage eingebaut. Sie erfordert für eine Strecke von 100 km zusätzlich 1,2 l Benzin.
   Wie denkst du darüber?
3. Welche Maßnahmen zur Wärmedämmung an Häusern kennst du?
4. Wieviel Energie wird verschwendet, wenn man statt des gebrauchten halben Liter Wassers einen ganzen Liter zum Sieden bringt? Wie hoch hätte mit dieser Energie ein Kran einen Körper mit einer Masse von 100 kg heben können?

Energie

Energie ist die Fähigkeit, mechanische Arbeit zu verrichten oder Wärme oder Licht auszustrahlen.

Energie
- Jeder Körper hat Energie. Er kann sie über längere Zeit speichern.
- Energie kann umgewandelt und übertragen werden.

Kraft
- Kräfte treten nur beim Aufeinandereinwirken von Körpern auf.
- Kräfte können nicht umgewandelt werden. Beim gegenseitigen Einwirken zweier Körper treten stets Kraft und Gegenkraft auf.

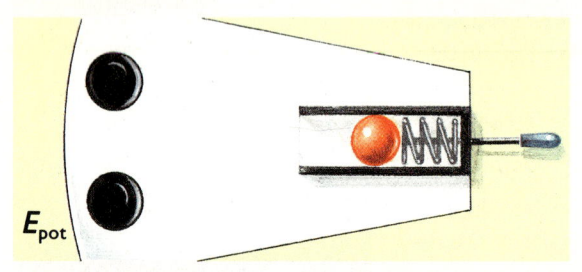

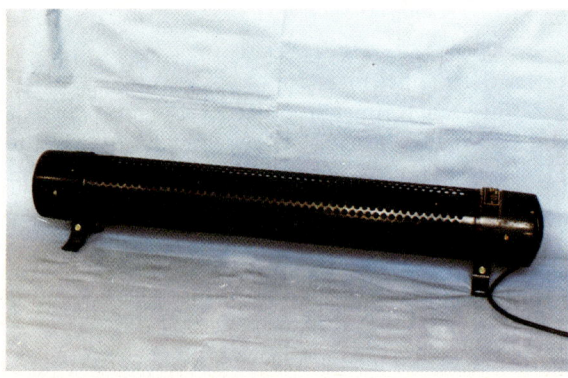

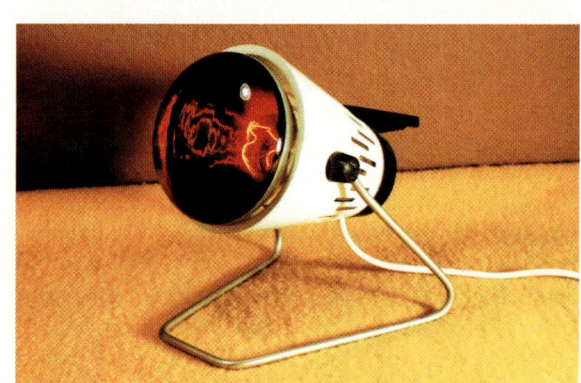

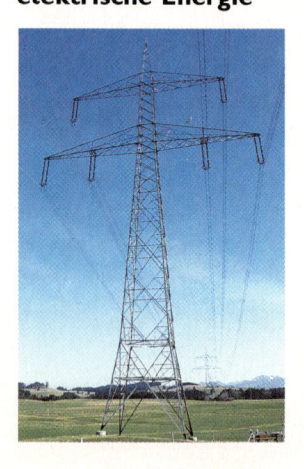

E_{pot}

E_{pot}

E_{kin}

elektrische Energie

chemische Energie

Gesetz von der Erhaltung der Energie

Bei keinem Vorgang kann Energie neu entstehen oder verschwinden. Energie kann von einer Energieform in eine andere umgewandelt werden und von einem Körper auf einen anderen übertragen werden.

Anlagen zur Umwandlung von Energie

Die in der Natur vorkommenden Energieformen müssen in eine für den Menschen nutzbare Energieform umgewandelt werden. Dazu dienen

Kraftwerke
(nutzen verschiedene Energieformen)

Motoren
(nutzen chemische oder elektrische Energie)

Turbinen
(nutzen kinetische Energie)

Solarzellen
(nutzen Energie der Sonnenstrahlung)

Wirkungsgrad

Der Wirkungsgrad gibt an, welcher Teil der aufgewandten Energie in nutzbare Energie umgewandelt wird.

$$\eta = \frac{E_{nutz}}{E_{aufgew}}$$

Für alle Maschinen und Anlagen gilt: $\eta < 1$.

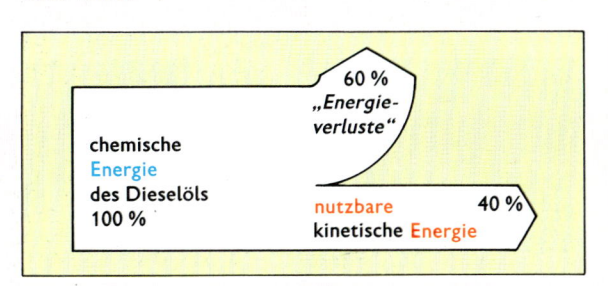

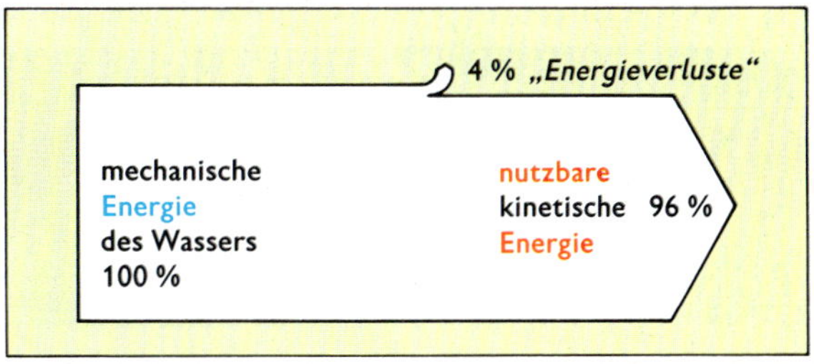

- chemische Energie des Dieselöls 100 % → 60 % „Energieverluste" / nutzbare kinetische Energie 40 %
- mechanische Energie des Wassers 100 % → 4 % „Energieverluste" / nutzbare kinetische Energie 96 %

1 Kolbendruck

Mit einem Wagenheber ist es leicht, einen Personenkraftwagen anzuheben. Daran erkennen wir: Ein Wagenheber ist eine kraftsparende Einrichtung. Beruht diese Eigenschaft der Wagenheber nur auf dem Hebelgesetz, oder wirken hier auch noch andere Gesetze?

Entstehen eines Druckes in Flüssigkeiten

Flüssigkeiten haben drei typische Eigenschaften:
— Flüssigkeiten sind mühelos teilbar,
— Flüssigkeiten passen sich beim Umfüllen der Form des neuen Gefäßes an,
— Flüssigkeiten lassen sich kaum zusammendrücken
  (Bilder 2 und 3).

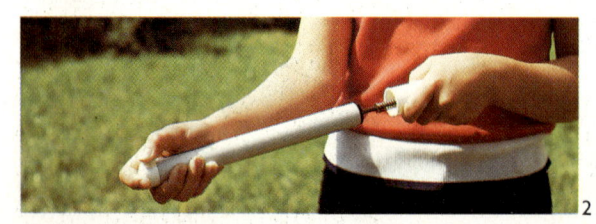

Auch in eine verschlossene Luftpumpe kann man den Kolben ziemlich weit hineindrücken.

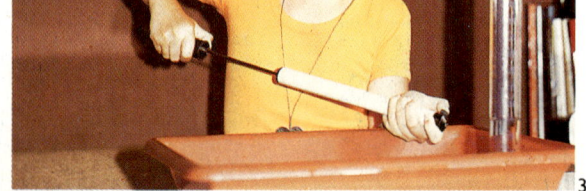

Befindet sich in der Luftpumpe Wasser, kann man den Kolben nicht hineindrücken.

KOLBENDRUCK

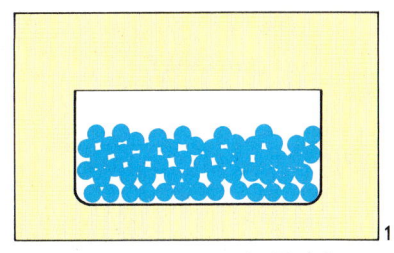

In Flüssigkeiten liegen die Teilchen dicht beieinander.

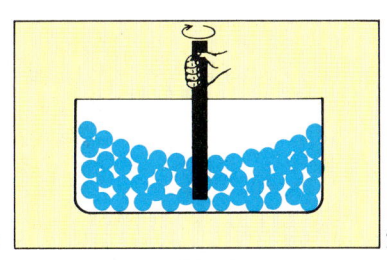

Die Teilchen sind leicht gegeneinander verschiebbar.

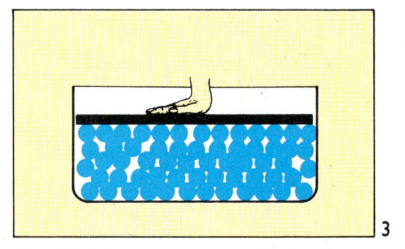

Die Teilchen können auch durch starke Kräfte kaum dichter zusammengepreßt werden.

Diese Eigenschaften der Flüssigkeiten können wir mit den Kenntnissen über den Aufbau der Stoffe aus Teilchen verstehen.
Im folgenden untersuchen wir Flüssigkeiten, die in einem Gefäß eingeschlossen sind. Bei all diesen Gefäßen besteht eine Wand aus einem beweglichen Kolben (Bild 4).
Wirkt auf den Kolben eine Kraft, so ist es nicht möglich, die Flüssigkeit zusammenzudrücken, weil die Teilchen dicht nebeneinander liegen. Durch das Einwirken der Kraft auf den Kolben entsteht im Inneren der Flüssigkeit ein Zustand, den wir Druck nennen. Im Unterschied zum Auflagedruck spricht man hier vom Kolbendruck.

Wirkt auf den Kolben einer eingeschlossenen Flüssigkeit eine Kraft, dann entsteht in der Flüssigkeit ein Kolbendruck.

Die Größe des Kolbendruckes können wir nach derselben Gleichung berechnen wie die Größe des Auflagedruckes:

$$p = \frac{F}{A}.$$

Bei der Berechnung des Druckes ergibt sich die Einheit Newton je Quadratmeter $\left(\frac{N}{m^2}\right)$. Im Unterschied zum Auflagedruck wird beim Druck in Flüssigkeiten hierfür die Einheit Pascal (Pa) verwendet. Damit wird der französische Forscher *Blaise Pascal* geehrt.

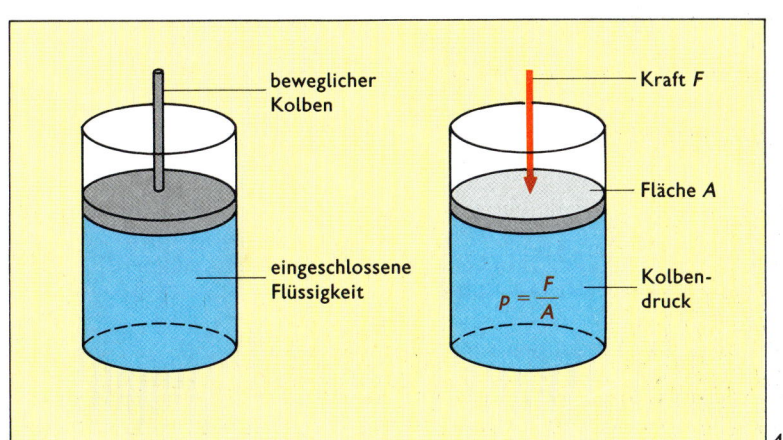

Blaise Pascal (1623 bis 1662)

1 Pa ist ein sehr kleiner Druck. Man erhält ihn, wenn ein 100-g-Wägestück auf eine Fläche von 1 m² drückt. Das bedeutet: Auf jeden Quadratzentimeter der Wand wirkt eine Kraft von 0,000 1 N. Man gibt den Druck meist in Vielfachen der Einheit an, in Kilopascal (kPa) oder in Megapascal (MPa).
Es gilt:

$1 \text{ Pa} = 1 \, \dfrac{N}{m^2} = 0{,}000\,1 \, \dfrac{N}{cm^2}$

$1 \text{ kPa} = 1\,000 \text{ Pa} = 0{,}1 \, \dfrac{N}{cm^2}$

$1 \text{ MPa} = 1\,000\,000 \text{ Pa} = 100 \, \dfrac{N}{cm^2}$

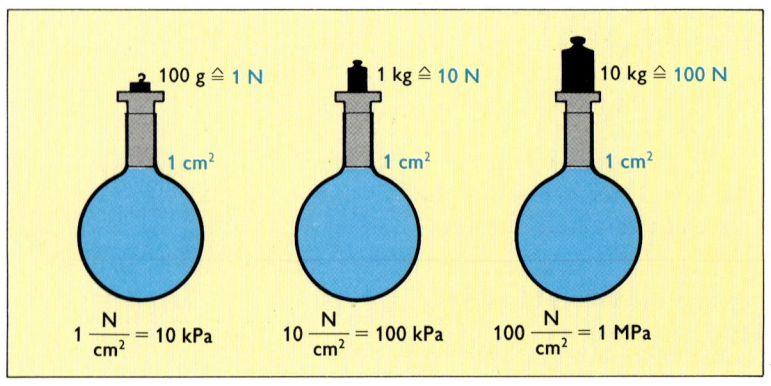

1 Vergleich einiger Drücke

Ausbreitung des Druckes in Flüssigkeiten

Mit Experimenten wollen wir die Ausbreitung des Druckes untersuchen.

Experiment 1
In einer Flasche mit Kolben befindet sich ein kleiner Luftballon. Wir drücken auf den Kolben (Bild 2).
Wir beobachten: Der Luftballon wird kleiner.
Wir schließen daraus: Der Druck breitet sich in der Flüssigkeit aus.

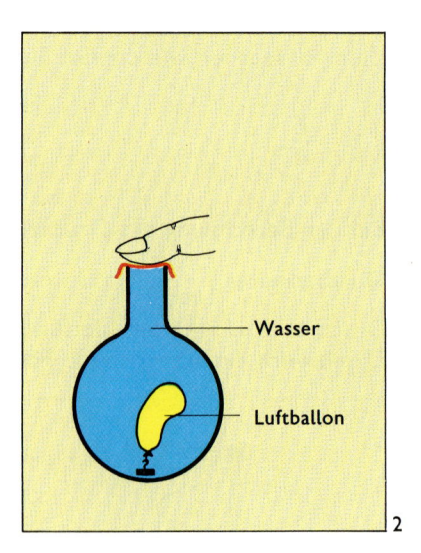

Das bestätigt auch das folgende Experiment.

Experiment 2
Wir füllen einen Spritzkolben mit Wasser und drücken den Kolben kräftig hinein (Bild 3).
Wir beobachten: Nach allen Seiten spritzt das Wasser gleich stark heraus.
Dieses Experiment zeigt: In einer Flüssigkeit breitet sich der Druck nach allen Seiten gleichmäßig aus.

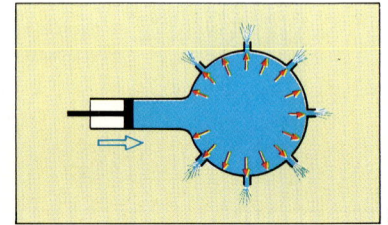

KOLBENDRUCK

Pascal hat als erster ähnliche Experimente durchgeführt. Daher bezeichnet man diese Erkenntnisse als **Pascalsches Gesetz**.

> **Der Kolbendruck breitet sich in einer eingeschlossenen Flüssigkeit nach allen Seiten gleichmäßig aus. Er ist an allen Stellen gleich groß.**

Infolge des Kolbendruckes wirken auf die Gefäßwände Kräfte.

Aufgabe
In einem Behälter mit den Maßen 5 cm · 2 cm · 1 cm ist eine Flüssigkeit mit einem Druck von 20 kPa hineingepreßt. Welche Kräfte wirken auf die Deckfläche A_1 und auf die Seitenfläche A_2?

Analyse: Bild 1
Gesucht: *Gegeben:*
F_1 $A_1 = 10\ cm^2$
F_2 $A_2 = 2\ cm^2$
               $p = 20\ kPa$
               $p = 2\ \dfrac{N}{cm^2}$

Lösung:
Bei einem Druck von $2\ \dfrac{N}{cm^2}$ wirkt auf jeden einzelnen Quadratzentimeter der Begrenzungsfläche eine Kraft von 2 N. Demzufolge wirkt auf die Fläche A_1 eine Kraft $F_1 = 20\ N$ und auf die Fläche A_2 eine Kraft $F_2 = 4\ N$.

Die Kraft auf eine Begrenzungsfläche können wir auch nach der Gleichung $F = p \cdot A$ berechnen.

Wie groß ist die Kraft, die auf die Vorderseite des Behälters A_3 wirkt?

Analyse: Bild 1
Gesucht:
F

Gegeben:
$A_3 = 5\ cm^2$
$p = 20\ kPa = 2\ \dfrac{N}{cm^2}$

Lösung:
$F = p \cdot A$
$F = 2\ \dfrac{N}{cm^2} \cdot 5\ cm^2$
$F = 2 \cdot 5\ \dfrac{N}{cm^2} \cdot cm^2$
$\underline{\underline{F = 10\ N}}$

Ergebnis:
Auf die Vorderseite des Behälters wirkt eine Kraft von 10 N.

Aus den beiden Ergebnissen können wir erkennen:

> **In einer eingeschlossenen Flüssigkeit wirkt auf die größere Begrenzungsfläche die größere Kraft.**

Eingeschlossene Flüssigkeiten sind geeignet, Kräfte zu übertragen.

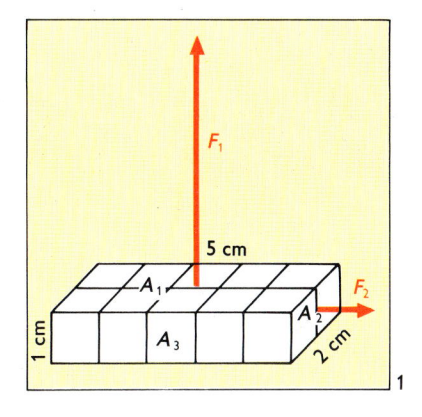

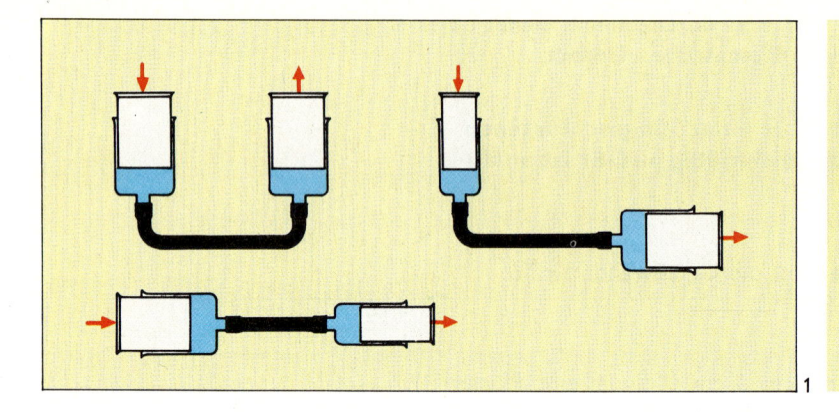

MECHANIK DER FLÜSSIGKEITEN UND GASE

Experiment 3
Mit einem Schlauch verbinden wir zwei Glasspritzen (auch Kolbenprober genannt). Wir füllen in die Experimentieranordnung Wasser. Auf einen Kolben stellen wir ein Wägestück (Bild 1). Wir beobachten: Während der erste Kolben einsinkt, hebt sich der zweite Kolben.

Durch Erzeugen eines Kolbendruckes kann man mit Flüssigkeiten Kräfte übertragen und dabei ihren Betrag und ihre Richtung ändern.

Hydraulische Einrichtungen

Hydraulische Einrichtungen dienen zum Übertragen und Vergrößern von Kräften. Sie bestehen aus zwei verschieden großen Zylindern mit beweglichen Kolben. Die Zylinder werden mit Öl oder anderen Flüssigkeiten gefüllt und über eine Leitung (Rohr oder Schlauch) miteinander verbunden.

Die Wirkungsweise der hydraulischen Anlagen beruht auf dem Pascalschen Gesetz.

Auf den Kolben im kleinen Zylinder (Pumpenkolben) wirkt eine Kraft $F_{Pumpenkolben}$. Das kann eine Muskelkraft sein oder die Kraft eines Motors. Dadurch entsteht am Kolben im großen Zylinder (Arbeitskolben) eine Kraft $F_{Arbeitskolben}$, die viel größer ist als die Kraft am Pumpenkolben. Das zeigt uns das Beispiel im Bild 2.

Aufbau und Wirkungsweise hydraulischer Einrichtungen (vom griechischen Wort für Wasser: hydor)

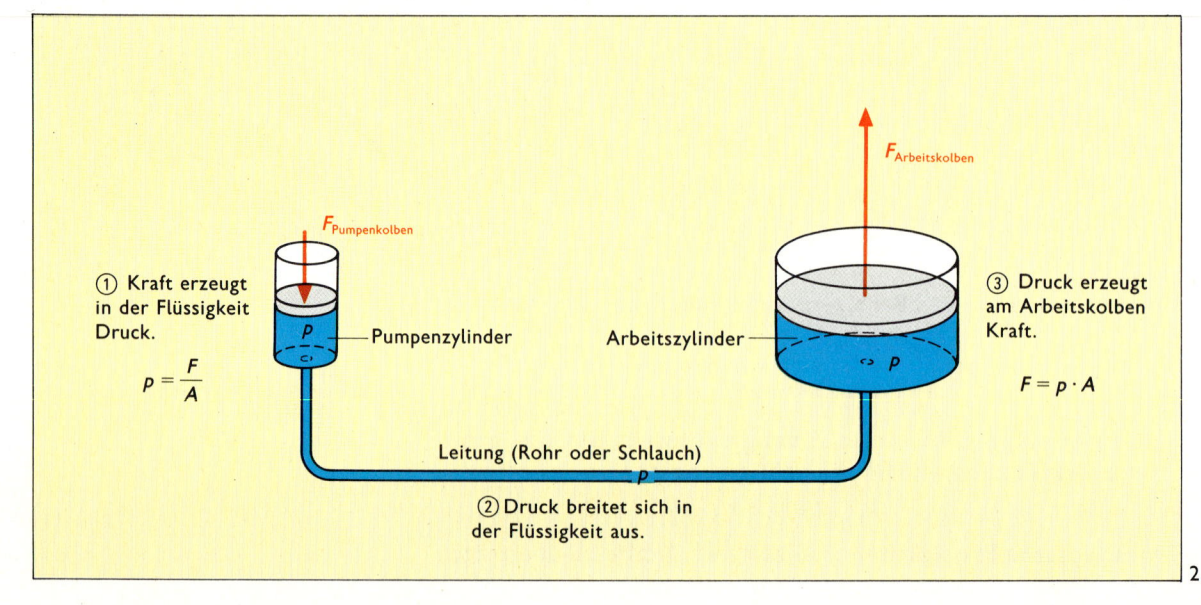

① Kraft erzeugt in der Flüssigkeit Druck.
$p = \dfrac{F}{A}$

② Druck breitet sich in der Flüssigkeit aus.

③ Druck erzeugt am Arbeitskolben Kraft.
$F = p \cdot A$

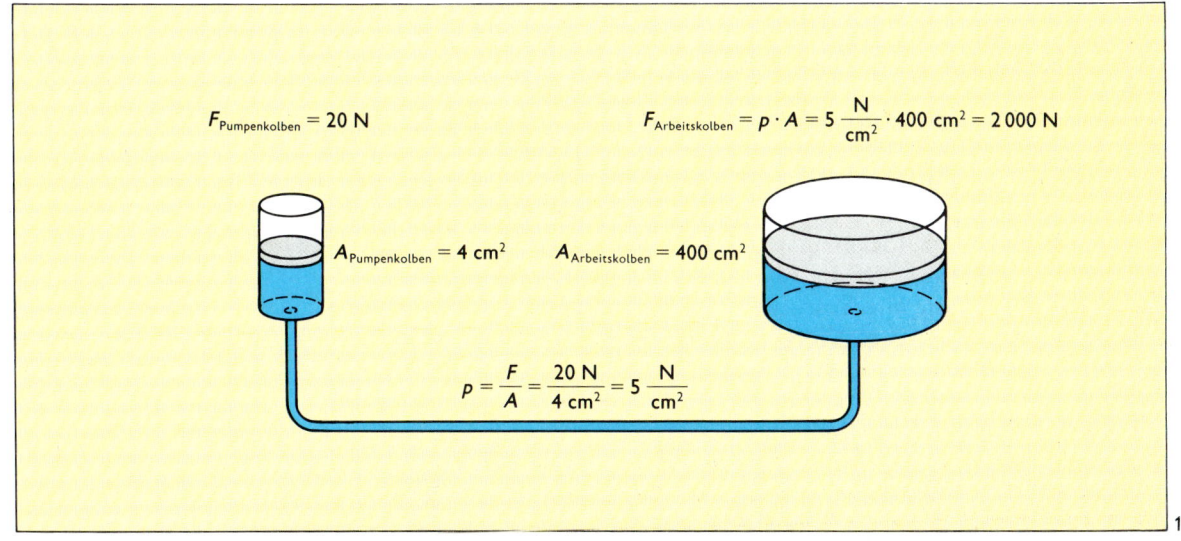

KOLBENDRUCK

$F_{Pumpenkolben} = 20\ N$ $F_{Arbeitskolben} = p \cdot A = 5\ \dfrac{N}{cm^2} \cdot 400\ cm^2 = 2\,000\ N$

$A_{Pumpenkolben} = 4\ cm^2$ $A_{Arbeitskolben} = 400\ cm^2$

$$p = \frac{F}{A} = \frac{20\ N}{4\ cm^2} = 5\ \frac{N}{cm^2}$$

1 Vergrößerung der Kraft mit einer hydraulischen Einrichtung

Vergleichen wir die Kräfte, so erkennen wir:

Die Kraft am Arbeitskolben ist besonders groß, wenn die Fläche des Arbeitskolbens sehr viel größer ist als die Fläche des Pumpenkolbens.

Als Gleichung kann man dies so schreiben:

$F_{Arbeitskolben} : F_{Pumpenkolben} = A_{Arbeitskolben} : A_{Pumpenkolben}$

Ein Blick in die Natur

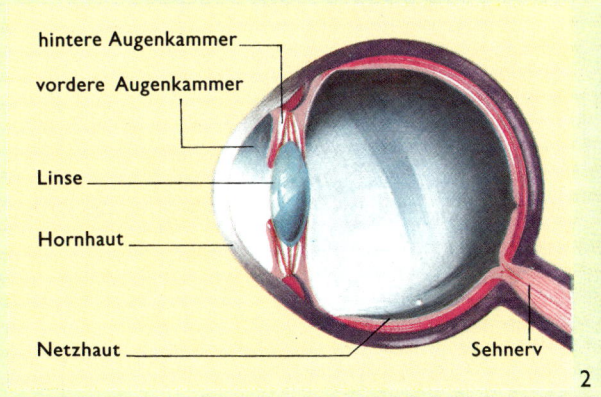

2

Auge. Auch in der Natur gibt es eingeschlossene Flüssigkeiten. Ein Beispiel ist das menschliche Auge (Bild 2). In der vorderen und hinteren Augenkammer befindet sich das Augenwasser. Es dient zur Ernährung der Linse und der Hornhaut. Das Augenwasser steht in einem gesunden Auge unter einem Druck von etwa 2,2 kPa.

3

Blumen enthalten in ihren Stengeln ein Gefäßsystem zum Wassertransport. Für einige Blumen, wie die Kuhschelle, dient das eingeschlossene Wasser nicht nur zur Ernährung der Blüte und der Blätter. Das mit Wasser gefüllte Gefäßsystem gibt außerdem dem Stengel Halt.

Ein Blick in die Technik

Die Bilder zeigen hydraulische Pressen, Wagenheber, Hebebühnen und Bremsanlagen. Auch mit hydraulischen Anlagen ausgestattete Bagger oder Kräne arbeiten in gleicher Weise.

Bei den meisten hydraulischen Einrichtungen gibt es einen Vorratsbehälter für die Flüssigkeit.

Bei einem einmaligen Niederdrücken des Pumpenkolbens wird nur wenig Flüssigkeit in den Arbeitszylinder gedrückt, so daß sich der Arbeitskolben nur wenige Millimeter hebt. Deshalb muß der Pumpenkolben mehrmals niedergedrückt werden.

Ventile sorgen dafür, daß beim Anheben des Pumpenkolbens neues Öl aus dem Vorratsbehälter strömt, aber kein Öl aus dem Arbeitszylinder zurückfließen kann.

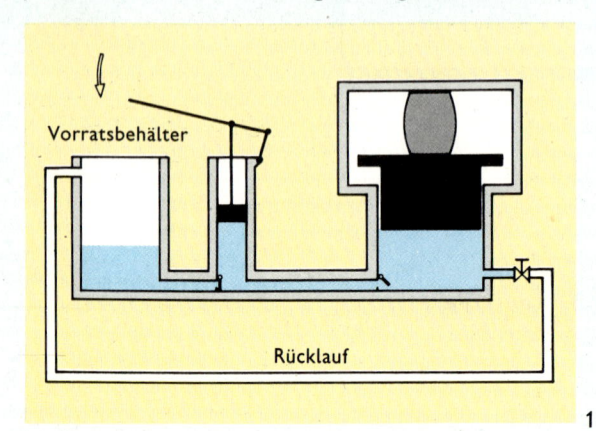

1 Hydraulische Presse

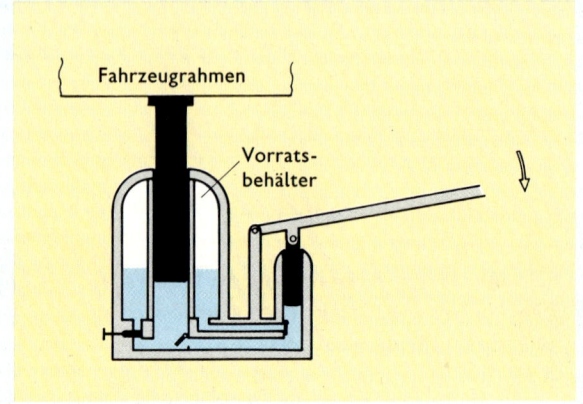

2 Hydraulischer Wagenheber

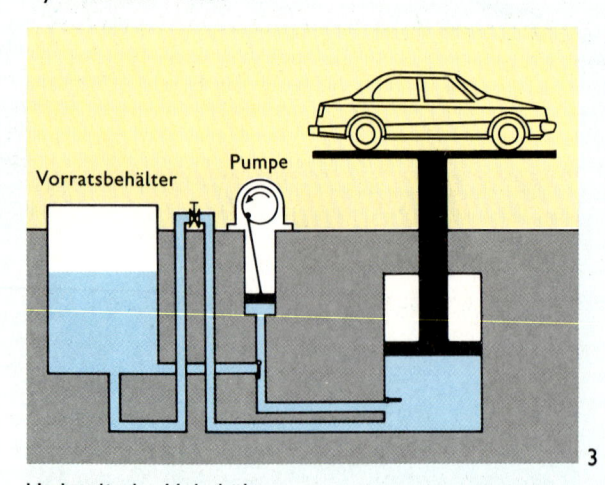

3 Hydraulische Hebebühne

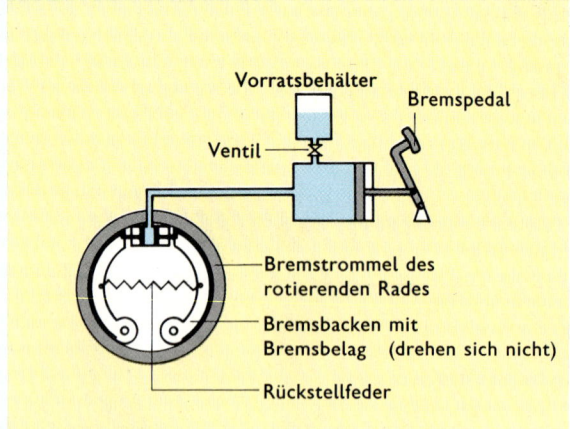

4 Hydraulische Bremse

KOLBENDRUCK

Ein Blick in die Geschichte

Mitte des 19. Jahrhunderts baute man in London ein zentrales Wasserdruckwerk. In Zylindern wurde Wasser unter Druck gesetzt. Von dieser Pumpstation aus verlegte man unterirdisch durch ganz London Rohrleitungen zu Fabriken in den verschiedenen Stadtteilen. In diesen Fabriken befanden sich Pressen, Lastenaufzüge und andere Maschinen. Alle wurden mit dem Druck des Wassers aus dieser Leitung angetrieben.

Auch in der Tower Bridge diente der Wasserdruck zum Öffnen der Brücke und zum Antrieb der Fahrstühle.

Tower Bridge

Weißt du es? Kannst du es?

1. Herr Findig will sich einen Zylinder mit Kolben zu einem Personenaufzug umbauen (Bild 1). Als Antrieb will er Wasser aus einer Wasserleitung mit einem Druck von 400 kPa nutzen. Könnte ihm das gelingen? Welche Fläche müßte der Kolben haben? Welche Probleme siehst du?
2. Wer drückt hier wen weg (Bild 2)? (Beide Männer sollen gleich stark sein.)

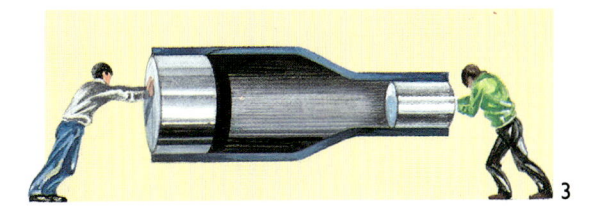

2 Schweredruck

Hast du schon einmal im Trommelfell den stechenden Schmerz verspürt, wenn du tief getaucht bist? Unter Wasser entsteht ein Druck auf das Trommelfell. Wie entsteht dieser Druck? Welche physikalischen Gesetze gelten für ihn?

Entstehung des Schweredruckes

Der Druck beim Tauchen im Schwimmbassin entsteht durch die Gewichtskraft des Wassers. Dieser Druck heißt **Schweredruck.** Zur Untersuchung des Schweredruckes benutzen wir eine Drucksonde (Bild 2). Sie besteht aus einer Metalldose, über die eine Gummihaut als Membran gespannt ist. Drückt man auf die Membran, wird der Druck auf das Wasser im U-Rohr übertragen. Zwischen den beiden Wassersäulen entsteht ein Höhenunterschied. Dieser ist ein Maß für den Druck auf die Membran. Das mit Wasser gefüllte U-Rohr dient als Druckmesser (Manometer).

Mit dieser Drucksonde wollen wir folgende Fragen untersuchen:
Erste Frage: Wie hängt der Schweredruck von der Tiefe ab?

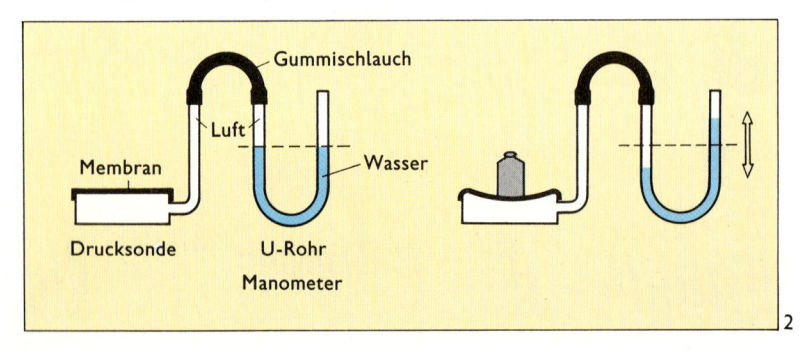

SCHWEREDRUCK

Experiment 1
Wir tauchen die Drucksonde unterschiedlich tief ein (Bild 1). Wir beobachten: Der Höhenunterschied der Wassersäulen im U-Rohr wird mit zunehmender Tiefe größer.

Das bedeutet:

Der Schweredruck wird mit zunehmender Wassertiefe größer.

Diese Erkenntnis wird auch durch das im Bild 2 dargestellte Experiment bestätigt.

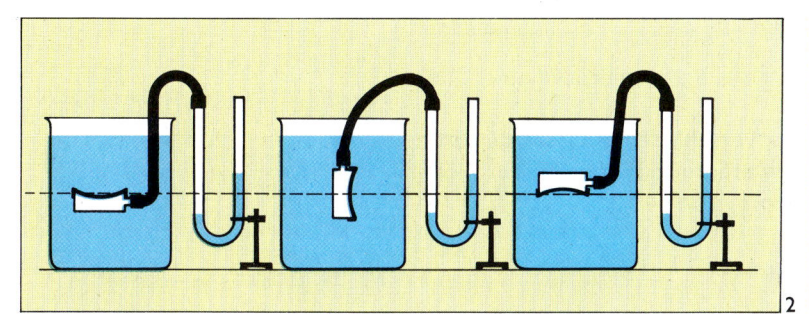

Experiment 2
Wir drehen die Drucksonde in einer bestimmten Tiefe, sodaß die Membran in verschiedene Richtungen weist (Bild 2).

Wir beobachten: Die Anzeige des U-Rohrs ist in jeder Stellung der Drucksonde gleich.

Das bedeutet:

Der Schweredruck wirkt allseitig. Er ist in einer bestimmten Tiefe in allen Richtungen gleich groß.

Dritte Frage: Ist der Schweredruck im Salzwasser des Meeres genauso groß wie im Süßwasser der Binnenseen?

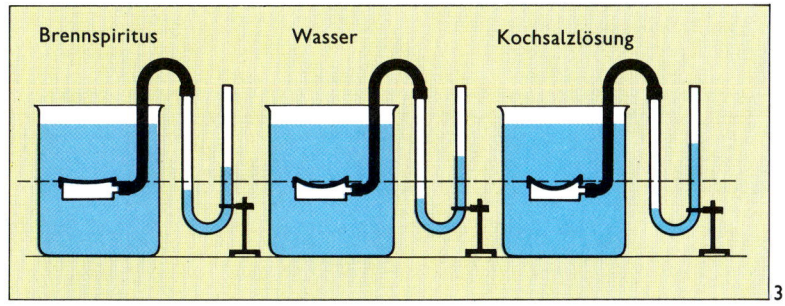

Experiment 3
Wir tauchen die Drucksonde in verschiedene Flüssigkeiten ein. Die Tiefe soll in allen Fällen gleich sein (Bild 3).

Wir beobachten: Das Manometer zeigt unterschiedliche Drücke an.

Das bedeutet:

Der Schweredruck ist von der Art der Flüssigkeit abhängig. Er ist im Salzwasser größer als im Süßwasser.

Berechnung des Schweredrucks

Für Tätigkeiten unter Wasser muß man den Schweredruck des Wassers in bestimmten Tiefen kennen. Nur in geringen Tiefen kann man den Schweredruck messen. Will man ihn aber für einige Tausend Meter Tiefe bestimmen, so ist das nur durch Berechnungen möglich. Wie kann man eine entsprechende Gleichung finden?
Wir vereinfachen uns die Aufgabe und betrachten einen mit Wasser gefüllten Standzylinder (Bild 1). Für das Wasser im Zylinder berechnen wir nacheinander die folgenden physikalischen Größen:

1. *Volumen V des Wassers*
$V = A \cdot h$

2. *Masse m des Wassers*
$m = V \cdot \varrho = A \cdot h \cdot \varrho$
↓ ↗
(mit $V = A \cdot h$)
Die Pfeile geben an, welche Größe durch welches Produkt ersetzt wird.

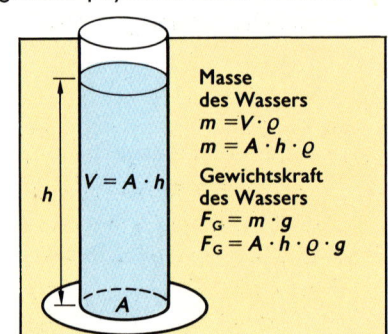

3. *Gewichtskraft F_G des Wassers*
$F_G = m \cdot g = A \cdot h \cdot \varrho \cdot g$
↓ ↗
(mit $m = A \cdot h \cdot \varrho$)

4. *Schweredruck p des Wassers*
$p = \dfrac{F_G}{A} = \dfrac{A \cdot h \cdot \varrho \cdot g}{A} = h \cdot \varrho \cdot g$
(mit $F_G = A \cdot h \cdot \varrho \cdot g$)

Bild 1: Standzylinder mit Wasser
Masse des Wassers $m = V \cdot \varrho$; $m = A \cdot h \cdot \varrho$
Gewichtskraft des Wassers $F_G = m \cdot g$; $F_G = A \cdot h \cdot \varrho \cdot g$
$V = A \cdot h$

Damit haben wir für die Berechnung des Schweredrucks eine Gleichung gefunden: $p = h \cdot \varrho \cdot g$.
Der Umrechnungsfaktor g ist an den verschiedenen Orten der Erde nahezu gleich. Daher hängt der Schweredruck p nur von der Höhe h der Flüssigkeit und von ihrer Dichte ϱ ab.

Gleichung für den Schweredruck $\qquad p = h \cdot \varrho \cdot g$

Aufgabe
Im Atlantik leben zum Beispiel in 5 000 m Tiefe Kraken. Wie groß ist dort der Schweredruck $\left(\varrho = 1{,}08 \dfrac{t}{m^3}\right)$?

Gesucht: p
Gegeben: $h = 5\,000$ m
$g = 9{,}81 \dfrac{N}{kg}$
$\varrho = 1{,}08 \dfrac{t}{m^3} = 1\,080 \dfrac{kg}{m^3}$

Lösung: $p = h \cdot \varrho \cdot g$
$p = 5\,000\text{ m} \cdot 1\,080 \dfrac{kg}{m^3} \cdot 9{,}81 \dfrac{N}{kg}$
$p = 5\,000 \cdot 1\,080 \cdot 9{,}81 \dfrac{N}{m^2}$
$p = 53\,000\,000$ Pa
$p = 53$ MPa

Analyse:
$h = 5\,000$ m
$\varrho = 1{,}08 \dfrac{t}{m^3}$

Ergebnis: Im Atlantik herrscht in 5 000 m Tiefe ein Schweredruck von 53 MPa.

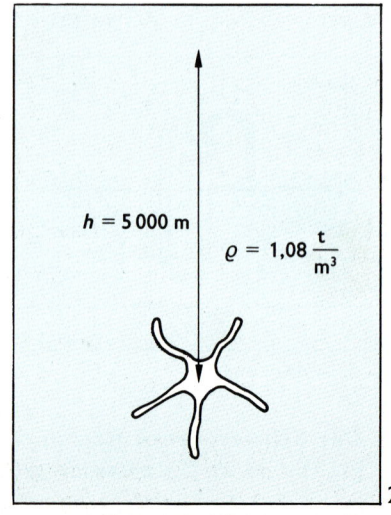

SCHWEREDRUCK

Verbundene Gefäße

Im Bild 1 sehen wir zwei Gefäße. Wie hoch wird das Wasser im Gefäß 2 steigen, wenn wir den Hahn öffnen?
Wir beobachten: Das Wasser steigt, bis es in beiden Gefäßen dieselbe Höhe erreicht hat.
Auch Experimente mit anderen Gefäßen führen immer wieder zu derselben Erkenntnis:

In verbundenen Gefäßen stehen gleiche Flüssigkeiten gleich hoch.

Wie ist das zu erklären? Wir betrachten das Bild 2. Zuerst ist der Hahn zwischen den zwei Gefäßen geschlossen. Da die Wassersäule im Gefäß 1 höher ist als die im Gefäß 2, ist auch der Schweredruck im Gefäß 1 am Hahn größer als der im Gefäß 2. Dieser **Druckunterschied** führt beim Öffnen des Hahnes dazu, daß der Schweredruck im Gefäß 1 Wasser in das Gefäß 2 drückt. Dieser Vorgang hört auf, wenn kein Druckunterschied mehr vorhanden ist. Das ist aber nur dann der Fall, wenn beide Wassersäulen die gleiche Höhe haben.

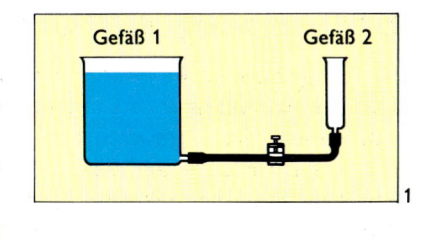

Es besteht ein großer Druckunterschied.

Der Druckunterschied wird kleiner.

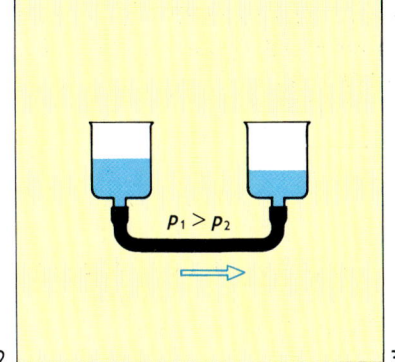

Zwischen den Wassersäulen ist der Druckunterschied Null. Es besteht Gleichgewicht.

Schleusen sind – physikalisch gesehen – verbundene Gefäße. Mit ihnen überwinden Schiffe Höhenunterschiede.

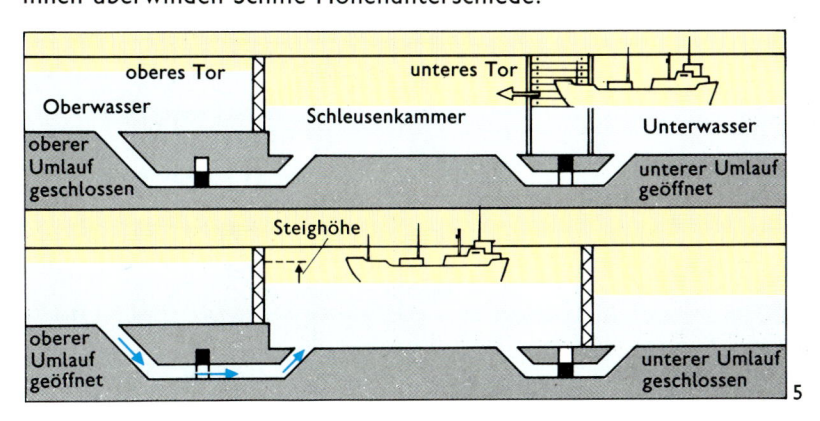

Ein Blick in die Technik

Bauwerke. Den Schweredruck des Wassers müssen die Ingenieure bei allen Bauwerken berücksichtigen, die sich an oder in tiefen Gewässern befinden. Deshalb werden beispielsweise Staumauern nach unten hin immer dicker (Bild 1).

Tauchkugeln für die Tiefseeforschung müssen den ungeheuren Schweredruck aushalten, der in mehreren Kilometern Tiefe unter der Wasseroberfläche wirkt (Bild 2).

Verbundene Gefäße. Das Gesetz der verbundenen Gefäße wird bei der Wasserversorgung von Wohnhäusern (Bild 3) und bei Fontänen in Parkanlagen (Bild 4) genutzt. Verbundene Gefäße sind auch die Geruchsverschlüsse an Waschbecken (Bild 5).

Die Staumauer muß dem Schweredruck des Wassers standhalten. Da der Druck mit der Tiefe zunimmt, muß die Sohle viel dicker sein als die Krone.

Im Jahre 1960 erreichten Piccard und Walsh im Marianengraben den Meeresboden des Stillen Ozeans in 10 907 m Tiefe. Der Stahlmantel der Tauchkugel war 12 cm dick.

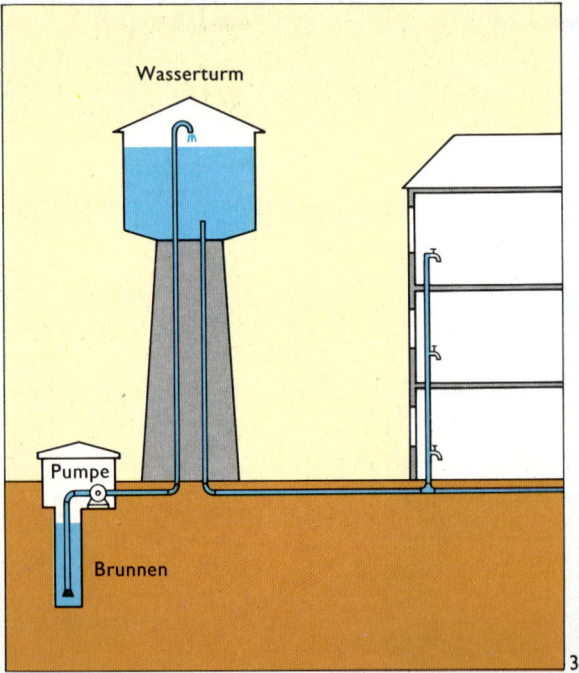

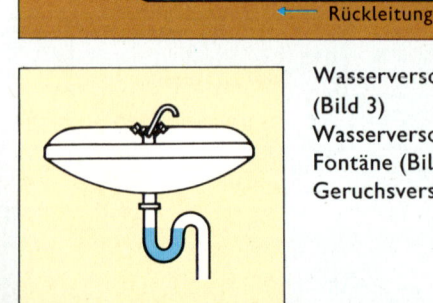

Wasserversorgung (Bild 3)
Wasserversorgung einer Fontäne (Bild 4)
Geruchsverschluß (Bild 5)

Ein Blick in die Natur

Tiefseefische. Die Weltmeere haben eine mittlere Tiefe von 5000 m. Der Meeresboden wird von ausgedehnten Gräben durchzogen, die an vielen Stellen tiefer als 10000 m sind. Früher vermutete man, daß der große Schweredruck des Wassers in diesen Tiefen ein Leben von Tieren nicht ermöglicht. Forschungen ergaben, daß auch in solchen Tiefen Tiere leben. Bei ihnen hat sich der Innendruck der Körperflüssigkeit dem äußeren Schweredruck des Wassers angepaßt. So leben beispielsweise Krebse und Kopffüßer, z. B. Kraken, in Tiefen bis zu 5000 m, Fische in Tiefen bis zu 7000 m. Seegurken hat man sogar in einer Tiefe von 10700 m beobachtet.

Tiefseefische können den Innendruck ihrer Körperflüssigkeit ändern. Dadurch können sie große Höhenunterschiede überwinden. Allerdings muß dabei das Aufsteigen oder Absinken langsam erfolgen. Werden hingegen Tiefseefische von Menschen schnell heraufgeholt, dann reißt das Gewebe durch den großen Innendruck ihrer Körperflüssigkeit. Die Tiere sterben. Tiefseefische kann man nicht in Aquarien halten.

Robben und Wale leben von Fischen, Kopffüßern, Krebstieren und Muscheln. Pottwale fressen außerdem Riesenkraken. Zur Nahrungssuche taucht der Pottwal mehr als 1000 m tief und kann bis zu 80 min in dieser Tiefe verweilen. Robben tauchen nicht so tief. Unter den Robben hält die Klappmütze den Rekord mit 600 m Tauchtiefe.

Wie passen sich diese Tiere dem Schweredruck des Wassers an? Robben haben Fettpolster. Diese lassen sich etwas zusammendrücken, wodurch der Schweredruck des Wassers vom Körperinneren abgehalten wird.

Pottwale besitzen im Vorderkopf riesige Ölkammern. Darin sind etwa 4 t dünnflüssiges Öl enthalten. Wissenschaftler vermuten, daß dieses Öl beim Druckausgleich während des Tauchvorgangs eine Rolle spielt.

Kalmar. Das bis zu 40 cm große Auge eines Kalmar hat ein Loch. Durch dieses Loch kann ungehindert Wasser in das Innere des Auges fließen. Dadurch wird der Druck im Inneren stets genauso groß gehalten wie der äußere Druck. Somit gibt es zwischen Innen und Außen keinen Druckunterschied. Dieser natürliche Vorgang schützt das riesige Sehorgan des Kalmar vor Zerstörung.

Krake

Gezähnte Saugnäpfe eines Riesenkraken

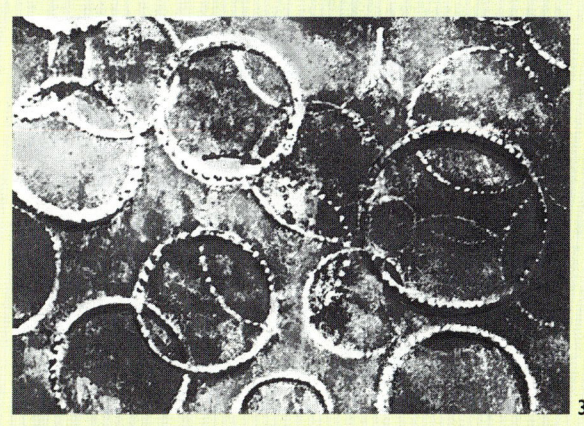

Narben auf einer Pottwalhaut. Sie stammen von Kämpfen mit Riesenkraken.

Ein Blick in die Geschichte

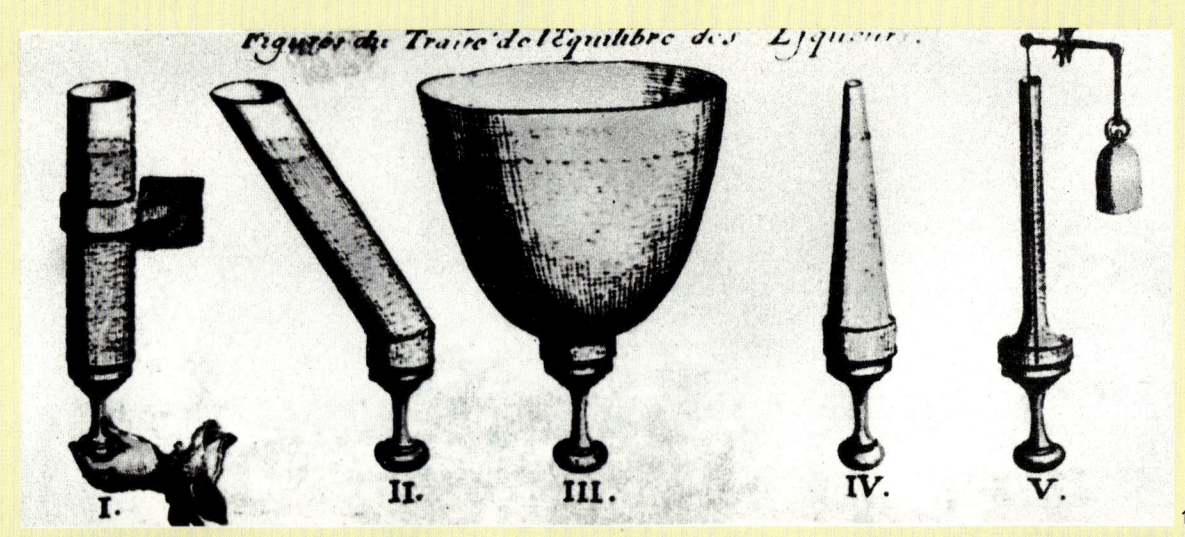

Mit diesen Gefäßen experimentierte Pascal.

Der französische Forscher *Blaise Pascal* (1623 bis 1662) erkannte bereits die Gesetze des Schweredruckes. Bei seinen Untersuchungen stellte er sich unter anderem folgende Frage: Wie hängt der Schweredruck von der Form des Gefäßes ab? Bild 1 zeigt die Gefäße, mit denen er experimentierte. Dieses Experiment führte zu einem überraschenden Ergebnis. Der Schweredruck hängt nicht von der Form des Gefäßes ab.

Zu Lebzeiten von Pascal interessierten sich nur wenige Menschen für die Naturwissenschaften. Um die Neugier der Menschen zu wecken, ersann er ein Experiment, das er als öffentliches Schaustück vorführte (Bild 3).

Er füllte ein Faß bis zum Überlaufen mit Wasser. Im oberen Loch des Fasses befestigte er ein sehr dünnes, aber sehr langes Rohr. Er dichtete alles gut ab. Anschließend begab er sich auf den Balkon eines Hauses und füllte das Rohr von oben mit Wasser. Dazu war nur wenig Wasser erforderlich. Infolge der hohen Wassersäule entstand ein so großer Schweredruck, daß das Faß auseinanderplatzte.

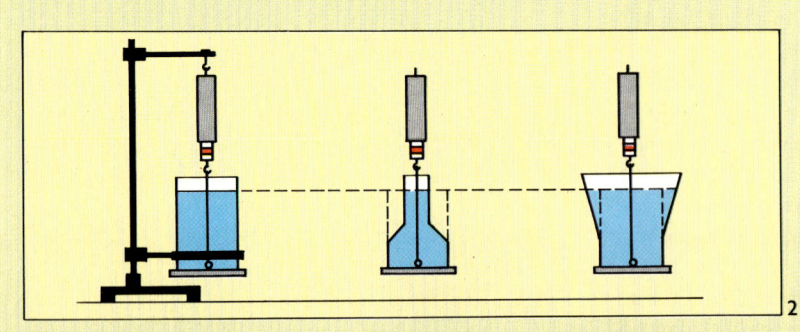

Am Boden all dieser Gefäße herrscht derselbe Schweredruck.

Pascal sprengt mit Hilfe des Schweredruckes ein Faß.

SCHWEREDRUCK

Weißt du es? Kannst du es?

1. Wodurch wird der Schweredruck in Flüssigkeiten hervorgerufen?
2. Untersuche mit einer einfachen Drucksonde den Schweredruck in Flüssigkeiten (Bild 1)!
3. Wie groß sind in einem Schwimmbecken der Schweredruck des Wassers und die Kraft auf das Trommelfell ($A \approx 0{,}5$ cm²) in a) 1 m, b) 2 m und c) 5 m Tiefe?
4. Ermittle durch einfache Überlegungen den Schweredruck einer 10 m hohen Wassersäule mit dem Querschnitt $A = 1$ cm²!
   Überlegungen:
   $V = ?$ cm³ $m = ?$ g $F_G = ?$ N $p = ?$
5. Berechne den Schweredruck in den Weltmeeren in Tiefen von a) 60 m, b) 1 000 m, c) 10 907 m!
   Welche Schlußfolgerungen ergeben sich daraus für den Bau von Taucheranzügen und Tauchbooten?
6. Ein Lehrer will mit dem Experiment nach Bild 3 zeigen, daß der Schweredruck auch nach oben wirkt. Das Glasrohr taucht 30 cm tief ins Wasser und hat einen Querschnitt von 5 cm². Wie schwer darf ein auf die Glasplatte gelegtes Wägestück höchstens sein, damit das Experiment gelingt?
7. Herr Findig will eine neue Technik für das Tiefseeangeln ausprobieren (Bild 2). Seinen Schnorchel hat er mit einem 10 m langen, einfachen Gartenschlauch verlängert, den er an einer Boje festmacht. Wird er genügend Luft bekommen? Begründe!
8. Kommt es im Gesetz der verbundenen Gefäße auf das Wort „gleiche Flüssigkeiten" an? Überlege dir ein Experiment, mit dem du deine Antwort überprüfen könntest!
9. Noch ist der Schlauch im Bild 4 zugedrückt. Wie hoch kann das Wasser beim Öffnen des Schlauches höchstens spritzen? Warum wird diese Höhe nicht ganz erreicht?
10. Füllt man in ein U-Rohr zwei verschiedene, nicht mischbare Flüssigkeiten, so stehen diese in den Schenkeln nicht gleich hoch (Bild 5). Wie ist das zu erklären?

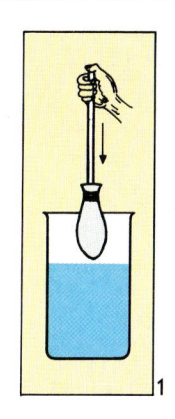

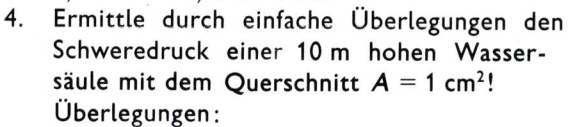

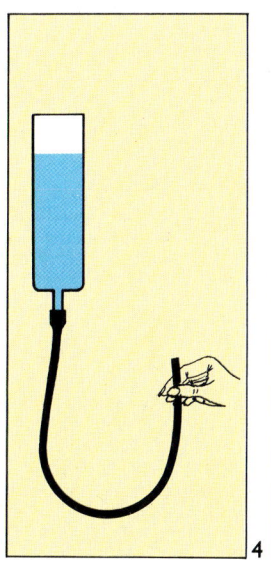

3 Auftrieb

Beim Baden hast du es schon oft erlebt: Du kannst einen Ball nur mit großer Kraft unter die Wasseroberfläche drücken. Läßt du ihn los, springt er aus dem Wasser heraus. Welche Kraft treibt den Ball nach oben? Auch beim Tauchen kannst du diese Kraft spüren. Wie kommt diese Kraft zustande?

Auftriebskraft

Die Kraft, die an einem im Wasser befindlichen Körper nach oben wirkt, heißt Auftriebskraft. Mit einem Experiment wollen wir Antwort auf eine erste Frage erhalten:
Wirkt im Wasser auf alle Körper eine Auftriebskraft?

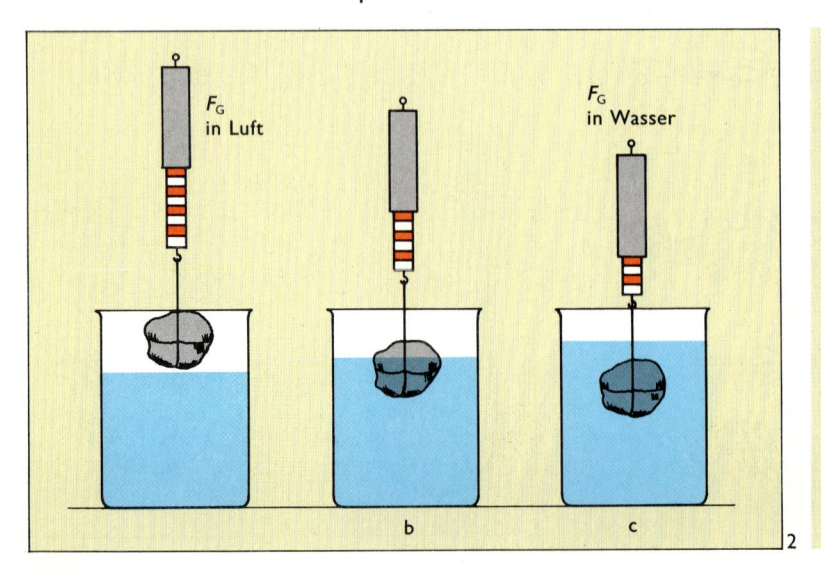

Experiment 1
Wir vergleichen die Kräfte, mit denen verschiedene Körper an einem Federkraftmesser ziehen, wenn sie sich in der Luft oder im Wasser befinden (Bild 2).
Wir beobachten: Der Federkraftmesser zeigt bei allen Körpern im Wasser eine kleinere Kraft an als in der Luft.

AUFTRIEB

Wir schließen daraus:

Auf alle Körper wirkt im Wasser eine Auftriebskraft.

Sie wirkt der Gewichtskraft F_G entgegen.
Genaue Beobachtungen beim Experimentieren zeigen zugleich: Auf einen Körper wirkt auch dann eine Auftriebskraft F_A, wenn er nur teilweise eintaucht.
Wir wollen nun untersuchen, ob die Auftriebskraft in allen Flüssigkeiten wirkt. Dazu wiederholen wir die Messungen mit anderen Flüssigkeiten. Aus diesen Messungen erkennen wir:

In allen Flüssigkeiten wirkt auf eingetauchte Körper eine Auftriebskraft.

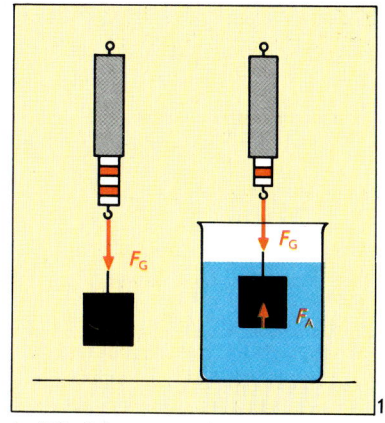

In Flüssigkeiten wirkt der Gewichtskraft F_G die Auftriebskraft F_A entgegen.

Archimedisches Gesetz

Wie groß ist die Auftriebskraft? Zur Untersuchung dieser Frage führen wir das folgende Experiment durch:

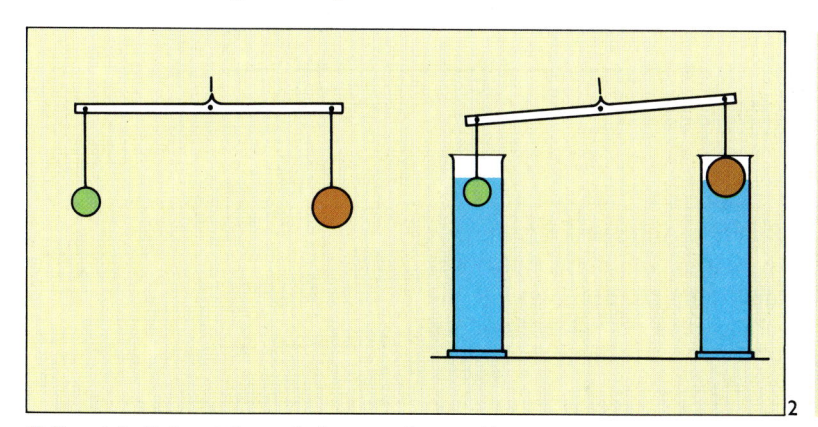

Experiment 2
Wir tauchen zwei gleich schwere, aber verschieden große Metallkörper in einen Zylinder mit Wasser. In der Luft ist die Waage im Gleichgewicht. Im Wasser gerät die Waage aus dem Gleichgewicht.

Offensichtlich wirkt auf den größeren Körper eine größere Auftriebskraft. Könnte die Auftriebskraft vom Volumen des eingetauchten Körpers und damit vom Volumen des verdrängten Wassers abhängen?

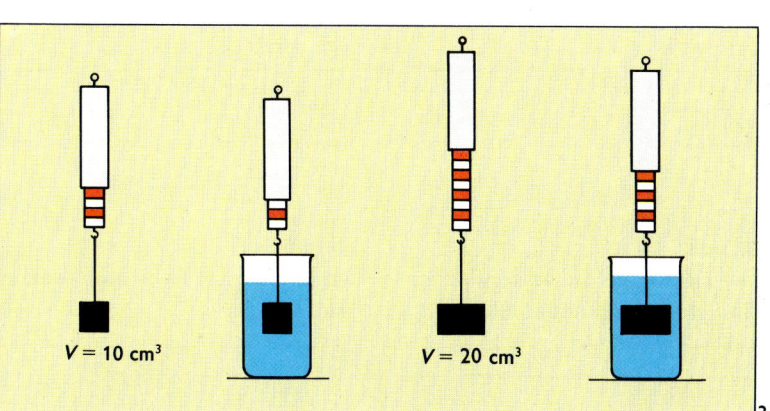

Experiment 3
Wir messen für zwei Körper mit einem Volumen von 10 cm³ bzw. 20 cm³ die Auftriebskräfte F_A (Bild 3).
Wir erkennen: Wenn ein Körper doppelt soviel Wasser verdrängt wie ein anderer Körper, dann erfährt er auch eine doppelt so große Auftriebskraft wie der nur halb so große Körper.

Gilt dies auch für andere Flüssigkeiten? Messungen zeigen:
− In allen Flüssigkeiten ist die Auftriebskraft doppelt so groß, wenn der Körper doppelt so viel Wasser verdrängt.
− Die Auftriebskräfte sind in Flüssigkeiten mit großer Dichte größer als in Flüssigkeiten mit kleiner Dichte.

Experiment 4
Wir füllen ein Überlaufgefäß randvoll mit Wasser. In das Gefäß tauchen wir einen Körper vollständig ein und bestimmen die Auftriebskraft F_A (Bild 1). Anschließend bestimmen wir die Gewichtskraft F_G des in das zweite Gefäß übergelaufenen Wassers. Vergleichen wir die Auftriebskraft F_A mit der Gewichtskraft F_G des verdrängten Wassers, so erkennen wir ein Gesetz, das der griechische Gelehrte *Archimedes* schon vor 2000 Jahren entdeckt hat.

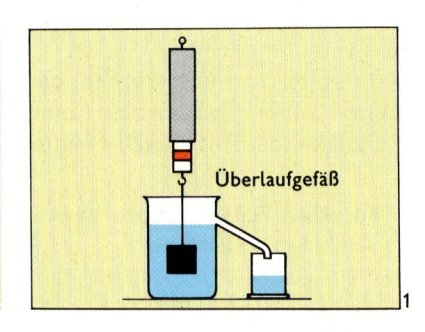

Archimedisches Gesetz
Die Auftriebskraft F_A, die auf einen Körper in einer Flüssigkeit wirkt, ist gleich der Gewichtskraft F_G der vom Körper verdrängten Flüssigkeit.

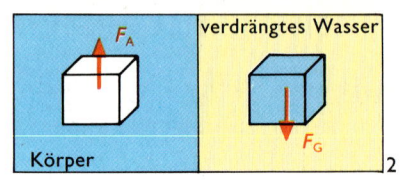

Ein Blick über die Schulter des Physikers

Einem Physiker genügt es nicht, daß er die Auftriebskraft messen und berechnen kann. Er möchte auch wissen, wie diese Auftriebskraft entsteht. Um das herauszufinden, benutzt der Physiker die schon bekannten Gesetze des Schweredruckes. Aus den einzelnen Gesetzen zieht er folgende Schlüsse:

1. Gesetz
Der Schweredruck wirkt allseitig.

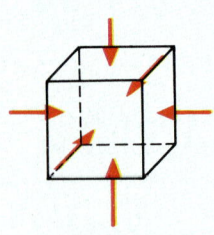

2. Gesetz
Der Schweredruck ist in gleicher Tiefe gleich groß.

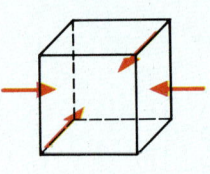

3. Gesetz
Der Schweredruck nimmt mit steigender Tiefe zu.

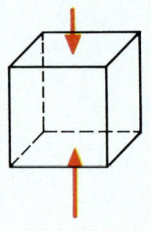

Schluß
Auf alle 6 Seiten des Würfels wirken Kräfte.

Schluß
Die Kräfte auf die Seitenflächen sind gleich und heben einander auf.

Schluß
Die Kraft F_{unten} ist größer als die Kraft F_{oben}.

AUFTRIEB

Die Auftriebskraft entsteht, weil der Schweredruck mit der Tiefe zunimmt. Daher ist die Kraft, die auf die Unterseite eines Körpers wirkt, stets größer als die Kraft, die auf seine Oberseite wirkt. $F_A = F_u - F_o$

Diese Überlegungen möchte der Physiker nochmals in einem Experiment bestätigen. Dazu bringt er eine Schwimmkerze so in das Wasser, daß der Schweredruck nur von oben und von der Seite nicht aber von unten wirken kann. Dann dürfte keine Auftriebskraft entstehen, und die Kerze müßte liegenbleiben.

Experiment 5
Wir legen eine Schwimmkerze auf eine ebene Bodenfläche in einem Wasserbecken (Bild 1).
Wir beobachten: Die Kerze bleibt liegen. Dieses Ergebnis bestätigt die Überlegungen zum Entstehen des Auftriebs. Erst wenn die Kerze etwas angehoben wird, kann von unten der Schweredruck wirken und eine Auftriebskraft entstehen.

Wenn kein Wasser unter die Kerze gelangt, bleibt sie liegen.

Berechnung der Auftriebskraft. Ein Physiker möchte die Auftriebskraft auch berechnen können. Das ist zum Beispiel wichtig für den Bau von Schiffen. Wie kann man eine Gleichung erhalten?
Zur Vereinfachung betrachten wir einen Quader im Wasser. Seine Deckfläche A und seine Bodenfläche A sind gleichgroß. Für die Auftriebskraft gilt: $F_A = F_u - F_o$. Bild 2 zeigt, wie man aus dem Schweredruck p die von unten wirkende Kraft F_u, die von oben wirkende Kraft F_o und damit die Auftriebskraft F_A berechnen kann.

$F_o = p \cdot A = h_o \cdot \varrho \cdot g \cdot A$

(mit $p = h \cdot \varrho \cdot g$)

$F_u = p \cdot A = h_u \cdot \varrho \cdot g \cdot h$

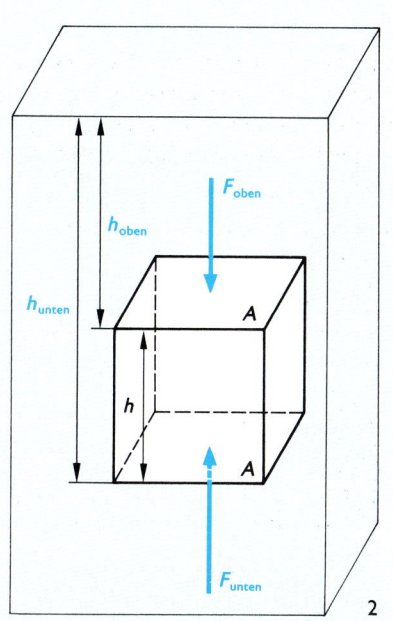

$F_A = F_u - F_o$
$F_A = h_u \cdot \varrho \cdot g \cdot A - h_o \cdot \varrho \cdot g \cdot A$
$F_A = \varrho \cdot g \cdot A \cdot (h_u - h_o)$

$F_A = \varrho \cdot g \cdot A \cdot h$

$F_A = \varrho \cdot g \cdot V$

Diese Gleichung $F_A = \varrho \cdot g \cdot V$ gilt auch für die Auftriebskraft in anderen Flüssigkeiten. Dann ist nur für ϱ die Dichte der jeweiligen Flüssigkeit einzusetzen. Allgemein gilt:
Gleichung für die Auftriebskraft F_A: $F_A = \varrho_{Fl} \cdot g \cdot V_K$

Schwimmen, Schweben und Sinken

Ob ein in eine Flüssigkeit eingetauchter Körper sinkt, schwebt oder steigt, hängt von zwei Kräften ab: der Gewichtskraft und der Auftriebskraft. Dabei können wir folgende Fälle unterscheiden:

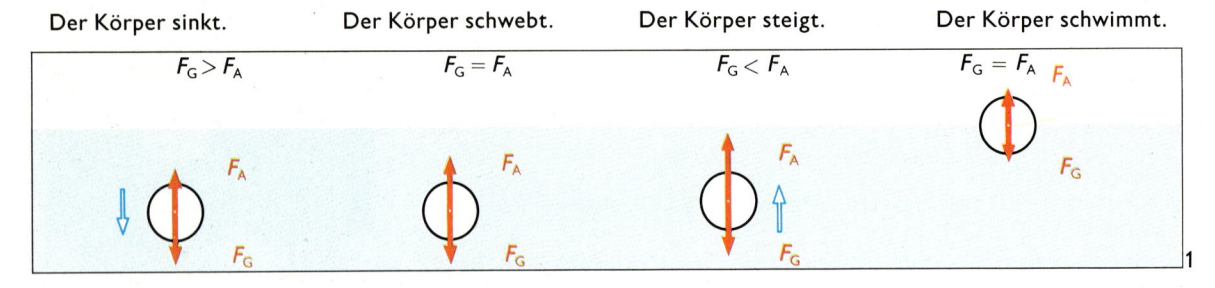

Der Körper sinkt.	Der Körper schwebt.	Der Körper steigt.	Der Körper schwimmt.
$F_G > F_A$	$F_G = F_A$	$F_G < F_A$	$F_G = F_A$

Sobald der aufsteigende Körper aus dem Wasser auftaucht, wird die Auftriebskraft kleiner, denn der Körper verdrängt nicht mehr so viel Wasser. Ist die Auftriebskraft gleich der Gewichtskraft des Körpers, steigt der Körper nicht weiter nach oben.

Aufgabe
Ein Stahlwürfel mit einer Kantenlänge von 2 cm wird in Quecksilber gegeben. Schwimmt oder versinkt er?

Gesucht: F_G
F_A

Gegeben: $\varrho_{Stahl} = 7{,}8 \, \dfrac{kg}{dm^3}$

$\varrho_{Quecksilber} = 13{,}55 \, \dfrac{kg}{dm^3}$

$g = 9{,}81 \, \dfrac{N}{kg}$

Analyse:

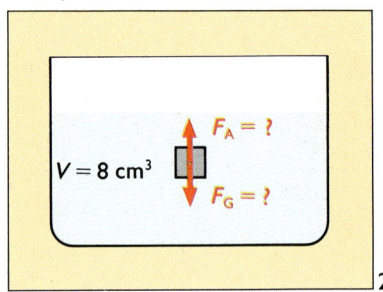

$V = 8 \, cm^3$, $F_A = ?$, $F_G = ?$

Plan zur Lösung: Um die Frage beantworten zu können, muß die Gewichtskraft des Stahlwürfels mit der in Quecksilber auf ihn wirkenden Auftriebskraft verglichen werden.

Folgendes Vorgehen ist zweckmäßig:
1. Bestimmen der Gewichtskraft F_G
2. Bestimmen der Auftriebskraft F_A
3. Vergleichen der beiden Kräfte

Lösung:
1. Gewichtskraft F_G
Da $V_K \cdot g = g \cdot V_K$ und $\varrho_{Stahl} < \varrho_{Fl}$
$F_G = m \cdot g = \varrho_{Stahl} \cdot V_K \cdot g$

2. Auftriebskraft F_A
$F_A = \varrho_{Fl} \cdot g \cdot V_K$

3. Vergleich
gilt $F_G < F_A$.

Ergebnis:

Der Stahlwürfel schwimmt in Quecksilber.
Die Lösung der Aufgabe läßt uns erkennen:

> **Ein Körper steigt in einer Flüssigkeit und schwimmt, wenn seine Dichte kleiner ist als die Dichte der Flüssigkeit.**

Ein Blick in die Technik

Schiffe aus Eisen schwimmen, obwohl Körper aus Eisen im allgemeinen sinken. Schiffe schwimmen, weil ihre Rümpfe hohl sind. Bereits bei geringer Eintauchtiefe verdrängen sie so viel Wasser, daß die Auftriebskraft so groß ist wie die Gewichtskraft des leeren Schiffes. Für jede Tonne Ladung, die das Schiff aufnimmt, muß es 1 m³ Wasser mehr verdrängen. Daher tauchen beladene Schiffe tiefer ein.

Die Eintauchtiefe der Schiffe hängt auch vom Salzgehalt des Wassers ab. Je mehr Salz im Wasser gelöst ist, desto größer ist seine Dichte und damit auch seine Gewichtskraft. Daher taucht ein Schiff in den Weltmeeren nicht so tief ein wie in der Ostsee oder gar erst in Flüssen.

Das beladene Schiff muß mehr Wasser verdrängen, um einen genügend großen Auftrieb zu erhalten.

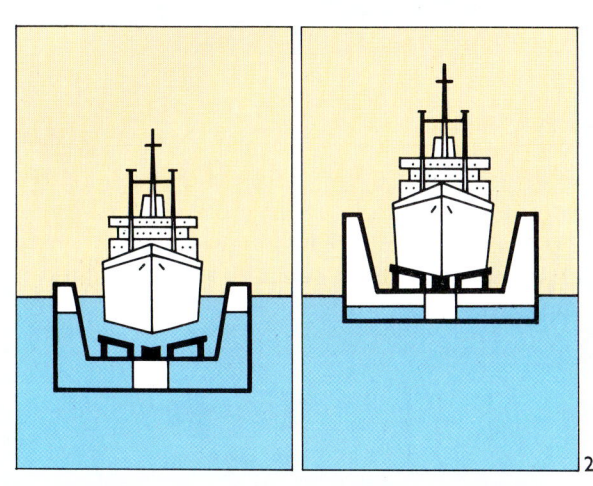

Schwimmdocks. In bestimmten Zeitabständen müssen an den Rümpfen der Schiffe Reparaturen und Malerarbeiten ausgeführt werden. Dafür gibt es in den Werften Schwimmdocks. Wenn die Hohlräume des Docks mit Wasser gefüllt sind, kann das Schiff einfahren (Bild 2, links). Durch Auspumpen des Wassers wird die Gewichtskraft des Docks geringer. Die Auftriebskraft bewirkt, daß Dock und Schiff gehoben werden (Bild 2, rechts).

Hebepontons dienen zum Heben gesunkener Schiffe. Die Pontons werden mit Wasser gefüllt. Dadurch sinken sie zum Wrack hinab. Nachdem sie daran befestigt sind, wird das Wasser aus den Pontons herausgepreßt. Die auf die Pontons wirkende Auftriebskraft hebt das Wrack (Bild 3).

Das Schiff kann einfahren und repariert werden.

So können Wracks gehoben werden.

Ein Blick in die Natur

Wasserpflanzen. Auch für Pflanzen und Tiere im Wasser hat der Auftrieb Bedeutung. Viele Wasserpflanzen haben keinen festen Stengel. Diese Pflanzen erhalten ihre äußere Gestalt allein durch den Auftrieb im Wasser (Bild 1).

Andere Pflanzen, wie beispielsweise der Blasentang, haben gasgefüllte Blasen. Je nach der Art des Tangs haben sie so viele Blasen, daß sie schwimmen oder im Wasser schweben.

Wasserpflanzen im Aquarium werden allein vom Auftrieb aufgerichtet.

Fische haben eine Schwimmblase (Bild 2). Damit können sie das Volumen ihres Körpers ändern. Wenn sich die Schwimmblase vergrößert, verdrängt der Fisch mehr Wasser, es entsteht ein größerer Auftrieb, und der Fisch steigt nach oben. Läßt er Luft aus der Blase heraus, verkleinert sich das Volumen des verdrängten Wassers, der Auftrieb wird kleiner, und der Fisch sinkt. Das erneute Auffüllen der Luftblase und damit das Aufsteigen dauern länger.

Mit der Schwimmblase ändert der Fisch sein Volumen und damit die Auftriebskraft.

AUFTRIEB

Weißt du es? Kannst du es?

1. Warum erfordert es viel Kraft, eine leere Gießkanne ins Wasser zu drücken?
2. Warum kannst du unter Wasser viel schwerere Steine anheben als auf dem Land?
3. Wieviel Liter Wasser muß ein Schlauchboot mindestens verdrängen, damit es zwei Personen (zusammen 150 kg) tragen kann?
4. Wir nehmen die Stahlwürfel aus dem Becherglas und tauchen sie ins Wasser (Bild 1). Wie ändern sich die Eintauchtiefe des Becherglases und der Wasserstand im großen Glas?
5. Ein Brett wird waagerecht vollständig ins Wasser getaucht.
   Ändert sich die Auftriebskraft, wenn es senkrecht ins Wasser taucht? Überlege ein Experiment, um deine Antwort zu prüfen!
6. Kann Herrn Findigs Geschichte wahr sein?
   „Unser Schiff sollte bald Land erreichen (Bild 4a). Am letzten Abend beschädigte ein Eisberg das Schiff so schwer, daß es zu sinken begann (Bild b). Alle sprangen von Bord, nur ich blieb auf dem Schiff. Keiner von den anderen wurde gerettet.
   Bei dem Zusammenstoß rissen sich unter Deck alle Kisten los, selbst die Maschinen brachen aus ihren Halterungen. Alles rutschte nach vorn. Dadurch stellte sich das Schiff unter Wasser mit dem Heck nach oben (Bild c). Im Heck blieb für mich genügend Luft zum Atmen. Durch die große Belastung brach schließlich die Spitze des Schiffes auseinander. Die gesamte Ladung rutschte ins Meer, und das Schiff trieb nach oben (Bild d). In dieser Lage sah man am nächsten Morgen das Schiff und rettete mich (Bild e)."
7. Was wird in den Experimenten nach Bild 3a bis c mit den Ballons geschehen? Steigen, schweben oder sinken sie?
8. Beschreibe und erkläre die Wirkungsweise von Hebepontons!
9. Grit erklärt Doris, weshalb sie vor dem Tauchen nicht tief einatmen soll. Könntest du das auch erklären?
10. Warum schwimmt Eis im Wasser?
11. Ein Schiff fährt von der Ostsee aus in den Atlantischen Ozean. Wo taucht es tiefer ein?
12. Wie schützt man Paddelboote und Segelboote beim Kentern vor dem Untergang?
13. Ein gekochtes Ei hat ein Volumen von 0,07 dm³ und eine Masse von 74 g.
    Schwimmt, schwebt oder sinkt das Ei in
    a) stark salzigem Wasser $\left(\varrho = 1{,}18 \frac{g}{cm^3}\right)$
    b) schwach salzigem Wasser $\left(\varrho = 1{,}06 \frac{g}{cm^3}\right)$
    c) Süßwasser $\left(\varrho = 1{,}00 \frac{g}{cm^3}\right)$
    Berechne jeweils die Gewichtskräfte und die Auftriebskräfte!
    Vergleiche dann die entsprechenden Kräfte!
14. Informiere dich in Lexika über den Begriff Freibordmarke bei Schiffen! Was geben diese Marken an?
15. Worin bestehen die Gemeinsamkeiten und Unterschiede beim Schwimmen und Schweben?

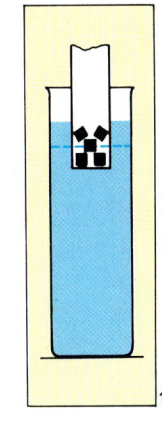

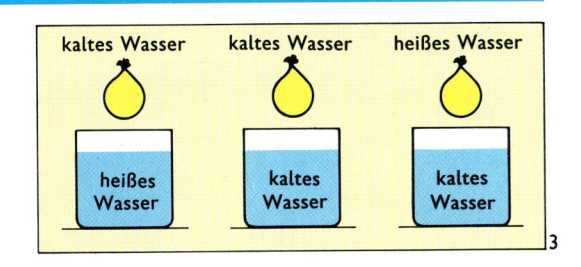

1 Luftdruck

Schön ist der Anblick, wenn die farbenfrohen Ballons in den Himmel aufsteigen. Dieser Vorgang erinnert an den Auftrieb in Flüssigkeiten. Gibt es auch in der Luft einen Auftrieb?

Entstehung des Luftdruckes

Ebenso wie die Flüssigkeiten erzeugt auch die Luft durch ihre Gewichtskraft einen Schweredruck. Den Schweredruck der Lufthülle unserer Erde bezeichnet man als Luftdruck (Bild 2).

Der Luftdruck entsteht durch die Gewichtskraft der Luft.

Den Schweredruck des Wassers spüren wir bereits in einer Tiefe von einigen Metern. Den Schweredruck der Luft bemerken wir nicht, obwohl sich über uns eine Luftschicht von vielen Kilometern Höhe befindet. Der menschliche Körper hat sich diesem Druck angepaßt, genauso wie sich die Tiefseefische dem Schweredruck des Wassers in großer Tiefe angepaßt haben.

Wir sind im täglichen Leben mitunter überrascht, wenn uns Wirkungen des Luftdruckes begegnen. Einige Beispiele sind in den Bildern auf der nächsten Seite oben dargestellt:

Entstehung des Luftdruckes

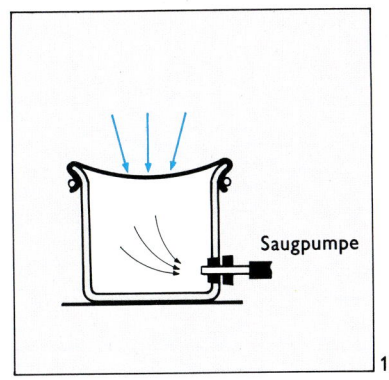

LUFTDRUCK

Wenn die Luft unter der Zellophanhaut herausgepumpt wird, platzt die Haut infolge des Luftdruckes.

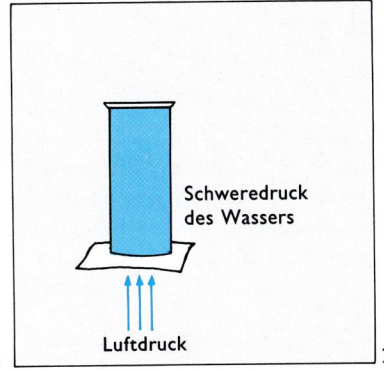

Das Wasser fließt nicht aus. Auf eine Fläche von 1 cm² der Postkarte wirkt durch den Luftdruck eine größere Kraft als durch den Schweredruck des Wassers.

Die Wassersäule im Standzylinder fließt nicht aus. Ihr Schweredruck ist kleiner als der Luftdruck.

Der mittlere Luftdruck

Der Luftdruck soll durch ein Experiment ermittelt werden.

Experiment 1
Zunächst messen wir die Kraft, die notwendig ist, um den Kolben bei geöffnetem Hahn aus dem Kolbenprober herauszuziehen (Bild 4, oben). Die Kraft beträgt 2,2 N. Sie entsteht durch die Reibung.
Wir wiederholen die Messung bei geschlossenem Hahn (Bild 4, unten). Die Kraft beträgt jetzt 64 N. Diese Kraft ist notwendig, um die Reibungskraft und die vom Luftdruck auf den Kolben ausgeübte Kraft zu überwinden. Die vom Luftdruck ausgeübte Kraft beträgt 64 N − 2,2 N = 61,8 N. Diese Kraft wirkt auf die 6 cm² große Kolbenfläche.
Damit können wir den Luftdruck berechnen:

$$P = \frac{F}{A} \qquad p = \frac{61,8 \text{ N}}{6 \text{ cm}^2} \qquad p \approx 10 \, \frac{\text{N}}{\text{cm}^2}$$

Der ermittelte Luftdruck beträgt annähernd $10 \, \frac{\text{N}}{\text{cm}^2}$.

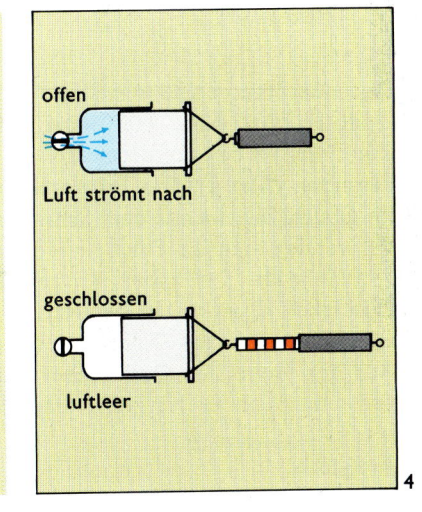

Auf der Erde ist der Luftdruck nicht überall gleich groß. Deshalb gibt man für die Erde einen mittleren Luftdruck an, den man als Normdruck bezeichnet.
Aus zahlreichen Messungen hat man als mittleren Luftdruck oder Normdruck einen Druck von $10{,}13 \, \frac{\text{N}}{\text{cm}^2}$ oder 101,3 kPa festgelegt $\left(1 \, \frac{\text{N}}{\text{cm}^2} = 10 \text{ kPa}\right)$. Für die Angabe des Luftdruckes hat man eine eigene Einheit eingeführt, **das Bar** (1 bar). Hierfür gilt:
$1 \text{ bar} = 100 \text{ kPa} = 10 \, \frac{\text{N}}{\text{cm}^2}$.

Der mittlere Luftdruck beträgt 1,013 bar oder 101,3 kPa.

Messen des Luftdruckes

Zum Messen des Luftdruckes gibt es verschiedene Meßgeräte. Ein Meßgerät ist das Dosenbarometer (Bilder 1 und 2). Es besteht aus einer fast luftleeren Metalldose, einer Feder, einem Übertragungsmechanismus und einem drehbar gelagerten Zeiger. Bei Zunahme des Luftdruckes wird die Dose zusammengedrückt. Die Bewegung des Dosendeckels wird auf den Zeiger übertragen.

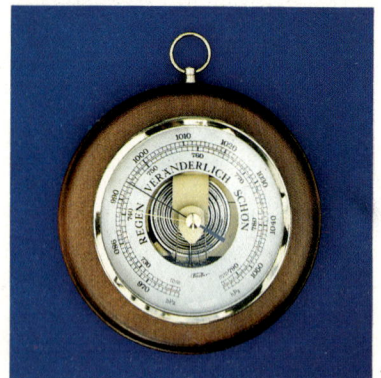

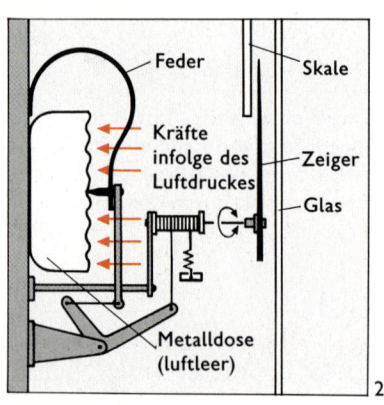

Dosenbarometer

Querschnitt eines Dosenbarometers

Dosenbarometer sind in Millibar (mbar) oder in Hektopascal (hPa) geeicht. Es gilt: 1 bar = 1 000 mbar, 100 kPa = 1 hPa, 1 mbar = 1 hPa.
Zum Messen des Luftdruckes kann man auch eine Flüssigkeitssäule benutzen (Bild 3). Der Schweredruck der Flüssigkeit befindet sich im Gleichgewicht mit dem Schweredruck der Luft (Luftdruck).
Verwendet man als Flüssigkeit Wasser, muß das Rohr eine Höhe von mehr als 10 m haben. Kürzer kann das Rohr sein, wenn man als Flüssigkeit Quecksilber benutzt, dessen Dichte 13,6mal so groß ist wie die von Wasser. Daher braucht das Rohr nur 76 cm hoch sein.
Aus der Höhe der Quecksilbersäule kann man den Luftdruck berechnen, denn er ist gleich dem Schweredruck des Quecksilbers $p = h \cdot \varrho_{Quecksilber} \cdot g$.

Aufgabe
Wie groß ist der Luftdruck, wenn in einem Barometer die Quecksilbersäule 74,6 cm hoch ist?

Gesucht:
p

Gegeben:
$h = 74{,}6 \text{ cm}$
$g = 9{,}81 \dfrac{\text{N}}{\text{kg}}$
$\varrho_{Quecksilber} = 13{,}55 \dfrac{\text{kg}}{\text{dm}^3} = 0{,}013\,55 \dfrac{\text{kg}}{\text{cm}^3}$

Lösung:
$p = h \cdot \varrho_{Quecksilber} \cdot g$
$p = 74{,}6 \text{ cm} \cdot 0{,}013\,55 \dfrac{\text{kg}}{\text{cm}^3} \cdot 9{,}81 \dfrac{\text{N}}{\text{kg}}$
$p = 9{,}92 \dfrac{\text{N}}{\text{cm}^2} = 99{,}2 \text{ kPa} = 992 \text{ mbar}$

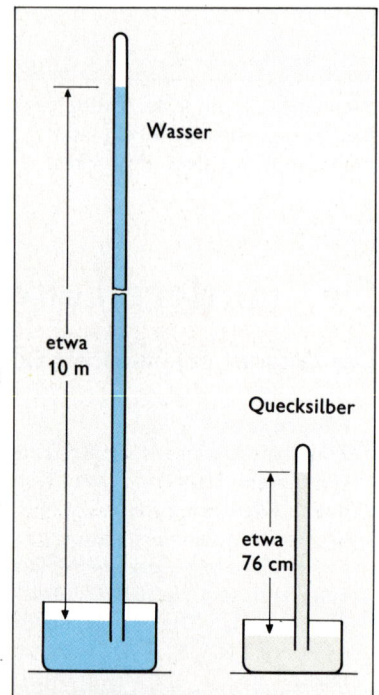

Prinzip eines Wasserbarometers und eines Quecksilberbarometers

In Wetterstationen wird der Luftdruck fortwährend gemessen und registriert. Dazu ist an der Spitze des Zeigers eines Dosenbarometers ein Schreibstift befestigt. An ihm bewegt sich eine mit Papier bespannte Walze vorbei.

LUFTDRUCK

Erzeugen eines Vakuums

In einem Kolbenprober können wir beim Herausziehen des Kolbens einen fast luftleeren Raum erzeugen. Einen solchen Raum nennt man ein **Vakuum** (vom lateinischen Wort für leer: vacuus).

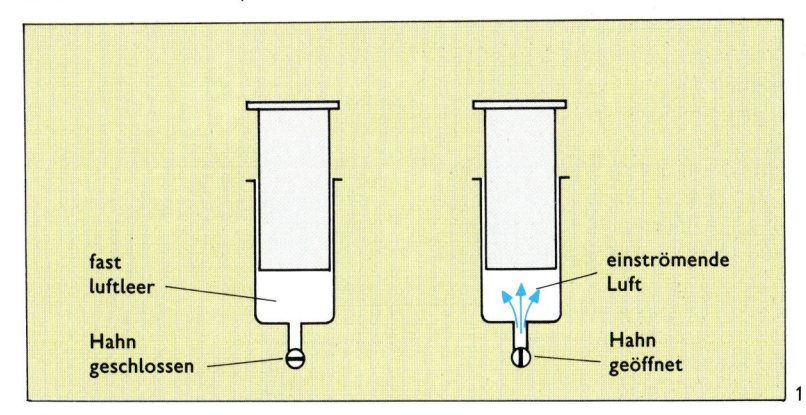

Experiment 2
Bei geschlossenem Hahn ziehen wir den Kolben ein Stück heraus (Bild 1). Dann öffnen wir den Hahn. Dabei hören wir ein Zischen. Es entsteht durch das Einströmen von Luft in das Vakuum.

Ein Vakuum ist ein luftverdünnter Raum. In ihm herrscht ein sehr kleiner Druck.

Da der Druck im Vakuum kleiner ist als der äußere Luftdruck, spricht man auch vom Unterdruck (Bild 2).
Zum Erzeugen eines Vakuums benutzt man **Vakuumpumpen** (Bild 3).

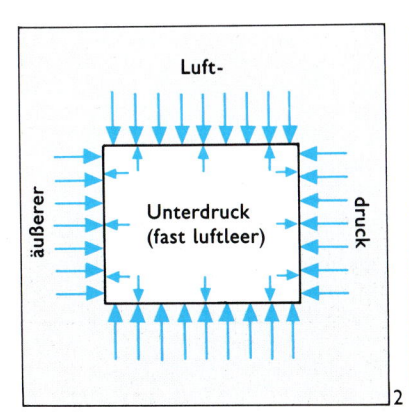

Entstehung des Druckunterschiedes   Vakuumpumpe

Das folgende Experiment zeigt, daß durch Druckunterschiede Kräfte entstehen.

Experiment 3
Wir ziehen bei geschlossenem Hahn den Kolben ein Stück heraus (Bild 4). Dann lassen wir den Kolben los.
Wir beobachten: Der Kolben gleitet wieder zurück.
Da sich im Kolbenprober fast keine Luft befindet, wirkt auf den Kolben nur der äußere Luftdruck. Dieser drückt den Kolben nach dem Loslassen zurück.

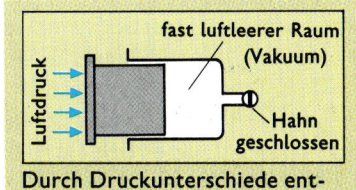

Durch Druckunterschiede entstehen Kräfte.

Auftrieb in Gasen

Wie in den Flüssigkeiten entsteht auch in Gasen ein Auftrieb. Im Vakuum gibt es keinen Auftrieb. Das zeigt das folgende Experiment.

Experiment 4
Eine im Gleichgewicht befindliche Balkenwaage steht unter einer Glasglocke. Aus dieser wird die Luft herausgepumpt.
Wir beobachten: Die Waage beginnt sich zur Seite der Glaskugel zu neigen.
Wie können wir das erklären? In der Luft wirken auf die Kugel zwei entgegengesetzt gerichtete Kräfte: die Gewichtskraft nach unten und die Auftriebskraft nach oben. Das Neigen der Balkenwaage beim Herauspumpen der Luft kann also nur dadurch erklärt werden, daß im Vakuum kein Auftrieb mehr vorhanden ist.

Nachweis des Auftriebs in Luft

Auch in Luft gilt das **Archimedische Gesetz**:

Die Auftriebskraft eines Körpers in einem Gas ist gleich der Gewichtskraft des von ihm verdrängten Gases.
Für die Auftriebskraft F_A gilt: $F_A = \varrho_{Gas} \cdot g \cdot V_K$

Steigen
$F_G < F_A$

Schweben
$F_G = F_A$

Auch in Gasen kann ein Körper ebenso wie in Flüssigkeiten steigen, schweben oder sinken.

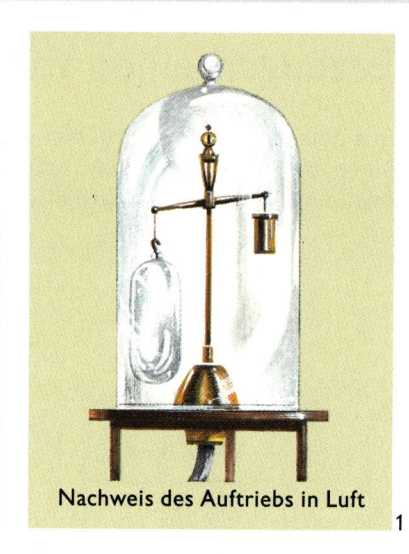

Sinken
$F_G > F_A$

Ein Blick in die Natur

Lufthülle der Erde. Mit Hilfe von Barometern, die von Wetterballons oder Satelliten mitgeführt werden, kann der Luftdruck in höheren Luftschichten gemessen werden. Solche Messungen zeigen, daß die Lufthülle der Erde bis in einige hundert Kilometer Höhe reicht. Mit zunehmender Höhe wird dabei der Luftdruck immer kleiner. Bereits in 5 km Höhe halbiert sich der Luftdruck, so daß Bergsteiger Atemgeräte benutzen.

Druckausgleich im Ohr. Auf das Trommelfell wirkt der äußere Luftdruck (Bild 2). Über eine sehr dünne Röhre, die Ohrtrompete oder Eustachische Röhre, ist der Innenraum des Mittelohres mit dem Nasen-Rachen-Raum verbunden. Dadurch wirkt der äußere Luftdruck auch von innen auf das Trommelfell. Bei einer Abwärtsfahrt im Lift steigt der Luftdruck schnell an. Das Trommelfell wird nach innen gedrückt, weil der Druck hinter dem Trommelfell langsamer ansteigt. Das unangenehme Gefühl im Ohr hört auf, wenn man bei zugehaltener Nase Luft in den Nasen-Rachen-Raum preßt.

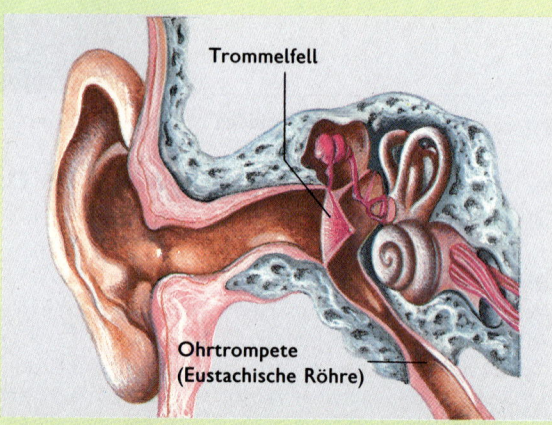

Aufbau des Ohres

Ein Blick in die Technik

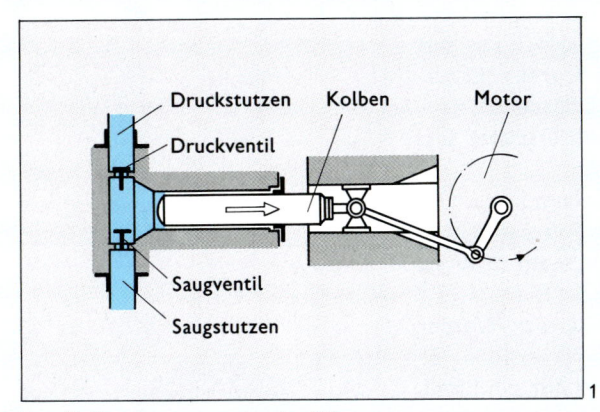

Die Kolbenpumpe saugt das Wasser an.

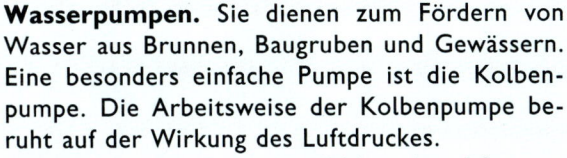

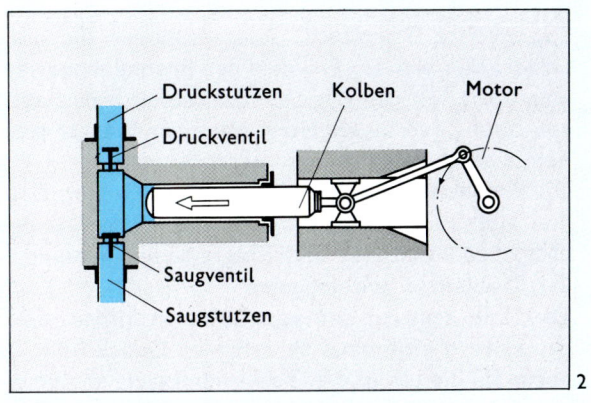

Die Kolbenpumpe drückt das Wasser heraus.

Wasserpumpen. Sie dienen zum Fördern von Wasser aus Brunnen, Baugruben und Gewässern. Eine besonders einfache Pumpe ist die Kolbenpumpe. Die Arbeitsweise der Kolbenpumpe beruht auf der Wirkung des Luftdruckes.
Ihre Hauptteile sind in den Bildern 1 und 2 angegeben. Der Kolben bewegt sich im Zylinder hin und her.
Eine Kolbenpumpe kann Wasser höchstens aus einer Tiefe von 10 Metern ansaugen. Liegt die Wasseroberfläche tiefer, muß die Pumpe in die Baugrube oder in den Brunnenschacht gebracht werden.

Vakuumverformung. Auch sie beruht auf der Wirkungsweise des Luftdruckes. Bild 3 zeigt, wie eine heiße Kunststoffplatte verformt wird. Zunächst ist der Luftdruck oberhalb und unterhalb der Platte gleich groß. Durch das Herauspumpen der Luft wird der Druck unter der Platte kleiner. Der größere Luftdruck über der Platte preßt sie in die gewünschte Form.

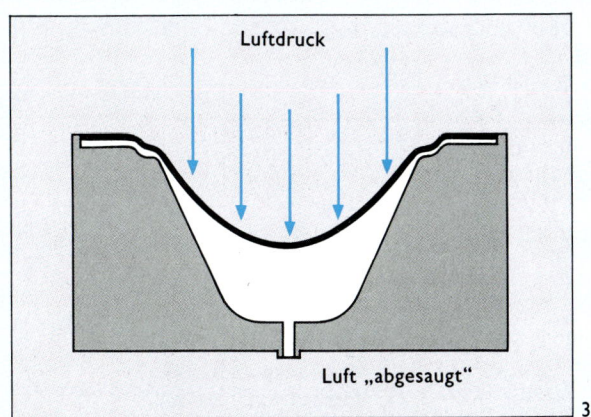

Ballonfahrt. Mit Ballons gelang es den Menschen erstmals, zu fliegen. Bild 4 zeigt die Hauptteile eines Freiballons.
Die Ballonfahrt beruht auf dem Auftrieb in Luft. Damit Ballons aufsteigen können, muß ihre Gewichtskraft kleiner sein als die Gewichtskraft der verdrängten Luft. Deshalb werden die Ballons mit Heißluft oder mit Gasen gefüllt, deren Dichte um ein Vielfaches geringer ist als die von Luft. So beträgt beispielsweise die Dichte von Helium nur ein Siebentel der Dichte von Luft.

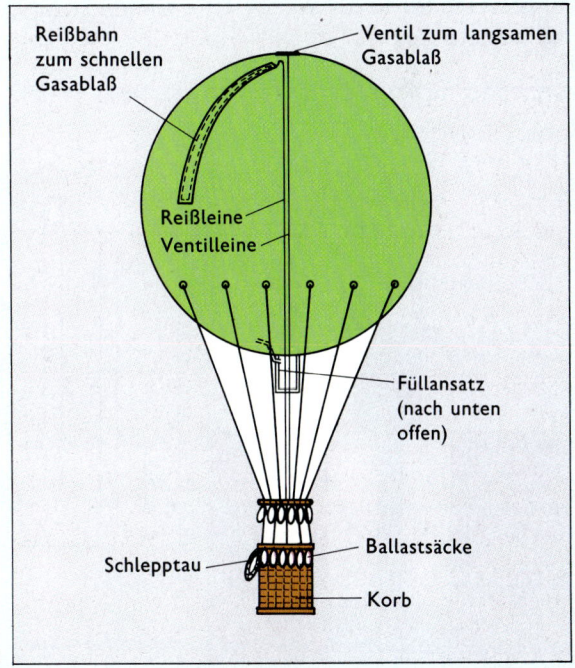

Vakuumverformung

Wichtige Teile des Freiballons

Ein Blick in die Geschichte

Evangelista Torricelli. Ausgangspunkt für die Entdeckung des Luftdruckes war ein Problem der Brunnenbauer aus Florenz. Es gelang nicht, mit den Pumpen das Wasser höher als 10 Meter zu saugen (Bild 2). In dieser Höhe blieb das Wasser stehen. Darüber bildete sich im Saugrohr ein leerer Raum.

Die Brunnenbauer baten den Physiker *Galileo Galilei* um Hilfe. Galilei hielt es nicht für möglich, daß in der Natur ein leerer Raum entstehen könnte. Er beauftragte seinen Schüler Torricelli (Bild 1), das Problem zu untersuchen.

Torricelli kam auf den vortrefflichen Einfall, anstelle von Wasser das etwa dreizehnmal so schwere Quecksilber zu verwenden. Er nahm an, die Länge der Quecksilbersäule würde dann nur ein Dreizehntel der Länge der Wassersäule betragen. Dadurch brauchte er nicht mehr mit einem 10 m langen Rohr zu experimentieren, es reichte bereits ein 1 m langes Rohr.

Im Jahre 1642 führte er das folgende Experiment durch:

Er füllte ein 1 Meter langes Rohr, das nur eine Öffnung besaß, mit Quecksilber. Dann verschloß er die Öffnung mit dem Finger, drehte das Rohr um und tauchte es in ein Gefäß mit Quecksilber (Bild 3). Nachdem Torricelli den Finger wegnahm, floß das Quecksilber so lange aus, bis die Quecksilbersäule eine Länge von etwa 76 cm hatte. Über dem Quecksilber blieb ein leerer Raum, ein Vakuum, zurück.

Torricelli kannte bereits die Gewichtskraft der Luft. So konnte er das Stehenbleiben der Quecksilbersäule bei etwa 76 cm und der Wassersäule im Saugrohr der Wasserpumpe bei etwa 10 m mit Hilfe des Luftdruckes erklären. Er konnte sogar den Luftdruck berechnen.

Evangelista Torricelli (1608 bis 1647)

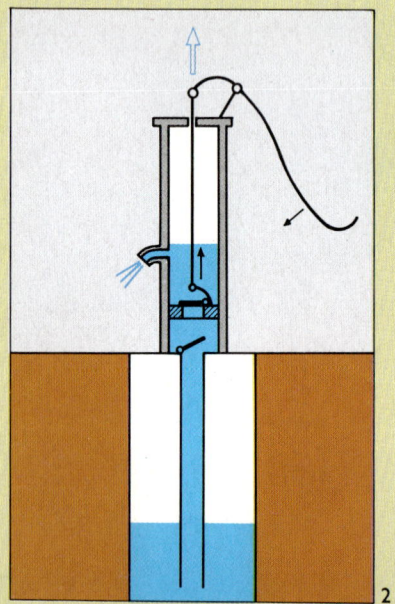

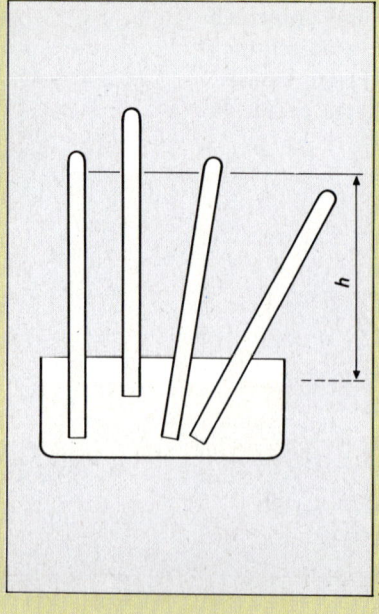

Alte Saugpumpe (Bild 2)
Versuch von Torricelli (Bild 3)

LUFTDRUCK

Blaise Pascal. Der Naturforscher *Blaise Pascal* versuchte, einen weiteren Beweis für das Vorhandensein des Luftdruckes zu geben. Seine Überlegungen waren folgende:
Wenn es einen Luftdruck gibt, muß dieser auf einem Berg niedriger sein als in einem Tal. Er bat seinen Schwager, der gern wanderte, bei einer Besteigung des 1 465 m hohen Berges Puy de Dôme, das Experiment von Torricelli zu wiederholen. Dabei bestätigte sich die Vermutung von Pascal, daß die Quecksilbersäule mit abnehmendem Luftdruck kleiner wird. Auf dem Berg war die Quecksilbersäule 7,5 cm kürzer. Damit hatte Pascal das Barometer erfunden.
Die Experimente von Torricelli und Pascal wurden anfänglich nur wenigen Menschen bekannt. Schließlich tobte zu jener Zeit in Europa der Dreißigjährige Krieg.
Otto von Guericke. Aufsehen erregte in jener Zeit ein Experiment, das *Otto von Guericke* (Bild 1) im Jahre 1654 vor den Teilnehmern des Reichstages in Regensburg durchführte.
Otto von Guericke war Bürgermeister der Stadt Magdeburg. Er war aber auch ein bedeutender Naturforscher. Ihn interessierte ebenfalls die Frage, ob es einen leeren Raum gibt. Um eine Antwort zu finden, beschäftigte er sich zunächst mit dem Bau von Pumpen. Mit ihnen pumpte er die Luft aus Fässern und kupfernen Hohlkugeln. Ausgangspunkt seiner Experimente war der Gedanke, daß in den Gefäßen ein leerer Raum entstehen muß, wenn man die Luft herauspumpt. Zwei Männer mußten eine Stunde lang pumpen, bis aus einer Kugel mit einem Durchmesser von einem halben Meter fast die gesamte Luft heraus war. Mit solch einer Pumpe konnte er den ersten großen Schauversuch in der Geschichte der Physik durchführen.
Guericke wollte den Menschen zeigen, mit welch großer Kraft der Luftdruck auf einen Körper wirkt. Dazu fügte er zwei kupferne Halbkugeln mit einem Durchmesser von 42 cm zusammen. Als Dichtung benutzte er einen mit Wachs und Terpentin getränkten

Otto von Guericke
(1602 bis 1686)

2 Leerpumpen eines Fasses

Lederring. Außerdem hatten die Halbkugeln noch starke Ösen. So konnten an jede Kugelhälfte acht Pferde angespannt werden. Für den Anschluß der Luftpumpe besaß die Kugel einen mit einem Hahn verschließbaren Stutzen.

Nachdem *Otto von Guericke* den größten Teil der Luft herausgepumpt hatte, gelang es den Pferden nur manchmal, die zwei Kugelhälften auseinanderzureißen. Das geschah dann mit einem lauten Knall, als ob eine Kanone abgefeuert würde.

Den Nachweis, daß die Ursache des Luftdruckes die Gewichtskraft der Lufthülle der Erde ist, erbrachte Guericke durch eine Wägung der Luft. Er hängte eine mit Luft gefüllte Glaskugel an eine Waage und wog die Kugel. Danach pumpte er die Luft aus der Kugel heraus. Jetzt wog die Kugel deutlich weniger.

Otto von Guerickes Versuch mit den „Magdeburger Halbkugeln" auf dem Reichstag zu Regensburg (1654)

Weißt du es? Kannst du es?

1. Der Saugfuß eines Hakens hat einen Querschnitt von 12 cm². Mit welcher Kraft drückt die Luft auf den Saugfuß?
2. Schätze die Kraft, mit der die Luft auf deine Körperoberfläche drückt ($A \approx 1,5$ m²)! Warum wirst du nicht zerquetscht?
3. Beschreibe den Aufbau eines Dosenbarometers! Erkläre die Wirkungsweise!
4. Bestimme mit einem Dosenbarometer den Luftdruck im Keller und im Dachgeschoß eures Wohnhauses!
5. Wie hoch müßte etwa ein Barometer sein, das als Flüssigkeit Öl enthält $\left(\varrho = 0{,}85 \dfrac{\text{g}}{\text{cm}^3}\right)$?
6. Mit einer Pipette kann man eine Flüssigkeit ansaugen. Wie ist das möglich?
Verschließt man die obere Öffnung einer Pipette mit einem Finger und nimmt sie aus der Flüssigkeit, dann tropft keine Flüssigkeit aus der Pipette. Warum?
Nimmt man den Finger weg, dann läuft die gesamte Flüssigkeit aus. Warum?

LUFTDRUCK 147

7. Führe die Experimente 2 und 3 mit einer Luftpumpe durch! Beschreibe deine Beobachtungen!
8. Die Oberfläche des Toten Meeres liegt nahezu 400 m unter dem Niveau der Weltmeere. Was folgt daraus für den Luftdruck am Toten Meer?
9. Herr Findig möchte den Luftdruck auf seine Weise nutzen (Bild 1). Läßt sich seine Idee verwirklichen?
Schätze dazu die Kraft ab, mit der der Luftdruck die Gummimanschette andrückt!

12. Könnte die von Herrn Findig erdachte „Pannenhilfe" funktionieren (Bild 3)? Schätze ab, wie viele Luftballons mit je 5 l Helium notwendig wären, damit am Vorderrad eine Auftriebskraft von 300 N wirkt!

Bild 1

Bild 3

10. Erkläre die Wirkungsweise der Geflügeltränke (Bild 2)! Wie könnte man dieses Prinzip auch zum Bewässern von Blumentöpfen während einer Urlaubsreise nutzen? Fertige zu deinem Vorschlag eine Skizze an!

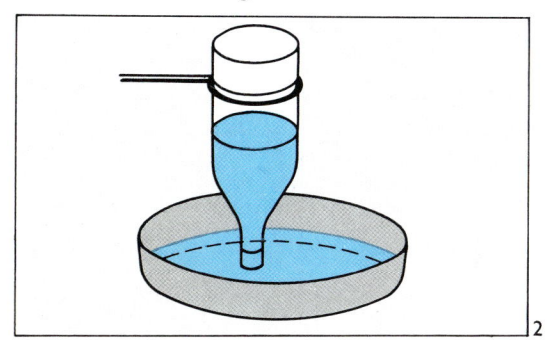

13. Erkläre, warum die Düse eines Staubsaugers Staub ansaugen kann!
14. Entscheide anhand der Dichten, welche der genannten Gase zum Füllen von Ballons geeignet wären!

Bild 2

Dichten von Gasen $\left(\text{in } \frac{g}{dm^3}\right)$	
Luft	1,29
Sauerstoff	1,43
Stickstoff	1,25
Stadtgas	0,61
Heißluft (je nach Temperatur)	1,0
Helium	0,18
Wasserstoff	0,09

11. Fernsehbildröhren sind fast luftleer gepumpt. Mit welcher Kraft wirkt der Luftdruck auf den Bildschirm, dessen Breite 27 cm und dessen Höhe 21 cm beträgt?

15. Berechne und vergleiche die Auftriebskraft, die 1 m³ Helium in Luft erfährt! Wie viele 1-kg-Wägestücke könnte ein solcher Ballon in der Luft tragen?

2 Gasdruck

In einem Fahrradschlauch ist Luft eingeschlossen. Bekommt der Schlauch ein Loch, dann entweicht die Luft, denn im Schlauch herrscht ein höherer Druck als außen.
Aber auch ohne Panne mußt du von Zeit zu Zeit bei deinem Fahrrad Luft nachpumpen. Auch jeder Autofahrer prüft regelmäßig den Druck in den Reifen. Wie kommt der Druck in einem Reifen zustande?

Druck in eingeschlossenen Gasen

Gase bestehen aus Molekülen, die sich frei und ungeordnet bewegen. Ab und zu stoßen zwei Moleküle zusammen. Dabei ändern sie ihre Richtung. Befindet sich ein Gas in einem Gefäß, zum Beispiel in einer Flasche, in einem Ball oder in einem Schlauch, dann stoßen die Moleküle außerdem noch gegen die Wände. Von dort prallen sie zurück und fliegen mit geänderter Richtung weiter, bis sie wieder gegen ein anderes Molekül oder gegen die Wand stoßen. So geht das ununterbrochen (Bild 2).
Die Stöße aller Moleküle gegen die Wände ergeben den Druck des eingeschlossenen Gases, bei einem Fahrradschlauch beispielsweise den Druck der eingeschlossenen Luft.

Der Druck eines eingeschlossenen Gases entsteht durch die Stöße der Moleküle gegen die Begrenzungsflächen.

Infolge des Druckes eingeschlossener Gase können große Kräfte auf die Wände wirken. In einem Fahrradschlauch beispielsweise ist der Druck etwa doppelt so groß wie der äußere Luftdruck. Damit wirkt auf jeden Quadratzentimeter des Fahrradschlauches von innen eine Kraft von 20 N. Das ist bekanntlich die Gewichtskraft eines 2-kg-Wägestückes. Auf eine Fläche von 10 cm² des Schlauches wirkt schon eine Kraft, die der Gewichtskraft eines 20-kg-Wägestückes entspricht.

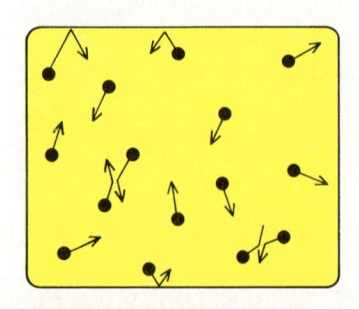

In einem eingeschlossenen Gas stoßen die Moleküle aneinander und gegen die Gefäßwände.

GASDRUCK

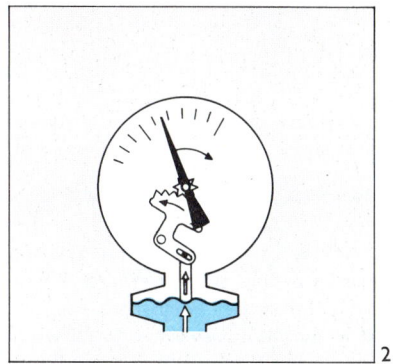

Manometer Aufbau eines Manometers U-Rohr-Manometer zum Anzeigen von Druckunterschieden

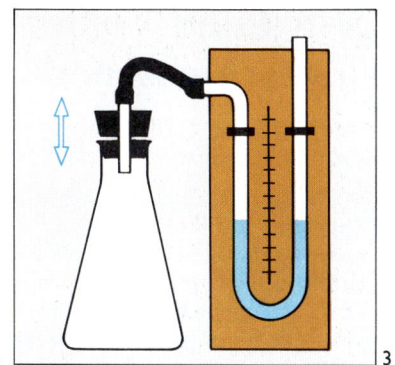

Zum Messen des Druckes von Gasen benutzt man Manometer. Eine Ausführungsform zeigt das Bild 1. Es mißt den Überdruck gegenüber dem normalen Luftdruck.
Zum Nachweis von Druckänderungen benutzen wir im Unterricht ein U-Rohr (Bild 3). Wenn der zu messende Druck größer ist als der äußere Luftdruck, dann drückt das Gas das Wasser im rechten Schenkel der U-förmig gebogenen Glasröhre nach oben. Wenn der zu messende Druck kleiner ist als der äußere Luftdruck, drückt der äußere Luftdruck das Wasser im linken Schenkel nach oben.

Änderung des Druckes eingeschlossener Gase

Es gibt verschiedene Möglichkeiten, den Druck eines eingeschlossenen Gases zu vergrößern oder zu verkleinern:
– Änderung der Menge des Gases,
– Änderung des Volumens des Gases,
– Änderung der Temperatur des Gases.

Änderung der Menge des eingeschlossenen Gases
Vom Aufpumpen des Fahrrades hast du schon eine Erfahrung, hinter der sich ein physikalisches Gesetz verbirgt:

Der Druck eines eingeschlossenen Gases steigt, wenn wir die Gasmenge vergrößern.

Umgekehrt gilt: Wenn wir die eingeschlossene Gasmenge verkleinern, sinkt der Druck im Gas.
Das wollen wir durch zwei Experimente bestätigen.

Experiment 1
Wir verändern die Luftmenge in dem Erlenmeyerkolben (Bild 4) durch Hineinblasen bzw. Heraussaugen von Luft.
Wir beobachten: Beim Vergrößern der Luftmenge steigt das Wasser im rechten Glasschenkel, beim Verkleinern der Luftmenge sinkt das Wasser im rechten Glasschenkel des U-Rohrs. Dieses Experiment bestätigt das Gesetz.

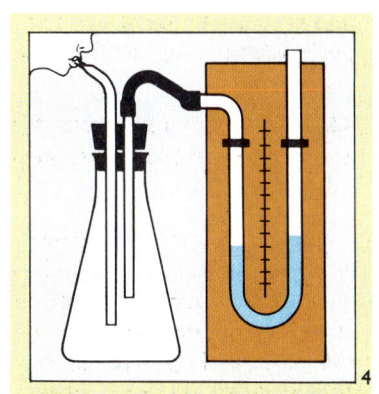

Änderung der Menge des eingeschlossenen Gases

Druck und Volumen eingeschlossener Gase

Wie ändert sich der Druck eines eingeschlossenen Gases, wenn sein Volumen geändert wird?

> **Experiment 2**
> In einer luftdichten Glasröhre befinden sich 4 l Luft unter normalem Luftdruck von 1 bar. Über einen geöffneten Zufluß strömt Wasser ein. Das aufsteigende Wasser verkleinert das Volumen der eingeschlossenen Luft. Am Manometer kann der jeweils in der Luft herrschende Druck abgelesen werden. Aus der Meßwerttabelle und dem entsprechenden Druck-Volumen-Diagramm ist erkennbar:

Preßt man ein Gas auf die Hälfte (ein Drittel bzw. ein Viertel) seines Ausgangsvolumens zusammen, steigt sein Druck auf das Doppelte (das Dreifache bzw. das Vierfache). *Druck und Volumen sind zueinander indirekt (umgekehrt) proportional:* $p \sim \frac{1}{V}$.

Volumen und Druck des Gases ändern sich so, daß das Produkt aus Druck und Volumen zu jedem Zeitpunkt gleich groß ist. Der Zahlenwert des Produktes ist in unserem Fall 4.
Solche Untersuchungen führte erstmals der englische Forscher *Robert Boyle* (1627 bis 1691) mit verschiedenen Gasen durch. Aber erst der französische Physiker *Edme Mariotte* (1620 bis 1684) entdeckte den mathematischen Zusammenhang. Er erkannte, daß das Produkt nur konstant ist, wenn sich die Temperatur des Gases nicht ändert. Das Gesetz wurde nach beiden Physikern **Boyle-Mariottesches Gesetz** genannt:

> **In einem eingeschlossenen Gas ist das Produkt aus Druck und Volumen konstant.** $p_1 \cdot V_1 = p_2 \cdot V_2$; $p \cdot V =$ konst.

Gültigkeitsbedingung: Die Temperatur des Gases bleibt konstant.

Aufgabe
In einer 10 l-Gasflasche befindet sich Stickstoff unter einem Druck von 120 bar. Wieviele Ballone mit einem Volumen von 4 l und einem Gasdruck von 1,02 bar kann man mit dieser Gasmenge füllen?

Gesucht: V_2

Gegeben: $p_1 = 120$ bar
$p_2 = 1{,}02$ bar
$V_1 = 10$ l
$V_{Ballon} = 4$ l

Lösung: $p_1 \cdot V_1 = p_2 \cdot V_2$
$V_2 = \frac{p_1 \cdot V_1}{p_2}$
$V_2 = \frac{120 \text{ bar} \cdot 10 \text{ l}}{1{,}02 \text{ bar}} = \underline{\underline{1200 \text{ l}}}$

Ergebnis:
Aus der Flasche kann man 1 200 l Stickstoff bei einem Druck von 1,02 bar entnehmen und damit 300 Ballone füllen.

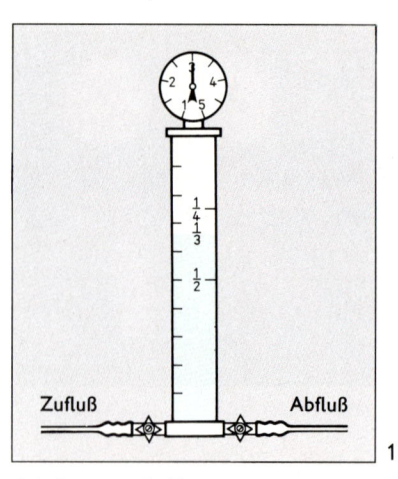

Meßwerttabelle

Volumen V	Druck p
4,0 l	1,0 bar
3,5 l	1,2 bar
3,0 l	1,3 bar
2,5 l	1,6 bar
2,0 l	2,0 bar
1,5 l	2,7 bar
1,0 l	4,0 bar

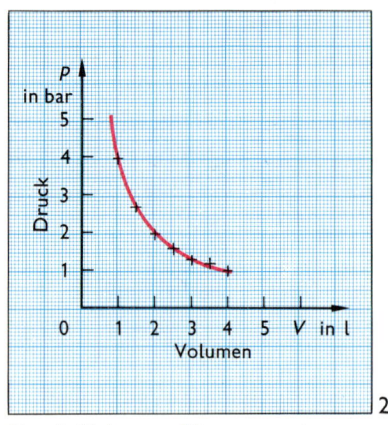

Druck-Volumen-Diagramm eines eingeschlossenen Gases
Das Bild einer indirekten Proportionalität heißt Hyperbel.

GASDRUCK

Ein Blick in die Natur

Atmung. Das Einatmen der Luft beginnt mit einer Bewegung des nach oben gewölbten Zwerchfells. Durch das Zusammenziehen von Muskeln flacht sich das Zwerchfell ab und erweitert somit den Brustraum (Bild 1). Außerdem ziehen sich die Muskeln zwischen den Rippen zusammen und heben so den Brustkorb. Durch die Vergrößerung des Lungenraumes verringert sich der Druck der Luft in der Lunge. Infolge des Druckunterschiedes zwischen dem äußeren Luftdruck und dem Druck in der Lunge strömt Luft in die Lunge. Beim Ausatmen entspannen sich die Muskeln zwischen den Rippen und damit das Zwerchfell. Dadurch wird das Volumen des Brustraumes wieder verkleinert, wodurch der Druck der Luft in der Lunge steigt. Er wird größer als der äußere Luftdruck. Infolge dieses Druckunterschiedes strömt Luft aus der Lunge.

Tauchen mit Preßluft. Beim Tauchen in großen Tiefen werden die Lungen des Tauchers durch den Schweredruck des Wassers sehr stark zusammengedrückt. Deshalb muß er in großen Tiefen mit Hilfe eines Atemgerätes aus einer Flasche Preßluft einatmen. Die eingeatmete Preßluft ist nicht nur Sauerstoffspender für die Lunge. Sie liefert auch den Gegendruck zum Schweredruck des Wassers.

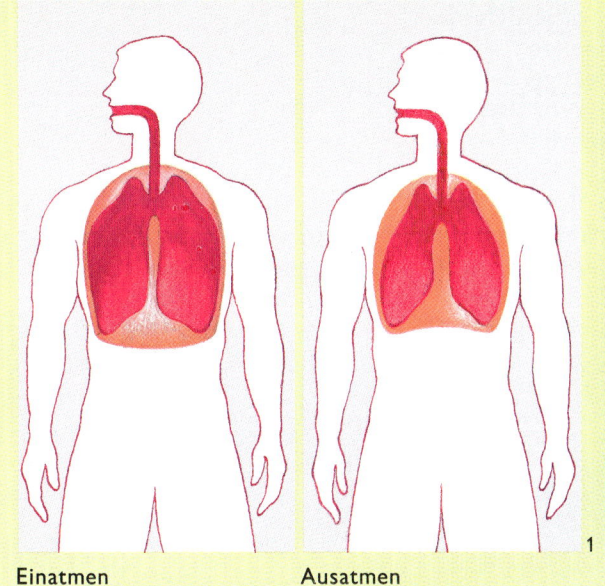

Einatmen — Ausatmen

1

Für größere Tiefen benötigt ein Taucher Preßluft.

2

Ein Blick in die Technik

Für das Aufpumpen von Bereifungen, für das Füllen von Gasflaschen und für das Herstellen von Preßluft benötigt man Luftpumpen. Sie arbeiten alle nach demselben physikalischen Prinzip: Durch Verkleinern des Volumens der eingeschlossenen Luft erhöht sich deren Druck.
Die einfachste Luftpumpe ist die Fahrradpumpe.

Um große Drücke zu erzeugen, werden Luftpumpen von Motoren angetrieben. Solche Anlagen heißen Kompressoren.

Luftpumpe

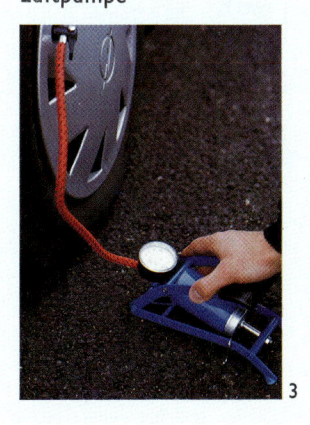

3

Beispiele für Drücke

Fahrradreifen bis 100 kPa
Pkw-Reifen bis 200 kPa
Lkw-Reifen bis 600 kPa
Spraydosen bis 1 000 kPa
Sauerstoffflasche 15 000 kPa
Preßluftflasche 20 000 kPa

Ein Blick in die Geschichte

Im Jahre 1854 nutzte man in London erstmals Preßluft zum Befördern von Postsendungen. In den folgenden Jahren wurde dann in Berlin (1865), in Paris und in Wien (1875) die Rohrpost eingeführt. Die Berliner Rohrpost bestand aus einem 26 km langen gußeisernen Rohr mit einem Durchmesser von 65 mm, das unter der Erde verlegt war. In dieses Rohr steckte man kleine, spraydosenähnliche Wagen. Sie hatten vorn und hinten jeweils oben und unten zwei Räder, mit denen sie an den Rohrwänden entlangrollten. Hinter den Wagen ließ man Preßluft in das Rohr, vor den Wagen verdünnte man die Luft durch Absaugen. In den Behältern befanden sich beispielsweise Telegramme, die auf diese Art schneller zum Haupttelegraphenamt gelangten.

Im Jahre 1890 baute man in den USA eine Versuchsanlage für eine Rohrpost, mit der die Post von New York nach Chicago befördert werden sollte. Das Rohr hatte einen Durchmesser von 1 m. Die Postsendungen sollten in einer gleich großen Hohlkugel untergebracht werden. Diese sollte auf einer Flachschiene durch das Rohr rollen, wodurch die Reibungskraft sehr klein gehalten werden konnte. In der kurzen Versuchsanlage erreichte die Kugel eine Geschwindigkeit von 100 km/h. In dem endgültigen Rohr zwischen New York und Chicago sollte die Kugel mit einer Geschwindigkeit von fast 600 km/h rollen. Das wäre das Fünffache der Geschwindigkeit der schnellsten Eisenbahnzüge der damaligen Zeit gewesen.

Die 300 m lange Versuchsanlage für eine Rohrpost von New York nach Chicago im Jahre 1890

GASDRUCK 153

Weißt du es? Kannst du es?

1. Ein Luftballon wird schwach aufgeblasen. Dann wird seine Öffnung durch Zubinden verschlossen. Dieser Ballon wird unter eine Glasglocke gelegt. Wenn man die Luft aus der Glasglocke pumpt, bläht sich der Ballon auf. Erkläre diesen Vorgang!
2. In einer 40 l-Sauerstoffflasche herrscht ein Druck von 15 MPa (150 bar). Für Schweißarbeiten muß der Sauerstoff mit einem Druck von 3 bar ausströmen. Wieviel Liter Sauerstoff mit einem Druck von 3 bar entspricht der Flascheninhalt?
3. Beschreibe den Aufbau und erkläre die Wirkungsweise eines Manometers!
4. Die Experimentieranordnung im Bild 1 heißt Heronsball. Durch die Glasröhre wird Luft in das Gefäß geblasen. Danach wird die Röhre mit einem Finger verschlossen. Was geschieht wohl, wenn man den Finger wegnimmt?
5. Über die Experimentieranordnung (Bild 2) stülpen wir eine Glasglocke. Was wird geschehen, wenn wir dann
   a) die Luft aus der Glocke herauspumpen,
   b) die Luft wieder hineinlassen?
6. Mit Hilfe der Vorstellungen vom Aufbau der Gase aus Molekülen erklärt Bärbel ihrer Freundin Anne, daß der Druck eines Gases größer werden muß, wenn man sein Volumen verkleinert. Kannst du das auch erklären?
7. Erkläre die Wirkungsweise einer Spritzflasche!
8. Auf Spraydosen steht unter anderem: „Vor Sonnenstrahlung und Erwärmung über 50 °C schützen." Welchen Grund gibt es dafür?
9. Viele Häuser haben einen eigenen Brunnen. Das Wasser wird dann häufig erst in einen Druckbehälter gepumpt (Bild 3). Wie funktioniert diese Anlage?
10. Im Bild 4 sind zwei Experimente dargestellt. Was erwartest du jeweils, wenn die Luft erwärmt wird?
11. Halte beim Vergrößern des Brustkastens Nase und Mund geschlossen! Was geschieht beim plötzlichen Öffnen des Mundes?
12. Drücke bei geschlossenem Mund und bei zugehaltener Nase deinen Brustkorb zusammen! Was geschieht beim plötzlichen Öffnen der Nase?
13. Beschreibe den Aufbau einer Fahrradpumpe und eines Ventils!
14. Erkläre die Wirkungsweise der Fahrradpumpe und des Ventils beim Aufpumpen!
15. Saugt der Kolben die Flüssigkeit in die Spritze, oder drückt der äußere Luftdruck die Flüssigkeit in die Spritze?
    Welche Ausdrucksweise ist physikalisch korrekter?

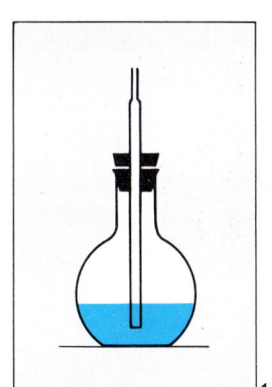

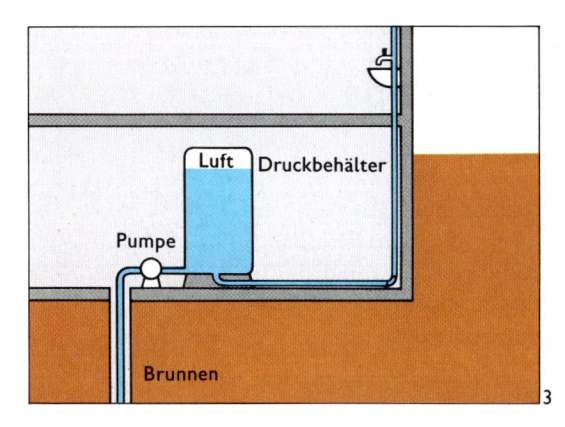

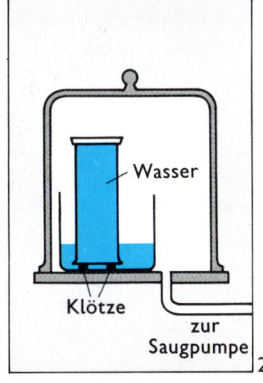

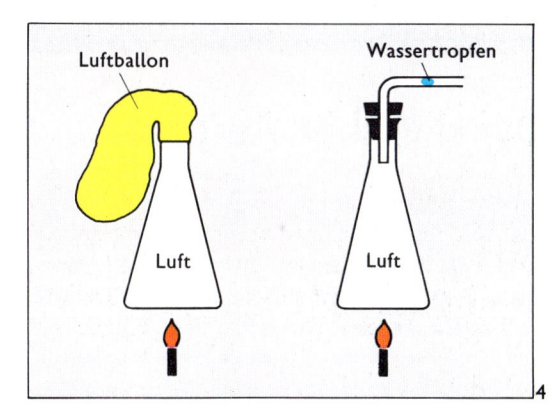

3 Strömende Gase

Jahrtausende dauerte es, bis sich für die Menschen der Traum vom Fliegen erfüllte. Welche Kraft hebt ein Flugzeug in die Luft?

Dynamischer Auftrieb

Ballons steigen infolge des Auftriebs in ruhender Luft empor. Diesen Auftrieb bezeichnet man genauer als **statischen Auftrieb**.
Dieser Auftrieb kann es aber nicht sein, der Flugzeuge in die Luft hebt, denn die Gewichtskraft der verdrängten Luft ist wesentlich kleiner als die Gewichtskraft eines Flugzeuges.
Aus Erfahrung wissen wir, daß ein Flugzeug auf der Startbahn immer schneller rollt. Wenn eine bestimmte Geschwindigkeit erreicht ist, erhebt es sich in die Luft. Diese Kraft, die das Flugzeug hebt, wird mit großer Wahrscheinlichkeit dadurch erzeugt, daß die Tragflügel von Luft umströmt werden.
In den folgenden Experimenten wollen wir einige Eigenschaften der Luft kennenlernen.

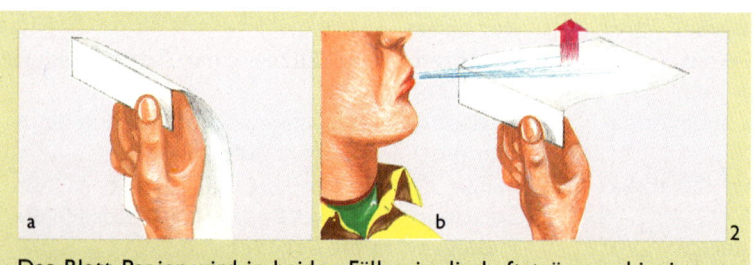

Das Blatt Papier wird in beiden Fällen in die Luftströmung hineingezogen.

Experiment 1
Bewege das Blatt Papier schnell in waagerechter Richtung durch die Luft!

Falte ein Blatt Papier nach Bild 2 und blase es oben an!

STRÖMENDE GASE

Wenn sich das Blatt Papier in der Luft bewegt oder Luft über das Papier strömt, wird das Blatt Papier angehoben. In einer Luftströmung entstehen Auftriebskräfte. Diese Art des Auftriebs heißt **dynamischer Auftrieb** (vom griechischen Wort für Kraft: dynamis).

In Luftströmungen entsteht ein dynamischer Auftrieb.

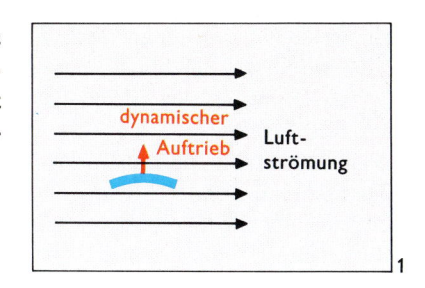

Bernoullisches Gesetz

Die folgenden Experimente sollen uns zeigen, wie der dynamische Auftrieb zustande kommt. Dazu untersuchen wir den Druck in einer Luftströmung.

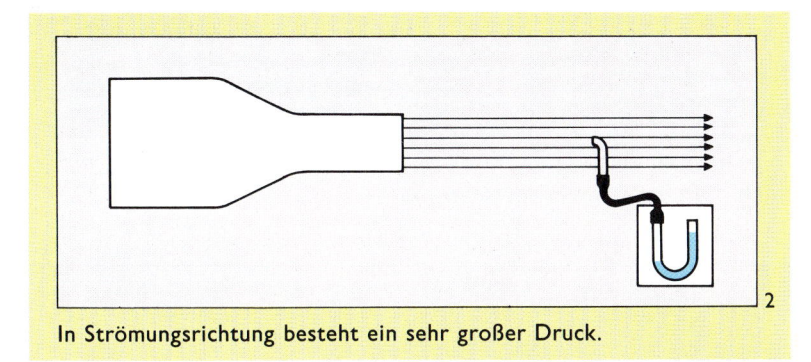

In Strömungsrichtung besteht ein sehr großer Druck.

Experiment 3
Mit einem U-Rohr messen wir in einer Luftströmung den Druck, der in Strömungsrichtung herrscht (Bild 2).
Aus der Anzeige des U-Rohrs ist zu erkennen:
Der Druck in Strömungsrichtung ist größer als der äußere Luftdruck.

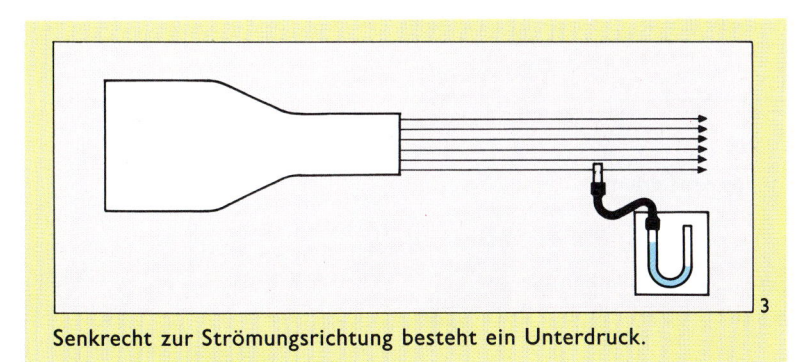

Senkrecht zur Strömungsrichtung besteht ein Unterdruck.

Experiment 4
Nunmehr messen wir den Druck, der senkrecht zur Strömungsrichtung herrscht (Bild 3).
Aus der Anzeige des U-Rohrs ist zu erkennen:
Der Druck senkrecht zur Strömungsrichtung ist kleiner als der äußere Luftdruck.

Wiederholen wir diese Experimente in Luftströmungen mit unterschiedlich großen Geschwindigkeiten, so können wir immer wieder ein physikalisches Gesetz erkennen, das der Forscher *Daniel Bernoulli* im Jahre 1738 entdeckte.

Bernoullisches Gesetz:
In einer Luftströmung entsteht gegenüber dem äußeren Luftdruck in Strömungsrichtung ein sehr großer Druck und senkrecht zur Strömung ein Unterdruck.
Die Druckunterschiede sind um so größer, je größer die Geschwindigkeit der Luft ist.

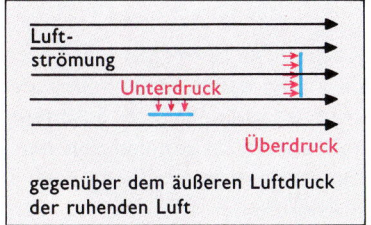

gegenüber dem äußeren Luftdruck der ruhenden Luft

Mit dem Bernoullischen Gesetz können wir den dynamischen Auftrieb erklären, den unser Batt Papier oder ein Flugzeug in einer Luftströmung erfährt. Dazu betrachten wir einen Körper, wie ihn das Bild 1 zeigt.

Wenn die strömende Luft auf den Körper trifft, teilt sie sich auf. Durch das besondere Profil des Körpers muß die Luft in gleicher Zeit auf der Oberseite einen längeren Weg zurücklegen als auf der Unterseite. Somit ist ihre Geschwindigkeit oben größer als unten. Deshalb besteht oberhalb dieses Körpers ein kleinerer Druck als unter ihm. Aus diesem Druckunterschied ergibt sich eine nach oben gerichtete Kraft, die dynamische Auftriebskraft.

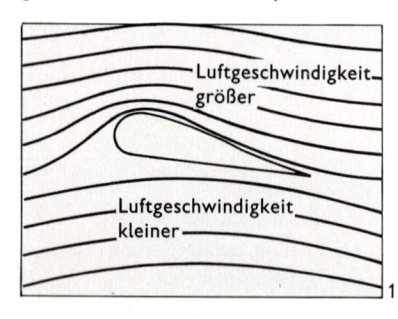

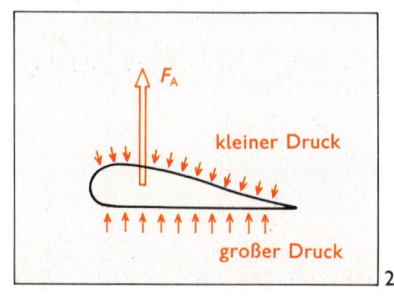

An der Oberseite des Körpers ist die Geschwindigkeit der Luft größer als an der Unterseite (Bild 1).
Entstehung der dynamischen Auftriebskraft an einem umströmten Körper (Bild 2)

Diese dynamische Auftriebskraft können wir in einem Experiment nachweisen (Bild 3).

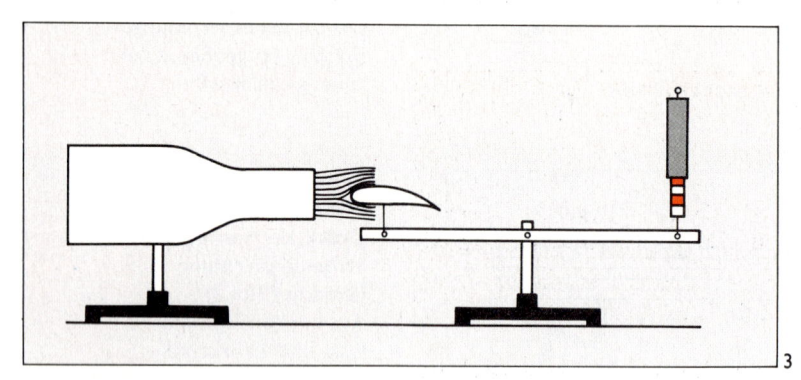

Nachweis der dynamischen Auftriebskraft

Die dynamische Auftriebskraft ist um so größer, je größer der Unterschied der Strömungsgeschwindigkeiten oberhalb und unterhalb des Körpers ist.

Strömungswiderstand

Für unsere modernen Verkehrsmittel, wie Personenkraftwagen und Flugzeuge, aber auch für viele Sportgeräte, wie Bob und Rennrad, müssen die Konstrukteure berücksichtigen, daß die Luft der Bewegung einen Widerstand entgegensetzt. In gleicher Weise setzen die Körper der bewegten Luft einen Widerstand entgegen. Dieser Widerstand heißt *Strömungswiderstand*. Aufgrund von Erfahrungen vermuten wir, daß der Strömungswiderstand von der Geschwindigkeit der Strömung und von der Form des Körpers abhängt. Mit der Experimentieranordnung nach Bild 4 können wir diese Vermutung überprüfen.

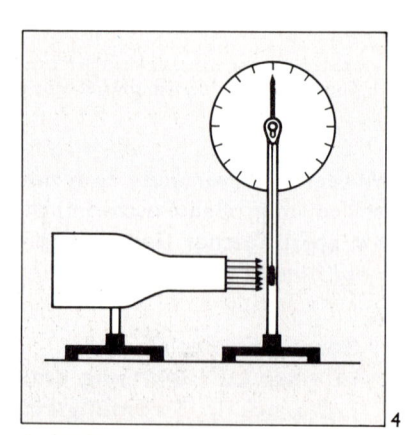

Messung des Strömungswiderstandes für verschiedene Luftgeschwindigkeiten und verschiedene Körperprofile

STRÖMENDE GASE

Aus den Messungen können wir erkennen:

Der Strömungswiderstand ist um so größer, je größer die Strömungsgeschwindigkeit ist und je mehr sich die Form des Körpers von der Stromlinienform entfernt.

Genauere Messungen lassen erkennen: Wenn sich die Geschwindigkeit verdoppelt, dann vervierfacht sich der Strömungswiderstand. Wenn sich die Geschwindigkeit verdreifacht, dann verneunfacht sich der Strömungswiderstand. Die Ergebnisse von genaueren Messungen zum Einfluß der Form des Körpers auf den Strömungswiderstand zeigt Bild 1.
In weiteren Experimenten haben Physiker noch weitere wichtige Abhängigkeiten erkannt:
Der Strömungswiderstand ist um so größer,
— je größer die angeströmte Fläche ist,
— je größer die umströmte Fläche ist,
— je rauher die Oberfläche ist,
— je dichter die Luft ist.
Alle diese Erkenntnisse gelten auch für den Strömungswiderstand in Flüssigkeiten.
Die folgende Übersicht zeigt den Luftwiderstand verschieden geformter Körper gleichen Querschnitts im Vergleich zu einem Stromlinienkörper.

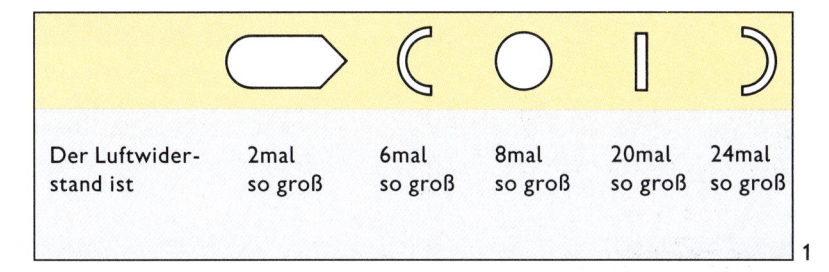

Der Luftwider-stand ist	2mal so groß	6mal so groß	8mal so groß	20mal so groß	24mal so groß

1

Der Strömungswiderstand entsteht durch die Verwirbelung der Strömung.
Solche Wirbel können sichtbar gemacht werden. Zur Vermeidung von Wirbeln bemüht man sich, schnell bewegten Körpern eine der Stromlinienform angepaßte Form zu geben.
Die Bilder 1 bis 3 zeigen die Strömungen und Wirbel am Modell eines Tragflügels. Beim Höhenflug liegt die Strömung am Tragflügel an (1). Beim Starten würden Bremswirbel entstehen (2). Vorflügel verhindern die Wirbelbildung (3).

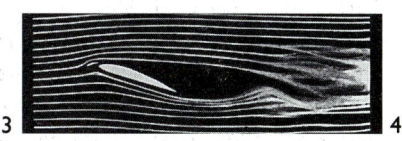

Beim Landen führen die vollständig ausgefahrenen Landeklappen zu einer erwünschten Wirbelbildung. Sie vermindert die Geschwindigkeit des Flugzeuges.

Ein Blick in die Natur

Fliegen von Vögeln. Die physikalischen Gesetze über den dynamischen Auftrieb und über den Strömungswiderstand können wir beim Flug von Vögeln wiedererkennen (Bilder 1 bis 3).

Abdecken von Dächern. Bläst über ein Haus mit einem spitzen Dach ein Sturm, dann haben wir es physikalisch gesehen mit einer Luftströmung zu tun. Wenn die Luft das Dach umströmt, nimmt die Geschwindigkeit der Luft über dem Dachfirst und auf der Rückseite des Daches zu. An diesen Stellen entsteht ein Unterdruck. Der Druck der Luft ist deshalb außerhalb des Daches kleiner als im Dachboden. Dadurch werden die Ziegel angehoben und vom Sturm mitgerissen.

Der beste „Segler" unter den Vögeln ist der Albatros. Seine Flügel haben eine Gesamtspannweite von 4 m. Ihre Wölbung ist ideal für einen großen dynamischen Auftrieb. Ohne zusätzlichen Flügelschlag ist die dynamische Auftriebskraft genauso groß wie die Gewichtskraft.

Nach dem Fang benötigt der Eisvogel eine große Auftriebskraft. Dazu gibt er seinen Flügeln eine Stellung, in welcher der dynamische Auftrieb groß ist. Durch schnelle Schläge umströmt die Luft die Flügel schnell.

Beim Flug nimmt der Körper eines Flamingos eine Form an, die einen äußerst geringen Strömungswiderstand hat.

Abgedecktes Dach durch Druckunterschiede bei einem Sturm

Ein Blick in die Technik

Während eines Fluges verändert der Pilot mehrmals Form und Größe der Tragflügel.

Die dynamische Auftriebskraft wirkt an den Tragflügeln der Flugzeuge. Sie hängt von der Geschwindigkeit des Flugzeuges, von dem Profil der Tragflügel, von deren Anstellwinkel zum Luftstrom sowie von der Größe der Flügel ab.
Damit an den Tragflügeln eine Luftströmung und damit eine Auftriebskraft entsteht, muß sich das Flugzeug schnell durch die Luft bewegen. Das besorgen Düsenantriebe oder Propellerantriebe.
Beim Start benötigt das Flugzeug eine große Auftriebskraft, denn beim Aufsteigen muß die Auftriebskraft größer sein als die Gewichtskraft des Flugzeuges. Hierfür sind großflächige und stark gewölbte Tragflügel günstig. Deshalb verbreitert der Pilot vor dem Start die Tragflügel, indem er zusätzliche Klappen ausfährt. Sie heißen Vorflügel und Landeklappen.

Während des Fluges muß die Auftriebskraft nur noch so groß sein wie die Gewichtskraft des Flugzeuges. Zum Verkleinern der Auftriebskraft fährt der Pilot die Vorflügel und die Landeklappen zurück. Dadurch verkleinert sich auch der Strömungswiderstand des Flugzeuges.
Beim Landeanflug muß die Auftriebskraft kleiner sein als die Gewichtskraft. Da sich bei der Verringerung der Geschwindigkeit des Flugzeuges die Auftriebskraft zu sehr verkleinern würde, fährt der Pilot vor der Landung erneut die Vorflügel und die Landeklappen aus.
Unmittelbar **nach dem Aufsetzen** stellt er am Flügel weitere Klappen fast senkrecht auf. Diese wirken als Bremsklappen und unterstützen durch ihren großen Strömungswiderstand das Abbremsen des Flugzeuges.

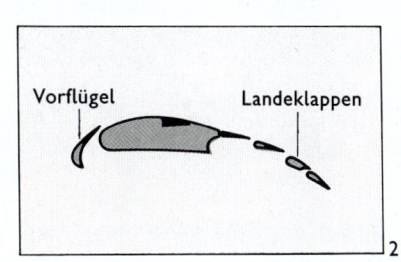

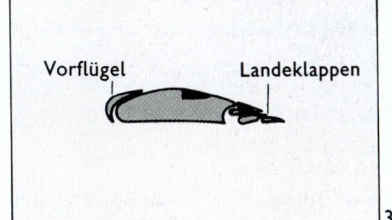

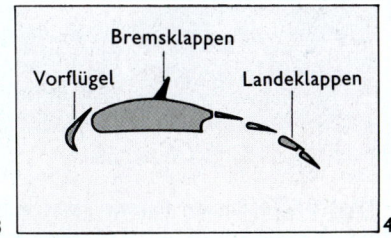

Beim Starten

Beim Höhenflug

Beim Landen

Ein Blick in die Geschichte

Der erste erfolgreiche Flieger war *Otto Lilienthal*. Er träumte schon als Kind vom Fliegen. Diesem Traum blieb er ein Leben lang treu.

Als Erwachsener begann Lilienthal, sich neben seinem Beruf mit Flugexperimenten zu beschäftigen. Er führte systematische Messungen zum dynamischen Auftrieb und zum Luftwiderstand an verschiedenen Flugkörpern durch. Diese montierte er an ein karussellähnliches Rundlaufgerät. Dabei wurde er auf die gute Eignung gewölbter Profile aufmerksam. Er bestimmte auch die dynamische Auftriebskraft der Flügel von Störchen.

Aber erst mit 45 Jahren verfügte Lilienthal über genügend Geld, um sich ganz seinen Flugversuchen zu widmen.

Im Frühsommer 1891 gelangen ihm von einem 2 m hohen Sprungbrett im Garten seines Hauses Sprünge von sechs bis sieben Metern. Im Sommer desselben Jahres erreichte er aus einer Absprunghöhe von 5 Metern bereits Flüge bis zu 25 Metern.

Einen neuen Flugplatz fand er in der Nähe seines Wohnortes, in Berlin-Lichterfelde. Die dort vorhandenen Hügel hatten den Nachteil, daß sie nur Absprünge in Richtung Westen zuließen. Immer, wenn der Wind aus Richtung Süden oder Osten wehte, konnte er keine Versuche unternehmen, da er stets gegen den Wind starten mußte. Deshalb suchte Lilienthal schon bald nach einem besseren Platz. Es sollte ein nach allen Seiten abfallender, sandiger Hügel sein. Er sollte wenigstens 20 m hoch sein und einen Absprung nach jeder Seite gestatten. Zwischen Rathenow und Neustadt an der Dosse fand er solche Hügel in großer Anzahl. Dorthin brachte er nun seine Flugapparate. Sie bestanden aus Weidenholz und Leinwand. Die Spannweite der Flügel betrug 7 m, ihre Tiefe 2,5 m. Mit einer Tragfläche von rund 14 Quadratmetern betrug ihre Masse etwa 20 kg. Die Flugapparate waren zusammenlegbar und daher leicht zu transportieren.

Zum Fliegen stützte sich Lilienthal mit seinen Armen auf den Flugapparat. Zum Ändern der Richtung veränderte er seine Körperhaltung. Im Jahre 1893 gelangen ihm viele Flüge bis zu 250 Metern. Am 9. August 1896 stürzte *Otto Lilienthal* bei einem Flugversuch ab und verletzte sich so schwer, daß er am nächsten Tag starb.

Flugversuch *Otto Lilienthals*

Golfball

Golfbälle waren früher glatt wie Eier. Eines Tages entdeckte man, daß kleine „Narben" eines sich drehenden Balles auf der Unterseite einen höheren Druck und auf der Oberseite einen kleineren Druck (Unterdruck) erzeugen. Was folgt daraus für den Flug des Balles?

STRÖMENDE GASE

Weißt du es? Kannst du es?

1. Warum kann die statische Auftriebskraft nicht die Kraft sein, die Flugzeuge fliegen läßt?
2. Warum muß man auf einem Bahnsteig bei der Durchfahrt eines Hochgeschwindigkeitszuges von der Bahnsteigkante zurücktreten?
3. Warum ist es verboten, an fahrende Schiffe heranzufahren?
4. Halte zwei Blätter aus Papier im Abstand von etwa 2 cm voneinander! Blase zwischen ihnen hindurch! Erkläre den beobachteten Vorgang!
5. Wie funktioniert wohl diese Wasserstrahlpumpe, mit der man aus einem Gefäß Luft heraussaugen kann (Bild 1)?
6. Warum legen im Gebirge manche Bewohner Steine auf die Dächer?
7. Stelle zwei brennende Kerzen eng nebeneinander und blase zwischen beiden hindurch! Wie erklärst du deine Beobachtung?
8. Warum fahren Radsportler bei einer Etappenfahrt mit Lederkappen oder Stoffkappen, beim Einzelzeitfahren hingegen mit Kunststoffhelmen und windschlüpfiger Bekleidung?
9. Warum wird Flüssigkeit angesaugt, wenn man in das Rohr A bläst (Bild 2)?
10. Warum fliegen Verkehrsflugzeuge auf langen Strecken in großen Höhen?
11. Warum hat ein Fallschirm meist die Form einer offenen Halbkugel?
12. Erkläre, warum
    a) sich ein Schirm bei starkem Wind umstülpt,
    b) bei der dichten Vorbeifahrt eines Lkw an einem Radfahrer oder einem Motorradfahrer auf den Zweiradfahrer ein Sog entsteht,
    c) sich die Plane eines Lkw während der Fahrt nach oben wölbt!
13. Zur Richtungsänderung von Flugzeugen dienen Querruder, Höhenruder und Seitenruder. Welches der drei Flugzeuge ändert die Flugrichtung?
14. Für die Widerstandskraft einer Strömung gilt die Gleichung $F_W = c_W \cdot A \cdot v^2$.
    a) Welche physikalischen Größen verbergen sich hinter den Formelzeichen A und v? Wie hängt der Strömungswiderstand von diesen Größen ab?
    b) Die physikalische Größe c_W heißt Widerstandsbeiwert. Er beträgt für moderne Pkw 0,30 bis 0,35. Welche Eigenschaften des Pkw beeinflussen diesen Wert?

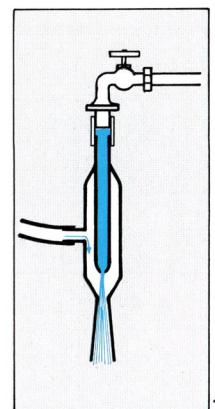

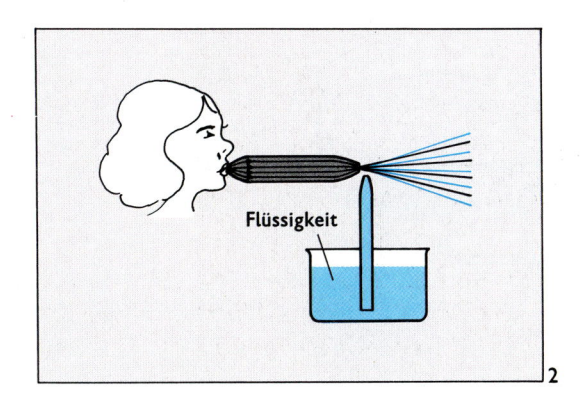

Druck in Flüssigkeiten

In Flüssigkeiten kann der Druck auf zweierlei Weise entstehen:

Kolbendruck
Durch eine äußere Kraft auf einen Kolben entsteht in einer eingeschlossenen Flüssigkeit ein Druck.

Pascalsches Gesetz: Der Druck in einer eingeschlossenen Flüssigkeit ist an allen Stellen gleich groß.
Für den Kolbendruck gilt:
$p = \dfrac{F}{A}$

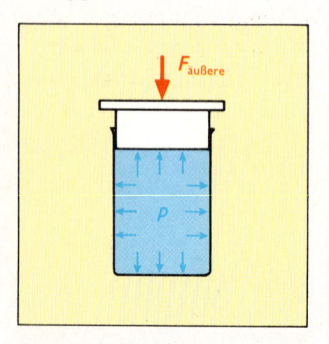

Schweredruck
Der Schweredruck entsteht durch die Gewichtskraft der Flüssigkeit. (Bei geringer Wassertiefe kann er vernachlässigt werden.)

Der Schweredruck wird mit zunehmender Tiefe größer. Er ist von der Art der Flüssigkeit abhängig.
Für den Schweredruck gilt:
$p = \varrho \cdot g \cdot h$

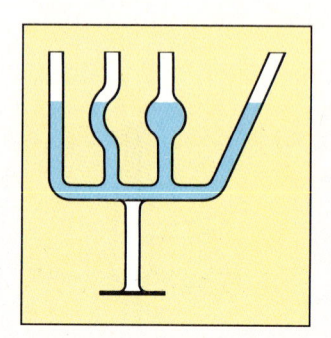

Unabhängig vom Entstehen des Druckes gilt:
Der Druck wirkt allseitig.
Auf jedes Teilstück der Begrenzungsfläche wirkt die Flüssigkeit mit der Kraft $F = p \cdot A$.

Anwendungen des Kolbendruckes

Den Kolbendruck nutzt man in hydraulischen Einrichtungen zum Übertragen und Vergrößern von Kräften.
Hierfür gilt:
$F_{\text{Arbeitskolben}} : F_{\text{Pumpenkolben}} = A_{\text{Arbeitskolben}} : A_{\text{Pumpenkolben}}$

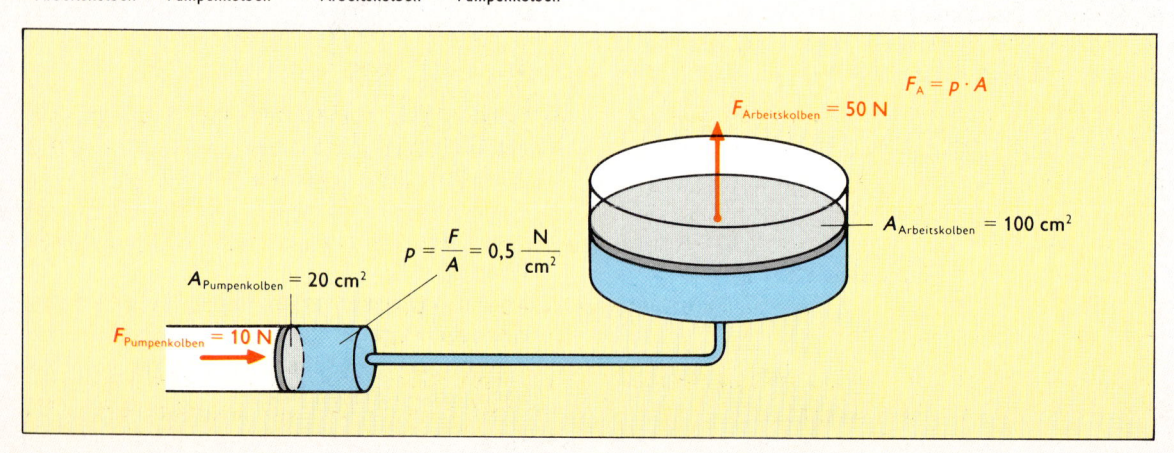

KURZ UND KNAPP

Druck in Gasen

In Gasen gibt es zwei Druckarten:

Schweredruck

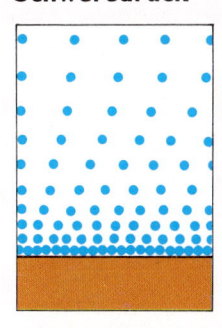

Der Schweredruck entsteht durch die Gewichtskraft des Gases.
Der mittlere Luftdruck beträgt 101,3 kPa oder 1 013 mbar.
Der Luftdruck nimmt mit zunehmender Höhe ab.

Gasdruck

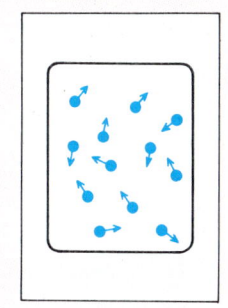

Der Gasdruck eines eingeschlossenen Gases entsteht durch die Stöße der Moleküle gegen die Wände.
Wir können den Druck eines eingeschlossenen Gases erhöhen, wenn wir
– die eingeschlossene Gasmenge vergrößern,
– den Raum für das Gas verkleinern oder die Temperatur des Gases erhöhen.

Boyle-Mariottesches Gesetz: $p \cdot V =$ konst.
Gültigkeitsbedingung: $\vartheta =$ konst.

Kräfte durch Druckunterschiede

An der Grenzfläche zwischen Gasen unterschiedlichen Druckes treten große Kräfte auf. Besonders große Kräfte wirken zwischen dem Luftdruck und einem Vakuum.

Auftrieb in Gasen

In Gasen entstehen zwei Arten des Auftriebs:

Statischer Auftrieb

Der statische Auftrieb entsteht in der **ruhenden Luft**.

Dynamischer Auftrieb

Der dynamische Auftrieb entsteht in **strömender Luft**.

Sowohl der statische als auch der dynamische Auftrieb entstehen infolge des **Druckunterschiedes oberhalb und unterhalb des Körpers**.
Dieser Druckunterschied entsteht beim

statischen Auftrieb durch

die **Abnahme des Luftdruckes mit der Höhe**.
Es gilt das Archimedische Gesetz.

dynamischen Auftrieb durch

die **unterschiedlichen Geschwindigkeiten der Luftströmungen oberhalb und unterhalb des Körpers**.

1 Temperatur

Bei 0 °C gefriert Wasser. In Kühlschiffen werden Lebensmittel bei Temperaturen bis zu −35 °C transportiert. In der Antarktis kann die Lufttemperatur bis −88 °C sinken. Auf der Schattenseite des Mondes herrschen Bodentemperaturen von −160 °C. Luft wird bei −193 °C flüssig. Wie tief können Temperaturen sinken?

Temperaturmessung

Unsere Haut verfügt über verschiedene Sinneszellen. Dazu gehören auch Kältekörperchen und Wärmekörperchen. Mit diesen Sinneszellen fühlen wir, ob ein Gegenstand kälter oder wärmer ist als seine Umgebung. Manchmal reicht aber das Temperaturempfinden unserer Haut nicht aus. Deshalb werden die Eltern die Wassertemperatur in einer Babywanne mit einem Thermometer prüfen.
Die Bezeichnung Thermometer ist von den griechischen Wörtern thermós für Wärme und metrein für Messen abgeleitet.

Die Temperatur gibt an, wie kalt oder heiß ein Körper ist.

Die meistbenutzten Thermometer sind Flüssigkeitsthermometer (Bild 2). Als Flüssigkeit benutzt man Quecksilber oder gefärbten Alkohol.
Die Wirkungsweise des Thermometers beruht auf der Volumenänderung einer Flüssigkeit bei Temperaturänderung. Für das Festlegen der Skale eines Thermometers gibt es zwei Festpunkte. Der erste Festpunkt ist die Schmelztemperatur von Eis (0 °C). Als zweiter Festpunkt dient die Siedetemperatur von Wasser (100 °C). Der Abstand zwischen diesen zwei Punkten wird in 100 gleich große Teile unterteilt. Ein Teil wird **ein Grad Celsius (1 °C)** genannt. Die auf der Celsiusskale gemessene Temperatur bezeichnen wir mit dem griechischen Buchstaben ϑ (sprich: theta).

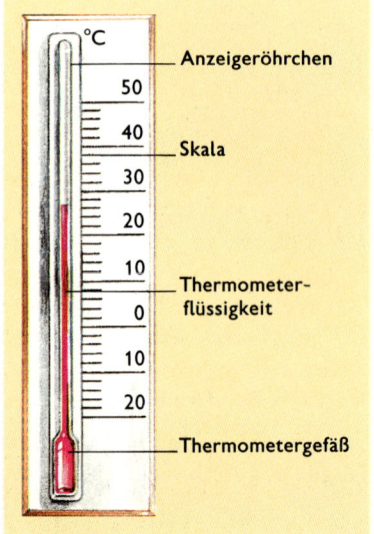

Der absolute Nullpunkt der Temperatur

Mit Hilfe der Vorstellungen vom Aufbau der Stoffe aus Teilchen können wir die Temperaturen eines Körpers so deuten: Die Temperatur eines Körpers ist um so höher, je heftiger die Bewegung der Teilchen ist, aus denen der Körper besteht. Und umgekehrt gilt: Je niedriger die Temperatur eines Körpers ist, desto schwächer ist die Bewegung seiner Teilchen.

Am einfachsten können wir uns das am Beispiel der ungeordneten Bewegungen der Teilchen (Moleküle) eines Gases verdeutlichen (Bild 1).

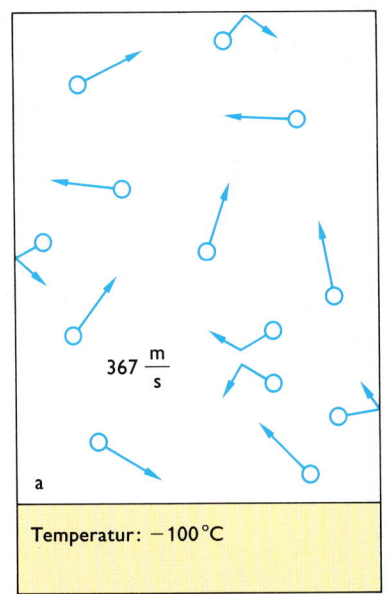

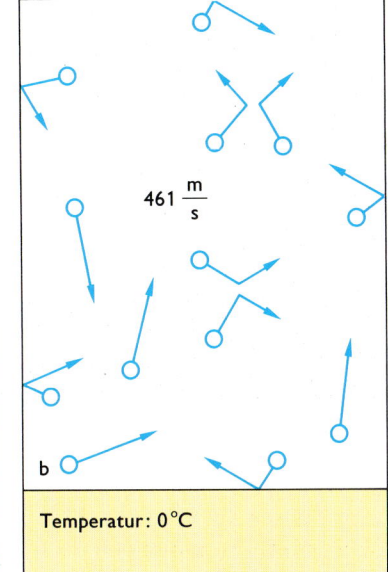

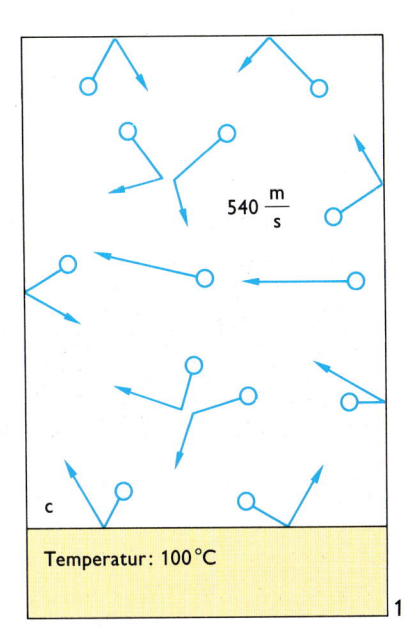

a) Temperatur: −100 °C, 367 m/s
b) Temperatur: 0 °C, 461 m/s
c) Temperatur: 100 °C, 540 m/s

Ungeordnete Bewegung der Sauerstoff-Moleküle in der Luft bei verschiedenen Lufttemperaturen

Bei jeder Temperatur des Gases haben die Teilchen eine bestimmte durchschnittliche Geschwindigkeit. Einige Teilchen sind etwas schneller, andere etwas langsamer. Bei einer höheren Temperatur ist die durchschnittliche Geschwindigkeit der Teilchen größer. Auf ihrem Weg stoßen die Teilchen mit anderen zusammen. Dies ist im Bild durch die geknickten Pfeile angedeutet. In 1 Sekunde stößt zum Beispiel ein Sauerstoffmolekül rund 6 Milliarden Mal mit anderen Molekülen zusammen. Zwischen zwei Stößen legt es nur einen mittleren Weg von 0,000 007 cm zurück.

Mit sinkender Temperatur werden die Teilchen langsamer. Gibt es eine so niedrige Temperatur, daß die Bewegung der Teilchen aufhört? Das wäre die tiefstmögliche Temperatur. Physiker haben diese Temperatur errechnet, sie beträgt −273,15 °C. Diese untere Grenze der Temperatur wird der *absolute Nullpunkt der Temperatur* genannt. In Forschungslaboren kann man Körper fast bis zu dieser Temperatur abkühlen. Ganz genau kann man den absoluten Nullpunkt jedoch nicht erreichen, da die Teilchen in der Wirklichkeit nie ganz zur Ruhe kommen.

Zwei Temperaturskalen

Im täglichen Leben benutzt man die nach dem schwedischen Forscher *Anders Celsius* (Bild 1) benannte **Celsiusskale.** Sie ist uns von verschiedenen Thermometern bekannt. In der Wissenschaft benutzt man häufig eine andere Temperaturskale, die **Kelvinskale.** Sie ist nach dem englischen Physiker *Lord Kelvin* (Bild 3) benannt. Der Nullpunkt dieser Skale ist der absolute Nullpunkt der Temperatur (Bild 2). Die Angabe der Temperatur nach dieser Skale heißt daher **absolute Temperatur T.** Die Einheit der absoluten Temperatur ist **das Kelvin (K).** Ein Skalenteil auf der Kelvinskale entspricht einem Skalenteil auf der Celsiusskale.
Temperaturänderungen oder **Temperaturdifferenzen** werden bevorzugt in der Einheit Kelvin angegeben. Das Formelzeichen ist ΔT (sprich: delta T).
Beispiel:
$\vartheta_{Anfang} = 20\,°C \qquad \vartheta_{Ende} = 60\,°C \qquad \Delta T = 40\,K$

Anders Celsius (1701 bis 1744)

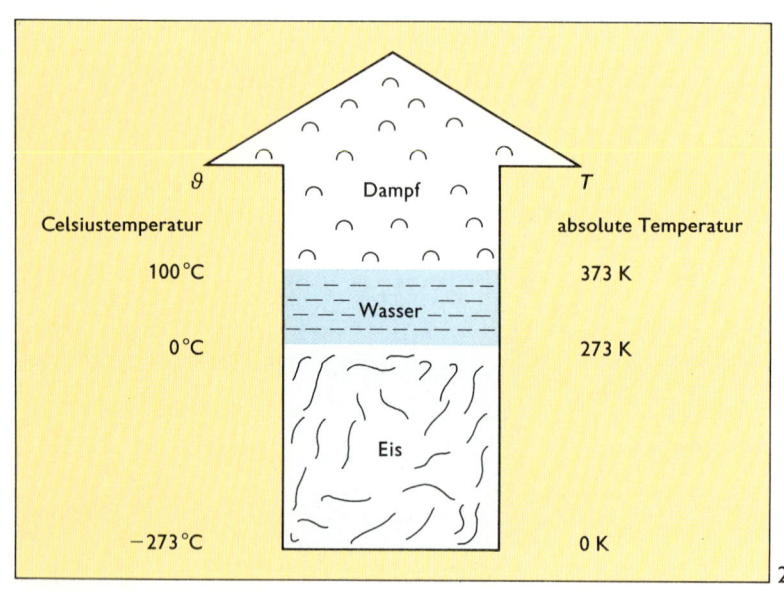

Lord Kelvin (1824 bis 1907)

Vergleich von Temperaturangaben in Grad Celsius und in Kelvin

Weißt du es? Kannst du es?

1. Beschreibe den Aufbau und erkläre die Wirkungsweise eines Flüssigkeitsthermometers!
2. Welche Temperaturangaben befinden sich auf Zeichen, die in Kleidungsstücken eingenäht sind? Wofür sind diese Angaben wichtig?
3. Warum sind die Temperaturen einzuhalten, die für die Lagerung und Zubereitung von Nahrungsmitteln angegeben sind?
4. Nenne und erläutere verschiedene Fehlerarten, die bei Temperaturmessungen auftreten können!

TEMPERATUR

Ein Blick in die Natur

Einige in der Natur vorkommende Temperaturen:

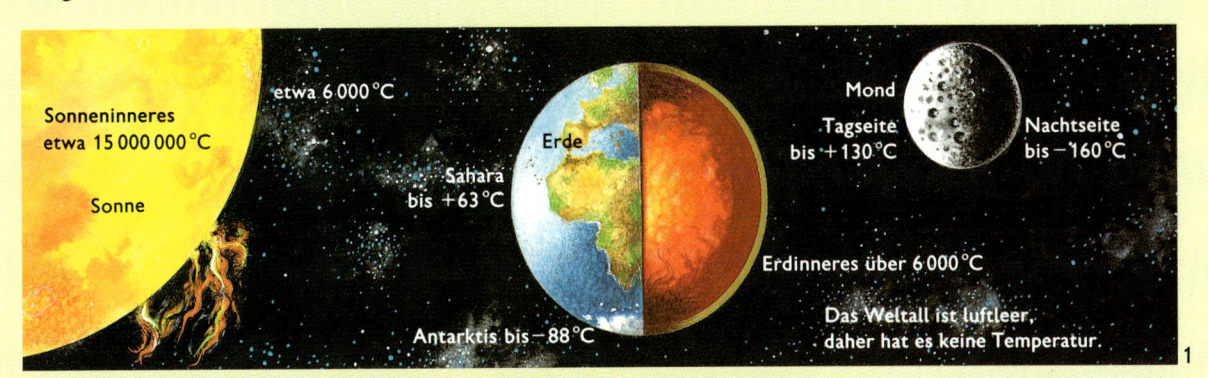

Sonneninneres etwa 15 000 000 °C
Sonne
etwa 6 000 °C
Erde
Sahara bis +63 °C
Antarktis bis −88 °C
Erdinneres über 6 000 °C
Mond Tagseite bis +130 °C
Nachtseite bis −160 °C
Das Weltall ist luftleer, daher hat es keine Temperatur.

Temperatur und Eigenschaften der Stoffe. Alle Stoffe ändern mit der Temperatur viele ihrer Eigenschaften, zum Beispiel die Dichte, das Volumen, den Aggregatzustand, die Elastizität oder die Festigkeit. Das erleben besonders Menschen, die auf der Erde unter extremen Temperaturen leben. In der Antarktis gefriert Dieselöl zu steinharten Blöcken, die wie Glas zerbrechen können. Auf den Erdölfeldern in Westsibirien liegt die Temperatur manchmal wochenlang bei −45 °C. Dann wird Metall brüchig und spröde, und ein Hammerschlag genügt, daß es von Rissen überzogen wird oder gar auseinanderfällt. In Ländern mit hohen Sommertemperaturen müssen die Fahrbahnen von Straßen aus Asphalt gegossen werden, ansonsten schmilzt der Belag.

Bei langanhaltenden hohen Temperaturen kommt es zur Selbstentzündung von Gräsern und Sträuchern.

Schmetterlinge „heizen" vor dem Abflug ihre Muskeln auf.

Körpertemperatur von Tieren. Die Temperatur des Blutes ist bei Tieren unterschiedlich. Die tiefste Temperatur hat man bei Fischen in der Antarktis mit −1,9 °C gemessen, die höchste bei Mäusen mit 44 °C. Je höher die Temperatur des Blutes ist, desto wärmer sind auch die Muskeln und desto schneller können sie sich zusammenziehen. Daher können warme Muskeln eine größere Leistung vollbringen. Durch das „Anheizen" der Muskeln um 10 °C erhöhen wechselwarme Tiere die Leistungsfähigkeit ihrer Muskeln um das Dreifache. Maikäfer, Marienkäfer und Schmetterlinge erhöhen vor dem Abflug ihre Muskeltemperatur durch mehrfaches Bewegen der Flügel (Bild 3). Für eine Temperaturerhöhung von 11 °C auf 35 °C brauchen sie etwa 6 Minuten.

2 Ausdehnung von festen Körpern

Die Golden-Gate-Brücke verbindet San Francisco mit dem nördlichen Kalifornien. Der mittlere Brückenbogen überspannt in 67 m Höhe eine Weite von 1 280 m. Wie groß ist der Längenunterschied allein dieses Teilstückes der insgesamt 2 824 m langen Brücke an einem Sommertag gegenüber einem Tag im Winter?

Längenänderung fester Körper

Metalle, Steine und andere feste Körper dehnen sich bei einer Temperaturerhöhung aus. Feuchte Körper, wie Ton, Holz, Leder und Papier, geben mit steigender Temperatur ihren Wassergehalt in Dampfform ab und ziehen sich daher zusammen.

Bei vielen festen Körpern, wie Rohren, Schienen, Brücken oder Drähten, interessiert in der Technik vor allem die Längenänderung. Wir wissen bereits: Die Längenänderung Δl ist abhängig von der Temperaturänderung ΔT, von der Ausgangslänge l des Körpers und vom Stoff, aus dem der Körper besteht. Mit der Experimentieranordnung im Bild 2 können wir diese Abhängigkeiten untersuchen. Dazu führen wir drei Experimente durch.

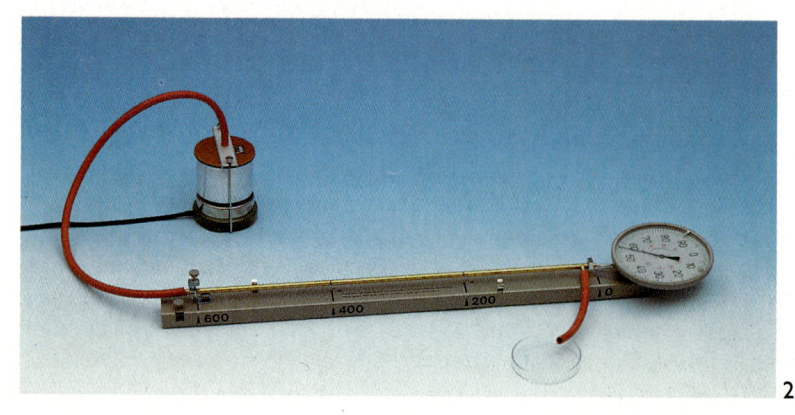

Experimentieranordnung zur Untersuchung der Längenänderung. Ein Rohr ist links fest eingespannt. Rechts liegt es frei beweglich auf einer Rolle. Das Rohr wird von Wasser durchströmt und dadurch erwärmt. Wenn sich das Rohr ausdehnt, drückt es mit einem Steg gegen die Meßuhr.

AUSDEHNUNG VON FESTEN KÖRPERN

Experiment 1
Abhängigkeit der Längenänderung von der Temperaturänderung
Durch ein Stahlrohr von 1 m Länge wird Wasser geleitet. Die Wassertemperatur wird schrittweise erhöht.
Nach jeder Temperaturänderung ΔT um 10 K wird die Längenänderung Δl bestimmt.

Stellt man die Ergebnisse solcher Messungen grafisch dar, so erhält man zum Beispiel für ein 1 m langes Stahlrohr das Diagramm im Bild 1.
Daraus folgt: **Die Längenänderung Δl ist der Temperaturänderung ΔT direkt proportional. $\Delta l \sim \Delta T$.**
Das heißt: Bei einer doppelt so großen Temperaturänderung ΔT ist auch die Längenänderung Δl doppelt so groß. Bei einer dreimal so großen Temperaturänderung ΔT ist auch die Längenänderung Δl dreimal so groß.

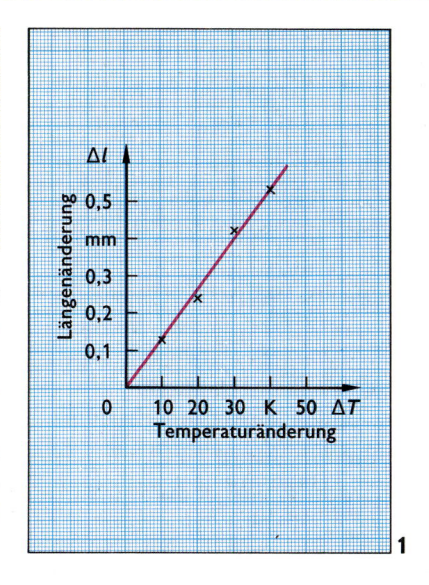

Grafische Darstellung der Längenänderung eines 1 m langen Stahlrohres bei Temperaturänderung

Experiment 2
Abhängigkeit der Längenänderung von der Ausgangslänge
In der Experimentieranordnung des Experimentes 1 werden nacheinander verschieden lange Stahlrohre benutzt (0,5 m; 1 m; 2 m).
Bei jeweils gleichen Temperaturänderungen werden die Längenänderungen bestimmt.

Aus den Messungen folgt: **Die Längenänderung Δl ist der Ausgangslänge l direkt proportional. $\Delta l \sim l$.**

Experiment 3
Abhängigkeit der Längenänderung vom Stoff
In der Experimentieranordnung des Experimentes 1 werden nacheinander Rohre aus verschiedenen Stoffen erwärmt.

Für jeden Stoff hat man ermittelt, um welchen Teil der Länge sich ein Rohr aus diesem Stoff ausdehnt, wenn seine Temperatur um 1 K erhöht wird. Diesen für jeden Stoff charakteristischen Wert nennt man den linearen Ausdehnungskoeffizienten α.

Der lineare Ausdehnungskoeffizient α eines Stoffes gibt an, um welchen Teil sich die Länge eines Körpers ändert, wenn sich seine Temperatur um 1 K ändert.

Für den linearen Ausdehnungskoeffizienten ergibt sich die Einheit $\frac{1}{K}$. Für Stahl gilt: $\alpha = 0{,}000\,013 \frac{1}{K}$.
Das heißt: Ein 1 m langer Stahlstab dehnt sich bei einer Temperaturerhöhung von 1 K um 0,000 013 m aus. Das ist anscheinend wenig, aber bei größeren Temperaturerhöhungen und bei größeren Längen entstehen beträchtliche Längenänderungen.

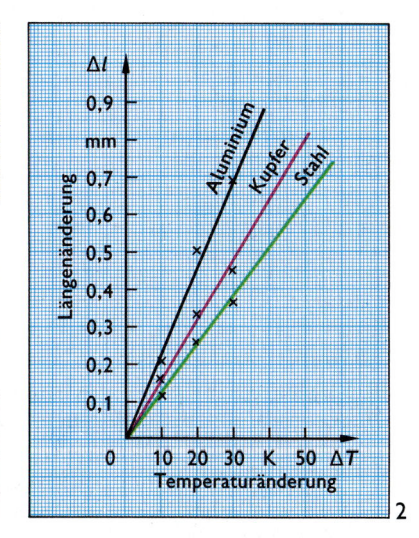

Grafische Darstellung der Längenänderung von jeweils 1 m langen Rohren aus Stahl, Kupfer und Aluminium aus Experiment 3

Eine Gleichung für die Längenänderung

Mit den Ergebnissen der Experimente können wir folgende Aufgabe lösen: Ein 2 000 m langes Stahlrohr einer Fernheizungsleitung wird bei einer Temperatur von etwa 10 °C montiert. In Betrieb beträgt die Temperatur des Rohres 110 °C (Bild 1). Wie groß ist die Längenänderung des Rohres?

Der lineare Ausdehnungskoeffizient von Stahl beträgt $0{,}000\,013\,\frac{1}{K}$.

Ein 1 m langes Stahlrohr dehnt sich also um $\Delta l = 0{,}000\,013$ m aus, wenn seine Temperatur um 1 K erhöht wird. Das 2 000 m lange Rohr dehnt sich dann 2 000mal so viel aus. Deshalb multiplizieren wir mit 2 000 und erhalten: $\Delta l = 0{,}000\,013$ m $\cdot$ 2 000.
Die Temperatur des Rohres wird jedoch um 100 K erhöht. Daher dehnt sich das Rohr 100mal so viel aus. Deshalb multiplizieren wir noch mit 100 und erhalten: $\Delta l = 0{,}000\,013$ m $\cdot$ 2 000 $\cdot$ 100 = 2,6 m.
Das bedeutet: Die Längenänderung des Rohres beträgt 2,6 m.
Damit das Rohr bei der Ausdehnung nicht zerstört wird, baut man in bestimmten Abständen Dehnungsschleifen ein.
Die Lösung dieser Aufgabe führt uns zu der Gleichung, mit der wir die Längenänderung Δl berechnen können:

$$\Delta l = \alpha \cdot l \cdot \Delta T.$$

Diese Gleichung gilt sowohl für die Ausdehnung eines Körpers beim Erwärmen als auch für die Verkürzung des Körpers beim Abkühlen (Bild 2). Sie gilt nur unter folgenden Bedingungen:
1. Bedingung: Der Körper muß sich frei ausdehnen oder zusammenziehen können.
2. Bedingung: Die Temperaturänderung darf nicht zu groß sein. Mit zunehmender Temperatur vergrößert sich nämlich auch der Ausdehnungskoeffizient.
3. Bedingung: Der Körper muß gleichmäßig und daher langsam erwärmt oder abgekühlt werden.

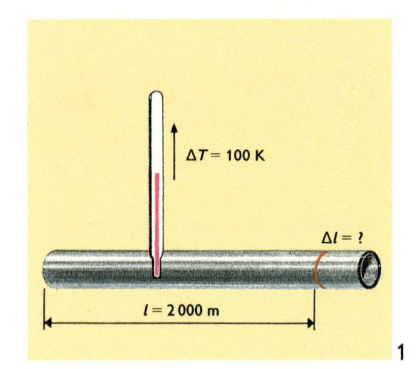

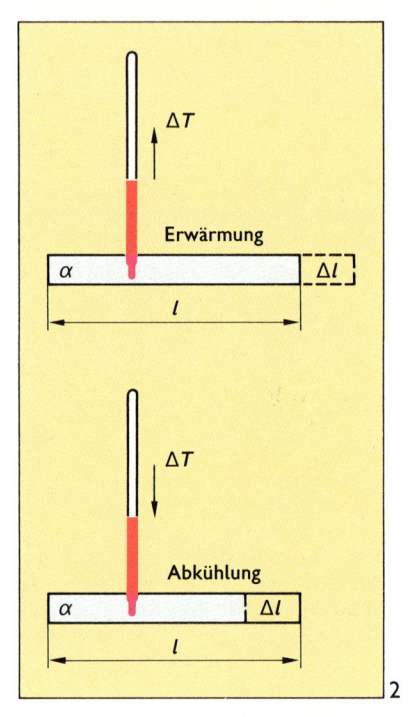

Aufgabe
Die Golden-Gate-Brücke (↗ Bild 1, S. 168) besteht aus mehreren Teilstücken. Wie groß ist der Längenunterschied des mittleren Brückenteils an einem heißen Sommertag (Temperatur der Brücke 50 °C) gegenüber einem kalten Wintertag? Die Temperatur sinkt in San Francisco im Winter auf etwa +8 °C. Die Längenangabe des Brückenteils von 1 280 m gilt für eine Temperatur von 20 °C.

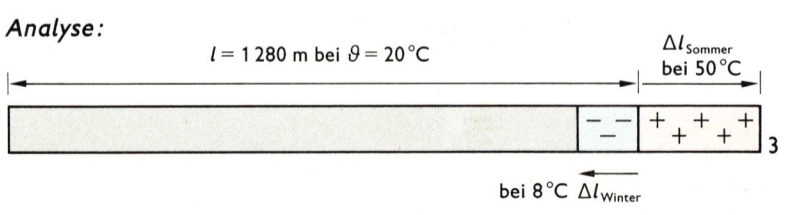

Analyse:

Gesucht: $\Delta l_{Sommer/Winter}$
Gegeben: $\Delta l_{bei\,20°C} = 1\,280$ m
$\vartheta_{Sommer} = +50\,°C$
$\vartheta_{Winter} = +8\,°C$
$\alpha_{Stahl} = 0{,}000\,013\,\frac{1}{K}$

AUSDEHNUNG VON FESTEN KÖRPERN

Plan zur Lösung:
Der Längenunterschied setzt sich aus zwei Anteilen zusammen: der Ausdehnung Δl_{Sommer} und der Verkürzung Δl_{Winter} gegenüber der Länge bei 20 °C. Damit ergibt sich als Plan für die Lösung der Aufgabe:
1. Berechnung der Ausdehnung im Sommer Δl_{Sommer},
2. Berechnung der Verkürzung im Winter Δl_{Winter},
3. Berechnung des Längenunterschiedes $\Delta l_{Sommer/Winter}$.

Lösung:
1. $\Delta l_{Sommer} = \alpha \cdot l \cdot \Delta T$
   $= 0{,}000\,013 \frac{1}{K} \cdot 1\,280 \text{ m} \cdot 30 \text{ K}$
   $= 0{,}5 \text{ m}$
2. $\Delta l_{Winter} = 0{,}000\,013 \frac{1}{K} \cdot 1\,280 \text{ m} \cdot 12 \text{ K}$
   $= 0{,}2 \text{ m}$
3. $\Delta l_{Sommer/Winter} = \Delta l_{Sommer} + \Delta l_{Winter}$
   $= 0{,}5 \text{ m} + 0{,}2 \text{ m}$
   $\underline{= 0{,}7 \text{ m}}$

Ergebnis:
Der Längenunterschied dieses Brückenteils beträgt bei den angegebenen Temperaturunterschieden 0,7 m. Ausdehnungsfugen ermöglichen eine freie Ausdehnung der Brücke.

Ein Blick in die Technik

Bimetallstreifen. Ein Bimetallstreifen besteht aus zwei unterschiedlichen Metallen, zum Beispiel Eisen und Aluminium. Die zwei Metallstreifen sind aufeinander gewalzt und dehnen sich infolge des unterschiedlichen Ausdehnungskoeffizienten verschieden stark aus. Da sie fest miteinander verbunden sind, führt die unterschiedliche Ausdehnung zu einer Krümmung des gesamten Streifens (Bild 1).
Bimetallstreifen verwendet man als Metallthermometer und als Thermoschalter.
Zur Temperaturregelung im Bügeleisen dienen ein Temperaturwähler, ein Blech mit einem beweglichen Kontakt und ein Bimetallstreifen mit Schaltstift (Bild 2). Der Temperaturwähler drückt mit einer Schraube das Blech verschieden nah an den Schaltstift heran. Hat das Bügeleisen die gewünschte Temperatur erreicht, hat sich der Bimetallstreifen soweit erwärmt, daß er durch seine Krümmung mit dem Schaltstift gegen das Blech drückt und den Stromkreis öffnet. Kühlt sich das Bügeleisen ab, geht auch die Krümmung des Bimetallstreifens zurück, bis sich der Kontakt wieder schließt und der Strom das Bügeleisen erneut heizt. So wird die Temperatur in bestimmten Grenzen gehalten.
Eine solche Schaltung heißt **Thermostat** (nach dem latainischen Wort statim für beständig).

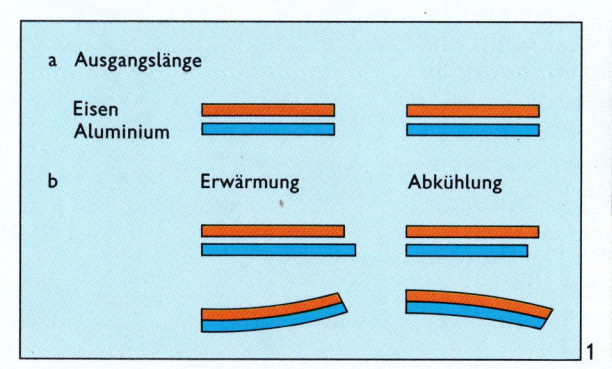

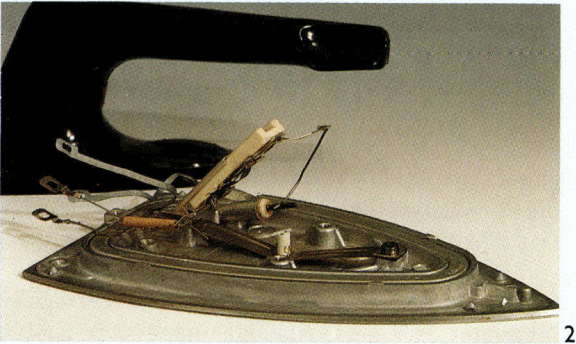

Ein Blick in die Technik

Längenänderung und Kräfte. Werden Körper bei Temperaturänderungen an einer Längenänderung gehindert, entstehen im Inneren der Körper gewaltige Kräfte. Sie können zu großen Schäden führen (Bild 1). Deshalb sind Brücken auf Rollen gelagert und mit Ausdehnungsfugen versehen. Auch Eisenbahnschienen wurden früher mit Ausdehnungsfugen („Stößen") montiert. Heute verschweißt man die einzelnen Schienen fest miteinander. Eine Längenänderung der Schienen ist dadurch nicht mehr möglich. Den hierbei entstehenden Kräften müssen Schrauben, Schwellen und Schotter standhalten (Bild 2).

In extremen Hitzeperioden kann es zu Schienenverwerfungen kommen.

Bei einer Eisenbahnbrücke haben die Brücke und die Schienen die Möglichkeit zum Ausdehnen und Zusammenziehen.

Abkühlen von Kristallgläsern. Kristallschmelzen haben eine Temperatur von etwa 1 500 °C. Die aus solchen Schmelzen geblasenen oder gegossenen Gegenstände wie Weingläser, Linsen oder Spiegel dürfen nur langsam abkühlen. Kühlt ein geblasenes Kristallglas zu schnell ab, so kühlt es außen stärker ab als innen. In Folge dessen entstehen im Inneren Spannungen, durch die das Glas beim Gebrauch bald zerspringt. Deshalb verbleiben geblasene Kristallgläser zum Abkühlen zunächst für etwa 10 Stunden in einem „Kühlofen" mit einer Temperatur von 500 °C (Bild 3).

Das Abkühlen großer Linsen und Spiegel mit einem Durchmesser von mehreren Metern für große Fernrohre muß noch behutsamer erfolgen. Das Glas darf an einem Tag höchstens um 10 °C abkühlen. Insgesamt dauert das Abkühlen dann mehrere Monate.

AUSDEHNUNG VON FESTEN KÖRPERN

Kombination verschiedener Baumaterialien. Auf Baustellen werden verschiedene Baumaterialien benutzt. Wenn die Bauten großen Temperaturschwankungen ausgesetzt sind, muß die Längenänderung bzw. die Volumenänderung beachtet werden. Deshalb müssen stets Baumaterialien miteinander kombiniert werden, deren lineare Ausdehnungskoeffizienten annähernd gleich sind.
Bei modernen Bauten verwendet man deshalb häufig Stahl und Beton (Bild 1).
Werden andere Baumaterialien kombiniert, wie zum Beispiel bei Fenstern Glas und Holz oder Glas und Metall, muß die unterschiedliche Längenänderung beachtet werden. Die Nichtbeachtung hätte Schäden an den Bauwerken zur Folge.

Ausdehnung von Fernsehtürmen. Wir könnten für hohe Gebäude den Höhenunterschied zwischen Winter und Sommer berechnen. Der Berliner Fernsehturm ist zum Beispiel in einem kalten Winter knapp 10 cm kleiner als in einem heißen Sommer. Dies kann zu kleinen Rissen in den Wänden führen, aber nicht zum Einsturz. Ein größeres Problem als der Frost stellt die Hitze dar. Im Hochsommer erwärmt sich die von der Sonne beschienene Seite eines Gebäudes mehr als die Schattenseite. Dadurch biegt sich der Fernsehturm zur Schattenseite hin. Das muß die Post berücksichtigen. Durch den so veränderten Neigungswinkel der Antennen verschiebt sich nämlich das Sendegebiet um einige Kilometer.

Ein Blick in die Natur

Abtragung der Gebirge. Viele Gebirge der Erde verlieren ständig an Höhe. Hierbei wirken Sonne, Regen, Wind und Wasser zusammen. Gesteine dehnen sich bei Hitze aus und ziehen sich bei Kälte zusammen. Plötzliche Temperaturänderungen verursachen Brüche, wie sie Bild 1 zeigt. In Jahrhunderten entstehen kleinste Steinchen, die von Wind und Wasser ins Tal transportiert werden.

Sanddünen der Wüsten. Steinwüsten liefern das Rohmaterial für Sanddünen. Die Temperatur der Steine in der Sahara ändert sich an manchen Tagen von −10 °C nachts bis zu 60 °C nachmittags. Sie sinkt dann bis zur Nacht wieder auf Temperaturen bis −10 °C. Diese Temperaturänderungen führen zu täglichen Volumenänderungen der Steine, wodurch Teile vom Gestein abgelöst und durch beständig wehende Winde zu Dünen zusammengetragen werden.

AUSDEHNUNG VON FESTEN KÖRPERN

Weißt du es? Kannst du es?

1. Bei Temperaturänderung einer Stahlstange wird diese länger bzw. kürzer. Wird die Stange dabei auch dünner bzw. dicker?
2. Weshalb steht an Meßzylindern und auf Stahlbandmaßen häufig die Angabe +20°C?
3. Bei Untersuchungen zur Abhängigkeit der Längenänderung Δl von der Temperaturänderung ΔT wurden folgende Werte gemessen:

Temperaturänderung ΔT in K	10	20	30	40
Längenänderung Δl in mm	0,20	0,38	0,61	0,83

   Stelle die Meßwerte in einem Δl-ΔT-Diagramm dar!
4. Warum muß man Fensterscheiben in einem Holzrahmen einkitten? Warum kann man sie nicht einkleben?
5. Wie kannst du festsitzende Schraubverschlüsse von Flaschen und Gläsern lösen?
6. Ein Lehrer möchte zeigen, daß eine erwärmte Kugel nicht mehr durch einen Ring paßt. Er hat gleich große Kugeln aus Stahl, Kupfer, Aluminium und Blei. Mit welcher Kugel gelingt das Experiment am besten?
7. Konstruiere einen automatischen Feuermelder aus einer Stromquelle, Draht, Bimetallstreifen und Klingel!
   Zeichne die Anordnung der Teile! Erkläre die Wirkungsweise deines Feuermelders!
8. Welche Materialien würdest du kombinieren, um einen besonders empfindlichen Bimetall-Schalter zu bauen?
9. Ein Kupferdraht einer Freileitung hat bei einer Temperatur von 25°C eine Länge von 50 m. Berechne die Längenänderung des Drahtes, wenn die Temperatur auf −15°C sinkt!
10. Zwei Stäbe aus Aluminium und Kupfer sind bei 20°C gleich lang (1 000 mm). Um wieviel Millimeter weichen ihre Längen bei 100°C voneinander ab?
11. In dem Versuch mit Kugel und Ring beträgt bei 20°C der Durchmesser der Eisenkugel 3,00 cm. Wie groß ist der Durchmesser bei 800°C?
12. Auch Straßenbahnräder und Eisenbahnräder haben ähnlich wie das Fahrrad eine Bereifung. Sie besteht aus einem stählernen Radkranz. Wie bekommt man diesen Radkranz auf die eiserne Scheibe und wie hält er fest?
13. Warum benutzt man zum Herstellen von Laborthermometern Jenaer Glas oder Quarzglas und kein Fensterglas?
14. Warum zerspringen dickwandige Gläser beim Einfüllen heißer Flüssigkeiten?
18. Für Rennwagen der Formel 1 ist das Fassungsvermögen des Tanks auf 195 l begrenzt. Warum tanken die Rennwagen vor dem Rennen Benzin mit einer Temperatur von −20°C?
19. Herr Findig will in eine Blechdose mit Schraubverschluß besonders viel Öl einfüllen. Dazu erwärmt er die leere Dose auf einem Heizkörper, das Öl kühlt er im Kühlschrank. Welche Überlegung hat er dabei? Welche Überraschung wird er erleben, wenn er die Dose randvoll füllt und fest verschließt?

3 Ausdehnung von Flüssigkeiten

Bürohäuser und Kaufhäuser haben in den Decken zum Brandschutz Wasserleitungen verlegt. Sie enden in Sprühköpfen. Diese sind durch Röhrchen verschlossen, in denen sich eine Flüssigkeit befindet. Wie funktioniert diese Brandschutzanlage?

Volumenänderung

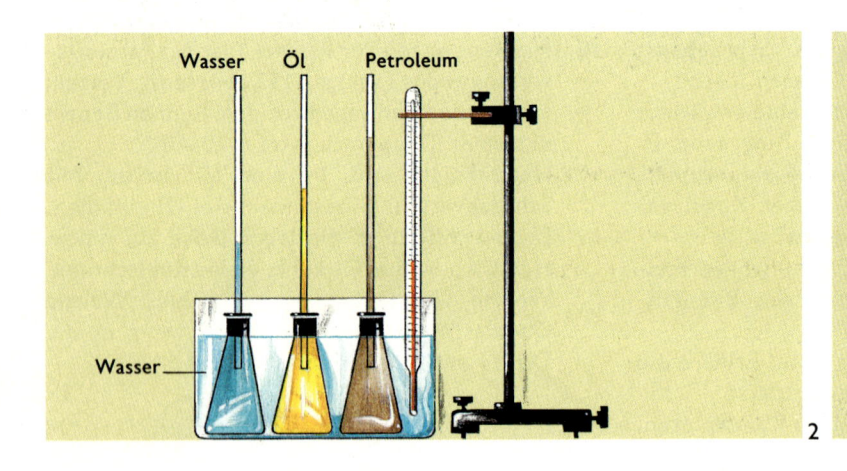

Experiment 1
Wir führen durch die Stopfen in mehreren Kolben je ein Steigrohr. Die Gefäße werden bei Zimmertemperatur mit verschiedenen Flüssigkeiten gleich hoch gefüllt. Danach stellen wir sie in ein heißes Wasserbad.

Aus den Beobachtungen schließen wir:

Verschiedene Flüssigkeiten gleicher Volumina dehnen sich bei gleicher Temperaturerhöhung verschieden stark aus.

Eine genaue Bestimmung der Volumenänderung einer Flüssigkeit ist kompliziert, denn auch das Gefäß, in dem sich die Flüssigkeit befindet, dehnt sich aus. Verwendet man Kolben aus Kristallglas, können diese Meßfehler klein gehalten werden.
Für die Volumenänderung von Flüssigkeiten kann man ebenso wie für die Längenänderung fester Körper einen Ausdehnungskoeffizienten ermitteln.

AUSDEHNUNG VON FLÜSSIGKEITEN

Der räumliche Ausdehnungskoeffizient γ einer Flüssigkeit gibt an, um welchen Teil sich das Volumen einer Flüssigkeit ändert, wenn sich ihre Temperatur um 1 K ändert.

Der räumliche Ausdehnungskoeffizient ist für die meisten Flüssigkeiten keine Konstante. Viele Flüssigkeiten dehnen sich bei höheren Temperaturen stärker aus als bei niedrigeren Temperaturen. Werden Flüssigkeiten an der Ausdehnung gehindert, treten wie bei festen Körpern große Kräfte auf. Sie können zur Zerstörung der Gefäße führen, in denen die Flüssigkeiten eingeschlossen sind. Kühlt man Flüssigkeiten ab, ziehen sie sich zusammen, ihr Volumen wird kleiner. Ab einer bestimmten Temperatur weicht Wasser von dieser Regel ab. Nach dem griechischen Wort anomalos für abweichend, spricht man von der **Anomalie des Wassers**.

Volumenzunahme von 1 l Flüssigkeit bei einer Temperaturänderung von 1 K

Flüssigkeit	Ausgangstemperaturen		
	10 °C	30 °C	60 °C
Wasser	0,18 ml	0,31 ml	0,53 ml
Alkohol	1,10 ml	1,13 ml	1,24 ml
Quecksilber	0,18 ml	0,18 ml	0,18 ml

Experiment 2
Man füllt einen Kolben mit abgekochtem (luftfreiem) Wasser und verschließt ihn mit einem Stopfen, in dem sich ein dünnes Steigrohr und ein Thermometer befinden. In einem Kühlraum wird der Wasserstand im Temperaturbereich von 10 °C bis 0 °C ständig beobachtet.

Aus den Meßwerten folgt:
Bei einer Temperatur von 4 °C hat eine Wassermenge ihr kleinstes Volumen.
Sowohl bei einer Erwärmung als auch bei einer weiteren Abkühlung bis auf 0 °C vergrößert sich das Volumen des Wassers wieder.

Dichteänderung bei Temperaturänderung

Beim Erwärmen und Abkühlen einer Flüssigkeit ändert sich ihr Volumen. Die Masse der Flüssigkeit bleibt dagegen gleich. Die Vergrößerung des Volumens beim Erwärmen führt entsprechend der Gleichung $\varrho = \frac{m}{V}$ zu einer Verkleinerung der Dichte.

Beim Abkühlen führt die Verkleinerung des Volumens zu einer Vergrößerung der Dichte der Flüssigkeit.
Aus der Anomalie des Wassers folgt so:
Wasser hat bei 4 °C seine größte Dichte.
Die unterschiedliche Dichte von Wasser verschiedener Temperaturen führt zum Aufstieg von heißem Wasser innerhalb von kälterem.
Heißes Wasser steigt in kälterem Wasser auf.
Der unterschiedliche Auftrieb von heißem und kaltem Wasser führt zu Wasserströmungen, die man sichtbar machen kann (Bild 2).

Ein Blick in die Natur

Winterschichtung. Auch bei strengem Frost mißt ein Eisangler durch das Loch in der Eisdecke eines Sees in der Tiefe Wassertemperaturen von 4 °C. Ursache dafür ist die Anomalie des Wassers. Wasser hat bei 4 °C die größte Dichte. Wasser mit dieser Temperatur befindet sich daher immer in der unteren Wasserschicht eines Sees. Wasser von 3 °C, 2 °C oder 1 °C hat eine kleinere Dichte und schwimmt über dem Wasser von 4 °C.

Die Eisdecke des Sees ist ein schlechter Wärmeleiter. Sie verhindert, daß der See Wärme an die viel kältere Luft abgibt. Zugleich verhindert die Eisdecke aber auch, daß der Wind das Wasser verschiedener Temperaturen durchmischen kann.

Während des Winters verbrauchen die Lebewesen den Sauerstoff im Wasser, wodurch allmählich Sauerstoffnot entsteht. Bei langen Frostperioden halten Fischer mit Strohbündeln im Eis Luftlöcher frei.

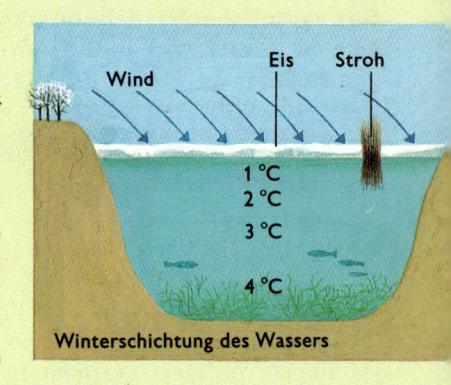

Frühjahrszirkulation. Wenn im Frühjahr das Eis geschmolzen ist, erwärmt die Sonne das obere kalte Wasser allmählich auf 4 °C. Jetzt hat das gesamte Wasser des Sees dieselbe Temperatur von 4 °C und damit die gleiche Dichte. Nun können Frühjahrsstürme das Wasser im See umwälzen. Dabei gelangt sauerstoffarmes Tiefenwasser nach oben und frisches, mit Sauerstoff angereichertes Oberflächenwasser nach unten.

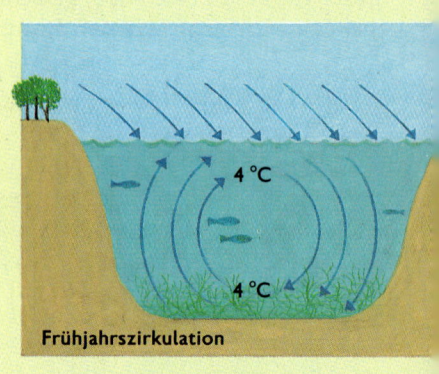

Sommerschichtung. Allmählich erwärmt die Sonnenstrahlung die oberen Wasserschichten immer weiter. Die Temperatur des Wassers steigt und seine Dichte wird kleiner. Das wärmere Wasser schwimmt auf dem kälteren. Bläst im Sommer der Wind, kann er nur das obere Wasser in sich umwälzen. In größere Tiefen gelangt das warme und sauerstoffreiche Wasser nicht. Besonders im frühen Sommer spüren wir beim Tauchen die Temperaturunterschiede des Wassers.

Durch die zum Boden sinkenden Pflanzenreste und deren Fäulnis nimmt der Sauerstoff im Tiefenwasser im Verlaufe des Sommers immer mehr ab.

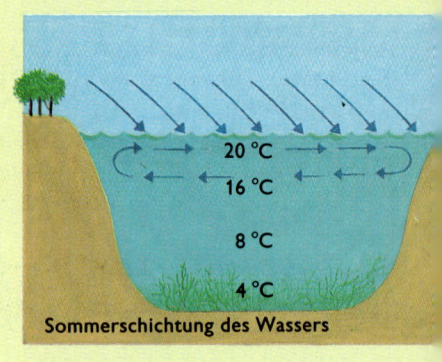

Herbstzirkulation. Wenn sich das Wasser im Herbst abkühlt und einheitlich eine Temperatur von 4 °C erreicht, wälzen Herbststürme erneut das gesamte Wasser um. Sauerstoffreiches Wasser gelangt nach unten.

Es enthält genügend Sauerstoff, damit die Tiere den nächsten Winter unter der Eisdecke überleben können. Bei weiterer Abkühlung des Wassers sinkt zunächst die Temperatur des Wassers auf 0 °C, es gefriert und bildet die Eisdecke für die nächste Winterschichtung.

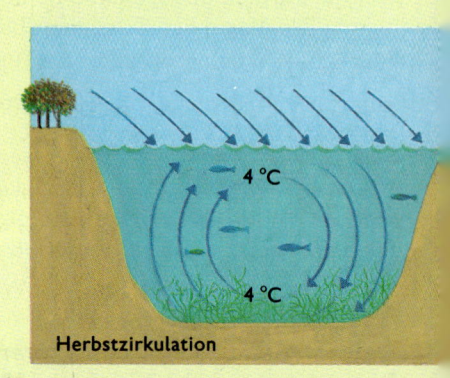

Winterschichtung des Wassers

Frühjahrszirkulation

Sommerschichtung des Wassers

Herbstzirkulation

AUSDEHNUNG VON FLÜSSIGKEITEN

Ein Blick in die Technik

Tropfende Heißwasserboiler. Dreht man den Heißwasserhahn auf, so fließt kaltes Wasser von unten in den Heizkessel. Dadurch steigt der Wasserspiegel und das obere heiße Wasser fließt über das Auslaufrohr ab. Schließt man den Hahn nach längerer Wasserentnahme, kann man ein Tropfen des Hahns beobachten. Ursache ist die Ausdehnung des Kaltwassers. Dreht man den Hahn fester zu, beschädigt man ihn nur. Sein Tropfen kann man nicht verhindern, denn das sich erwärmende Wasser braucht mehr Platz.

Brandschutzanlage. Die Brandschutzanlagen in Büro- und Kaufhäusern heißen Sprinkler-Anlagen. Steigt die Temperatur durch einen Brand stark an, dehnt sich die Flüssigkeit stark aus. Zunächst wirken die Glaswände der Röhrchen dem entgegen. Schließlich sprengt bei hoher Temperaturänderung die Flüssigkeit das Röhrchen und gibt damit die Öffnung der Sprühanlage frei.

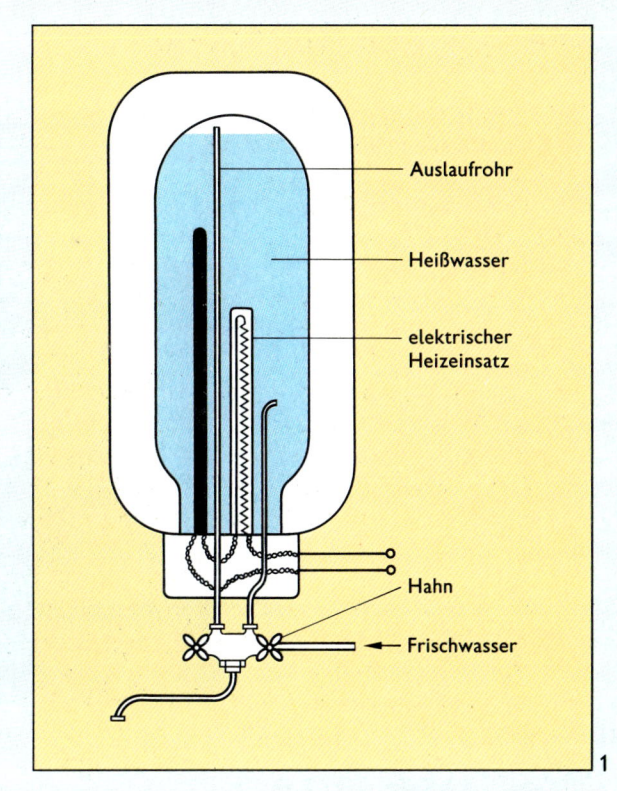

Weißt du es? Kannst du es?

1. Sieh dir noch einmal das letzte Bild von Herrn Findig an! Beantworte die dort gestellten Fragen mit deinen neuen Kenntnissen!
2. Peter taucht ein Thermometer in siedendes Wasser. Zu seiner Verwunderung glaubt er zu sehen, daß die angezeigte Temperatur zunächst kurz absinkt, bevor sie schnell ansteigt. Ist das eine Täuschung oder hättest du eine Erklärung?
3. Eine Warmwasserheizung enthält 3000 l Wasser. In den Wasserkreislauf soll ein Ausdehnungsgefäß eingebaut werden. Sie werden in verschiedenen Größen angeboten, zum Beispiel 5 l, 10 l, 20 l und 40 l.
   Welches Gefäßvolumen würdest du vorschlagen?
4. In einem Pkw befinden sich im Kühlkreislauf 10 l Wasser (Bild 2).
   a) Wie groß ist die Volumenänderung des Wassers vom Start des Motors bei 20 °C bis zum Betriebszustand bei 85 °C?
   b) Wie ändert sich der Wasserstand in dem Gefäß in einer sehr kalten Nacht?
   c) Warum heißt das Gefäß in einem Pkw auch Ausgleichsgefäß?

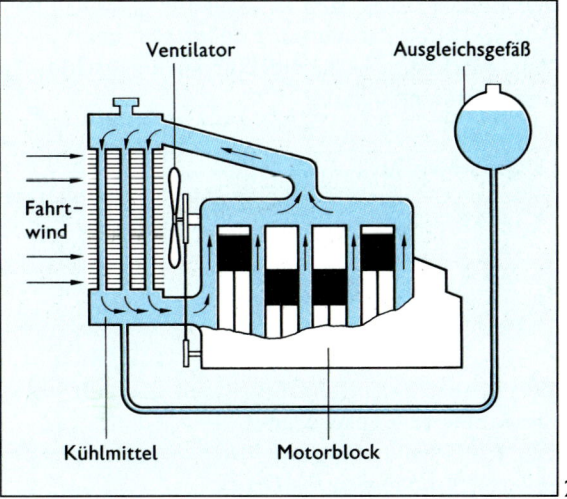

4 Ausdehnung von Gasen

Utes erster Kuchen ist gelungen, der Teig hat sich beim Backen gehoben. Was hat das wohl mit Physik zu tun?

Drei Gasgesetze

Die meisten festen Körper und alle Flüssigkeiten dehnen sich beim Erwärmen aus. Wie verhält sich ein Gas beim Erwärmen?

Experiment 1
Wir verschließen einen Kolben mit einem Stopfen. Durch ihn führt ein Glasrohr, das unter Wasser taucht. Die Luft im Kolben erwärmen wir mit unseren Händen.

Wir beobachten: Beim Erwärmen der Luft entweichen Luftblasen.
Wir schließen daraus: *Luft dehnt sich beim Erwärmen aus.*
Was geschieht, wenn die Luft so eingeschlossen ist, daß sie sich nicht ausdehnen kann?

Experiment 2
Wir verschließen einen Kolben mit einem gefetteten Stopfen und erwärmen die Luft vorsichtig.

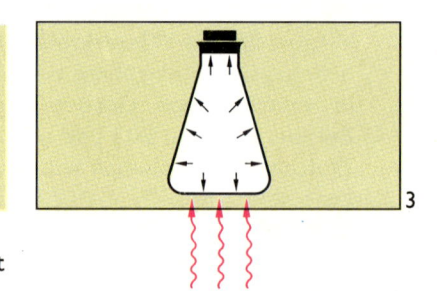

Wir beobachten: Beim Erwärmen der Luft wird nach einiger Zeit der Stopfen herausgedrückt.
Wir schließen daraus: *Kann sich die Luft beim Erwärmen nicht ausdehnen, erhöht sich ihr Druck.*

AUSDEHNUNG VON GASEN

Wird die Temperatur eines eingeschlossenen Gases (Luft) verändert, so ändern sich meistens gleichzeitig sein Volumen und sein Druck.

Das Verhalten von Gasen bei Temperaturänderung soll genauer untersucht werden.

Jedes Gas hat einen Druck. Dieser Gasdruck rührt von der Bewegung der Gasmoleküle her. Stoßen die Gasmoleküle auf eine Begrenzungsfläche, so ergeben die Stöße eine Kraft, mit der das Gas gegen diese Fläche wirkt. Der Gasdruck ist auch die Ursache für die Ausdehnung der Gase. Ob sich ein Gas ausdehnen kann, hängt von der Art der Gefäßwand und vom Verhältnis des Gasdrucks zum äußeren Luftdruck ab.

Wenn wir ein Gas erwärmen, abkühlen oder zusammendrücken, dann ändern wir meist gleichzeitig drei physikalische Größen des Gases: die Temperatur, den Druck und das Volumen. Bei der Untersuchung solcher Vorgänge sorgt man dafür, daß sich nur zwei Größen gleichzeitig ändern. Die dritte Größe hält man konstant. Bei physikalischen Gesetzen, in denen die Temperatur vorkommt, verwendet man meist die Kelvintemperatur, um positive und negative Temperaturangaben zu vermeiden.

Volumen-Temperatur-Gesetz. Welcher Zusammenhang besteht zwischen dem Volumen und der Temperatur eines Gases?

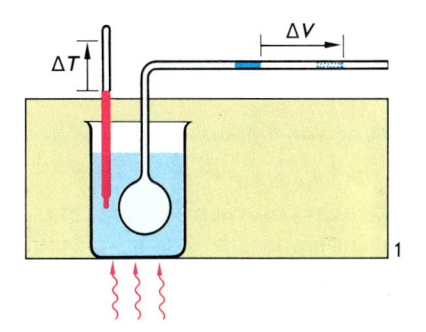

Experiment 3
Die Luft im Kolben wird durch einen Tropfen eingeschlossen. Der Luftdruck im Innern des Kolbens ist gleich dem äußeren Luftdruck. Wir erhöhen die Temperatur der eingeschlossenen Luft.

Wir beobachten: Der Tropfen verschiebt sich, bis der innere Luftdruck wieder dem äußeren entspricht. Es erfolgt also eine Volumenänderung bei konstantem Druck.

Ermittelt man Meßwerte und trägt sie in ein Diagramm ein, so stellt man fest:
Die Meßwerte liegen auf einer Geraden, die durch den Nullpunkt geht (Bild 2). In der Nähe des absoluten Nullpunktes der Temperatur ist die Gerade nur gestrichelt gezeichnet. In diesem Bereich wissen wir nicht genau, wie sich das Gas bei weiterer Abkühlung verhält. Bekannt ist aber, daß jedes Gas bei einer ausreichend starken Abkühlung flüssig wird. Für Luft beträgt diese Temperatur −194 °C. Da die Gasmoleküle ein bestimmtes Volumen haben, kann das Volumen eines Gases nicht Null werden.

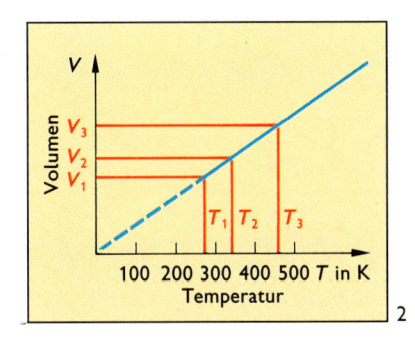

Volumen V und Temperatur T eines eingeschlossenen Gases sind direkt proportional zueinander.

$V \sim T$ oder
$V_1 : V_2 = T_1 : T_2$

Gültigkeitsbedingungen:
Der Druck bleibt konstant.
Die Temperatur des Gases liegt über der Temperatur, bei der es flüssig wird.

Aufgabe

Bei Zimmertemperatur (20 °C) soll ein Gas ein Volumen von 1 l einnehmen. Auf welche Temperatur muß man dieses Gas erwärmen, damit sich bei konstantem Druck das Volumen verdoppelt?

Gesucht: T_2 *Gegeben:* $V_1 = 1$ l
$V_2 = 2$ l
$T_1 = 20$ °C $= 293$ K

Lösung: $V_1 : V_2 = T_1 : T_2$ Umformen nach T_2 ergibt:

$$T_2 = \frac{T_1 \cdot V_2}{V_1}$$

$$T_2 = \frac{293 \text{ K} \cdot 2 \text{ l}}{1 \text{ l}} = \underline{\underline{586 \text{ K}}} = \underline{\underline{313 \text{ °C}}}$$

Ergebnis: Damit sich das Volumen der Gasmenge verdoppelt, muß es von Zimmertemperatur auf 586 K oder 313 °C erwärmt werden. Durch verschiedene Messungen hat man für alle Gase den räumlichen Ausdehnungskoeffizienten γ ermittelt. Damit ergab sich eine überraschende Erkenntnis:

Für alle Gase beträgt der räumliche Ausdehnungskoeffizient $\quad \gamma = \dfrac{1}{273 \text{ K}}$.

Das bedeutet: Alle Gase dehnen sich bei einer Temperaturerhöhung von 1 K um $\dfrac{1}{273}$ ihres Volumens bei 0 °C aus.

Druck-Volumen-Gesetz. Mit der im Bild 2 dargestellten Experimentieranordnung kann man die Frage untersuchen: Wie ändert sich der Druck der Luft, wenn ihr Volumen verkleinert wird? Die Auswertung der Messungen ergibt das Druck-Volumen-Gesetz:

Druck und Volumen sind indirekt proportional zueinander.
$p \sim \dfrac{1}{V}$ **oder** $p_1 \cdot V_1 = p_2 \cdot V_2$

Gültigkeitsbedingung: Die Temperatur bleibt konstant.

Druck-Temperatur-Gesetz. Welche Abhängigkeit besteht zwischen der Druckänderung und der Temperaturänderung?

Experiment 4
Die Luft im Kolben und im Glasrohr wird durch das Quecksilber im Manometer eingeschlossen. Wir erwärmen das Wasserbad und lesen am Manometer die Druckänderung ab, nachdem auf konstantes Volumen geachtet wurde.

Für alle Gase gilt:

Druck p und Temperatur T sind direkt proportional zueinander. $p \sim T$ **oder** $p_1 \cdot T_1 = p_2 \cdot T_2$ $\dfrac{p}{T} = konstant; \dfrac{p_1}{p_2} = \dfrac{T_1}{T_2}$

Gültigkeitsbedingung: Das Volumen bleibt konstant.

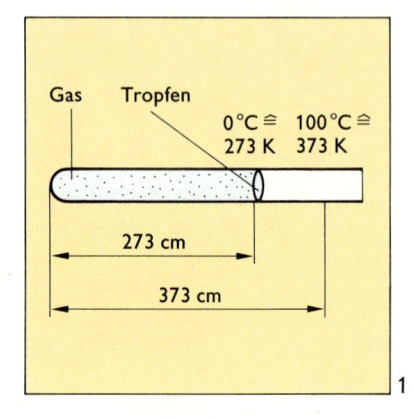

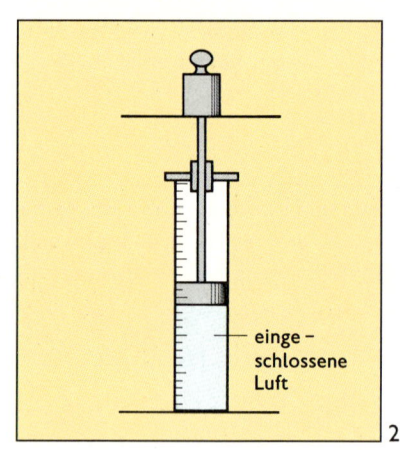

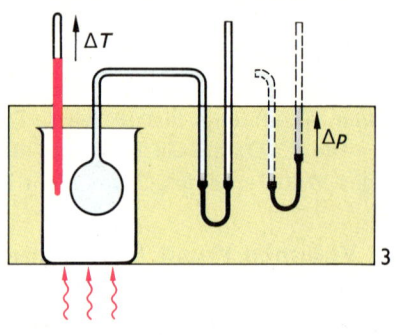

AUSDEHNUNG VON GASEN

Ein Blick in die Natur

Bei Baßtölpeln (Bild 1) können wir das Wirken des Druck-Volumen-Gesetzes in einem einzigartigen „Stoßdämpfersystem" erkennen. Diese Vögel sind leicht und tauchen trotz des großen Auftriebs 15 m bis 30 m tief. Wie wir wissen, kann ein Körper nur tauchen, wenn seine Gewichtskraft größer als die Auftriebskraft ist oder wenn auf den Körper eine zusätzliche Kraft wirkt. Und diese Kraft entsteht, wenn die Tölpel im Sturzflug ins Wasser tauchen. Unmittelbar vor dem Eintauchen sollen sie eine Geschwindigkeit bis zu 120 km·h^{-1} erreichen. Obwohl die Tölpel einen stromlinienförmigen Körper haben, treten beim Eintauchen erhebliche Kräfte am Vogelkörper auf. Die Tölpel haben zum Schutz gegen Verletzungen durch diese Kräfte ein Stoßdämpfersystem. In der Haut und zwischen Haut und Muskulatur ist eine Vielzahl von Gasbläschen angeordnet, die dämpfend wirken.

Ein Blick in die Technik

Auf- und Abstieg eines Stratosphärenballons. Stratosphärenballons dienen bemannten Flügen in Höhen über 10 km. Beim Start ist der Ballon zu etwa $1/7$ mit Wasserstoff gefüllt und hat eine birnenförmige Gestalt (Bild 2). Während des Aufstiegs dehnt sich das Gas aus, weil der Druck im Ballon größer ist als der Luftdruck in diesen Höhen. Schließlich ist er vollständig aufgebläht. Beim weiteren Aufstieg entweicht das sich immer noch ausdehnende Gas durch den Füllstutzen, denn von außen wirkt nur noch ein kleiner Luftdruck. Während des Aufstiegs erwärmt sich der Ballon nur wenig. Die Wärmezufuhr durch die Sonnenstrahlung wird durch die Abkühlung infolge des Fahrtwindes ausgeglichen.

Wenn der Ballon sich seiner größten Höhe nähert, wird er immer langsamer. Nunmehr heizt die Sonne den Ballon ungehindert auf. Von dem sich ausdehnenden Gas tritt so viel durch den Füllstutzen aus, bis der Druck im Ballon wieder gleich dem Luftdruck ist. Jetzt muß der Abstieg eingeleitet werden, ansonsten verliert der Ballon immer mehr Gas. Dazu läßt man Gas durch ein Ventil ausströmen. Hierdurch verkleinern sich Volumen und Auftrieb des Ballons und er beginnt zu sinken. Läßt man zu viel Gas auf einmal heraus, sinkt er sehr schnell und kühlt sich durch den Fahrtwind stark ab. Dadurch verkleinern sich Volumen und Auftrieb noch mehr und der Ballon sinkt noch schneller. Da hilft nur das Abwerfen von Ballast.

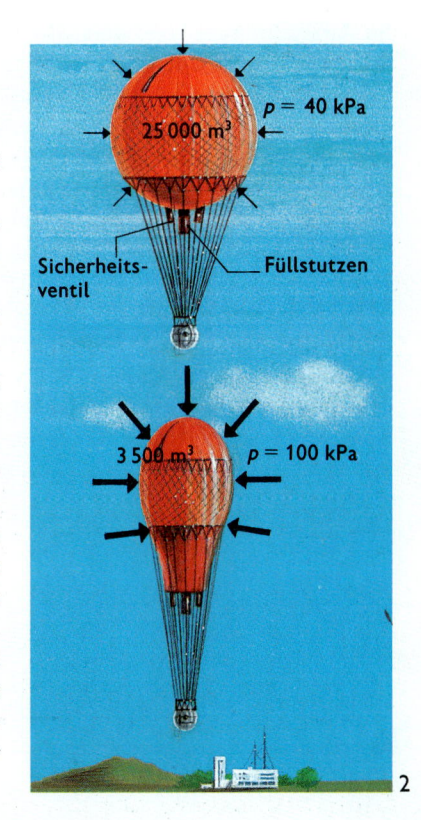

Ein Blick in die Geschichte

Ballonflug. Ein besonderes Mißgeschick erlebten der Schweizer *Auguste Piccard* und sein Assistent *Paul Kipfer* am 27. Mai 1931. *Piccard* wollte mit einem Stratosphärenballon nachweisen, daß der Aufenthalt in größeren Höhen in Druckkabinen für den Menschen ungefährlich ist und daher einem Verkehr mit Flugzeugen in diesen Höhen nichts im Wege steht.

Während der Vorbereitungsarbeiten zum Start erfaßte gegen 4.00 Uhr eine heftige Bö die faltige Stoffbirne. Der Ballon entglitt den Händen der Haltemannschaft. Gegen 6.00 Uhr hatte der Ballon 14 000 m Höhe erreicht. Da erst bemerkte *Piccard*, daß sich die Ventilleine bei dem rasanten Aufstieg verheddert hatte. Bei dem Versuch, sie zu ziehen und den Abstieg einzuleiten, riß sie. Nun konnte der Ballon erst gegen Abend landen, als sich das Gas bei Sonnenuntergang abkühlte und damit an Volumen und Auftrieb verlor. Beide Männer mußten also mit dem Sauerstoff in ihrer Kapsel von 2,10 m Durchmesser sparen und sprachen deshalb kaum. Auch alle Instrumente wurden vorsichtshalber stoßsicher verpackt. Gegen 19.45 Uhr war es soweit: Der Ballon sank und landete schließlich unsanft auf einem Gletscher in Österreich. Ein Freund *Piccards* beschrieb die Situation nach der Landung so: „200 kg Instrumente, 300 kg Blei und zuunterst *Kipfer*." Doch niemand hatte sich ernsthaft verletzt (Bild 1).

Luftthermometer. Die Ausdehnung der Luft nutzte man bereits im Altertum zum Nachweis von Temperaturunterschieden.

Der griechische Gelehrte *Philon* benutzte eine hohle Bleikugel, in die ein Glasrohr eingelassen war. Dieses Rohr tauchte er in ein Gefäß mit Wasser. Bei steigender Temperatur entwich durch das Glasrohr etwas Luft aus der Hohlkugel. Bei sinkender Temperatur zog sich die Luft zusammen. Es entstand ein Unterdruck und die über dem Wasser befindliche Außenluft drückte ein entsprechendes Volumen Wasser in die Röhre, bis wieder Druckgleichgewicht bestand.

Bild 3 zeigt ein von *Otto von Guericke* gebautes Luftthermometer. Es diente nicht nur zur Messung der Lufttemperatur, sondern auch zur Dekoration der Außenwand seines Wohnhauses.

Er füllte ein U-förmiges Kupferrohr zur Hälfte mit Alkohol und befestigte es dann luftdicht an einer Hohlkugel aus Kupfer.

AUSDEHNUNG DER GASE

Weißt du es? Kannst du es?

1. Ein Stratosphärenballon mit einem Fassungsvermögen von 20 000 m³ wird auf der Erde bei einem Luftdruck von 100 kPa mit 3 000 m³ Wasserstoff gefüllt. In 5 400 m Höhe beträgt der Luftdruck nur noch die Hälfte des Luftdruckes auf der Erdoberfläche, in 10 000 m ist es nur noch ein Viertel.
Auf welches Volumen hat sich in diesen Höhen das Gas im Ballon ausgedehnt?

2. Wichtige Zutaten beim Anrühren des Kuchenteiges sind Hefe oder Backpulver. Beide sorgen dafür, daß im Teig Kohlendioxidgas entsteht. Und warum hebt sich der Kuchen beim Backen?

3. Ein Stratosphärenballon schwebt in einer Höhe von 14 000 m. Das Gas nimmt in dem prall gefüllten Ballon ein Volumen von 20 000 m³ ein. Infolge des Fehlens eines kühlenden Fahrtwindes erwärmt die Sonnenstrahlung das Gas von 0 °C auf 27 °C.
Wieviel Kubikmeter Gas treten durch den Füllstutzen aus?

4. 1783 starteten die Brüder *Mongolfier* ihren ersten Heißluftballon. In einer Blechpfanne loderte ein Holzkohlenfeuer und blähte die zwischen zwei Masten aufgehängte Ballonhülle auf. Ihr Durchmesser betrug 11 m. Damit faßte sie 700 m³ Heißluft.
Nach dem Lösen der zwei Halteseile schwebte der Ballon davon. Dabei kühlte sich die Heißluft ab. Der Ballon wurde faltig und verlor nach 10 Minuten an Höhe.
Wie könntest du aus diesen Angaben die Auftriebskraft des Ballons berechnen?

5. Stand auf der Skala von *Guerickes* Luftthermometer die Angabe „große Hitze" oben oder unten? Begründe deine Antwort!

6. Alle früheren Luftthermometer hatten einen gemeinsamen Nachteil, sie zeigten auch Temperaturänderungen an, obwohl sich nur der Luftdruck änderte. Warum?

7. Bei normalem Luftdruck und einer Temperatur von 20 °C wird 1 l Luft in ein Gefäß eingeschlossen.
Auf welche Temperatur muß man das Gefäß abkühlen bzw. erwärmen, damit der Druck in ihr
a) auf die Hälfte absinkt,
b) auf das Doppelte ansteigt?

8. Die Ausdehnung der Luft beim Erwärmen war bereits im Altertum bekannt. Der griechische Ingenieur *Heron* nutzte diese Erkenntnis für eine Konstruktion zum selbständigen Öffnen einer Tempeltür (Bild 1). Anfangs zündete der Priester das Feuer, wodurch sich die Luft im Gefäß A erwärmte. Welche weiteren physikalischen Vorgänge löste das aus?

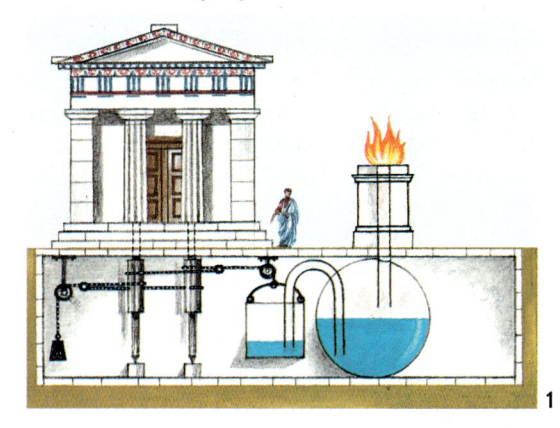

9. Bild 2 zeigt ein modernes Gasthermometer. Wie funktioniert es?
Warum ist der rechte Schenkel in der Höhe verstellbar?
Warum benutzt man Gasthermometer nur in der Wissenschaft?

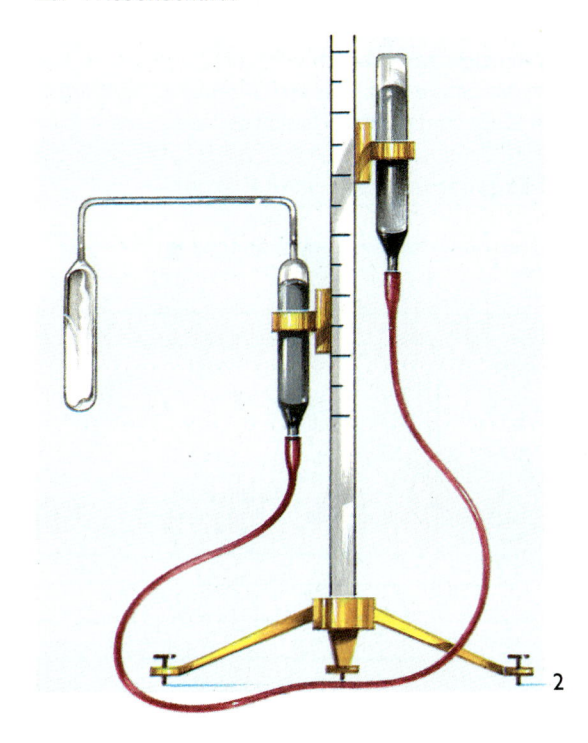

Physikalische Gesetze für das Verhalten der Stoffe und Körper bei Temperaturänderung

Volumenänderung

Fast alle festen Stoffe, Flüssigkeiten und Gase dehnen sich beim Erwärmen aus und ziehen sich beim Abkühlen zusammen.
Unter gleichen Bedingungen ist die Volumenänderung bei Gasen wesentlich größer als bei Flüssigkeiten und festen Körpern.

Beispiel:
Werden jeweils 1 000 cm³ Kupfer, Quecksilber und Luft von 0 °C auf 273 °C erhitzt, kommt es zu folgenden Volumenänderungen:

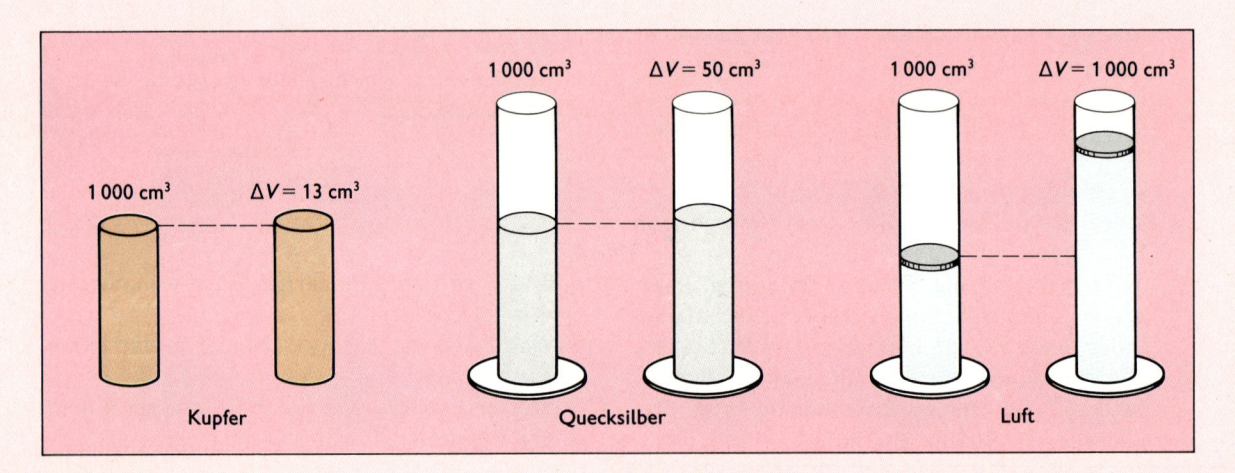

Kupfer	Quecksilber	Luft
1 000 cm³ → $\Delta V = 13$ cm³	1 000 cm³ → $\Delta V = 50$ cm³	1 000 cm³ → $\Delta V = 1 000$ cm³

Wichtige Ausnahmen:
- Anomalie des Wassers (kleinstes Volumen bei 4 °C)
- Zusammenziehen feuchter Stoffe beim Erwärmen

Längenänderung fester Körper

Gleichung für die Längenänderung: $\Delta l = \alpha \cdot l \cdot \Delta T$.

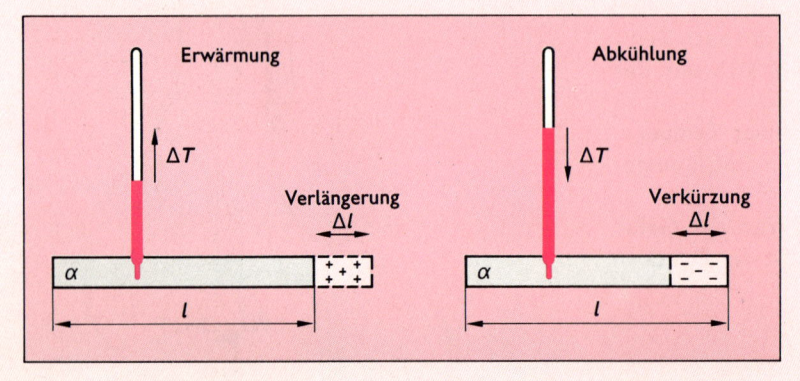

Gültigkeitsbedingung: Gleichmäßige Temperaturänderung bei ungehinderter Längenänderung

Erwärmung — ΔT — Verlängerung Δl

Abkühlung — ΔT — Verkürzung Δl

KURZ UND KNAPP

Volumenänderung von Flüssigkeiten und Gasen

Der räumliche Ausdehnungskoeffizient einer Flüssigkeit gibt an, um welchen Teil sich das Volumen einer Flüssigkeit ändert, wenn sich seine Temperatur um 1 K ändert.

Gleichung für die Volumenänderung: $\Delta V = \gamma \cdot V \cdot \Delta T$

Für alle Gase beträgt der räumliche Ausdehnungskoeffizient $\gamma = \dfrac{1}{273\ \text{K}}$.

Gasgesetze

Druck-Volumen-Gesetz	Druck-Temperatur-Gesetz	Volumen-Temperatur-Gesetz
Der Druck eines eingeschlossenen Gases steigt, wenn sein Volumen verkleinert wird. $p \sim \dfrac{1}{V}$ (für T = konstant)	Der Druck eines eingeschlossenen Gases steigt, wenn seine Temperatur erhöht wird. $\Delta p \sim \Delta T$ (für V = konstant)	Das Volumen eines eingeschlossenen Gases mit beweglicher Begrenzungsfläche wird größer, wenn seine Temperatur erhöht wird. $\Delta V \sim \Delta T$ (für p = konstant)

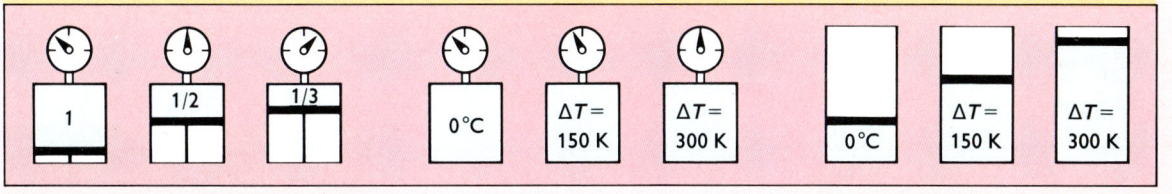

Temperaturänderungen und Kräfte

Werden Körper beim Erwärmen oder Abkühlen an der Volumenänderung gehindert, entstehen oft große Kräfte. Sie können zu erheblichen Schäden führen. Dies verhindert man durch Ausdehnungsfugen oder Ausdehnungsgefäße.

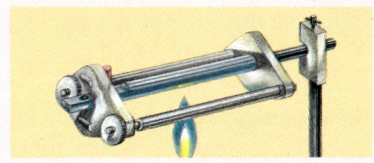

Dichteänderung

Bei Temperaturänderungen ändert sich infolge der Volumenänderung auch stets die Dichte der Stoffe. Das führt bei Flüssigkeiten und Gasen zu Auftriebskräften, beispielsweise auf wärmeres Wasser in kälterem oder auf wärmere Luft innerhalb von kälterer Luft.

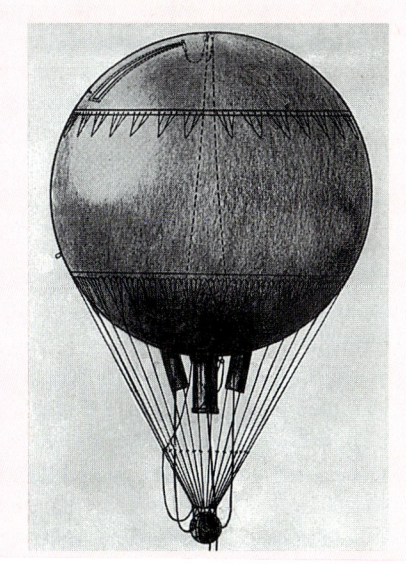

1 Wärmequellen

Die Sonne ist die natürliche Wärmequelle für die Erde. Auf Expeditionen im Winter schätzen Forscher aber ihre künstliche Wärmequelle, einen Benzinofen. Warum nehmen sie wohl auf ihre Expedition Benzin mit und keinen Spiritus?

Wärme

Alle Körper besitzen thermische Energie. Besonders wertvoll ist die thermische Energie von Öfen, Heizkörpern, Gasflammen oder Elektroöfen. Heiße Körper geben an ihre kältere Umgebung Wärme ab. Dabei verkleinert sich ihre thermische Energie. Wärme Als Formelzeichen der Wärme wird international der Buchstabe Q verwendet. (Das ist der Anfangsbuchstabe vom englischen Wort quantity of heat für Wärmemenge.) Die Einheit der Wärme ist das Joule (J). Das Wort Wärme wird im täglichen Leben oft anders benutzt als in der Physik. Deshalb soll die Verwendung des Begriffes Wärme in der Physik noch einmal mit anderen Worten erläutert werden. Ein Körper „hat" keine Wärme, sondern thermische Energie. Und er gibt keine thermische Energie ab, sondern Wärme.

Ein Lagerfeuer gibt viel Wärme ab.

Thermische Leistung von Wärmequellen

Wärmequellen, wie Öfen, Strahler und Thermen, sind Energiewandler. Damit sie Wärme abgeben können, muß ihnen zunächst Energie zugeführt werden. Heizkessel erhalten zum Beispiel chemische Energie, die in Kohle, Gas oder Heizöl gespeichert ist. In den Wärmequellen wird diese Energie in thermische Energie umgewandelt, wobei hohe Temperaturen erreicht werden (Bild 3).
Die verschiedenen Wärmequellen geben in einer Sekunde eine unterschiedlich große Wärmemenge ab. In der Physik sagt man: Die Wärmequellen haben eine unterschiedliche thermische Leistung.

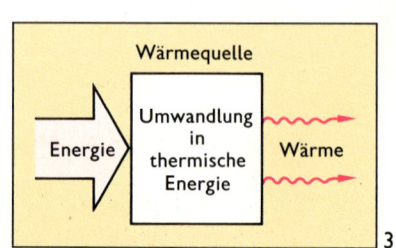

Wärmequellen erzeugen die Wärme stets aus Energie.

WÄRMEQUELLEN

Die thermische Leistung gibt an, wieviel Wärme in 1 Sekunde abgegeben wird.

In der Mechanik berechnen wir die mechanische Leistung mit der Gleichung $P_{mech} = \frac{W}{t}$. In gleicher Weise vereinbaren wir für die **thermische Leistung** die Gleichung: $\boldsymbol{P_{th} = \frac{Q}{t}}$.

Die thermische Leistung und die mechanische Leistung haben dieselbe Einheit: **das Watt (W)** oder das Vielfache der Einheit: das Kilowatt (kW).

Aus der Kenntnis der thermischen Leistung P_{th} und der Betriebsdauer können wir die Wärmemenge berechnen, die eine Wärmequelle in dieser Zeit abgibt. Dazu formen wir die Gleichung für die thermische Leistung nach der Wärme Q um: $Q = P_{th} \cdot t$.

Aufgabe
Eine Heizplatte für Schülerexperimente hat eine Leistung von 150 W. Wie groß ist die Wärmemenge, die sie in 80 s abgibt?

Analyse:

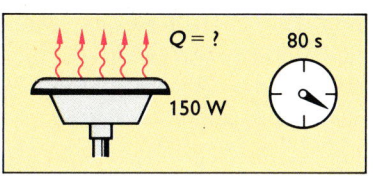

Gesucht: Q
Gegeben: P_{th} = 150 W
t = 80 s

Lösung:
$Q = P_{th} \cdot t$
$Q = 150\,W \cdot 80\,s$
$Q = 150 \cdot 80\,W \cdot s \qquad 1\,W = 1\,\frac{J}{s}$
$Q = 12\,000\,\frac{J}{s} \cdot s$
$Q = 12\,000\,J$

Ergebnis: Die Heizplatte gibt in einer Zeit von 80 s eine Wärme von 12 kJ ab.

Thermische Leistung der Sonne

Energieausstrahlung der Sonne:	370 000 000 000 000 000 000 kW
Davon entfallen auf die gesamte Erde:	170 000 000 000 000 kW
und auf eine Fläche von 1 m² am Äquator:	1,3 kW

Thermische Leistung einiger Wärmequellen

Heizkessel

Heizkessel im Kraftwerk:
bis 800 000 kW
Heizkessel im Einfamilienhaus:
etwa 5 kW

Gasherd

Brenner im Backraum:
etwa 3,5 kW
normaler Brenner:
etwa 1,7 kW

Elektrische Küchengeräte

Kaffeemaschine:
800 W
Reisetauchsieder:
300 W

Zum Vergleich:
Haushaltkerze: etwa 1 W

Heizwert von Brennstoffen

Die Brennstoffe unterscheiden sich in der Verbrennungstemperatur und im Heizwert.
Der Heizwert eines Brennstoffes gibt an, wieviel Wärme beim Verbrennen von 1 kg (oder 1 l oder 1 m³) des Brennstoffes abgegeben wird. Die Heizwerte einiger Brennstoffe sind in der nebenstehenden Tabelle angegeben.

Heizwert einiger Brennstoffe $\left(\text{in } \frac{kJ}{kg}\right)$

Brikett	20 000
Koks	30 000
Heizöl	41 000
Stadtgas	18 000
Erdgas	40 000

Ein Blick in die Geschichte

Die Zeit bis etwa 3000 v. Chr. bezeichnet man als Steinzeit. Die Werkzeuge der Menschen bestanden bis dahin vor allem aus Stein. Am Ende der Steinzeit – etwa 4000 bis 3000 v. Chr. – setzte ein grundlegender kultureller Wandel ein. Die Menschen begannen Pflanzen anzubauen und wurden seßhaft. Ihre ersten Häuser bauten sie aus Stangen, Stein und Lehm. Zum Trocknen des Lehms reichte als Wärmequelle die Sonne.

In jener Zeit schufen sich die Menschen eine neue Wärmequelle, den Brennofen (Bild 1). In diesen Öfen konnten die Menschen Tongefäße für die Aufbewahrung der Ernte brennen und Brot aus Getreide backen. Anfangs nutzte man als Brennstoff dürre Sträucher und getrockneten Mist oder Holz. Damit erreichte man Temperaturen bis 600 °C beziehungsweise 800 °C.

Durch Schwelen von Holz erzeugte man bald Holzkohle, die bei Temperaturen bis 1 100 °C verbrennt. Damit erreichte man in den Brennöfen so hohe Temperaturen, daß Zinn, Blei, Silber, Gold und Kupfer schmelzen oder sich wenigstens zu dünnen Blechen hämmern ließen. Beim Umgang mit Kupfer entdeckte man schließlich, daß sich Kupfer durch Zugabe von Zinn schon bei Temperaturen unter 900 °C schmelzen ließ. Die Bronze war erfunden. Aus der harten Bronze ließen sich Räder gießen, die haltbarer waren als die bisherigen Holzräder. Auch die bronzenen Werkzeuge, wie Messer, Schwerter, Äxte und Speerspitzen waren denen aus Stein überlegen und schneller herzustellen. Es begann die Bronzezeit.

Gleichzeitig entdeckten Metallschmelzer in Ägypten, wie in ihren Öfen ein neues Material entstand: Glas. Es war farbig, aber noch nicht durchsichtig. Das Glas wurde vor allem zu Schmuck verarbeitet. Eisenerz konnten die Menschen damals noch nicht schmelzen, denn dafür sind Temperaturen über 1 350 °C notwendig. Die Menschen konnten aus Eisenerz nur Schmiedeeisen erzeugen, denn hierfür reichen Temperaturen von 700 °C aus.

Erst viele Jahre später lernten die Menschen, Temperaturen über 1 350 °C zu erzeugen. Dazu war es nötig, die glühende Holzkohle mit viel Luft anzublasen. So entstand der Blasebalg (Bild 2). Durch die vermehrte Luftzufuhr erzielten sie Wärmequellen mit Temperaturen bis zu 1 500 °C.

Mit dieser verbesserten Wärmequelle gelang es im Mittelalter, aus reinem Quarzsand auch durchsichtiges Glas herzustellen. Zunächst goß man kleine Glaskugeln, und vor dem Erkalten drückte man sie einfach flach. So entstanden Butzenscheiben.

Der Bedarf der Schmiede und Glasmacher an Holzkohle verschlang im Verlaufe der Jahrhunderte so viel Brennholz, daß in vielen Ländern weite Landstriche vollkommen gerodet waren. Daher mußte man sich nach neuen Brennstoffen umsehen. Im Jahre 1113 begannen Mönche den Abbau der Steinkohle unter Tage. In den primitiven Öfen rußte die Steinkohle anfangs mehr als sie wärmte. Im Jahre 1700 wendete man das Verfahren des Schwelens von Holz zu Holzkohle auf die Steinkohle an. Dabei entstand Koks. In Hochöfen verbrannte der Koks unter starker Luftzufuhr bei einer Temperatur von 1 600 °C.

WÄRMEQUELLEN

Eisenwalzwerk 1871

Damit konnte hochwertiges Eisen in großen Mengen hergestellt werden. Es begann der Bau von Werkzeugmaschinen, Dampfmaschinen, Eisenbahnen, Brücken und Schiffen aus Eisen.
Heute hat sich der Mensch Wärmequellen mit noch höheren Temperaturen geschaffen. Der elektrische Lichtbogen in Schmelzöfen erzeugt Temperaturen von 4 000 °C. In Forschungslaboren werden sogar Temperaturen bis zu 50 000 °C erreicht.

Weißt du es? Kannst du es?

1. Berechne, wieviel Wärme eine Heizplatte für Schülerexperimente (P_{th} = 150 W) in folgenden Zeiten abgibt: a) 10 s, b) 50 s, c) 2 min, d) 145 s!
2. Vergleiche die Zeiten, die notwendig sind, um die gleiche Menge Tee zuzubereiten, wenn dir die folgenden Wärmequellen zur Verfügung stehen:
   a) ein Gasherd, b) ein Reisetauchsieder und c) ein Benzinkocher!
   Ginge auch eine Haushaltkerze?
3. Eine Wassermenge kann mit einem Tauchsieder von 1 200 W in 5 Minuten zum Sieden gebracht werden. Eine Überprüfung der Annahme, daß man das auch mit einem Reisetauchsieder von 300 W in 20 Minuten erreichen könnte, bestätigte sich nicht. Es dauerte viel länger.
   Wo lag der Fehler, in der Rechnung oder woanders?
4. Warum konnte man in der Bronzezeit noch kein Eisenerz schmelzen?
5. Herr Findig möchte sich für eine mehrtägige Wanderung durch unbewohnte Berge einen kleinen Ofen mitnehmen. Welchen Brennstoff wird er auswählen?
6. „Toaster de luxe" made by Mr. Findig.
7. Warum kommt es bei der Auswahl von Wärmequellen sowohl auf die thermische Leistung und die Temperatur als auch auf den Wirkungsgrad an?

2 Spezifische Wärmekapazität

Nachmittags ist der Sand am Mittelmeer häufig so heiß, daß man barfuß nur mit Schmerzen darüberlaufen kann. Das Wasser ist dagegen noch angenehm erfrischend. Wie kommt das?

Wieviel Wärme ist für eine Temperaturerhöhung notwendig?

Diese Frage wollen wir mit Hilfe von Experimenten untersuchen. Aus dem Beispiel am Strand vermuten wir: Der Wärmebedarf für eine Temperaturerhöhung hängt vom Stoff ab. Die für eine Temperaturerhöhung notwendige Wärmemenge sollte aber auch von der Masse m des Stoffes und von der gewünschten Temperaturerhöhung ΔT abhängen.

Beim Prüfen dieser Vermutung beachten wir: Wollen wir einen Zusammenhang zwischen zwei physikalischen Größen erkennen, müssen wir während des Experiments alle anderen Größen konstant halten. Deshalb sind mehrere Experimente erforderlich.

Bild 2 zeigt die Experimentieranordnung zur Untersuchung der für eine Temperaturerhöhung erforderlichen Wärme. Die der Flüssigkeit zugeführte Wärme wird aus der thermischen Leistung P_{th} der Heizplatte und der Betriebsdauer t nach der Gleichung $Q = P_{th} \cdot t$ berechnet.

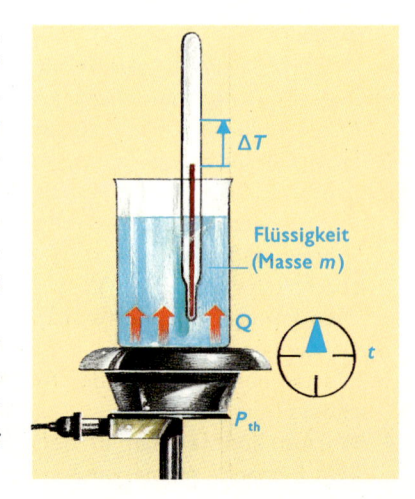

SPEZIFISCHE WÄRMEKAPAZITÄT

Prüfung der ersten Vermutung: Ist die zuzuführende Wärme Q von der Temperaturerhöhung ΔT abhängig?

Experiment 1
Wir bestimmen für 200 g Wasser, wieviel Wärme für Temperaturerhöhungen von 10 K, 20 K, 30 K und 40 K erforderlich ist.

Stellen wir die Meßwerte aus dem Experiment grafisch dar, so erhalten wir ein Diagramm wie im Bild 1. Daraus folgt: **Die Wärmemenge Q ist der Temperaturerhöhung direkt proportional.** $Q \sim \Delta T$.

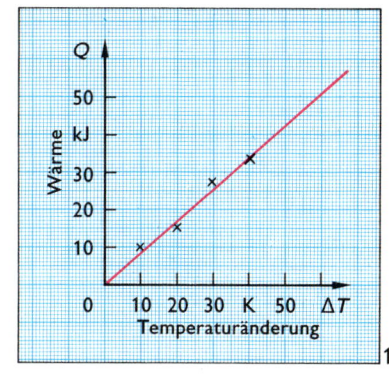

Prüfung der zweiten Vermutung: Ist die zuzuführende Wärme Q von der Masse m des zu erwärmenden Körpers abhängig?

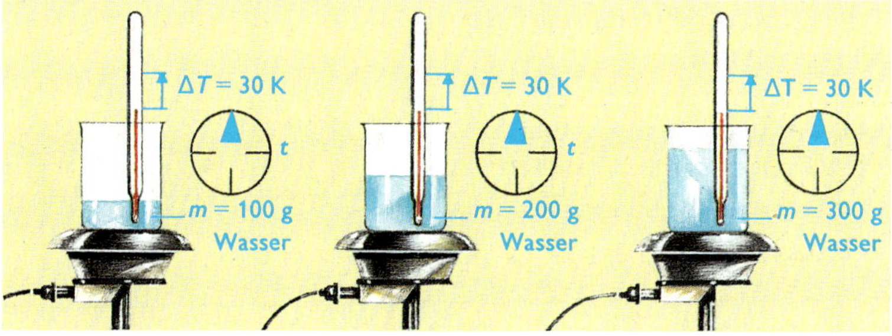

Q-ΔT-Diagramm für das Erwärmen von 200 g Wasser

Experiment 2
Wir bestimmen für mehrere Körper aus gleichem Stoff, aber mit unterschiedlicher Masse, die Wärmemenge für dieselbe Temperaturerhöhung. Als Stoff wählen wir Wasser.

Stellen wir die Meßwerte grafisch dar, so erhalten wir ein Diagramm wie im Bild 3. Daraus folgt: **Die Wärmemenge Q ist der Masse des zu erwärmenden Körpers direkt proportional.** $Q \sim m$.

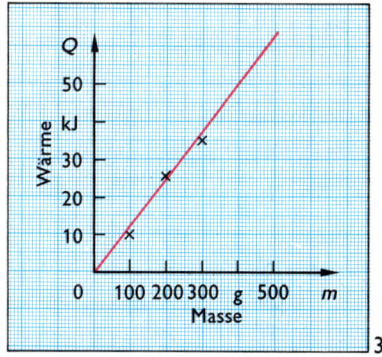

Prüfung der dritten Vermutung: Ist die Wärmemenge Q von der Art des Stoffes abhängig?

Experiment 3
Wir bestimmen für jeweils 200 g Wasser und 200 g Öl die Wärmemenge für eine Temperaturerhöhung bis 40 K.

Das Ergebnis (Bild 4) bestätigt die Vermutung.
Aus solchen Messungen können wir berechnen, wieviel Wärme notwendig ist, um die Temperatur von 1 kg eines Stoffes um 1 K zu erhöhen. Dieser Wert ist für jeden Stoff charakteristisch und wird die spezifische Wärmekapazität c des Stoffes genannt.

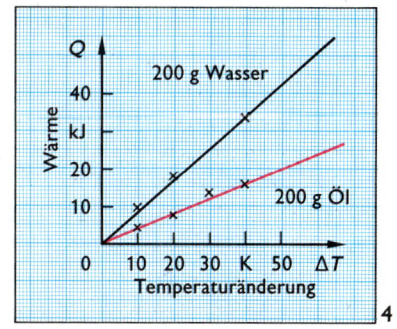

Q-m-Diagramm für die Erwärmung verschiedener Wassermengen um 30 K

Die spezifische Wärmekapazität c eines Stoffes gibt an, wieviel Wärme notwendig ist, damit sich die Temperatur von 1 kg dieses Stoffes um 1 K erhöht.

Als Einheit der spezifischen Wärmekapazität ergibt sich $\frac{kJ}{kg \cdot K}$
(sprich: Kilojoule je Kilogramm und Kelvin).

Q-ΔT-Diagramm für die Erwärmung von Wasser und Öl

Eine Gleichung zur Berechnung der Wärme

Ein Aquarium mit einem Fassungsvermögen von 50 l soll neu gefüllt werden. Das frische Wasser hat eine Temperatur von 13 °C. Bevor die Fische hineingegeben werden dürfen, muß das Wasser eine Temperatur von etwa 23 °C erreichen, sonst können sie sterben. Wieviel Wärme muß dem Wasser zugeführt werden?

Die spezifische Wärmekapazität von Wasser ist $4{,}19 \frac{kJ}{kg \cdot K}$. Damit sich 1 l Wasser um 1 K erwärmt, ist also eine Wärmezufuhr von 4,19 kJ erforderlich. Für die 50 l Wasser im Aquarium ist 50mal soviel Wärme erforderlich, das heißt:
$Q = 4{,}19 \text{ kJ} \cdot 50$.

Die Temperatur des Wassers soll sich jedoch nicht nur um 1 K erhöhen, sondern um 10 K steigen. Der gesamte Wärmebedarf ist also 10mal so groß. Für unsere Rechnung heißt das:
$Q = 4{,}19 \text{ kJ} \cdot 50 \cdot 10 = 2100 \text{ kJ}$.

Aus der Lösung dieser Aufgabe können wir auch die Gleichung erkennen, mit der wir die erforderliche Wärme berechnen können:

Gleichung für die Wärme: $Q = c \cdot m \cdot \Delta T$

Für die Anwendung der Gleichung sind zwei Bedingungen zu erfüllen:
1. Bedingung: Der Körper darf während der Erwärmung keine Wärme an die Umgebung abgeben.
2. Bedingung: Die Temperaturänderung darf nicht zu groß sein.
Die Wärmeabgabe eines Körpers kann mit derselben Gleichung berechnet werden.

Aufgabe

Die Temperatur von 200 g Wasser soll um 40 K erhöht werden. Wieviel Wärme muß zugeführt werden?

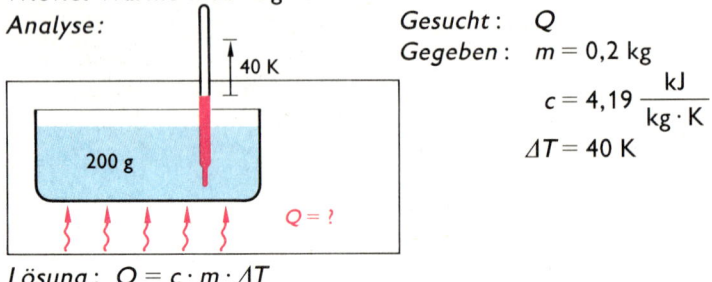

Analyse:

Gesucht: Q
Gegeben: $m = 0{,}2$ kg
$c = 4{,}19 \frac{kJ}{kg \cdot K}$
$\Delta T = 40$ K

Lösung: $Q = c \cdot m \cdot \Delta T$

$Q = 4{,}19 \frac{kJ}{kg \cdot K} \cdot 0{,}2 \text{ kg} \cdot 40 \text{ K}$

$Q = 4{,}19 \cdot 0{,}2 \cdot 40 \frac{kJ}{kg \cdot K} \cdot \text{kg} \cdot \text{K}$

$\underline{Q = 33{,}5 \text{ kJ}}$

Ergebnis: Zum Erwärmen des Wassers ist eine Wärme von 34 kJ erforderlich.

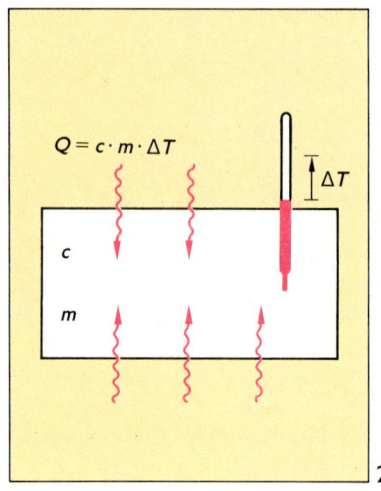

SPEZIFISCHE WÄRMEKAPAZITÄT

Ein Blick in die Geschichte

Der englische Physiker *J. P. Joule* (1818 bis 1889) begann etwa 1840 experimentelle Untersuchungen zur Umwandlung der Energie. Zu jener Zeit wußte man noch nicht, daß die Energie erhalten bleibt. Daher benutzte man für die verschiedenen Energieformen auch unterschiedliche Einheiten. *Joule* interessierte die Frage: In welchem „Wechselkurs" wandeln sich die verschiedenen Energieformen ineinander um?

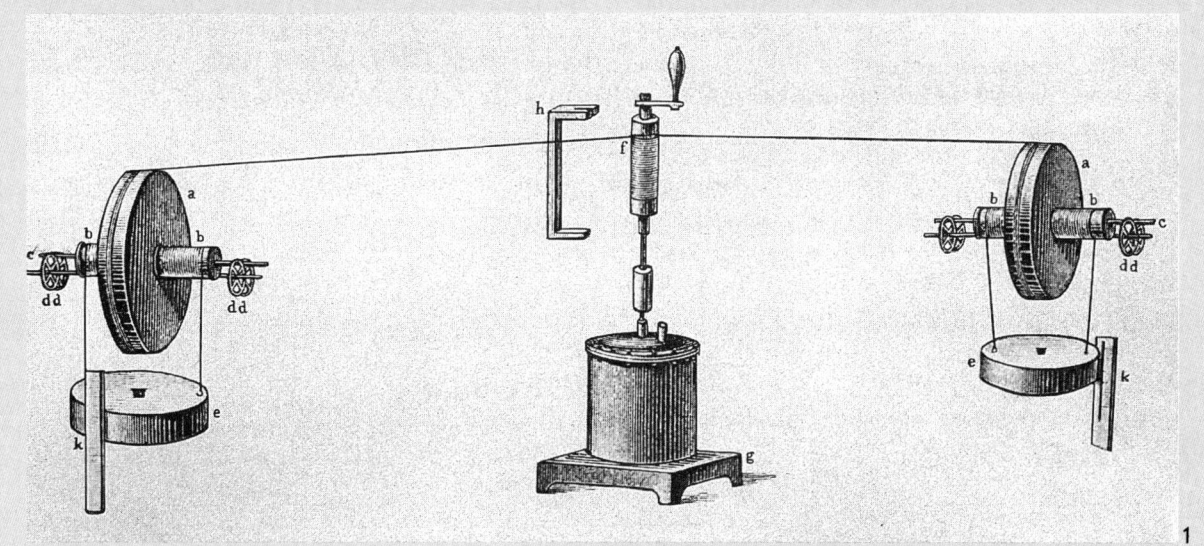

Joulesche Experimentieranordnung

Eines seiner Experimente zeigt Bild 1. In einem zylinderförmigen Rührgerät (Bild 2) befanden sich feststehende Platten, drehbare Flügelräder und Wasser oder andere Flüssigkeiten. Die Flügelräder werden durch herabsinkende Bleikörper in Drehung versetzt und verrichten an dem Wasser Reibungsarbeit. Im Ergebnis dieser mechanischen Arbeit wurde das Wasser erwärmt. Da ein einmaliges Absinken der Bleiklötze noch keine exakt meßbare Temperaturerhöhung des Wassers brachte, ließ *Joule* die Bleiklötze mehrmals herabsinken.

Die potentielle Energie der Bleiklötze berechnete Joule nach der Gleichung $E_{pot} = m \cdot g \cdot h$. Diese Energie wandelte sich durch die Reibungsarbeit in thermische Energie des Wassers um. Anschließend berechnete *Joule* nach der Gleichung $Q = c \cdot m \cdot \Delta T$, wieviel Wärme notwendig gewesen wäre, um dieselbe Zunahme der thermischen Energie des Wassers zu erreichen. Daraus ermittelte *Joule* den „Wechselkurs" zwischen mechanischer und thermischer Energie. Da dieser Wechselkurs bei allen benutzten Flüssigkeiten immer gleich blieb, schloß *Joule* im Jahre 1847 aus seinen Experimenten: Energie ist unzerstörbar.

Da die Energie bei allen Umwandlungen erhalten bleibt, einigten sich die Physiker darauf, alle Energieformen in derselben Einheit anzugeben. *Joule* zu Ehren benannte man die Einheit nach ihm.

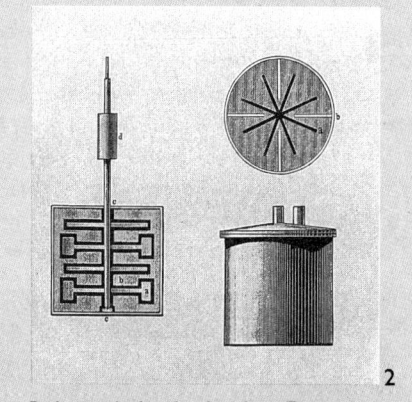

Rührwerk der Jouleschen Experimentieranordnung

Ein Blick in die Natur

Einfluß des Wassers auf das Klima. Wasser hat von allen in der Natur vorkommenden Stoffen die größte spezifische Wärmekapazität. Darum hat das Meer einen großen Einfluß auf das Klima ganzer Kontinente. Das milde Klima in West- und Nordeuropa ist auf den Golfstrom zurückzuführen. Eisige Polarluft wird auf ihrem Wege nach Europa an der Oberfläche des Atlantiks und der Nordsee etwas erwärmt. Mit der Wärme, die von 1 m³ Meereswasser bei Abkühlung um 1 °C an die Luft abgegeben wird, können etwa 4500 m³ Luft um 1 °C erwärmt werden. Entsprechendes gilt für den Einfluß von großen Seen auf das Binnenklima einer Landschaft. Der Bodensee hat eine Fläche von 539 km². Wenn sich nur die obere 10 cm tiefe Wasserschicht in einer kalten Nacht um 1 °C abkühlt, gibt der See an die Umgebung eine Wärme von etwa 230 000 000 MJ ab. Dies entspricht der Wärme, die beim Verbrennen von 11 500 t Brikett (≙ 230 Güterwaggons) oder 5600 t Heizöl (≙ 700 Tanklastzügen) frei wird.

Städte sind wärmer als das flache Land. Dafür gibt es mehrere Gründe: Die Gebäude aus Beton und Mauerwerk sind in der Stadt zahlreicher und größer als in den Vororten und Dörfern. Zusammen mit den kilometerlangen Straßen speichern sie tagsüber mehr Sonnenwärme als Felder, Wiesen und Wälder. (Außerdem verbraucht eine Stadt viel chemische und elektrische Energie, die letztlich als Wärme an die Luft abgegeben wird.)

Spezifische Wärmekapazität des Menschen. Sie kommt der spezifischen Wärmekapazität des Wassers nahe. Die große spezifische Wärmekapazität des Menschen bedeutet, daß für kleine Temperaturerhöhungen viel Wärme erforderlich ist. Bei einer fieberhaften Erkrankung entstammt diese Wärme einem erhöhten Verbrauch von körpereigenen Stoffen. Dies führt — zusammen mit Appetitlosigkeit — zu einem Gewichtsverlust.

SPEZIFISCHE WÄRMEKAPAZITÄT

Weißt du es? Kannst du es?

1. Im Experiment a (Bild 1) wird die Temperatur von 200 g Wasser um 20 K erhöht. Wie lange muß in den Experimenten b und c Wärme zugeführt werden?

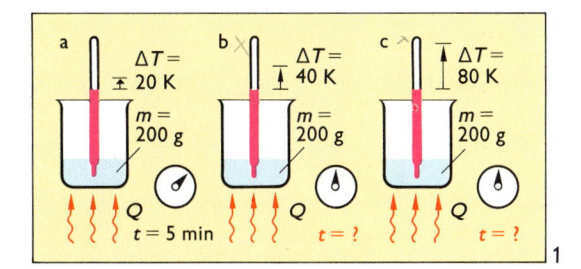

2. Im Experiment a (Bild 2) wird die Temperatur von 200 g Wasser um 60 K erhöht. Wie lange muß in den Experimenten b und c Wärme zugeführt werden?

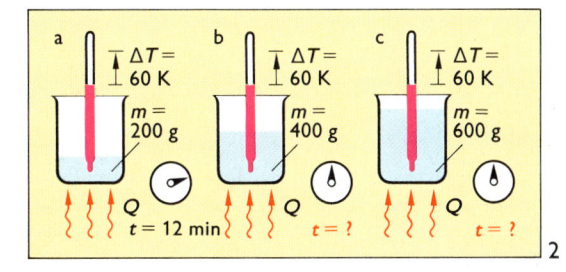

3. In drei gleichen Gefäßen befinden sich Wasser, Öl und Alkohol. Sowohl die Massen als auch die Temperaturen der drei Flüssigkeiten sind gleich. Den drei Gefäßen wird jeweils eine gleich große Wärme zugeführt. In welcher Flüssigkeit ist der Temperaturanstieg am größten und in welcher am kleinsten? Begründe deine Antwort!

4. In einem Aluminiumtopf mit einem Durchmesser von 20 cm und mit einer Masse von 800 g werden 5 l Wasser von 15 °C bis zum Sieden erhitzt. Wieviel Wärme muß dem Wasser und wieviel Wärme muß dem Kochtopf zugeführt werden?

5. Die Heizung des Aquariums soll eine Leistung von 0,2 kW haben.
   a) Wie lange muß die Heizung in Betrieb sein, damit sie an das Wasser die berechnete Wärme von 2 100 kJ gibt?
   b) Warum schaltet sich die Heizung eher bzw. später als berechnet aus? Wovon hängt das ab?

6. Das Diagramm im Bild 1, S. 193 gilt für 200 g Wasser. Wäre der Verlauf der Geraden flacher oder steiler, wenn statt 200 g Wasser
   a) 100 g Wasser,
   b) 400 g Wasser,
   c) 200 g Öl erhitzt würden?

7. Eine Stahlkugel und eine Kupferkugel mit gleicher Masse haben eine Temperatur von 80 °C. Beide werden auf Eis gelegt. Unter welcher Kugel schmilzt mehr Eis? Warum?

8. Beantworte mit deinem neuen Wissen nochmals die Frage: Warum benutzt man für den Silvesterbrauch des Bleigießens aus physikalischer Sicht Blei und nicht Kupfer oder Eisen?

9. Rührst du den Zucker im Tee besser mit einem Löffel aus Metall oder aus Kunststoff um, wenn der Tee möglichst
   a) lange heiß bleiben,
   b) schnell abkühlen soll?

10. Ein Aluminiumkörper mit einer Masse von 100 g wird auf 80 °C erhitzt. Dann wird er in 200 g kaltes Wasser (18 °C) gegeben. Nach einer gewissen Zeit mißt man eine Wassertemperatur von 23,5 °C.
    a) Wie kann man aus diesen Meßwerten die spezifische Wärmekapazität von Aluminium ermitteln?
    b) Führe die Berechnung durch!
    c) Vergleiche dein Ergebnis mit dem Tabellenwert! Begründe eventuelle Abweichungen!

11. Weshalb benutzt man für Experimente zur Wärme am besten Thermosgefäße?

12. Auf einem Tauchsieder stehen die Angaben: 220 V und 800 W. Er erwärmt 1 l Wasser in 8 Minuten von 18 °C bis zum Sieden. Wie groß ist sein Wirkungsgrad?

13. Ein sehr hoher Wasserfall in Südamerika führt nur wenig Wasser. Es stürzt aber 1 000 m in die Tiefe. Um wieviel Grad würde sich dabei 1 l Wasser erwärmen, wenn beim Aufprall die gesamte potentielle Energie umgewandelt würde?

3 Änderung des Aggregatzustandes

Bleigießen ist ein Silvesterbrauch. In einem Tiegel wird Blei geschmolzen. Jeder Gast gießt etwas geschmolzenes Blei in eine Schüssel mit Wasser. Die Formen des erstarrten Bleis regen die Phantasie der Gäste zu scherzhaften Voraussagen für das kommende Jahr an. Warum benutzt man für diesen Brauch nicht Kupfer oder Eisen?

Umwandlungstemperaturen

Wir wissen bereits: Stoffe kommen in verschiedenen Aggregatzuständen vor: fest, flüssig oder gasförmig. Zum Schmelzen und Verdampfen werden die Stoffe erwärmt, zum Kondensieren und Erstarren müssen sie wieder abgekühlt werden.

Beim Erreichen der Umwandlungstemperatur ändert sich der Aggregatzustand.

Für die Umwandlungstemperaturen eines Stoffes gelten die im Bild 2 dargestellten Zusammenhänge:

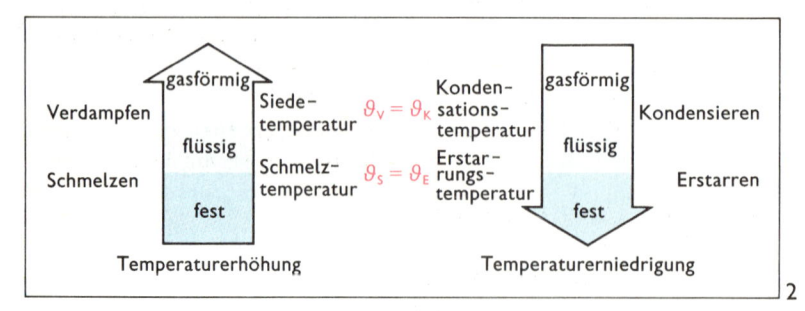

Umwandlungstemperaturen einiger Stoffe (bei einem Druck von 101,3 kPa) in °C

Stoff	Schmelz-temperatur	Siede-temperatur
Sauerstoff	−219	−183
Ethanol	−114	78
Quecksilber	−39	357
Wasser	0	100
Zinn	232	2 350
Blei	327	1 750
Aluminium	660	2 500
Silber	960	2 200
Gold	1 063	2 700
Kupfer	1 083	2 350
Eisen	1 500	2 200
Wolfram	3 350	6 000

Die in Tabellen angegebenen Umwandlungstemperaturen gelten nur für reine Stoffe.

Löst man zum Beispiel Kochsalz in Wasser, so sinkt die Erstarrungstemperatur der Lösung unter −20 °C. Entsprechendes gilt für Legierungen. So liegt der Schmelzpunkt von Bronze je nach Kupferanteil zwischen 700 °C und 900 °C. Reines Eisen schmilzt bei 1 500 °C. Durch Zusatz von Kohlenstaub schmilzt es bereits bei 1 200 °C.

Die Abhängigkeit der Umwandlungstemperaturen vom Druck

Bei den Umwandlungstemperaturen in der Tabelle auf S. 198 steht der Hinweis: „Bei einem Druck von 101,3 kPa." Aus diesem Hinweis vermuten wir: Die Siedetemperatur ist vom Luftdruck abhängig. Im folgenden Experiment untersuchen wir die Frage: Wie hängt die Siedetemperatur vom Luftdruck ab?

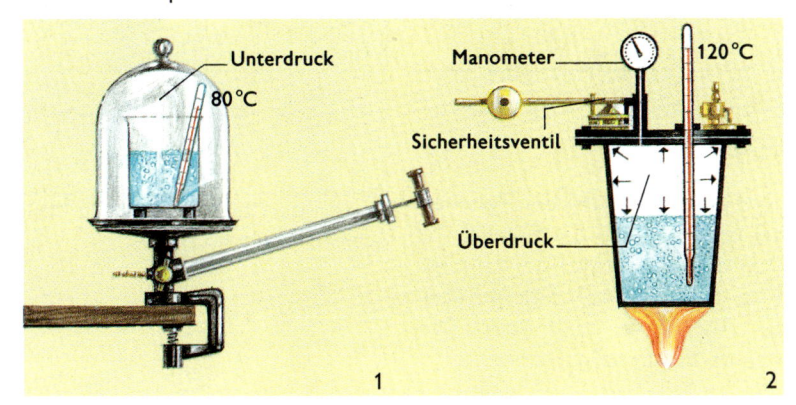

Experiment 1
Wir stellen einen Becher mit heißem, aber noch nicht siedendem Wasser ($\vartheta = 80\,°C$) unter eine Glasglocke (Bild 1). Durch das Heraussaugen von Luft wird der Luftdruck in der Glasglocke vermindert.
Wir beobachten: Bei vermindertem Luftdruck siedet das Wasser bereits bei einer Temperatur von 80 °C.

Mit Hilfe des im Bild 2 dargestellten *Papinschen Topfes* kann gezeigt werden, daß sich umgekehrt bei einer Zunahme des Druckes die Siedetemperatur erhöht.
Es gilt folgendes physikalische Gesetz:

Je größer der Druck auf die Oberfläche einer Flüssigkeit ist, desto höher ist die Siedetemperatur dieser Flüssigkeit.

Für das Sieden bei vermindertem Luftdruck gilt entsprechend: Je kleiner der Druck auf die Oberfläche einer Flüssigkeit ist, desto niedriger ist die Siedetemperatur dieser Flüssigkeit. Für Wasser ist dieses physikalische Gesetz im Bild 3 in Form eines Diagramms dargestellt.
Auch die Schmelztemperatur ist vom Druck abhängig. Hierbei verhalten sich die einzelnen Stoffe jedoch unterschiedlich. Für Eis gilt:
Je größer der Druck ist, desto niedriger ist die Schmelztemperatur von Eis.

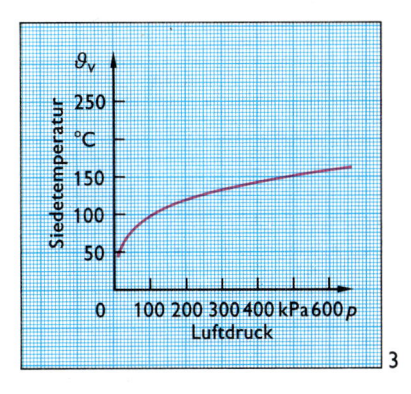

Abhängigkeit der Siedetemperatur ϑ_V des Wassers vom Luftdruck p

Dieses physikalische Gesetz wirkt zum Beispiel beim Eislaufen oder Bobfahren. Unter dem Auflagedruck der Kufen sinkt die Schmelztemperatur des Eises von sonst 0 °C auf −20 °C. Das Eis einer Eislaufbahn hat eine Temperatur von etwa −6 °C. Wirkt nun der Druck der Kufen auf das Eis, dann schmilzt es bei allen Temperaturen über −20 °C, also auch bei −6 °C. Der unter den Kufen entstehende Wasserfilm erzeugt die sehr kleine Flüssigkeitsreibung, die das leichte Gleiten über das Eis ermöglicht. Bei Wegfallen des Drucks gefriert der Wasserfilm sofort wieder.

Umwandlungswärme

Schmelzwärme und Erstarrungswärme. Werden Metalle oder Eis bis zur Schmelztemperatur erwärmt, dann schmelzen sie bei weiterer Zufuhr von Wärme. Während des Schmelzens steigt die Temperatur nicht weiter an (Bild 1). Die gesamte in dieser Zeit zugeführte Wärme dient allein zum Schmelzen des Stoffes und wird Schmelzwärme genannt. Für jeden Stoff hat man die spezifische Schmelzwärme bestimmt.

> **Die spezifische Schmelzwärme q_S eines Stoffes gibt an, wieviel Wärme zugeführt werden muß, um 1 kg dieses Stoffes zu schmelzen.**

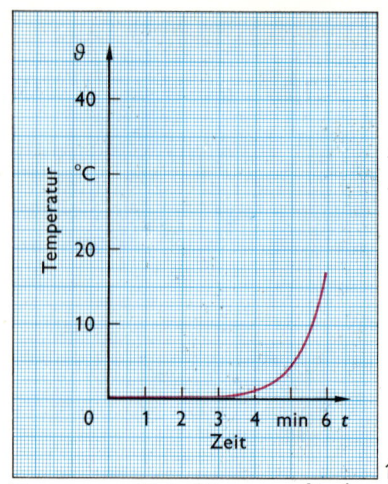

Die Schmelzwärme ist erforderlich, um die Anordnung der Teilchen im Körper aufzulösen (Bild 2). Dabei erhöhen sich die Beweglichkeit und die Energie der Teilchen. Sinkt die Temperatur der Flüssigkeit auf die Erstarrungstemperatur, so geht der Stoff bei weiterer Wärmeabgabe wieder in den festen Aggregatzustand über. Die beim Erstarren abgegebene Wärme heißt *Erstarrungswärme*.

> **Die spezifische Schmelzwärme und die spezifische Erstarrungswärme sind gleich groß.**

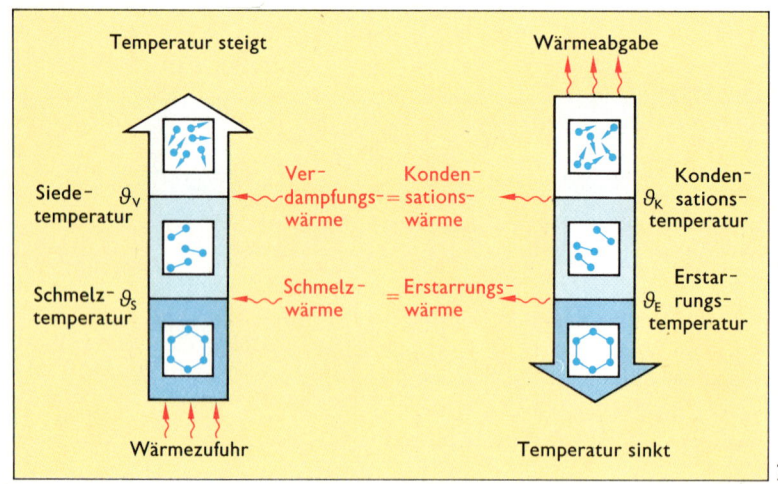

Temperatur-Zeit-Diagramm für das Schmelzen von Eis

Umwandlungswärme bei Aggregatzustandsänderungen

Umwandlungswärmen einiger Stoffe (bei einem Druck von 101,3 kPa) in $\frac{kJ}{kg}$

Stoff	Spezifische Schmelzwärme q_S	Spezifische Verdampfungswärme q_V
Wasser	334	2 260
Alkohol	105	842
Aluminium	397	11 730
Blei	26	922
Eisen	100	6 370
Kupfer	176	4 600
Gold	67	1 760

Die zum Schmelzen eines Stoffes erforderliche Schmelzwärme Q_S kann man aus seiner Masse m und aus der spezifischen Schmelzwärme q_S des Stoffes berechnen, aus dem er besteht. Hierfür gilt: $Q_S = m \cdot q_S$.
Soll zum Beispiel eine Tonne Aluminiumschrott geschmolzen werden, ist dafür eine Schmelzwärme Q_S von

$$Q_S = m \cdot q_S = 1\,000 \text{ kg} \cdot 397 \frac{kJ}{kg} = 397\,000 \text{ kJ}$$

erforderlich.
Hinzu kommt die Wärme zum Erhitzen des Schrottes bis zur Schmelztemperatur.

Verdampfungswärme und Kondensationswärme

Wenn Flüssigkeiten die Siedetemperatur erreichen und weitere Wärme zugeführt wird, verdampfen sie. Während des Verdampfens steigt die Temperatur nicht weiter an (Bild 1). Die während des Verdampfens zugeführte Wärme heißt *Verdampfungswärme*.

Die spezifische Verdampfungswärme q_V eines Stoffes gibt an, wieviel Wärme notwendig ist, um 1 kg dieses Stoffes zu verdampfen.

Die spezifische Verdampfungswärme ist wesentlich größer als die spezifische Schmelzwärme. Durch die zugeführte Verdampfungswärme wird die Geschwindigkeit der Flüssigkeitsteilchen so groß, daß sie die Flüssigkeit verlassen können. Sinkt die Temperatur eines Gases durch Wärmeabgabe auf die Kondensationstemperatur, so kondensiert das Gas wieder zu einer Flüssigkeit. Die während des Kondensierens abgegebene Wärme wird als Kondensationswärme bezeichnet.

Die spezifische Verdampfungswärme und die spezifische Kondensationswärme sind gleich groß.

Temperatur-Zeit-Diagramm für das Verdampfen von Wasser

Verdunsten

Viele Flüssigkeiten, wie Wasser und Ether gehen schon in den gasförmigen Zustand über, wenn ihre Temperatur weit unter der Siedetemperatur liegt. Diesen Vorgang nennt man *Verdunsten*. Dabei kühlen sich die Flüssigkeiten zum Teil sehr stark ab. Das können wir mit Hilfe der Vorstellungen vom Aufbau der Stoffe so deuten:
Bei einer bestimmten Temperatur der Flüssigkeit haben die Teilchen eine entsprechende durchschnittliche Geschwindigkeit. Dabei sind aber einige Teilchen etwas schneller, andere etwas langsamer. Einzelne Teilchen haben eine so große Geschwindigkeit, daß sie die Flüssigkeit verlassen können (Bild 2). Wenn viele schnelle Teilchen die Flüssigkeit verlassen, dann bleiben vor allem langsame Teilchen zurück. Die durchschnittliche Geschwindigkeit der Teilchen der Flüssigkeit ist jetzt kleiner. Eine kleinere durchschnittliche Geschwindigkeit der Teilchen ist gleichbedeutend mit einer tieferen Temperatur. Die Temperatur der verdunstenden Flüssigkeit sinkt so unter die Temperatur ihrer Umgebung. Als Folge des Temperaturausgleiches zwischen Flüssigkeit und Umgebung wird auch die Umgebung abgekühlt. Hieraus folgt:

Die zum Verdunsten erforderliche Verdampfungswärme wird der verdunstenden Flüssigkeit und ihrer Umgebung entzogen.

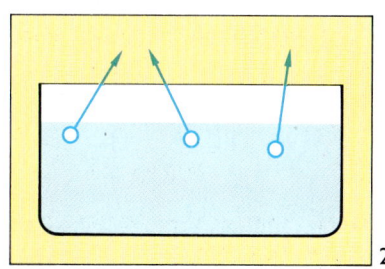

Volumenänderung bei Aggregatzustandsänderungen

Jeder hat schon den Tanz des Deckels auf Töpfen mit siedendem Wasser beobachtet. Offensichtlich braucht der beim Sieden entstehende Dampf mehr Raum als das ursprüngliche Wasser.
Wissenschaftler haben gemessen, wieviel Dampf aus einem Liter Wasser entsteht (Bild 3).
1 l Wasser verdampft zu 1 800 l Dampf.
Wenn für den Dampf kein entsprechend großer Raum vorhanden ist, entsteht im Dampf ein Überdruck.
Beim Kondensieren entsteht aus 1 800 l Dampf nur 1 l Wasser. Der restliche Raum ist leer, es entsteht ein Vakuum.

> **Experiment 2**
> Wir füllen einen dünnwandigen Kanister mit Wasserdampf und verschließen ihn. Dann lassen wir über den Kanister kaltes Wasser laufen.

Wir beobachten: Mit einem Knall wird der Kanister eingebeult. Im Kanister ist beim Kondensieren des Dampfes ein Vakuum entstanden und der äußere Luftdruck hat ihn zusammengedrückt.
Wie verhält sich Wasser beim Gefrieren?

> **Experiment 3**
> Wir füllen ein Reagenzglas 10 cm hoch mit Wasser und stellen es in ein Gefrierfach. Nach dem Gefrieren des Wassers hat die Eissäule eine Höhe von 11 cm.

Beim Gefrieren dehnt sich Wasser um ein Zehntel seines Volumens aus (Bild 3).
Diese Volumenausdehnung führt zu einer Sprengwirkung, wie wir sie von Rohrbrüchen und Frostaufbrüchen kennen.

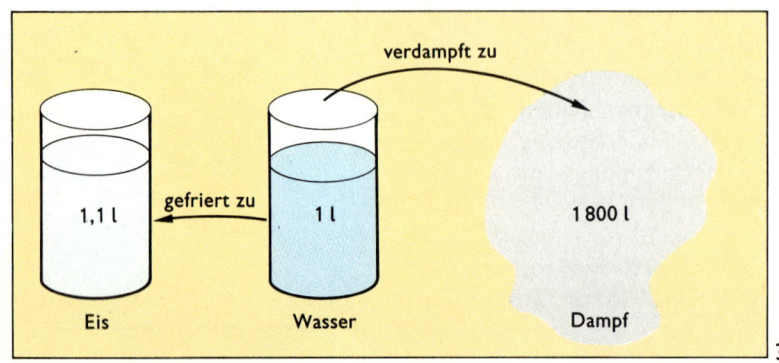

Ein Blick in die Technik

Der Kühlschrank. Der Kühlschrank ist eine Kältemaschine. Er kühlt Körper auf sehr niedrige Temperaturen ab. Der einfachste Kühlschrank ist ein Kompressionskühlschrank.

Ein Kühlschrank besteht aus einem Verdampfer, der sich innerhalb des Kühlschrankes im Kühlfach befindet, sowie aus einem Kompressor und einem Verflüssiger (Kondensator), die sich beide außerhalb des Kühlschrankes befinden (Bild 1). Verdampfer, Kompressor und Verflüssiger sind durch ein geschlossenes Röhrensystem verbunden, in ihm fließt ein Kältemittel.

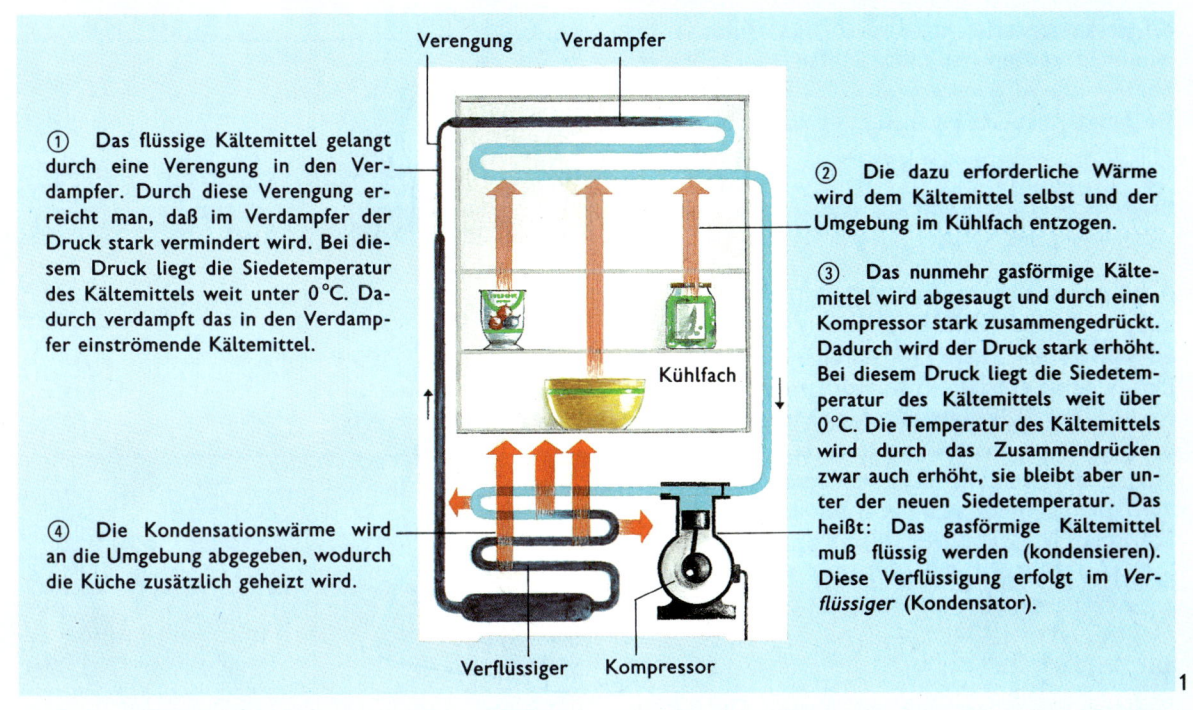

① Das flüssige Kältemittel gelangt durch eine Verengung in den Verdampfer. Durch diese Verengung erreicht man, daß im Verdampfer der Druck stark vermindert wird. Bei diesem Druck liegt die Siedetemperatur des Kältemittels weit unter 0 °C. Dadurch verdampft das in den Verdampfer einströmende Kältemittel.

② Die dazu erforderliche Wärme wird dem Kältemittel selbst und der Umgebung im Kühlfach entzogen.

③ Das nunmehr gasförmige Kältemittel wird abgesaugt und durch einen Kompressor stark zusammengedrückt. Dadurch wird der Druck stark erhöht. Bei diesem Druck liegt die Siedetemperatur des Kältemittels weit über 0 °C. Die Temperatur des Kältemittels wird durch das Zusammendrücken zwar auch erhöht, sie bleibt aber unter der neuen Siedetemperatur. Das heißt: Das gasförmige Kältemittel muß flüssig werden (kondensieren). Diese Verflüssigung erfolgt im *Verflüssiger* (Kondensator).

④ Die Kondensationswärme wird an die Umgebung abgegeben, wodurch die Küche zusätzlich geheizt wird.

Aufbau und Wirkungsweise eines Kompressionskühlschrankes. Damit der gesamte Kreislauf in Gang gehalten wird, muß dem Kühlschrank elektrische Energie zum Antrieb des Kompressors übertragen werden. Das Einschalten des Kompressors wird durch einen Thermostaten geregelt.

Die Wärmepumpe. Wärmepumpen kehren die Richtung des Energietransports durch Wärme um. Sie machen damit die thermische Energie von Stoffen mit niedriger Temperatur für den Menschen nutzbar.

Aufbau und Wirkungsweise einer Wärmepumpe sind mit einem Kühlschrank vergleichbar.

Bei einer Wärmepumpe zum Beheizen eines Hauses befindet sich der Verdampfer außerhalb des Hauses (Bild 2). Der Verdampfer entzieht der Umgebung (der Luft, dem Grundwasser oder einem See) mit niedrigen Temperaturen thermische Energie.

Der Verflüssiger befindet sich im Haus. Von ihm wird die Kondensationswärme an die Zimmerluft abgegeben.

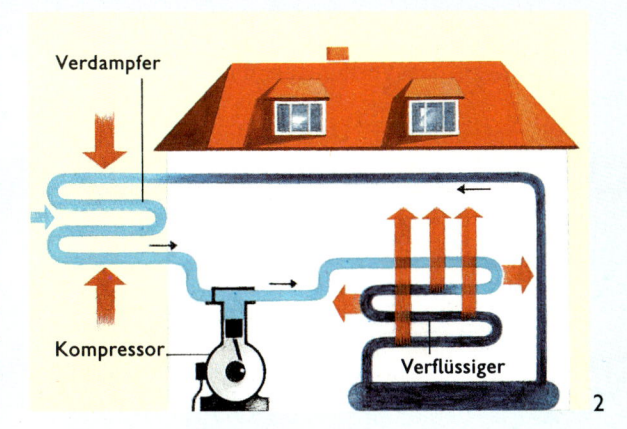

Aufbau einer Wärmepumpe zum Heizen eines Hauses. Auch bei einer Wärmepumpe ist für den Antrieb elektrische Energie erforderlich.

Ein Blick in die Natur

Regulierung der Körpertemperatur. Bei Arbeiten in großer Hitze und bei Arbeiten mit großer körperlicher Anstrengung besteht die Gefahr der Überhitzung des menschlichen Körpers. Dieser Gefahr begegnet unser Körper mit Schweißausbrüchen. Das Verdunsten des Schweißes entzieht dem Körper so viel Wärme, daß die normale Körpertemperatur erhalten bleibt (Bild 1). Bei einem Menschen mit einer Masse von 75 kg verhindert das Verdunsten von 1 l Schweiß einen Anstieg der Körpertemperatur um 1,5 °C.

Beim Marathonlauf wird oft nachgeholfen, um eine Überhitzung des Körpers zu verhindern.

Auch viele Tiere müssen sich vor einer Überhitzung schützen. Nicht alle können aber schwitzen. So besitzt die ganze riesige Oberfläche des Elefanten keine einzige Schweißdrüse. Elefanten kühlen sich durch Fächeln mit den Ohren ab oder besprengen sich mit Wasser (Bild 2).
Mäuse, die ebenfalls nicht schwitzen können, nutzen aber dennoch ebenfalls die Verdunstung. Sie verreiben mit den Pfoten ihren Speichel über den ganzen winzigen Körper. Die Mäuse spüren schnell die eintretende Abkühlung.

Elefanten besprengen sich mit Wasser. Die Verdunstung des Wassers bringt Kühlung.

Im Hochsommer nutzen auch Bienen und Wespen die Verdunstung, um ihre Nester zu kühlen. Sie tragen am Körper Wasser in das Nest und beschleunigen das Verdunsten durch Flügelschwirren.
Eisbären sind vor Unterkühlungen nach dem Schwimmen durch eine Besonderheit ihres Fells geschützt. Die Haare nehmen kein Wasser auf, der Eisbär kann das gesamte Wasser abschütteln.
Beim Menschen kann das Verdunsten von Wasser zu gefährlichen Unterkühlungen führen (Bild 3).

Warum kann nasse Badebekleidung trotz Sonnenschein zu Erkältungen führen?

ÄNDERUNG DES AGGREGATZUSTANDES

Schnee, Reif und Hagel. Eine der vielen ungewöhnlichen Eigenschaften des Wassers ist seine Fähigkeit, sich direkt aus dem gasförmigen Zustand (Wasserdampf) in den festen Zustand zu verwandeln. Dabei entstehen Schnee und Reif, ohne daß der Dampf zunächst zu Wassertropfen kondensiert. Ausgangspunkt hierfür sind Staubteilchen in der Atmosphäre oder sehr kalte Körper auf der Erde. So entstehen im Winter in den Wolken Schneekristalle. Sie sind sechseckig und verhaken sich untereinander zu Schneeflocken (Bild 1). An Bäumen, Gräsern, Autos und Fensterscheiben verwandelt sich die Luftfeuchtigkeit in Reif (Bild 2).

Hagel und Graupel sind andere Formen gefrorenen Wassers. Graupel entstehen im Frühjahr aus Schneekristallen, die beim Fallen Wassertröpfchen einfangen und zu kleinen schneeartigen Kristallen gefrieren. Hagel entsteht hauptsächlich im Sommer (Bild 3). Ihren Anfang nehmen Hagelkörner in Wassertropfen, Schneekristallen oder Graupeln. Diese werden von der Luftströmung in einer Gewitterwolke in Höhen über 8 000 m getragen. An ihnen kondensiert immer mehr Wasserdampf zu Wasser, das gefriert. So wächst ein Hagelkorn schalenförmig wie eine Zwiebel. Je nachdem, wie oft die Hagelkörner in der Gewitterwolke auf und ab getragen werden, können sie bis auf die Größe von Erbsen wachsen. In Ausnahmen können sie auch die Größe von Hühnereiern erreichen. Solch große Hagelkörner wie im Bild 4 sind selbst für Menschen und Gebäude gefährlich.

Schneekristalle bilden wunderbare Formen. Alle sind sechseckig.

Die Luftfeuchtigkeit verwandelt sich zu Reif.

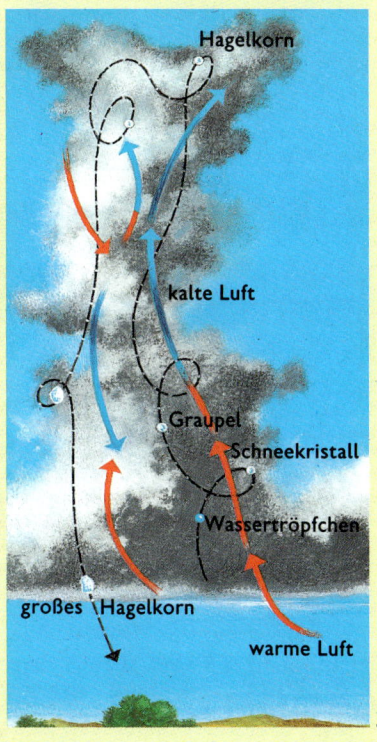

So entstehen Hagelkörner.

Ein Blick in die Technik

Metallbearbeitung. Viele Verfahren der Metallbearbeitung nutzen die Änderung des Aggregatzustandes. Am bekanntesten sind die in den Bildern 1, 2 und 3 dargestellten Verfahren.

Beim Beschichten einer Oberfläche mit Metall nutzt man auch die Änderung des Aggregatzustandes von Metallen. So kann man zum Beispiel einen Aluminium- oder einen Kupferdraht in einer Gasflamme schmelzen und mit Hilfe von Druckluft aus einer Spritzpistole auf die Oberfläche schleudern.

Bei sehr hohen Temperaturen kann man Metalle wie Silber auch in einer Wolframschale verdampfen.

Löten

Metallgießen

Schweißen

Trifft dieser Silberdampf auf eine Oberfläche, wird das Silber wieder flüssig und schließlich fest. So entstehen äußerst dünne Silberschichten.

Ein weiteres Verfahren heißt Feuerverzinken (Bild 4). Hierbei taucht man das Werkstück einmal oder mehrmals in ein Bad mit flüssigem Zink.

Verflüssigung von Gasen. Bei sehr niedrigen Temperaturen kann man Sauerstoff und andere Gase verflüssigen. Sauerstoff wird bei einer Temperatur von $-183\,°C$ flüssig. (Bei einer Temperatur von $-219\,°C$ erstarrt Sauerstoff zu Kristallen.) Flüssige Luft ist wasserklar bis bläulich.

Große Gasmengen werden entweder in gasförmigem Zustand durch Pipelines oder in flüssigem Zustand mit Tankwagen oder Tankschiffen transportiert.

Erdgas nimmt nach seiner Verflüssigung bei $-162\,°C$ nur noch $1/600$ seines Volumens ein.

Vakuumtrocknung. Viele medizinische Präparate, aber auch vitaminreiche Speisen enthalten bei der großtechnischen Herstellung zunächst noch viel Wasser. Würde man diese Präparate oder Speisen so lange bei $100\,°C$ kochen, bis alles Wasser verdampft ist, würden in den Speisen die Vitamine zerstört werden. Man trocknet diese Stoffe deshalb im Vakuum. Dort verdampft das Wasser bereits bei niedrigen Temperaturen.

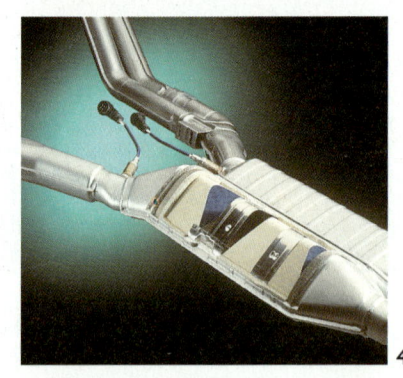

Feuerverzinkte Autoteile

Transport von Flüssiggas

ÄNDERUNG DES AGGREGATZUSTANDES

Weißt du es? Kannst du es?

1. Warum kann man in einem Kupfertiegel kein Eisen schmelzen?
2. Warum benutzt man in Glühlampen Drähte aus Wolfram?
3. Die Temperatur im Erdinneren nimmt durchschnittlich nach je 33 m Tiefe um 1 °C zu. In welcher Tiefe müßte der Erdkern bereits aus flüssigem Eisen bestehen?
4. Vielleicht hätte Herr Findig die Kerzen doch erst nach dem Backen raufstellen sollen?
5. Wie schützt man das Kühlwasser im Motor eines Pkw vor dem Gefrieren im Winter?
6. Unter welchen Bedingungen trocknet Wäsche besonders schnell?
7. Was könntest du mit dem im Bild dargestellten Experiment alles beweisen?
8. Kann es sein, daß in einer Schule an der Ostsee als Siedetemperatur des Wassers 101 °C gemessen wurden? Begründe deine Antwort!
9. Wird im Schnellkochtopf bei erhöhtem oder vermindertem Luftdruck gekocht? Welche Vorteile hat der Schnellkochtopf?
10. Herr Findig pumpt aus der Glasglocke Luft heraus, damit seine Kartoffeln bereits bei 60 °C kochen. So will er Energiekosten sparen. Ob ihm die Kartoffeln auch schmecken?
11. Was hält einen Schneeball zusammen? Warum kannst du bei sehr niedrigen Temperaturen keine Schneebälle machen?
12. Warum wird in Tabellen nur die spezifische Schmelz- und Verdampfungswärme, nicht aber auch die spezifische Erstarrungs- und Kondensationswärme angegeben?
13. Berechne durch einen Überschlag:
    a) Wieviel Kilogramm Eis können mit der Kondensationswärme von 1 kg Dampf geschmolzen werden?
    b) Wieviel Liter Wasser (mit einer Anfangstemperatur von 0 °C) können mit der Kondensationswärme von 1 kg Dampf bis zum Sieden erhitzt werden?
14. Zum Schmelzen von 1 kg Eis ist eine Schmelzwärme von 334 kJ erforderlich. Auf welche Temperatur könnte man mit derselben Wärmemenge 1 l Wasser erwärmen? Die Anfangstemperatur soll 10 °C betragen.
15. Katrin meint: Ein Kühlschrank heizt die Küche. Wie denkst du darüber?
16. Hunde können nicht schwitzen. Um im Sommer ihre Körpertemperatur zu halten, hecheln Hunde. Begründe physikalisch, was beim Hecheln geschieht! Und wie kühlen sich Hunde beim schnellen Lauf ab?

4 Energieübertragung durch Wärme

Energiesparen ist eine Aufgabe unserer Zeit. Das Bild zeigt ein Energiesparhaus. Im Gegensatz zu anderen Häusern, in denen man jährlich 13 bis 18 Liter Heizöl pro Quadratmeter Wohnfläche benötigt, verbraucht man in diesem Haus nur 5 bis 9 Liter pro Quadratmeter.
Welche physikalischen Erkenntnisse haben die Architekten benutzt?

Energieübertragung durch Konvektion

Thermische Energie steht nicht immer dort bereit, wo man sie benötigt. So braucht der Mensch für sein Wohlbefinden warme Wohn- und Arbeitsräume. Der Heizkessel befindet sich aber im Keller oder im Heizwerk. Die thermische Energie muß mit Hilfe einer Wasserströmung erst noch in die Wohnung transportiert werden (Bild 2). Thermische Energie kann auch wie beim Fönen der Haare mit einer Luftströmung transportiert werden. Diese Art der Energieübertragung nennt man **Konvektion** (nach dem lateinischen Wort convehere für mitbringen). Die Wasserströmung und die Luftströmung bringen thermische Energie mit sich. Manchmal nennt man diesen Vorgang auch Wärmeströmung.

Bei der Energieübertragung durch Konvektion wird die thermische Energie mit dem strömenden Wasser oder mit der Luftströmung mitgeführt.

Die mit der Wasserströmung vom Heizkessel zum Wohnzimmer übertragene Energie ist um so größer, je mehr Wasser pro Sekunde zu den Heizkörpern fließt und je größer der Temperaturunterschied zwischen dem Wasser im Vorlauf und im Rücklauf der Heizanlage ist.

Energieübertragung durch Wasserströmung

ENERGIEÜBERTRAGUNG DURCH WÄRME

Erzwungene und selbständige Konvektion. Die Wasserströmung einer Warmwasserheizung kann durch eine Pumpe angetrieben werden, sie kann aber auch selbständig erfolgen. Der Antrieb für eine selbständige Strömung ist der Dichteunterschied von heißem und kaltem Wasser.

Experiment 1
Wir füllen ein Rohr mit Wasser und geben etwas Farbstoff hinzu. Sobald wir das Wasser erhitzen, setzt eine Strömung des Wassers ein (selbständige Konvektion).

Ursache der Strömung ist der Dichteunterschied des heißen Wassers im linken und des kalten Wassers im rechten Schenkel. Das kalte Wasser hat eine größere Dichte und daher einen größeren Schweredruck als das warme Wasser. Der Druckunterschied führt zur Strömung des Wassers. Ebenso führt der Dichteunterschied zwischen der warmen Luft am Heizkörper und der kalten Luft auf der anderen Seite des Zimmers zur Strömung der Zimmerluft.

Wärmetauscher. Bei der Energieübertragung durch Konvektion kann die thermische Energie auch von einem strömenden Stoff auf einen anderen übertragen werden. Dies erfolgt in Wärmetauschern. Physikalisch gesehen müßten sie eigentlich Energieüberträger heißen. Wärmetauscher helfen Energie zu sparen. So kann in einer Schwimmhalle das zwar verschmutzte, aber noch warme Duschwasser zunächst in einem Sammelbehälter zurückgehalten werden (Bild 2). In diesen Behältern befindet sich ein mehrfach gewundenes Rohr, durch welches das neue Duschwasser fließt. Es wird in diesem Wärmetauscher schon von 10 °C auf etwa 25 °C vorgeheizt. Man benötigt so für die gesamte Erwärmung des neuen Duschwassers weniger Energie.

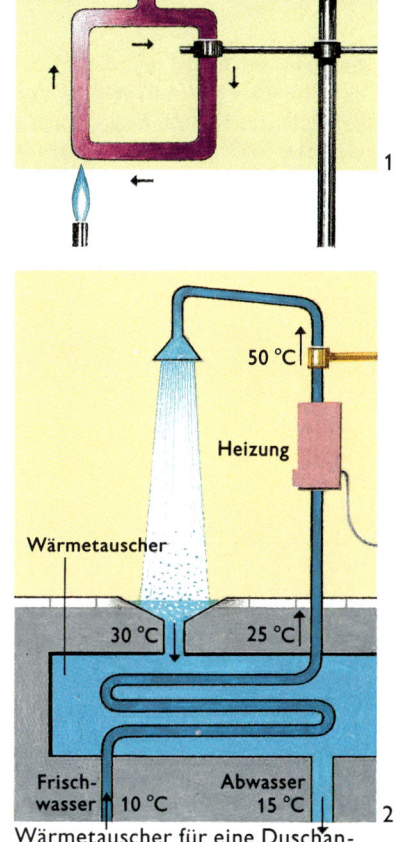

Wärmetauscher für eine Duschanlage

Energieübertragung durch Wärmeleitung

Wenn man die Heizung in der Wohnung abstellt, sinkt allmählich ihre Temperatur. Die Ursache ist das Bestehen eines Temperaturunterschiedes zwischen der Wohnung und der Außenluft. Dieser Temperaturunterschied führt zu einer Energieübertragung aus den Innenräumen durch die Hauswände hindurch ins Freie. Diese Art der Energieübertragung nennt man **Wärmeleitung**.
Richtung der Wärmeleitung. Die Wärmeleitung erfolgt im Winter stets aus der warmen Wohnung an die kältere Außenluft. Im Sommer ist es umgekehrt. Auch weitere Beispiele zeigen:

Von selbst wird thermische Energie stets nur von Körpern mit höheren Temperaturen auf Körper mit tieferen Temperaturen übertragen.

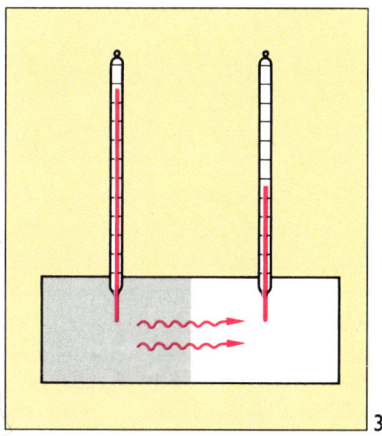

Noch nie wurde beobachtet, daß sich die Richtung dieses Vorganges von selbst umkehrt. In der Technik kann man jedoch die Richtung der Energieübertragung umkehren. Dafür muß man aber wie beim Kühlschrank zusätzliche Energie aufwenden.

Gute und schlechte Wärmeleiter. Für den Bau eines Hauses gibt es verschiedene Baumaterialien. Leiten alle diese Stoffe die Wärme gleich gut?

Experiment 2
In ein Becherglas mit heißem Wasser halten Schüler vier gleichgroße Krampen aus Kupfer, Eisen, Aluminium und Glas. In ein zweites Becherglas mit heißem Wasser halten andere Schüler gleichgroße Stäbe aus Holz, Styropor, Stahl und Keramik.

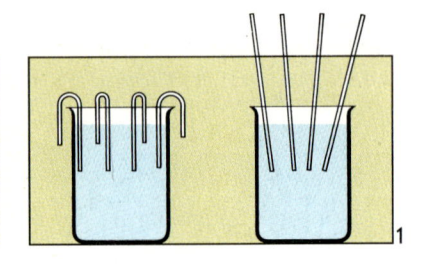

Wir beobachten: Nach kurzer Zeit kann der Schüler die Krampe aus Kupfer nicht mehr halten. Ihm folgen die Schüler, die ebenfalls Krampen oder Stäbe aus Metall halten. Das Halten der anderen Stäbe bereitet offensichtlich keine Schwierigkeit.
Wir erkennen: Unter den festen Stoffen gibt es gute Wärmeleiter (Metalle) und schlechte Wärmeleiter (Holz, Styropor, Mauerwerk).
Wie leiten Flüssigkeiten und Gase die Wärme?

Experiment 3
Wir hängen in einen mit Wasser gefüllten, hohen Standzylinder zwei Thermometer in unterschiedliche Höhe. Danach erwärmen wir den oberen Bereich des Wassers mit einem Tauchsieder.

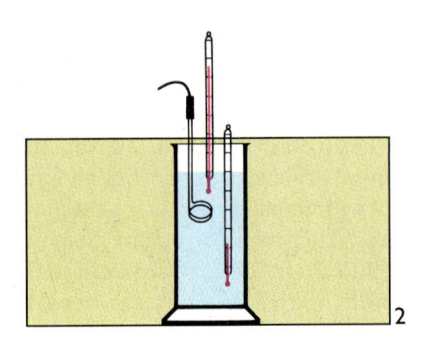

Wir beobachten: Nach kurzer Zeit steigt die Temperatur des oberen Wassers schnell an. Im unteren Teil steigt die Temperatur erst nach längerer Zeit an.
Wasser ist also ein schlechter Wärmeleiter. Gase sind noch schlechtere Wärmeleiter.
Weitere Experimente zeigen:

Alle Metalle sind gute Wärmeleiter. Mauerwerk, Holz, Keramik, Schaumstoffe und Flüssigkeiten sind schlechte Wärmeleiter. Alle Gase sind sehr schlechte Wärmeleiter.

Wärmeleitung und Wärmedämmung. Soll Wärme gut geleitet werden, benutzt man Metalle. Beispiele hierfür sind Töpfe, Tiegel, Bügeleisen, Heizkörper oder Tauchsieder.
Soll die Wärme hingegen am Abfließen in eine bestimmte Richtung gehindert werden, benutzt man schlechte Wärmeleiter. Beispiele sind Holzgriffe an Tiegeln oder Plastikgriffe an Bügeleisen.
Wenn die Wärme nicht abfließen soll, spricht man von **Wärmedämmung.** Hierfür entwickelt man immer neue Stoffe. Meist sind es Schaumstoffe mit vielen Luftblasen. Diese Luft ist es, welche die Wärmeleitung behindert. Ein Beispiel hierfür ist Styropor.

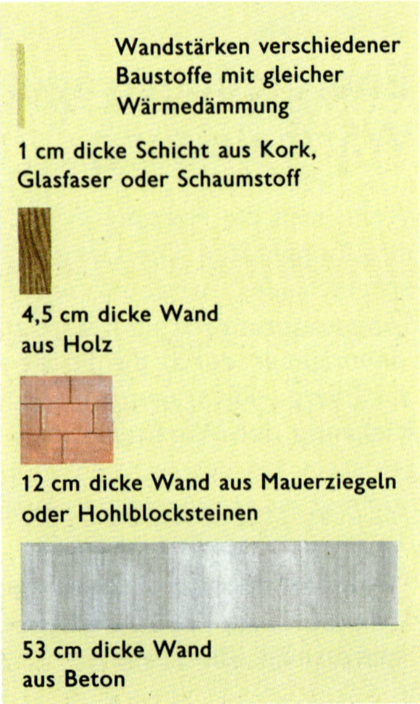

Wandstärken verschiedener Baustoffe mit gleicher Wärmedämmung

1 cm dicke Schicht aus Kork, Glasfaser oder Schaumstoff

4,5 cm dicke Wand aus Holz

12 cm dicke Wand aus Mauerziegeln oder Hohlblocksteinen

53 cm dicke Wand aus Beton

ENERGIEÜBERTRAGUNG DURCH WÄRME

Weitere Untersuchungen zur Wärmeleitung durch Wände ergeben:

Die Wärmeleitung durch eine Wand ist um so größer, je größer die Fläche ist, je größer der Temperaturunterschied auf beiden Seiten der Wand ist und je dünner die Wand ist.

Geschwindigkeit der Energieübertragung. Im folgenden Experiment untersuchen wir die Wärmeleitung durch eine Glaswand.

Experiment 4
Wir füllen ein Becherglas etwa halb voll mit kaltem Wasser und stellen ein zweites Glas mit etwa gleich viel heißem Wasser hinein. In gleichen Zeitabständen messen wir die Temperaturen des ursprünglich kalten und des ursprünglich heißen Wassers. Die zeitliche Änderung der Temperaturen beider Wassermengen stellen wir grafisch dar.

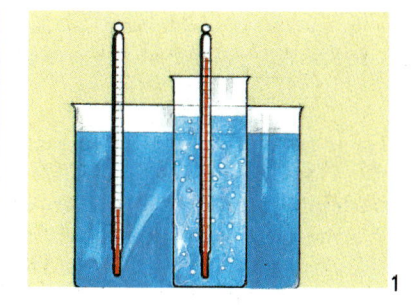

Aus dem Diagramm erkennen wir, daß nach einigen Minuten ein Temperaturausgleich eintritt. Die Temperaturen ändern sich aber nicht in jeder Minute um denselben Betrag. Zu Beginn der Wärmeleitung ändern sich die Temperaturen schneller als am Ende. Daraus können wir schließen:

Die Energieübertragung durch Wärmeleitung erfolgt um so schneller, je größer der Temperaturunterschied ist. Die Wärmeleitung endet, wenn sich die Temperaturen ausgeglichen haben.

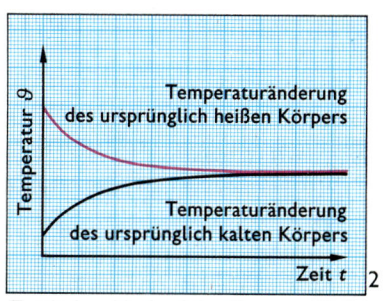

Zeitlicher Verlauf des Temperaturausgleichs

Energieübertragung durch Wärmestrahlung

Nimmt man den Kaffeekrug von der Kaffeemaschine und hält die andere Hand wenige Zentimeter unter den Krug, empfindet man eine Wärmewirkung. Diese Wärmewirkung kann man auch mit einem Thermometer nachweisen (Bild 3).
Die Ursache für diese Wärmewirkung kann nicht die Energieübertragung durch Konvektion sein, denn diese Luftströmung ist immer nach oben gerichtet. Auch die Energieübertragung durch Wärmeleitung kann es nicht sein, denn Luft ist ein schlechter Wärmeleiter. Offenbar gibt es auch die Möglichkeit, thermische Energie ohne die Beteiligung eines Stoffes zu übertragen.
Diese Art der Energieübertragung nennt man **Wärmestrahlung**. Wir kennen sie zum Beispiel als Wärmestrahlung der Sonne. Der Raum zwischen Sonne und Erde ist nahezu luftleer, und dennoch erreicht uns die Energie der Sonne.

Nachweis der Wärmestrahlung

THERMISCHE ENERGIE UND WÄRME

Wärmestrahler. Aus Erfahrung (Ofen, Glühlampe, Kerze) vermuten wir, daß nur sehr heiße Körper Wärmestrahlung aussenden. Dies kann man mit einem einfachen Experiment widerlegen.

> **Experiment 5**
> Wir halten eine Hand dicht an unser Gesicht. Nach kurzer Zeit verspüren wir auf der Wange eine deutliche Wärmewirkung.

Dieses und weitere Experimente zeigen:

Jeder Körper ist ein Wärmestrahler.

Da jeder Körper ein Wärmestrahler ist, sendet ein Körper nicht nur Wärmestrahlung aus, sondern er erhält auch von anderen Körpern in seiner Umgebung Wärmestrahlung. Strahlt ein Körper mehr Wärme an die Umgebung ab, als er von ihr erhält, nimmt seine thermische Energie ab. Seine Temperatur sinkt. Nimmt er dagegen mehr Wärme aus der Umgebung auf, als er abstrahlt, nimmt seine thermische Energie zu. Seine Temperatur steigt.

Reflexion und Absorption von Wärmestrahlung. Wärmestrahlung hat ähnliche Eigenschaften wie Lichtstrahlung. Trifft Wärmestrahlung auf einen Körper, so kann sie reflektiert, verschluckt (absorbiert) oder hindurchgelassen werden.

> **Experiment 6**
> Zwei Hohlspiegel aus Metall werden im Abstand von etwa 1,5 m, mit den Höhlungen zueinander gekehrt, aufgestellt. Im Brennpunkt des einen Spiegels wird eine Glühlampe entzündet. Im Brennpunkt des anderen Spiegels befindet sich ein Thermometer.

Wir beobachten: Nach kurzer Zeit steigt die Temperatur stark an.

> **Experiment 7**
> Wir stecken über die Thermometergefäße zweier Thermometer je eine Hülle aus weißem bzw. schwarzem Papier. Auf beide Thermometer wird ein Infrarotstrahler gerichtet.

Wir beobachten: Das Thermometer mit der schwarzen Hülle zeigt nach kurzer Zeit eine höhere Temperatur an als das Thermometer mit der weißen Hülle.

> **Dunkle Körper absorbieren mehr Wärmestrahlung als helle Körper. Helle, glänzende Körper reflektieren den größten Teil der Wärmestrahlung.**
> **Einige durchsichtige Stoffe (Glas, Kohlendioxid) lassen nur die Wärmestrahlung der Sonne und anderer sehr heißer Körper hindurch, nicht aber die Wärmestrahlung von Körpern mit niedrigen Temperaturen.**

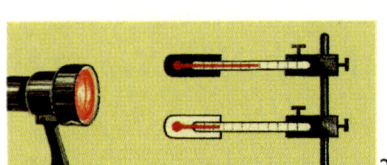

ENERGIEÜBERTRAGUNG DURCH WÄRME

Ein Blick in die Natur

Energiehaushalt der Erde. Die Sonnenstrahlung ist die Quelle allen Lebens auf der Erde. Sie besteht aus sichtbarem Licht und aus Strahlungen, die das Auge nicht als Licht empfindet. Hierzu gehören die Wärmestrahlung und die ultraviolette Strahlung. Beide sind uns von der Infrarotlampe beziehungsweise der Höhensonne bekannt.

Von der Strahlung, die unsere Erde erreicht, reflektiert die Lufthülle etwa 30 % in das Weltall zurück. Etwa 47 % der Sonnenstrahlung gelangen bis zur Erde und heizen die Meere und Kontinente. Die restlichen 23 % der Strahlung verdunsten Wasser. Nur ein Bruchteil der auf die Erde übertragenen Energie (weniger als 1 %) wird in den Pflanzen in chemische Energie umgewandelt und gespeichert. Diese Energie wird von Tier und Mensch mit der Nahrung aufgenommen.

Alle auf die Erde übertragene Energie wird nach mehreren Umwandlungen schließlich in thermische Energie umgewandelt. Warum wird dennoch die Erde nicht auf lebensfeindliche Temperaturen aufgeheizt? Die Erde gibt ständig genausoviel Wärmestrahlung wieder ab wie sie von der Sonne erhält (Bild 1). Dieses Gleichgewicht wird vom Menschen zunehmend gestört (s. „Energie und Umwelt").

Einfluß der Wolken auf die Lufttemperaturen. Wolken bestehen aus Wassertröpfchen. Wasser hat die Eigenschaft, die meiste Wärmestrahlung zu reflektieren oder zu absorbieren. Tagsüber reflektieren Wolken einen großen Teil der auf sie treffenden Sonnenstrahlung in das Weltall zurück, den anderen Teil absorbieren sie (Bild 2). Es gelangt wenig Wärmestrahlung zum Erdboden, die Luft wird weniger erwärmt. Nachts verhindern Wolken eine starke Abkühlung. Sie reflektieren einen großen Teil der von der Erde ausgehenden Wärmestrahlung zur Erde zurück.

Golfstrom. Obwohl die Sonnenstrahlung in Erdnähe parallel verläuft, überträgt sie nicht auf jeden Quadratmeter der Erde gleich viel Energie. Je weiter man vom Äquator aus nach Norden oder Süden kommt, desto schräger verläuft die Erdoberfläche zur Sonnenstrahlung und desto weniger Energie gelangt auf jeden Quadratmeter. Daher ist die Energieeinstrahlung am Äquator am intensivsten. Das Wasser erwärmt sich dort im August bis auf etwa 27 °C. Die im Meerwasser gespeicherte thermische Energie wird dann mit Meeresströmungen wie dem Golfstrom in andere Gebiete der Erde transportiert (siehe Bild fol-

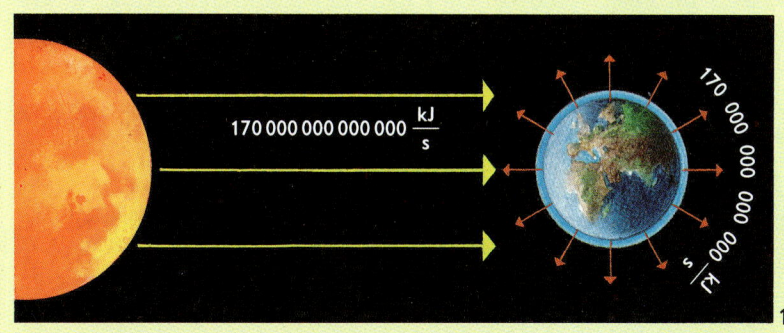

Bodenheizung der Luft. Die Wärmestrahlung der Sonne durchdringt die Luft. Von der Luft kann aber nur ein sehr kleiner Teil der Strahlung absorbiert werden. Deshalb bleibt die Luft im Winter auch bei schönstem Sonnenschein häufig frostig kalt.

Die Wärmestrahlung der Sonne kann erst im Wasser der Ozeane, im Erdboden, in den Straßen und Hauswänden absorbiert werden. Sie erwärmen sich und geben Wärmestrahlung ab. Sie heizen ihrerseits die Luft.

gende Seite). Der Golfstrom erhält seine warmen Wassermassen aus dem Golf von Mexiko. Der Golfstrom ist wie ein Fluß im Meer. Ein mit ihm mittreibendes Schiff würde an einem Tag über 200 km nach Norden gelangen.

Im Atlantik verzweigt sich der Golfstrom. 10 Millionen Kubikmeter seines warmen Wassers erreichen in jeder Sekunde die europäischen Gewässer. So wird er zur „Warmwasserheizung" von Nord- und Westeuropa. Ihm verdankt Westeuropa seinen milden Winter.

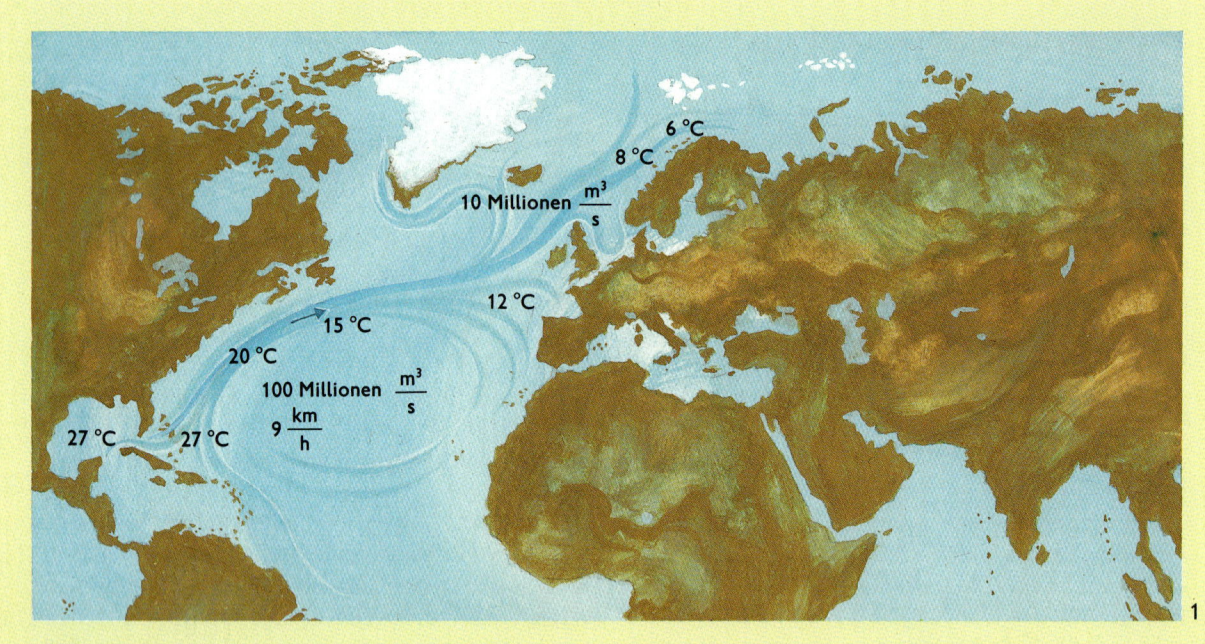

Wasserkreislauf der Erde. Die Ozeane sind das „Wasserwerk" für die Kontinente. Jährlich verdunsten aus allen Ozeanen etwa 510 000 km³ Meerwasser. Das entspricht einer Wasserschicht von 1,41 m Tiefe. Hierzu sind fast 23 % der von der Sonne auf die Erde übertragenen Energie erforderlich. Die Verdunstung führt zu einem ständigen Nachschub von Wasserdampf in die Atmosphäre. Zum Verdunsten des Wassers für eine sehr große Wolke ist so viel Energie erforderlich, wie ein Kraftwerk in einem ganzen Jahr bereitstellt. Beim Kondensieren des Wasserdampfes in der Atmosphäre wird diese Energie wieder als Kondensationswärme frei. Sie wird von der Erdatmosphäre an das Weltall abgegeben.

Nur ein kleiner Teil des Wassers (50 000 km³) erreicht die Kontinente, wobei Europa ein bevorzugter Kontinent ist. Der größte Teil des Wassers (460 000 km³) fällt als Regen unmittelbar in die Meere zurück.

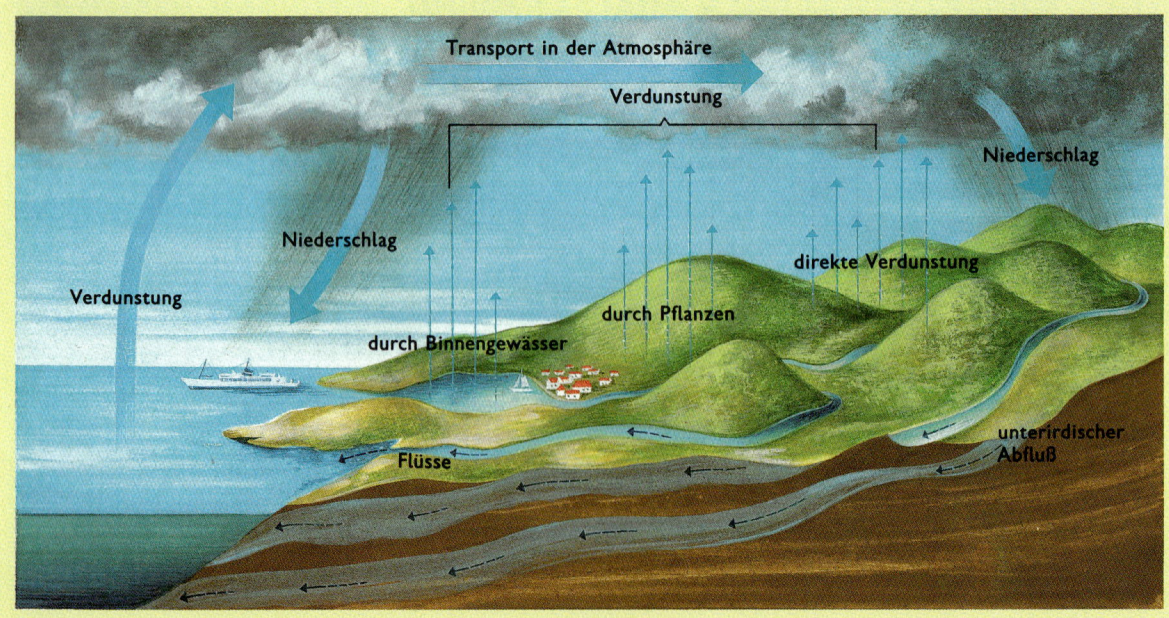

ENERGIEÜBERTRAGUNG DURCH WÄRME

Entstehung von Winden. Am Äquator erwärmt sich auch die Luft am stärksten. Dadurch dehnt sich die Luft aus, und ihre Dichte wird kleiner. Die Folge ist, daß die heiße Luft am Äquator innerhalb der Lufthülle der Erde einen Auftrieb erhält. Sie steigt bis zu 10 km nach oben. Zum Ausgleich fließt ständig Luft von der Nord- und Südhalbkugel zum Äquator nach. Diese beständig wehenden Winde heißen Passate (Bild 1).

Durch die Erddrehung wehen die Passatwinde auf der Nordhalbkugel von NO nach SW. Auf der Südhalbkugel ist es umgekehrt. Auch örtliche Winde entstehen durch Temperaturunterschiede der Luft. Da sich tagsüber die Luft über dem Festland schneller erwärmt als über Wasser, bläst am Tage ein Seewind (Bild 2). Über Wäldern ist die Luft stets kälter als über Feldern, weil die Bäume Wasser verdunsten und die dazu erforderliche Verdampfungswärme aus der Luft entziehen. So kommt es zu Aufwinden an den Übergängen zwischen Wäldern und Feldern (Bild 3). In Gebirgen werden die Hänge zuerst von der Sonne erwärmt. In das Tal gelangt die Sonnenstrahlung erst später. Daher weht der Wind hangaufwärts (Bild 4). Nachts kehren sich die Richtungen aller örtlichen Winde um, weil sich die Temperaturunterschiede der Luft umkehren.

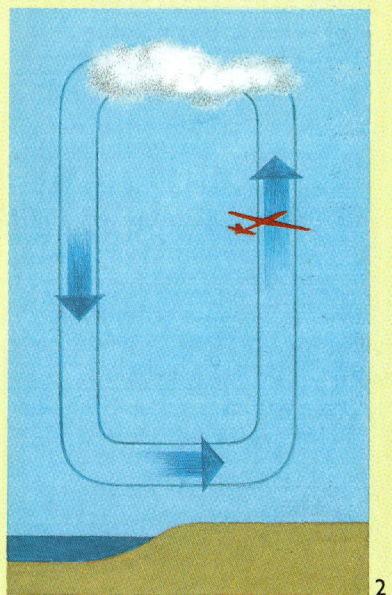

Energiehaushalt von Tieren. Die meisten Vögel und Säugetiere sind Warmblüter. Sie müssen ihre Körpertemperatur immer auf einen ganz bestimmten Wert halten. Der Unterschied zwischen der Körpertemperatur und der Lufttemperatur führt bei ihnen zu einer ständigen Wärmeabgabe an die Umgebung.

Damit sie ihre Körpertemperatur dennoch aufrechterhalten, müssen die Tiere Nahrung verdauen oder mit ihren Muskeln Arbeit verrichten. Bei beiden Vorgängen entsteht aus der chemischen Energie der Nahrung beziehungsweise der körpereigenen Stoffe Wärme (Bild 5).

Ein Blick in die Technik

Fast 80 % des Energiebedarfs deutscher Haushalte sind heute noch für das Heizen erforderlich. Energiesparen heißt also zuerst, energiebewußt bauen. Kennzeichen eines **Energiesparhauses** sind:

Kompakte Hausform. Kompakte Häuser sind würfelförmig oder rechteckig mit einer einfachen Dachform. Dadurch haben sie eine kleine Außenfläche, von der wenig Energie durch Wärmestrahlung abgegeben wird.

Wärmedämmung an Wänden, Decken und Dächern. Diese Teile eines Hauses lassen besonders viel Wärme hindurch. Sie müssen sorgfältig mit Mineralfasern oder Hartschaum versehen werden (Bild 1). Diese Dämmstoffe behindern die Wärmeleitung. In Heizkörpernischen sind aluminiumbeschichtete Folien günstig, sie reflektieren die Wärmestrahlung der Heizkörper ins Zimmer zurück. Beton- und Stahlträger leiten die Wärme sehr gut aus dem Haus. Deshalb sollten Balkone auf Holzbalken ruhen.

Rolläden an Fenstern. Nachts können an Fenstern große Wärmeverluste entstehen. Die Luftströmung zwischen den Doppelfenstern trägt Wärme von den Innenscheiben zu den Außenscheiben. Von dort wird sie an die noch kältere Außenluft abgegeben.
Doppelt verglaste Fenster und Innen- oder Außenrolläden besitzen eine bessere Wärmedämmung. Sie unterbinden die Luftströmung. Die zwischen den Scheiben oder zwischen den Scheiben und den Rolladen ruhende Luft ist ein schlechter Wärmeleiter.

Moderne Heizung. Moderne Heizsysteme nutzen außer Brennstoffen auch die Wärmestrahlung der Sonne (Bild 2). Das im Kollektor (1) auf 50 °C aufgeheizte Wasser erhitzt in einem Wärmetauscher (2) das Wasser für die Dusche, und es wärmt das Wasser für die Warmwasserheizung vor. So ist im Heizkessel (3) weniger Energie für die Erwärmung des Wassers auf 70 °C erforderlich.
Das Mischerventil mischt dem Wasser im Vorlauf Wasser aus dem Rücklauf zu.
Manche Heizkessel nutzen auch noch die Kondensationswärme, die in den Verbrennungsgasen verborgen ist. Dazu umströmt Wasser aus dem Rücklauf das Abgasrohr und kühlt diese Gase, bis sie sich teilweise verflüssigen. Das Wasser nimmt dabei die Kondensationswärme der Verbrennungsgase auf.
Immer mehr Heizsysteme sind auch mit Wärmepumpen gekoppelt. Sie machen die kostenlose thermische Energie der Luft, des Erdbodens oder des Grundwassers für die Heizung nutzbar.

Ausrichten der Wohnräume nach Süden. Wohnräume nach Süden sparen Energie, wenn sie große Fenster haben (50 % bis 75 % der Wandfläche), die nachts mit Rolläden verschlossen werden. Räume, wie Diele, Treppenhaus oder Speisekammer, erfordern niedrigere Temperaturen und sollten sich auf der Nordseite der Wohnung befinden.

Windschutz. Wind führt als Luftströmung viel Wärme vom Haus weg. Deshalb kommt dem Windschutz Bedeutung zu. Tiefgezogene Dächer, Baumgruppen oder Garagen leiten den Wind über das Haus hinweg.

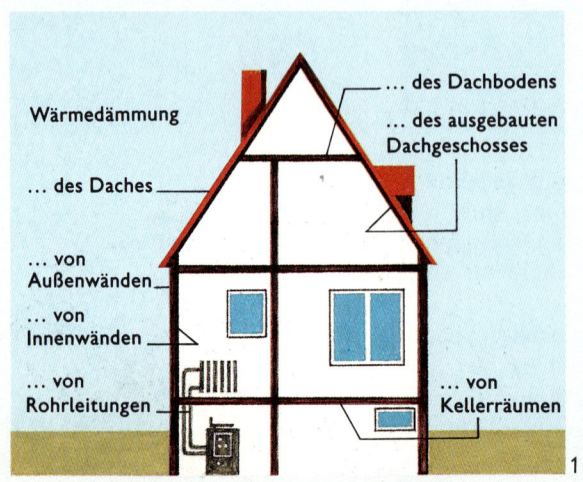

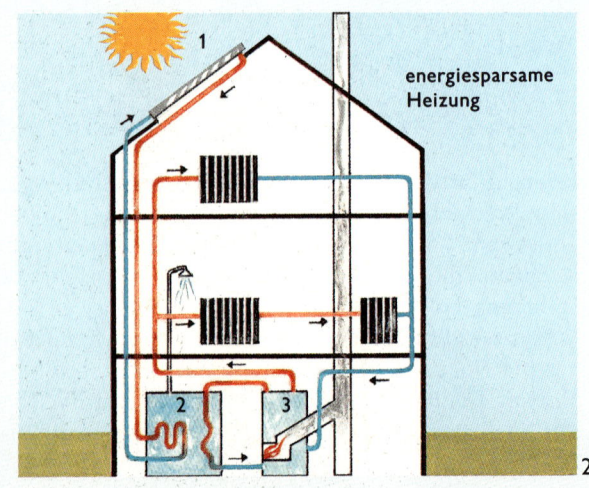

ENERGIEÜBERTRAGUNG DURCH WÄRME

Weißt du es? Kannst du es?

1. Welchen Vorzug haben doppelt verglaste Fenster vor Doppelfenstern?
2. In Selbstbedienungsläden sind Tiefkühltruhen oben offen. Tritt bei den vorhandenen Temperaturunterschieden eine Luftströmung ein?
3. Weshalb haben Heizkörper Rippen?
4. Wieviel Wärme gibt der Golfstrom in jeder Sekunde an die europäischen Gewässer ab? Gib die thermische Leistung des Golfstroms für Europa an und vergleiche sie mit der Leistung eines Großkraftwerkes (500 MW)!
5. Wie funktioniert die Heizung in einem Pkw?
6. Hunde können nicht schwitzen. Um im Sommer ihre Körpertemperatur zu halten, hecheln Hunde.
   Begründe physikalisch, was beim Hecheln geschieht! Und wie kühlen sich Hunde beim schnellen Lauf ab?
7. Warum fühlt sich eine Metallklinke stets kälter an als eine Klinke aus Kunststoff?
8. Warum darf man aus dem Experiment 2 nicht schließen, daß Kupfer die Wärme besser leitet als Stahl? Denk an die spezifische Wärmekapazität!
   Wie müßte das Experiment verändert werden, damit der Schluß korrekt ist?
9. Bild 1 ist das Thermogramm eines Wohnhauses. Für solche „Fotografien" nutzt man anstelle des sichtbaren Lichtes die Wärmestrahlung. Von blau über grün, rot und orange bis weiß zeigen die Farben steigende Temperaturen an. Was sagt dir dieses Thermogramm?
10. Sicher hat deine Mutter bei dir schon einmal einen Wadenwickel angelegt, wenn du hohes Fieber hattest.
    Wozu hat sie das gemacht, und was geschah aus physikalischer Sicht?
11. Warum kann der Mensch die riesengroße thermische Energie der Ostsee praktisch kaum nutzen?
12. Warum werden die Rohre der Fernheizung mit Glaswolle und glänzendem Aluminium umgeben?
13. Warum haben Kühlwagen, Kühllastzüge und Kühlschränke weiße Oberflächen?
14. Warum ist es draußen nicht gegen Mitternacht, sondern kurz vor Sonnenaufgang am kältesten?
15. Informiere dich über den Aufbau einer Thermosflasche!
    Welche physikalischen Gesetze nutzt man dabei?
16. Warum ist es in einem Gewächshaus auch ohne zusätzliche Heizung wärmer als außen?
17. Wie kann man die großen Temperaturunterschiede auf der Tag- und Nachtseite des Mondes erklären?
18. Der Freund von Herrn Findig glaubt, findig zu sein (Bild 2).
    Herr Findig lacht ihn aber aus und empfiehlt seinerseits, den Kühlschrank ohne Tür so in die Hauswand einzubauen, daß in der kälteren Jahreszeit das Kühlfach nach innen geöffnet ist.
    Was meinst du dazu?

Wärmequellen

Wärmequellen sind Energiewandler. Sie erzeugen die Wärme stets aus unterschiedlichen Energieformen.

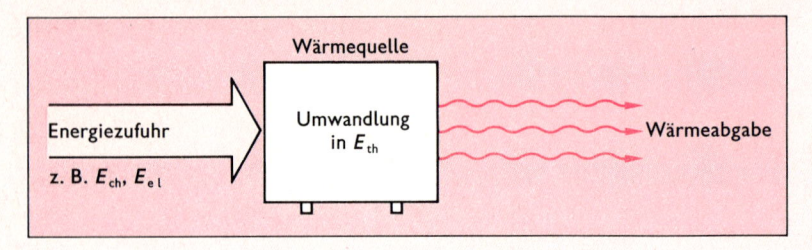

Spezifische Wärmekapazität

Die spezifische Wärmekapazität c eines Stoffes gibt an, wieviel Wärme notwendig ist, damit sich die Temperatur von 1 kg dieses Stoffes um 1 K erhöht.
Will man einen Körper mit der Masse m um den Temperaturbetrag ΔT erwärmen, braucht man die Wärme $Q = c \cdot m \cdot \Delta T$.
Kühlt sich ein Körper ab, gibt er Wärme ab. Die Wärmeabgabe berechnet sich nach derselben Gleichung.

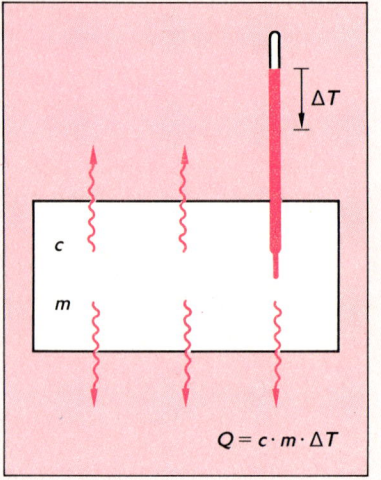

Aggregatzustandsänderungen

Stoffe kommen in verschiedenen Aggregatzuständen vor.
Beim Erreichen der Umwandlungstemperatur ändert sich der Aggregatzustand. Während der Änderung des Aggregatzustandes ändert sich die Temperatur nicht.
Die Umwandlungstemperaturen sind vom Druck abhängig.
Aggregatzustandsänderungen sind mit Volumenänderungen verbunden.

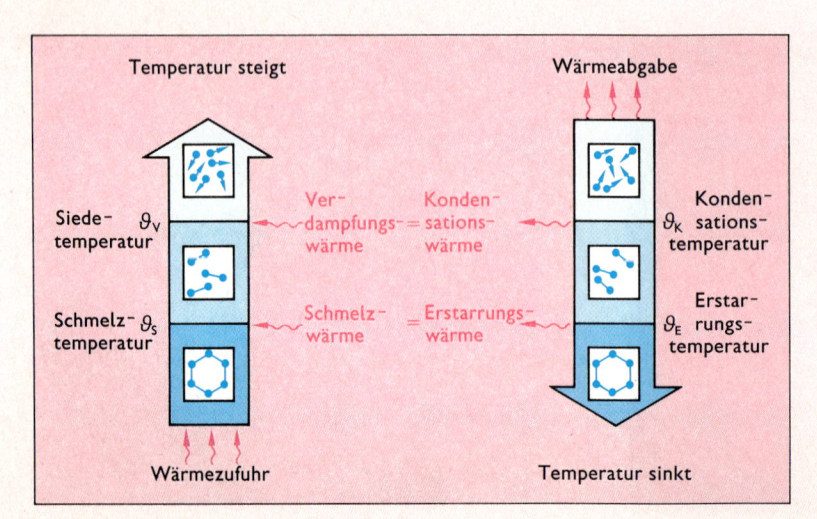

Die Verdampfungswärme ist erforderlich, damit die Teilchen die Flüssigkeit verlassen können.

Die Schmelzwärme ist erforderlich, um die Anordnung der Teilchen im Körper aufzulösen.

KURZ UND KNAPP

Physikalische Gesetze für den Energietransport durch Wärme

Arten des Energietransports durch Wärme
Thermische Energie kann durch Wärmeleitung, Wärmeströmung und Wärmestrahlung von einem Körper auf andere Körper übertragen werden.

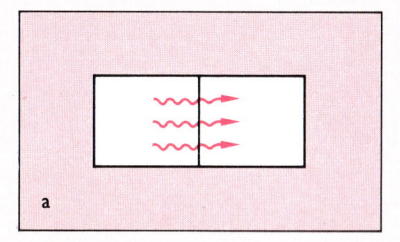

a
Wärmeleitung
(Stoff bewegt sich nicht)

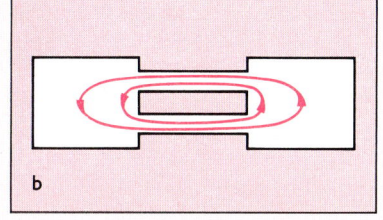

b
Wärmeströmung
(mit Stofftransport verbunden)

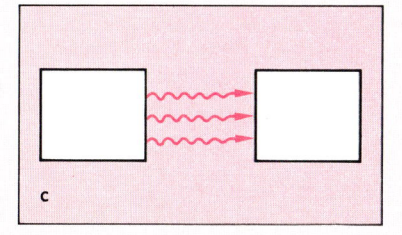

c
Wärmestrahlung
(kein Stoff erforderlich)

Erhaltung der Energie
Bei keinem Vorgang kann Energie neu entstehen oder verschwinden. Sie kann jedoch von einem Körper auf einen anderen übergehen und sich von einer Energieform in eine andere umwandeln.

Richtung der Energieübertragung
Von selbst wird thermische Energie nur von Körpern mit höheren Temperaturen auf Körper mit tieferen Temperaturen übertragen.

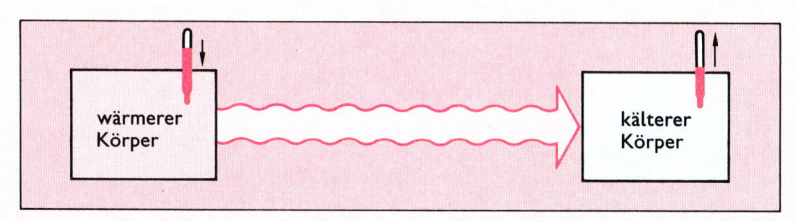

Umkehrung der Richtung der Energieübertragung
Die Richtung des Energietransports kann durch Wärmepumpen umgekehrt werden. Dafür muß zusätzliche Energie aufgewandt werden.

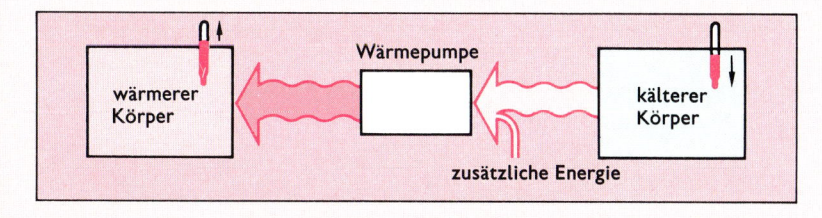

Geschwindigkeit der Energieübertragung
Der Energietransport durch Wärme erfolgt um so schneller, je größer der Temperaturunterschied ist. Der Energietransport endet, wenn sich die Temperaturen ausgeglichen haben.

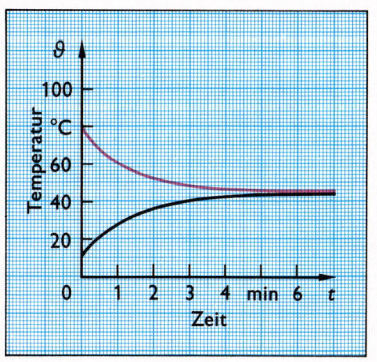

1 Verbrennungsmotoren und Turbinen

Die heißen Verbrennungsgase der Kerzen besitzen Energie. Sie drehen das Flügelrad der Pyramide langsam und verrichten so mechanische Arbeit. Wie kann man erreichen, daß der Wirkungsgrad dieses Prozesses verbessert wird?

Thermische Energie von Gasen

Energie ist die Fähigkeit eines Körpers mechanische Arbeit zu verrichten, Wärme abzugeben oder Strahlung auszusenden. Eine wichtige Energieform ist die thermische Energie.
Mit Hilfe der Vorstellung vom Aufbau der Stoffe aus Teilchen können wir die thermische Energie eines Gases so deuten: Die Teilchen eines Gases sind in ständiger Bewegung, daher haben sie kinetische Energie. *Die thermische Energie eines Gases ist die Summe der kinetischen Energie aller Teilchen* (Bild 2).
Je höher die Temperatur eines Gases ist, desto schneller bewegen sich die Teilchen und desto größer ist damit ihre kinetische Energie. Damit ist auch die Summe der kinetischen Energie aller Teilchen größer. Das bedeutet: Je höher die Temperatur eines Gases ist, desto größer ist seine thermische Energie.
Wir wissen bereits, die thermische Energie von Gasen kann durch Zufuhr von Wärme erhöht werden. Es gibt aber auch noch andere Möglichkeiten. Verschließt man die Öffnung einer Fahrradluftpumpe mit dem Daumen und schiebt den Kolben mehrmals in den Zylinder, spürt man deutlich die Erwärmung der Luftpumpe. Die beim Zusammendrücken der Luft verrichtete mechanische Arbeit ist in der Luft teilweise als thermische Energie gespeichert, was zu einer Temperaturerhöhung des Gases führt. Es gibt also zwei Möglichkeiten, die thermische Energie von Gasen zu erhöhen.

Die thermische Energie von Gasen kann durch mechanische Arbeit oder durch Wärmezufuhr erhöht werden.

Umgekehrt gilt:

Die thermische Energie eines Gases nimmt ab, wenn das Gas selbst mechanische Arbeit verrichtet oder Wärme abgibt.

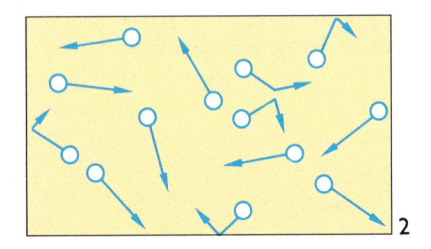

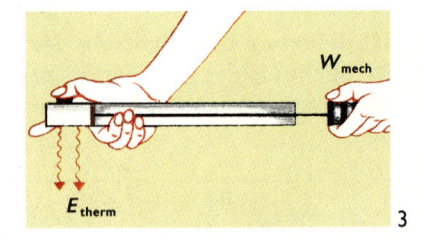

VERBRENNUNGSMOTOREN UND TURBINEN

Um die Luft der Luftpumpe stark zusammenzudrücken, bedarf es einer großen mechanischen Arbeit.
Umgekehrt kann auch ein unter hohem Druck stehendes Gas eine große mechanische Arbeit verrichten. Das zeigt das folgende Experiment (Bild 1):
Unter ein Flügelrad, wie bei der Pyramide, wird eine Blechdose mit einer kleinen Öffnung gebracht. In der Dose befindet sich etwas Wasser. Mit zwei Kerzen wird das Wasser zum Sieden erwärmt. Durch die thermische Energie der Kerzen verdampft das Wasser. Der Dampf tritt aus der Öffnung aus und versetzt das Flügelrad in Bewegung.
Der Druck des Dampfes bewirkt, daß sich das Flügelrad wesentlich schneller als bei der Pyramide dreht.
Die Umwandlung von thermischer Energie in mechanische Energie ist offenbar dann mit gutem Wirkungsgrad möglich, wenn man mit einem großen Druck arbeitet.
Dieses Prinzip nutzt man in Wärmekraftwerken. In einem Kessel wird Dampf mit hohem Druck erzeugt. Dadurch treten höhere Dampfgeschwindigkeiten als in unserem Experiment auf. Dieser Dampf versetzt die Turbinenräder in schnelle Rotation.
Doch der Umweg über den Wasserdampf ist umständlich. Besser ist es, die thermische Energie der Verbrennungsgase direkt in mechanische Energie umzuwandeln.
Die Umwandlung thermischer Energie in mechanische Energie bei großem Druck ist auch durch explosionsartiges Verbrennen eines Benzin-Luft-Gemisches möglich.

Der Viertakt-Ottomotor

Benzinmotoren sind kleine, leichte Wärmekraftmaschinen mit einer großen Leistung. Sie heißen nach ihrem Erfinder *Nikolaus Otto* auch Ottomotoren. Du weißt, daß sie in Krafträdern, Pkw und kleinen Booten eingebaut sind. Man benutzt sie auch zum Antrieb transportabler Maschinen, wie Benzinrasenmähern, Wasserpumpen bei der Feuerwehr und Motorsägen bei der Forstarbeit. Ottomotoren wandeln thermische Energie, die beim explosionsartigen Verbrennen von Benzin entsteht, in mechanische Energie um.
Bild 2 zeigt den **Aufbau** eines Viertakt-Ottomotors.

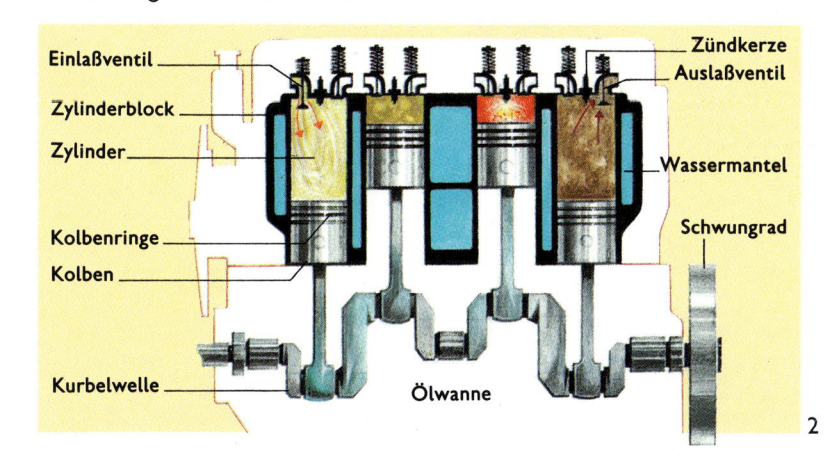

Der Motor hat vier Zylinder. Es gibt auch Motoren mit mehr und solche mit weniger Zylinder. Jeder Zylinder hat ein Einlaß- und ein Auslaßventil. Durch das Einlaßventil strömt das Benzin-Luft-Gemisch ein, durch das Auslaßventil strömen die Verbrennungsgase hinaus. Weiterhin befindet sich im Zylinder eine elektrische Zündkerze, mit der das Benzin-Luft-Gemisch gezündet wird. Die gegenüberliegende Öffnung des Zylinders ist durch einen beweglichen Kolben verschlossen. Am Kolben ist eine Pleuelstange befestigt. Sie überträgt die Bewegung des Kolbens auf die Kurbelwelle. Die Kurbelwelle ist über weitere Teile (Getriebe und Kupplung) mit den Rädern des Fahrzeugs oder der anzutreibenden Maschine verbunden. Da sich der Motor beim Verbrennen des Benzin-Luft-Gemisches erhitzt, muß er gekühlt werden.

Außerdem gehört zum Ottomotor ein Vergaser. Er befindet sich außerhalb des Motors. Im Vergaser entsteht aus dem flüssigen Benzin und der Luft das gasförmige Benzin-Luft-Gemisch, das dem Motor zugeführt wird.

Arbeitsweise des Viertakt-Ottomotors. Man kann die Vorgänge in einem Ottomotor sehr gut verstehen, wenn man sie in einzelne Takte gliedert. Von diesen Takten rührt der Name her. In Viertakt-Motoren wiederholen sich die Vorgänge immer nach 4 Takten. Bei einem Viertakt-Ottomotor unterscheidet man folgende Takte:

1. Takt: Ansaugen des Benzin-Luft-Gemisches
2. Takt: Verdichten des Benzin-Luft-Gemisches
3. Takt: Verbrennen des Benzin-Luft-Gemisches und Ausdehnen der Verbrennungsgase
4. Takt: Ausschieben der Verbrennungsgase.

Betrachten wir die Vorgänge in den einzelnen Takten genauer (Bild 1):

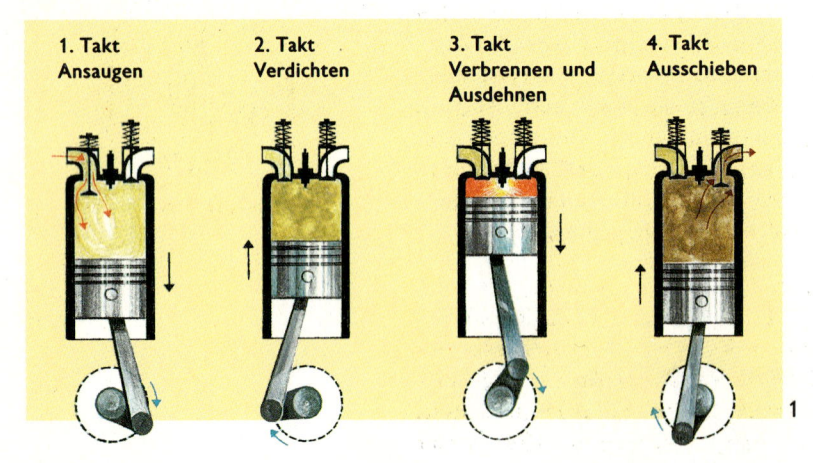

1. Takt. Der Kolben bewegt sich in Richtung der Kurbelwelle. Dadurch entsteht im Zylinder ein Unterdruck. Das Einlaßventil wird geöffnet. Durch das Ventil wird das Benzin-Luft-Gemisch angesaugt, das im Vergaser erzeugt wird.

2. Takt. Die Ventile sind geschlossen. Der Kolben bewegt sich in Richtung der Zündkerze bis das Volumen des Gases auf etwa $1/8$ des ursprünglichen Volumens verkleinert ist. Dabei steigt die Temperatur des Gases auf etwa 400 °C.

3. Takt. Die Ventile sind weiterhin geschlossen. An der Zündkerze springt ein Funke über und entzündet das Benzin-Luft-Gemisch. Beim explosionsartigen Verbrennen steigt die Temperatur auf etwa 2 000 °C an und der Druck nimmt stark zu. Mit diesem Druck wirkt das verbrannte Gas auf den Kolben und treibt ihn in Richtung der Kurbelwelle.

4. Takt. Das Auslaßventil wird geöffnet. Der Kolben bewegt sich in Richtung Zündkerze und schiebt die Verbrennungsgase aus dem Zylinder.

Danach schließt sich wieder der 1. Takt an usw.

Damit sich die Kurbelwelle sehr schnell drehen kann, müssen alle Vorgänge zeitig genug eingeleitet werden. So beginnt sich das Ansaugventil schon am Ende des ersten Taktes zu schließen. Die Zündung erfolgt bereits am Ende des zweiten Taktes. Dadurch kann das Benzin-Luft-Gemisch im dritten Takt vollständig verbrennen.

Während des gesamten dritten Taktes wirkt dann ein großer Druck auf den Kolben. Das Auslaßventil beginnt sich bereits am Ende dieses Taktes zu öffnen.

Bei einem Vierzylindermotor laufen in den einzelnen Zylindern gleichzeitig unterschiedliche Takte ab (Bild 2, S. 221). Zur gleichen Zeit wird im 1. Zylinder angesaugt und im 3. verdichtet. Im 4. Zylinder erfolgt das Verbrennen und im 2. das Ausschieben. Dadurch vollzieht sich zu jedem Zeitpunkt in einem Zylinder die Verbrennung und ein Kolben überträgt mechanische Energie auf die Kurbelwelle.

Zweitaktmotor. Neben den Viertaktmotoren gibt es Motoren, in denen die Prozesse in zwei Takten ablaufen (Bild 1). Im 1. Takt bewegt sich der Kolben in Richtung der Zündkerze. Dabei wird das Benzin-Luft-Gemisch im Zylinder verdichtet. Gleichzeitig wird durch den Einlaßkanal weiteres Gemisch angesaugt. Im 2. Takt verbrennt das Benzin-Luft-Gemisch im Zylinder und schleudert den Kolben in Richtung Kurbelwelle. Danach strömen die Verbrennungsgase aus dem Auslaßkanal. Gleichzeitig gelangt das vorverdichtete Benzin-Luft-Gemisch durch den Überströmkanal in den Zylinder. Die Vorteile des Zweitaktmotors bestehen unter anderem in seinem geringen Gewicht, im Fehlen von Ventilen und im Verrichten von Arbeit in jedem 2. Takt. Nachteile treten vor allem durch das gleichzeitige Öffnen von Auslaß- und Überströmkanal auf.

Energieumwandlungen im Motor. Dem Ottomotor wird die Energie in Form der chemischen Energie des Benzin-Luft-Gemisches zugeführt. Beim Verbrennen erfolgt eine Umwandlung der chemischen Energie in thermische Energie. Diese wird z. T. in mechanische Energie der sich drehenden Kurbelwelle umgewandelt. Ein anderer Teil der thermischen Energie wird an das Kühlwasser abgegeben oder verläßt den Motor mit den Auspuffgasen. Auch bei diesen Umwandlungen gilt das Gesetz von der Erhaltung der Energie.

Im Viertaktmotor verbrennt jeweils im 3. Takt das Benzin-Luft-Gemisch. Durch den dabei entstehenden großen Druck wird thermische Energie in mechanische Energie umgewandelt.

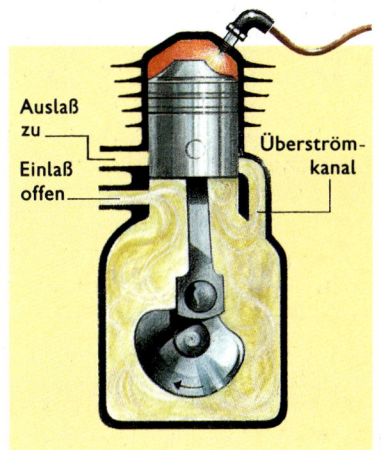

Der Viertakt-Dieselmotor

Zum Antrieb größerer Fahrzeuge, wie Lkw, Busse, Lokomotiven und Schiffe, werden Dieselmotoren verwendet. Bei gleicher Leistung haben Dieselmotoren eine größere Masse als Ottomotoren. Der Wirkungsgrad der Dieselmotoren ist aber größer als der von Ottomotoren. Sie sind auch dadurch wirtschaftlicher, weil man sie statt mit hochwertigem Benzin mit dem billigeren Dieselkraftstoff betreiben kann.

Aufbau eines Dieselmotors. Im Unterschied zum Ottomotor hat der Dieselmotor keinen Vergaser und keine Zündkerzen. Der Kraftstoff wird mit einer Einspritzpumpe in den Zylinder eingespritzt (Bild 1).

Arbeitsweise des Viertakt-Dieselmotors. Die Vorgänge in den einzelnen Takten laufen beim Dieselmotor fast in gleicher Weise ab wie beim Ottomotor. Der Unterschied besteht darin, daß die Luft im zweiten Takt sehr stark zusammengedrückt wird, so daß sich das Volumen auf $1/20$ verringert. Dadurch steigt die Temperatur auf ca. 600 °C (Bild 2). Sie ist dann so hoch, daß sich der Kraftstoff von selbst entzünden kann. Damit die Verbrennung zum richtigen Zeitpunkt erfolgt, wird der Kraftstoff zu Beginn des dritten Taktes eingespritzt. Durch die Verbrennung steigen Temperatur und Druck im Zylinder weiter stark an. Wegen des höheren Druckes müssen Dieselmotoren kräftiger als Ottomotoren gebaut werden. Deshalb haben sie bei gleicher Leistung eine größere Masse.

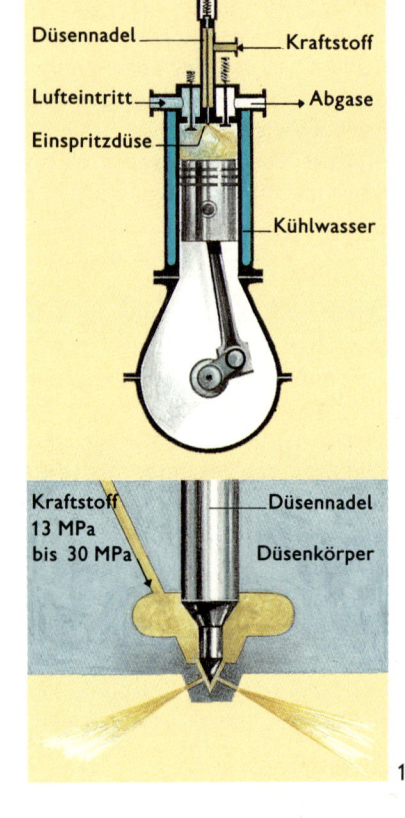

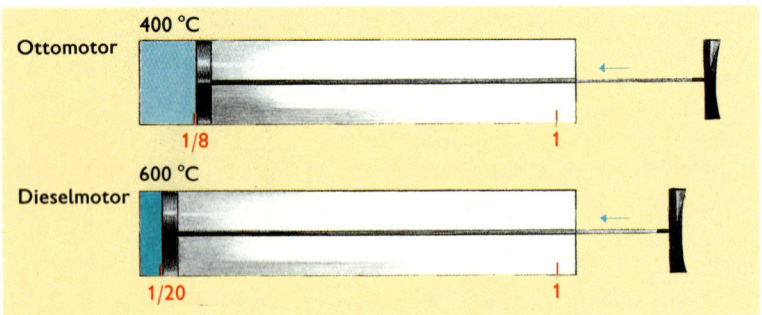

Im Dieselmotor wird die Luft stärker als im Ottomotor zusammengepreßt. Dadurch steigt die Temperatur so sehr, daß sich der eingespritzte Kraftstoff im Zylinder von selbst entzündet. Durch den höheren Druck ist auch sein Wirkungsgrad größer.

Benzinmotoren mit Einspritzpumpe

Es gibt auch Benzinmotoren, die ohne Vergaser arbeiten. Sie saugen wie Dieselmotoren Luft an. Das Benzin wird mit einer Einspritzpumpe fein verteilt in den Zylinder eingespritzt. Dadurch kann man den Verbrennungsvorgang gut steuern.

Ein Blick in die Technik

Turbinen. Vor allem in Kraftwerken werden zum Antrieb von Generatoren Turbinen eingesetzt (Bild 1). Während in den Verbrennungsmotoren die entstandenen Gase ausgestoßen werden, nutzt man in den Turbinen den erzeugten Dampf als „Arbeitsgas".

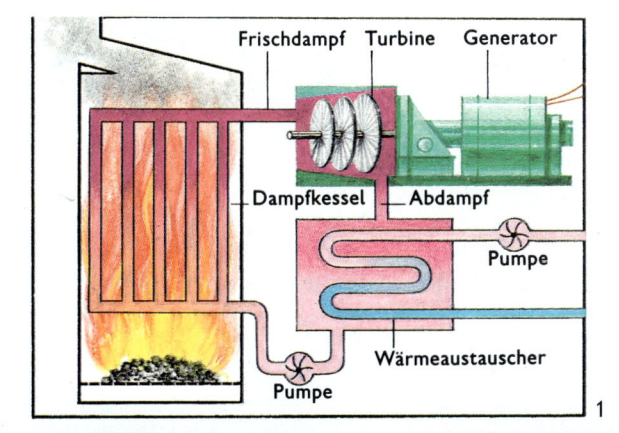

In einem Kessel wird aus Wasser Dampf erzeugt, der eine hohe Temperatur (ca. 625 °C) und einen großen Druck (ca. 12,5 MPa) besitzt. Der Dampf strömt auf ein Schaufelrad und treibt es an. Danach wird seine Richtung so verändert, daß er auf ein zweites Schaufelrad trifft usw. Beim Durchströmen jedes Schaufelrades wird ein Teil der thermischen Energie des Dampfes in mechanische Energie umgewandelt.

Warum arbeitet eine Dampfturbine nicht nur mit einem Schaufelrad wie eine Wasserturbine? Infolge des hohen Druckes würde dann der Dampf mit der Geschwindigkeit eines Geschosses auf das Rad auftreffen. Das Rad würde sich zu schnell drehen und dabei auseinanderreißen. Deshalb sind bei einer Turbine etwa 40 Laufräder auf einer Welle angeordnet. An jedes Laufrad überträgt der Dampf nur einen Teil seiner Energie. Dabei dehnt er sich immer mehr aus. Deshalb besitzen die Räder, die zuletzt durchströmt werden, die größten Schaufeln (Bild 2).

Ein Blick in die Geschichte

Die Entwicklung der Verbrennungsmotoren. Die ersten praktisch genutzten Wärmekraftmaschinen waren die Dampfmaschinen. Ab etwa 1700 führten diese von *James Watt* erfundenen Maschinen zu einer stürmischen Entwicklung der Industrie. Der Einsatz von Dampfmaschinen lohnte sich jedoch nur in großen Fabriken. Dort konnten viele Maschinen von einer Dampfmaschine angetrieben werden, und es wurde Tag und Nacht gearbeitet.

Kleine Betriebe hatten nur wenige Maschinen, die auch nur zeitweise benutzt wurden. Dort rentierte sich die Verwendung einer Dampfmaschine nicht. Man hätte den Kessel jedesmal wieder neu anheizen müssen, wenn die Maschine gebraucht worden wäre.

Solche Betriebe benötigten kleine Motoren, die man je nach Bedarf schnell an- und auch wieder abschalten konnte. Deshalb begannen um etwa 1850 die Entwicklungsarbeiten an einem kleineren Motor, der mit dem Gas aus der Gasleitung arbeiten sollte. Im Jahre 1876 baute der deutsche Techniker *Nikolaus Otto* (1832 bis 1891) einen solchen Motor und stellte ihn mit großem Erfolg 1878 auf der Pariser Weltausstellung vor. Obwohl die nach ihm benannten Ottomotoren heute fast ausschließlich zum Antrieb von Fahrzeugen Verwendung finden, war das nicht das Ziel *Ottos*. In seiner Fabrik baute er feststehende Gasmotoren zum Antrieb von Spinn- und Webmaschinen, Drehbänken, Sägen usw.

Der Nachteil der Gasmotoren bestand darin, daß diese zwar relativ leicht waren, aber dennoch nicht überall eingesetzt werden konnten. Gaswerke und Gasleitungen gab es fast nur in größeren Städten. Deshalb bemühten sich die beiden deutschen Ingenieure *Gottlieb Daimler* (1834 bis 1900) und *Wilhelm Maybach* (1846 bis 1929), zwei Angestellte im Betrieb von *Otto*, um die Weiterentwicklung des Gasmotors. Das Ziel *Daimlers* war es, daß jeder Motor sein eigenes kleines „Gaswerk" hatte. In diesem „Vergaser" sollte aus Petroleum (und später Benzin) und Luft ein brennbares „Gas" hergestellt werden. *Otto* war nicht an dieser Weiterentwicklung seines Gasmotors zu einem Benzinmotor interessiert, weil seine Gasmotoren sehr gefragt waren. Deshalb gründeten *Daimler* und *Maybach* eine eigene Werkstatt. Im Jahre 1883 lief ihr erster Motor. 1885 baute *Daimler* (Bild 1) das erste Motorrad der Welt. Damit wollte er zeigen, wie zuverlässig sein Motor arbeitet und wie vielseitig er sich verwenden läßt. Im gleichen Jahr baute der deutsche Ingenieur *Carl Benz* (1844 bis 1929) (Bild 2) das erste brauchbare Automobil (Bild 3), nachdem er 1883 die Firma Benz & Co. gegründet hatte. Beide Firmen haben sich 1926 zur Daimler-Benz-AG zusammengeschlossen.

An der Entwicklung der Kraftfahrzeuge hatte auch der deutsche Ingenieur *Robert Bosch* (1861 bis 1942) mit der Erfindung der Magnetzündung einen wesentlichen Anteil.

Der geringe Wirkungsgrad des Ottomotors veranlaßte den deutschen Ingenieur *Rudolf Diesel* (1858 bis 1913) zur Entwicklung des nach ihm benannten Motors. Dabei nutzte er bewußt die Gesetze der Thermodynamik. Seinen ersten funktionstüchtigen Motor stellte er im Jahre 1893 her.

Gottlieb Daimler 1

Carl Benz 2

Erstes Automobil von *Benz* 3

KURZ UND KNAPP

Weißt du es? Kannst du es?

1. Welche Unterschiede bestehen im Aufbau und in der Wirkungsweise zwischen Ottomotor und Dieselmotor?
2. Warum benötigt ein Dieselmotor keine Zündkerze?
3. Welche Vorzüge und Nachteile haben Diesel- und Ottomotoren?
4. Vergleiche die Wirkungsweise von Otto- und Dieselmotor in jedem einzelnen der 4 Takte!
5. Begründe, warum man bei einem Viertaktmotor den 3. Takt den „Arbeitstakt" nennt!
6. Erkläre die Wirkungsweise einer Wasserkühlung und einer Luftkühlung beim Verbrennungsmotor!
7. Wie kann der Kraftfahrer dazu beitragen, die Umweltbelastung durch Abgase zu verringern?
8. Welche Aufgabe haben die Ventile beim Verbrennungsmotor? Beschreibe ihre Stellung in den einzelnen Takten!
9. Kennzeichne die Vorzüge und Nachteile von Verbrennungsmotoren und Dampfturbinen! Bild 1 zeigt den Energiefluß durch einen Verbrennungsmotor. Welche Informationen kannst du aus dem Bild entnehmen?

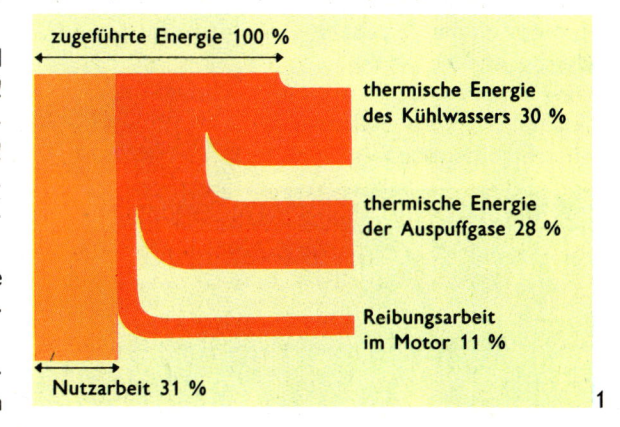

zugeführte Energie 100 %
thermische Energie des Kühlwassers 30 %
thermische Energie der Auspuffgase 28 %
Reibungsarbeit im Motor 11 %
Nutzarbeit 31 %

1

Verbrennungsmotoren und Dampfturbinen

In Verbrennungsmotoren und Dampfturbinen wird thermische Energie in mechanische Energie umgewandelt. Um einen großen Wirkungsgrad zu erreichen, arbeitet man mit möglichst großen Drücken und hohen Temperaturen.

Beim Viertakt-Motor geben die Verbrennungsgase nur im 3. Takt mechanische Energie ab.
In einer Turbine überträgt der Dampf ständig mechanische Energie auf die Laufräder.

Ottomotor				
1. Takt	2. Takt	Zündung	3. Takt	4. Takt
Ansaugen des Benzin-Luft-Gemisches	Verdichten des Benzin-Luft-Gemisches, dadurch Zunahme des Drucks und der Temperatur (ca. 400 °C)	Zündung des Gemisches durch elektrische Funken	Verbrennen des Gemisches, starke Zunahme von Temperatur und Druck, Ausdehnen der Gase	Ausschieben der Verbrennungsgase

Dieselmotor				
1. Takt	2. Takt	Zündung	3. Takt	4. Takt
Ansaugen der Luft	Verdichten der Luft, dadurch Zunahme des Drucks und der Temperatur (ca. 600 °C)	Einspritzen des Kraftstoffes, Zündung infolge der hohen Temperatur	Verbrennen des Kraftstoffes, Ansteigen von Temperatur und Druck, Ausdehnen der Gase	Ausschieben der Verbrennungsgase

1 Der elektrische Stromkreis

Du kennst sicher schon den elektrischen Stromkreis bei einer Fahrradbeleuchtung, bei einer Modelleisenbahn oder bei anderen elektrischen Spielzeugen. Worin gleichen sich diese elektrischen Stromkreise?

Der einfache elektrische Stromkreis

Der einfache elektrische Stromkreis besteht aus einer elektrischen Energiequelle (z. B. einer Batterie), einem elektrischen Gerät (z. B. einer Lampe, einem elektrischen Kocher oder einem Fernsehapparat), den Leitungen (z. B. Kabeln) und einem Schalter (Bild 2). Schließen wir den Schalter, dann ist der elektrische Stromkreis geschlossen; es fließt ein elektrischer Strom. Oft befindet sich im Stromkreis noch eine Sicherung. Durch sie soll verhindert werden, daß durch schadhafte Geräte oder Leitungen Brände entstehen.

In der Physik werden elektrische Energiequellen auch elektrische Spannungsquellen oder Stromquellen genannt. Elektrische Geräte, wie Lampen oder Motoren, werden in der Umgangssprache auch als „Energieverbraucher" bezeichnet. Dieses Wort ist physikalisch falsch. Es wird keine Energie verbraucht. Deshalb sagen wir im Physikunterricht Energieumwandler.

Offener elektrischer Stromkreis

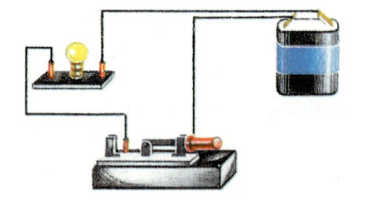

Geschlossener elektrischer Stromkreis

Spannungsquellen	Bauelemente	Leitungen/Schalter
Energiequelle —|⊢	Widerstand ─▭─	Leitung mit Abzweigung
Anschluß- klemmen —○ ○—	Lampe ─⊗─	Schalter, offen
für Strom- versorgungs- gerät ∿	Gleichstrom- motor ─Ⓜ─	Schalter, geschlossen

Einige Schaltzeichen

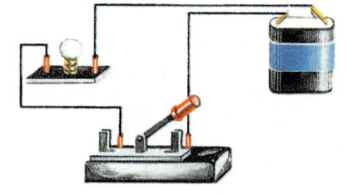

Da weiß auch Herr Findig keinen Rat.

DER ELEKTRISCHE STROMKREIS

Wirklichkeitsgetreue Bilder von elektrischen Stromkreisen sind unübersichtlich und schwer zu zeichnen.
Einfacher ist es, elektrische Stromkreise in Form von Schaltplänen darzustellen (Bild 1). Die dazu benutzten Schaltzeichen sind international vereinbart.

Ein einfacher elektrischer Stromkreis besteht aus einer elektrischen Energiequelle, einem elektrischen Gerät, Leitungen und einem Schalter. Ein elektrischer Strom fließt nur in einem geschlossenen elektrischen Stromkreis.

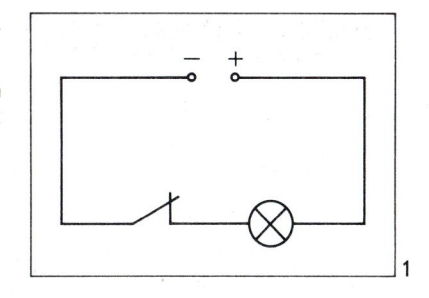

Schaltplan eines einfachen elektrischen Stromkreises

Elektrische Energiequellen

In den elektrischen Energiequellen entsteht die elektrische Energie durch Umwandlung aus anderen Energieformen:

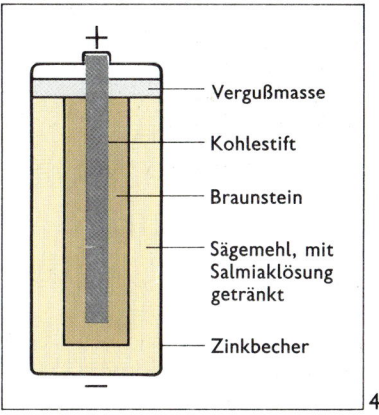

Batterien	Fahrraddynamo
$E_{chem} \rightarrow E_{el}$	$E_{mech} \rightarrow E_{el}$

Zink-Kohle-Element: Vergußmasse, Kohlestift, Braunstein, Sägemehl, mit Salmiaklösung getränkt, Zinkbecher

Eine verbreitete elektrische Energiequelle ist das Zink-Kohle-Element (Bild 4). In ihm entsteht die elektrische Energie durch Umwandlung von chemischer Energie. Dabei wird der Zinkbecher zersetzt. Wenn der Zinkbecher zerstört ist, dann ist die elektrische Energiequelle nicht mehr nutzbar. Es gibt auch elektrische Energiequellen, die wieder aufladbar sind. Sie heißen Akkumulatoren.
Die elektrische Energie wird von der Energiequelle zu den elektrischen Geräten übertragen. Dort dient sie z. B. zum Verrichten von mechanischer Arbeit oder zum Erzeugen von Wärme und Licht.

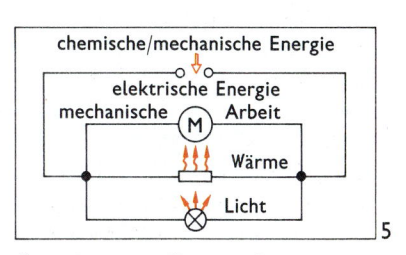

Energieumwandlung im Stromkreis

Die Küchenmaschine verrichtet mechanische Arbeit.

Der Fön erzeugt Wärme und verrichtet mechanische Arbeit.

Laser erzeugen Licht.

Elektrische Energiequellen liefern Gleichstrom oder Wechselstrom.

Gleichstrom (−)	Wechselstrom (∼)
Gleichstrom ist ein Strom, der ständig in der gleichen Richtung fließt. Gleichstrom erhält man aus Batterien, Akkumulatoren, Fotoelementen, Thermoelementen, Gleichstromgeneratoren.	Wechselstrom ist ein Strom, dessen Richtung sich fortwährend umkehrt. Wechselstrom erhält man aus Wechselstromgeneratoren, Lichtmaschinen, Fahrraddynamos.

Die Anschlußkontakte einer elektrischen Energiequelle werden Pole genannt. Die Pole einer Gleichstromquelle heißen *Pluspol* und *Minuspol*. Sie werden mit einem + bzw. einem − gekennzeichnet. Das Berühren der Pole von elektrischen Energiequellen ist lebensgefährlich, wenn die Spannung höher als 42 V ist. Da die Steckdosen Wechselstrom mit einer elektrischen Spannung von 220 V bereitstellen, ist es lebensgefährlich, zu Hause ein Experiment aus dem Physikunterricht mit der Steckdose zu wiederholen.

Elektrische Leiter und Isolatoren

Die verschiedenen Materialien leiten den elektrischen Strom unterschiedlich gut. Aus Experimenten (Bild 1) können wir erkennen:

Metalle, Kohlenstoff und salzhaltiges Wasser leiten den elektrischen Strom gut. Sie heißen elektrische Leiter.

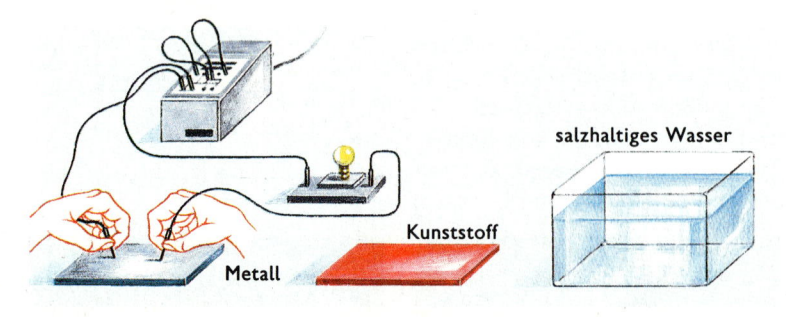

1 So prüfen wir, welche Stoffe den Strom gut leiten.

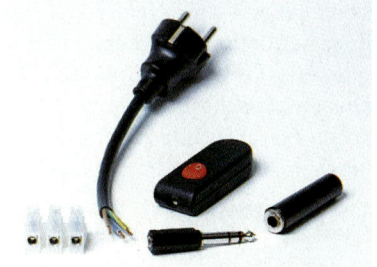

2 Nutzung von Isolatoren

Luft, Kunststoffe und Keramiken leiten den Strom schlecht oder fast gar nicht. Diese Stoffe nennt man Isolatoren.

Isolatoren und Leiter sorgen dafür, daß der elektrische Strom nur auf vorgesehenen Wegen fließen kann. Isolatoren schützen den Menschen vor lebensgefährlichen Berührungen mit Leitungen.

DER ELEKTRISCHE STROMKREIS

Unverzweigter und verzweigter Stromkreis

An eine elektrische Energiequelle können zugleich zwei elektrische Geräte angeschlossen werden. Hierfür gibt es zwei Möglichkeiten:

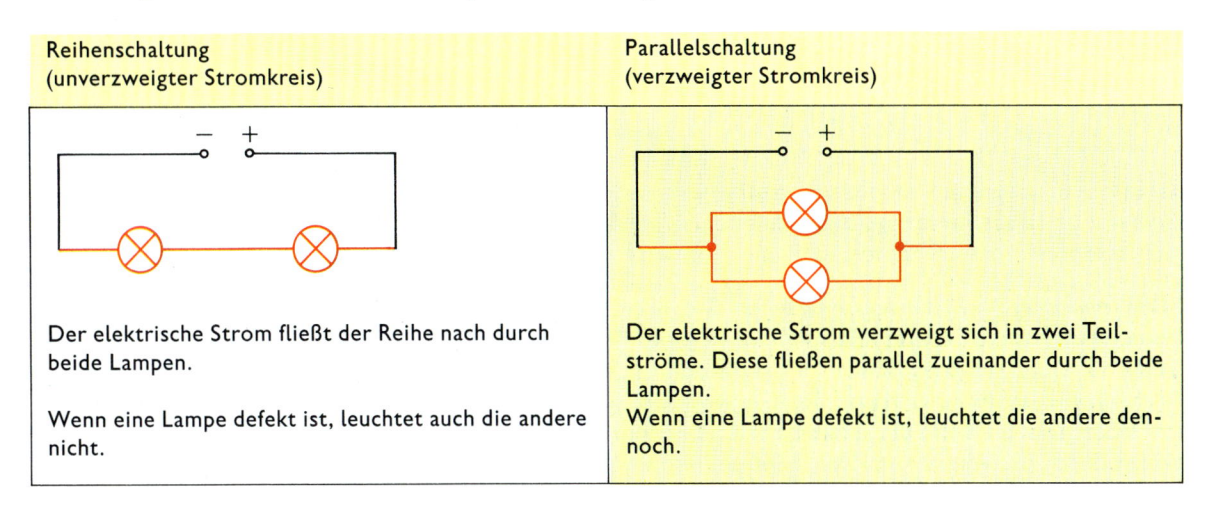

Reihenschaltung (unverzweigter Stromkreis)	Parallelschaltung (verzweigter Stromkreis)
Der elektrische Strom fließt der Reihe nach durch beide Lampen. Wenn eine Lampe defekt ist, leuchtet auch die andere nicht.	Der elektrische Strom verzweigt sich in zwei Teilströme. Diese fließen parallel zueinander durch beide Lampen. Wenn eine Lampe defekt ist, leuchtet die andere dennoch.

In einen elektrischen Stromkreis können zwei Schalter eingebaut werden. Dafür gibt es auch zwei Möglichkeiten:

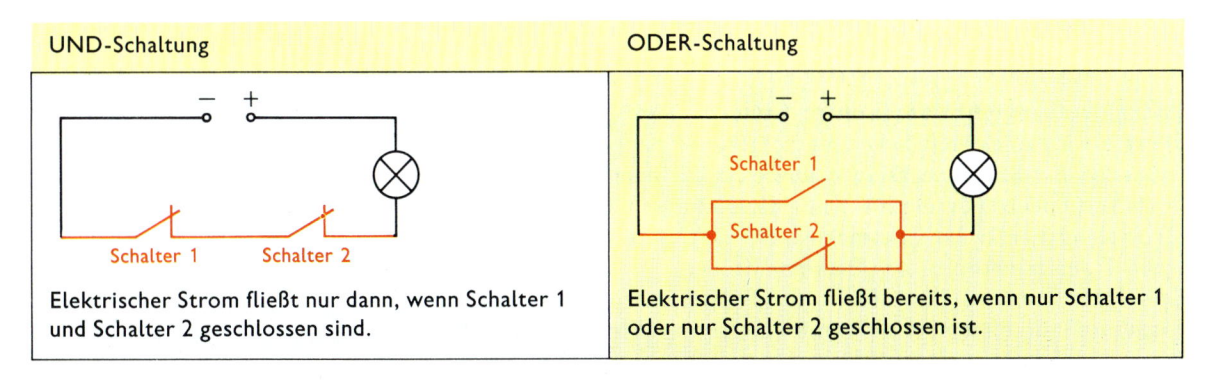

UND-Schaltung	ODER-Schaltung
Elektrischer Strom fließt nur dann, wenn Schalter 1 und Schalter 2 geschlossen sind.	Elektrischer Strom fließt bereits, wenn nur Schalter 1 oder nur Schalter 2 geschlossen ist.

In einen elektrischen Stromkreis können auch zwei gleiche elektrische Energiequellen geschaltet werden.

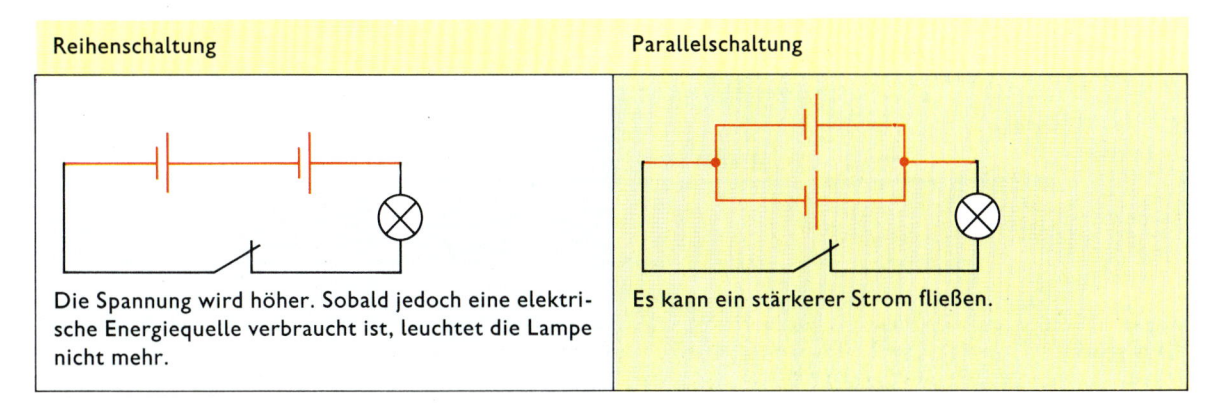

Reihenschaltung	Parallelschaltung
Die Spannung wird höher. Sobald jedoch eine elektrische Energiequelle verbraucht ist, leuchtet die Lampe nicht mehr.	Es kann ein stärkerer Strom fließen.

Ein Blick in die Technik

Zwei- und mehradrige Kabel. Zu jedem elektrischen Haushaltgerät gehört ein Kabel. In dem Kabel befinden sich mindestens zwei Leitungen, die man auch „Adern" nennt (Bild 1). Für Geräte mit Schutzkontakten, wie zum Beispiel Waschmaschinen, müssen im Kabel drei voneinander isolierte Adern vorhanden sein.

Metallteile als eine Leitung. Manchmal ist es möglich, auf die zweite Leitung in Form eines Drahtes zu verzichten. Das gilt zum Beispiel für den Stromkreis am Fahrrad (Bild 2), in Stableuchten, bei Straßenbahnen und bei Elektrozügen. Als zweite Leitung dienen die Metallteile der Fahrzeuge beziehungsweise der Stableuchte. Man muß allerdings darauf achten, daß die Kontaktstellen gut leiten.

Schukostecker. Im Haushalt entstehen Gefahren, wenn innerhalb eines elektrischen Gerätes, beispielsweise eines Tauchsieders, die Isolation eines Drahtes schadhaft geworden ist und der blanke Draht das metallische Gehäuse des Gerätes berührt. Faßt jetzt jemand den Topf an, kann der elektrische Strom vom Tauchsieder zunächst durch das Wasser und den Topf und schließlich durch seinen Körper zur Erde fließen. Wir sagen: Der Betreffende bekommt einen „Schlag". Diese Gefahr verhindert der Schutzleiter. Der Schutzleiter ist eine dritte Leitung innerhalb des Kabels. Er verbindet das Gehäuse des elektrischen Gerätes mit der Erde. Im Falle eines Schadens am Gerät fließt der Strom durch den Schutzleiter und nicht durch den menschlichen Körper zur Erde.

Energieversorgung von Elektro-Lokomotiven. Die elektrische Energie wird mit einer dicken Versorgungsleitung von der Verteilerstation zur Bahnlinie geführt. Diese ist mit dem dünneren Fahrdraht verbunden. Von diesem fließt der elektrische Strom über den Stromabnehmer in die Lokomotive. Dort gelangt die Energie über einen Transformator zu den Elektromotoren.
Der elektrische Stromkreis führt vom Transformator über das Fahrgestell und die Räder der Lokomotive weiter zu den Schienen. Die Schienen sind durch einen dicken Draht mit einer Metallplatte in der Erde verbunden. Über das Erdreich schließt sich der Stromkreis zur Verteilerstation, die leitend mit der Erde verbunden ist.

1 Das Kabel eines Rundfunkempfängers enthält zwei Leitungen.

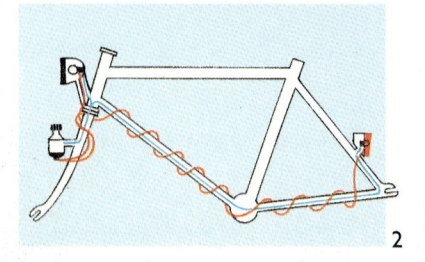

2 Bei der Fahrradbeleuchtung ersetzt der Rahmen die zweite Leitung.

3 Schutzleiter schützen den Menschen vor Gefahren durch schadhafte elektrische Geräte mit Metallgehäusen.

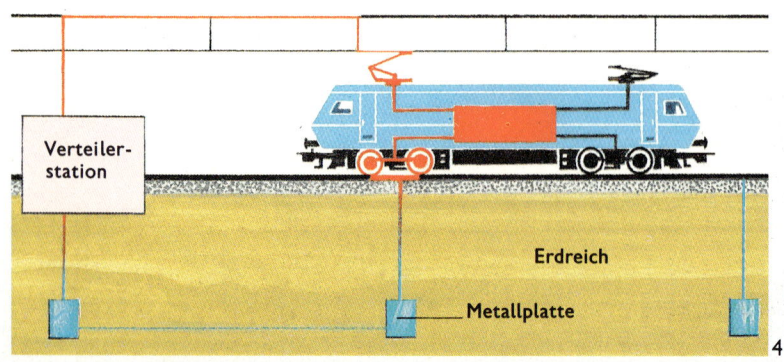

4 Das Erdreich ist Teil des Stromkreises.

DER ELEKTRISCHE STROMKREIS

Freileitungen. Sie führen Spannungen bis zu 380 000 V. Es ist verboten, in der Nähe von Freileitungen Drachen aufsteigen zu lassen. Wenn sich der Drachen in den Leitungen verfängt, dann fließt über die Schnur und den Menschen ein elektrischer Strom zur Erde. Dieser elektrische Strom ist tödlich.

UND-Schaltung. Diese Schaltung wird beispielsweise als Sicherheitsschaltung genutzt. So fährt ein Fahrstuhl nur an, wenn sich die äußere und die innere Tür geschlossen haben. An jeder Tür befindet sich ein Schalter. Erst wenn beide Türen und damit beide Schalter geschlossen sind, schließt sich der Stromkreis mit dem Elektromotor, der den Fahrstuhl bewegt.

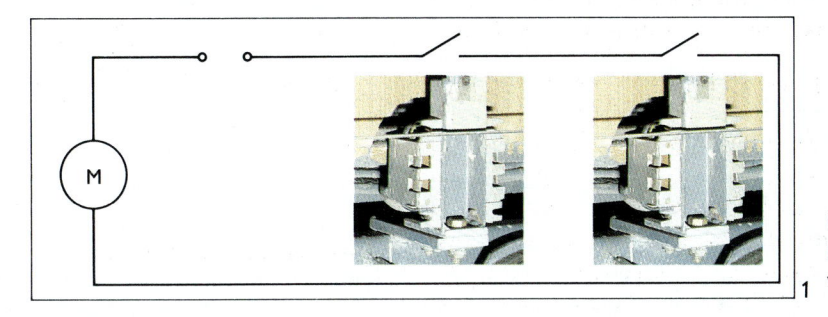

Auch für Störche sind solche Leitungen gefährlich. Berührt ein Storch mit dem einen Flügel eine Leitung und mit dem anderen Flügel den Mast, dann fließt durch seinen Körper ein tödlich wirkender Strom. Deshalb werden in Gegenden mit vielen Storchensiedlungen die Leitungen in der Nähe der Masten nachträglich mit einer Isolierung umgeben.

1 UND-Schalter beim Fahrstuhl. Beide Schalter sind geschlossen, wenn beide Türen geschlossen sind.

ODER-Schaltung. Ein Beispiel für eine ODER-Schaltung ist die Klingelanlage. Sie hat einen Schalter an der Haustür und einen zweiten an der Wohnungstür (Bild 2).

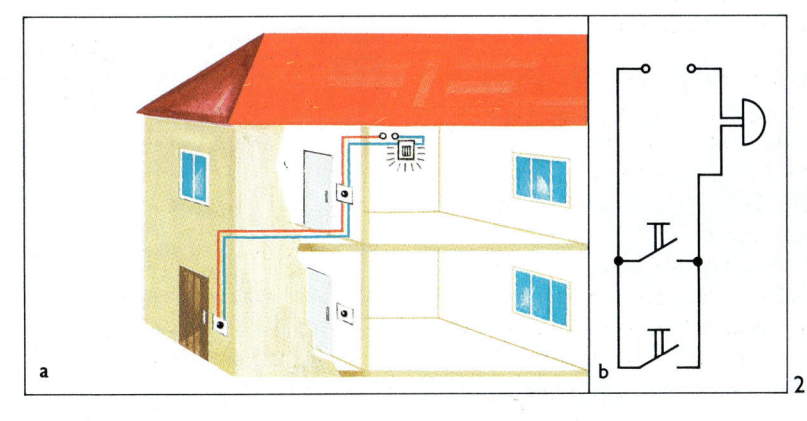

2 a) Diese Klingelanlage ist eine ODER-Schaltung. b) Vereinfachte Darstellung

3 Herrn Findigs neueste UND-Schaltung: Erst wenn jeder seinen Platz eingenommen hat und die Türen geschlossen sind, kann das Auto gestartet werden.

Ein Blick in die Geschichte

Im Jahre 1791 veröffentlichte der italienische Arzt *Luigi Galvani* einen Bericht über seine Experimente mit Froschschenkeln. Ausgangspunkt seiner Forschungen war eine zufällige Beobachtung. Beim Sezieren eines Froschschenkels zuckte dieser, als hätte er einen elektrischen Schlag bekommen. Zu seiner Überraschung konnte *Galvani* einen Froschschenkel anscheinend auch ohne elektrische Energiequelle zum Zucken bringen. Er hatte festgestellt: Wenn man den Nerv und die Fußsohle eines präparierten Froschschenkels mit einem Bügel aus zwei verschiedenen Metallen berührt, dann zuckt der Schenkel (Bild 1). *Galvani* glaubte, die Quelle des Stromes sei der Froschschenkel.
Die Erklärung fand sein Landsmann *Alessandro Volta*. Er sah die Quelle des elektrischen Stromes darin, daß zwei verschiedene Metalle – das Kupfer und das Zink des Metallbügels – gleichzeitig mit einer leitenden Flüssigkeit – den Säften im Froschschenkel – verbunden waren. Das Zucken des Schenkels war die Folge des Stromflusses.

1

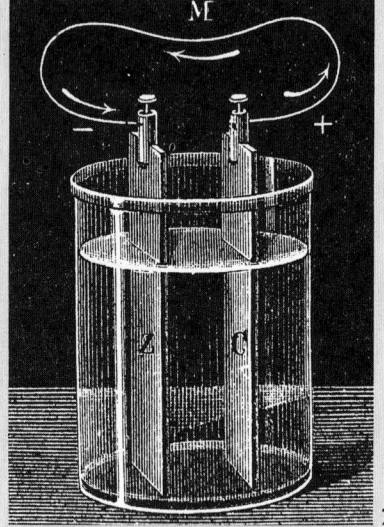

2 Diese elektrische Energiequelle heißt *Volta*-Element. Sie hat eine elektrische Spannung von etwa 1 Volt.

Im Jahre 1800 schuf *Volta* eine elektrische Energiequelle, die über längere Zeit starke Ströme erzeugen konnte (Bild 3). Die Anregung erhielt er aus der Natur. In den Flüssen von Südamerika hatten Forschungsreisende Fische entdeckt, die elektrische Schläge austeilen können. Diese Fische haben ein „elektrisches Organ", das aus mehreren tausend winzigen, aber gleichen und nebeneinander befindlichen Teilen besteht. In ähnlicher Weise ordnete *Volta* mehrere seiner Elemente an.

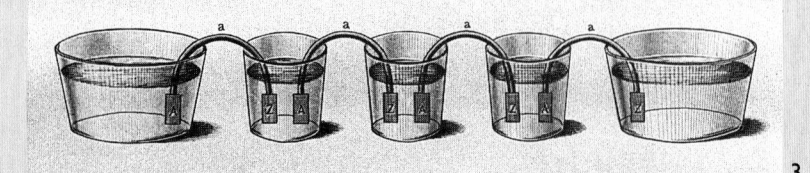

3 *Volta* stellte mehrere seiner Elemente nebeneinander und verband sie mit Drahtbögen.

DER ELEKTRISCHE STROMKREIS

Weißt du es? Kannst du es?

1. Nenne wesentliche Bestandteile eines elektrischen Stromkreises!
2. An welchen Zeichen sind Gleichstromquellen zu erkennen?
3. Nenne vier elektrische Energiequellen und die zugehörige Stromart!
4. Wo befinden sich in der Glühlampe (Bild 1) Leiter, wo Isolatoren?
5. Frage einen Kraftfahrer, wo im Pkw Kohle als elektrischer Leiter benutzt wird!
6. Aus dem elektrischen Stromkreis im Bild 2 schrauben wir nacheinander jeweils eine Lampe aus ihrer Fassung heraus. Welche Lampen verlöschen jeweils und welche leuchten weiterhin, wenn wir a) nur Lampe 1, b) nur Lampe 2, c) nur Lampe 3, d) nur Lampe 4 herausschrauben?
7. Warum sind beim Fahrrad Scheinwerfer und Rückstrahler parallel geschaltet?
8. An welchen elektrischen Haushaltgeräten befindet sich ein zweiadriges Kabel und an welchen ein dreiadriges? Begründe den Unterschied!
9. Denke dir einige Beispiele aus, für die a) eine UND-Schaltung und b) eine ODER-Schaltung sinnvoll wäre!
10. Ein Fön enthält einen Motor für das Gebläse und eine Heizung. Entwirf einen Schaltplan für den Fön, der folgendes sichert:
    a) Die Heizung kann nur zusammen mit dem Motor eingeschaltet werden.
    b) Der Motor kann für Kaltluft auch ohne Heizung eingeschaltet werden.
11. Wozu dienen elektrische Weidezäune (Bild 3), und wie verläuft dort der Stromkreis?

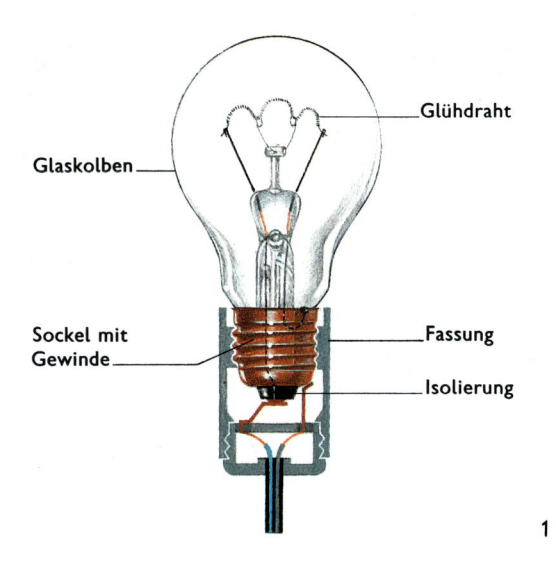

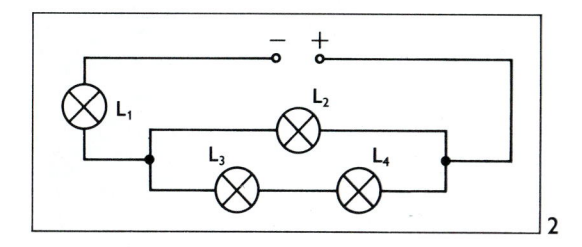

STROMKREIS UND STROM

2 Wirkungen des elektrischen Stromes

Romy muß sich sehr anstrengen, um das 10-kg-Wägestück zu halten. Die Spule hält das gleiche Wägestück mit Hilfe des elektrischen Stromes aus der Energiequelle! Wie ist das möglich?

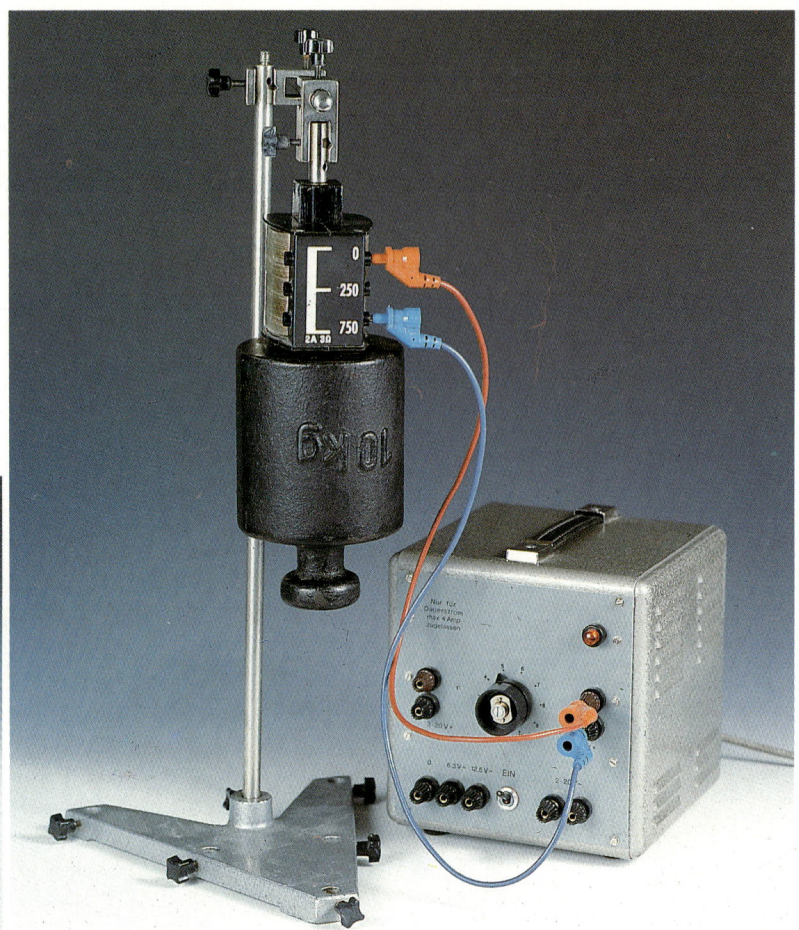

Wärmewirkung

Die Wärmewirkung des elektrischen Stromes ist uns von vielen Geräten bekannt, z. B. vom elektrischen Herd, Heizkissen und Tauchsieder. Mit einem Experiment können wir die Wärmewirkung zeigen.

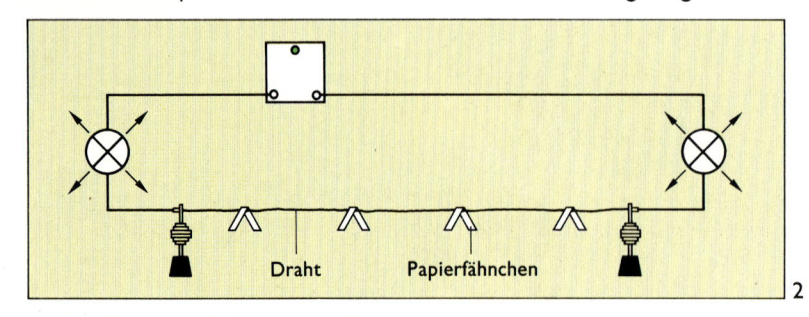

Experiment 1
Wir schalten einen Draht an eine elektrische Energiequelle. Über den Draht hängen wir Papierfähnchen.

Wir beobachten: Die Papierfähnchen entzünden sich, der Draht beginnt zu glühen.

Elektrische Energie kann in Wärme umgewandelt werden.

WIRKUNGEN DES ELEKTRISCHEN STROMES

Lichtwirkung

Durch den elektrischen Strom lassen sich Drähte bis zur Rotglut oder Weißglut erwärmen. Die Lichtwirkung des elektrischen Stromes kann man vergrößern, wenn der Glühdraht zu einer Wendel gedreht wird. Häufig werden die Glühdrähte auch als Doppelwendel hergestellt (Bilder 1 bis 3).
Der einfache Draht gibt viel Wärme an die Umgebung ab. Bei der Glühwendel erwärmen sich die einzelnen Drahtschleifen gegenseitig. Dadurch erreicht die Wendel eine höhere Temperatur.

Elektrische Energie kann in Licht umgewandelt werden.

Glühlampen haben eine kleine Lichtausbeute. Sie wandeln den größten Teil der elektrischen Energie in Wärme und nur einen sehr kleinen Teil in Licht um.
Elektrische Energie kann aber auch auf andere Weise in Licht umgewandelt werden. Beispielsweise kann der elektrische Strom Gase zum Leuchten anregen. Diesen Vorgang nutzt man in Leuchtstofflampen und Leuchtröhren. Die Lichtausbeute der Leuchtstofflampen ist mehr als viermal so groß wie die von Glühlampen. Das Leuchten von Gasen nutzt man auch in Glimmlampen (Bild 5).

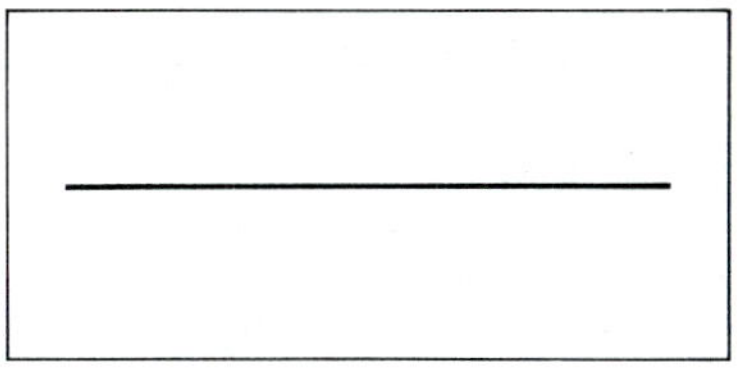

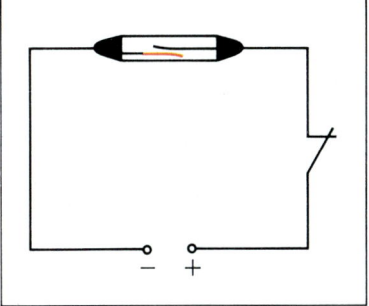

1 Einfacher Glühdraht

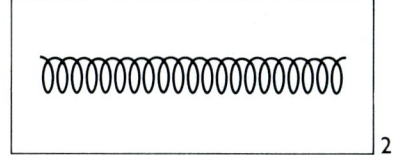

2 Glühwendel

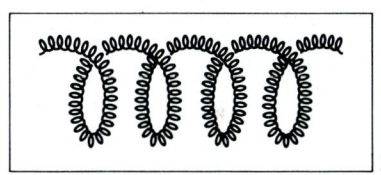

3 Doppelwendel

Links: Sparlampen beruhen auf dem Prinzip von Leuchtstofflampen.

Rechts: In Glimmlampen leuchtet das Gas um den mit dem Minuspol verbundenen Draht.

Chemische Wirkung

Manche Flüssigkeiten leiten den elektrischen Strom. Sie erwärmen sich durch den Strom ebenso wie Metalle. Der elektrische Strom ruft aber in Flüssigkeiten (im Unterschied zu Metallen) auch chemische Wirkungen hervor. Das zeigen uns zwei Experimente.

Experiment 2
Wir tauchen zwei Kohlestifte in verdünnte Schwefelsäure. Als Stromanzeiger dient eine Glühlampe.

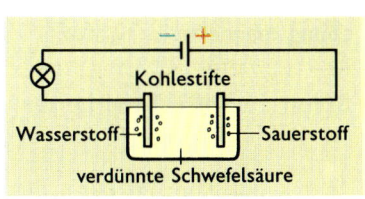

Wir beobachten: An beiden Kohlestiften steigen Gasblasen empor. Chemische Untersuchungen haben ergeben, daß das eine Gas Wasserstoff und das andere Sauerstoff ist.

Experiment 3
Wir tauchen in eine Kupfersulfatlösung einen Stahlschlüssel und eine Kupferplatte. Beide Körper schalten wir in Reihe mit einer Lampe und einer elektrischen Energiequelle.

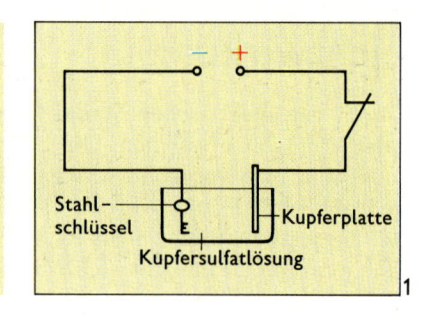

Wir beobachten: Nach wenigen Minuten bildet sich auf dem Stahlschlüssel ein Überzug aus Kupfer.
Das Kupfer stammt aus der Kupfersulfatlösung. Dafür geht Kupfer aus der Kupferplatte in die Lösung. Die Kupferplatte wird immer dünner.

Fließt elektrischer Strom durch eine leitende Flüssigkeit, entstehen Gase oder Metallüberzüge an eintauchenden Körpern.

Magnetische Wirkung

Der elektrische Strom ruft nicht nur in den elektrischen Leitern Wirkungen hervor. Auch die Umgebung der Leiter wird beeinflußt. Das zeigt uns das folgende Experiment.

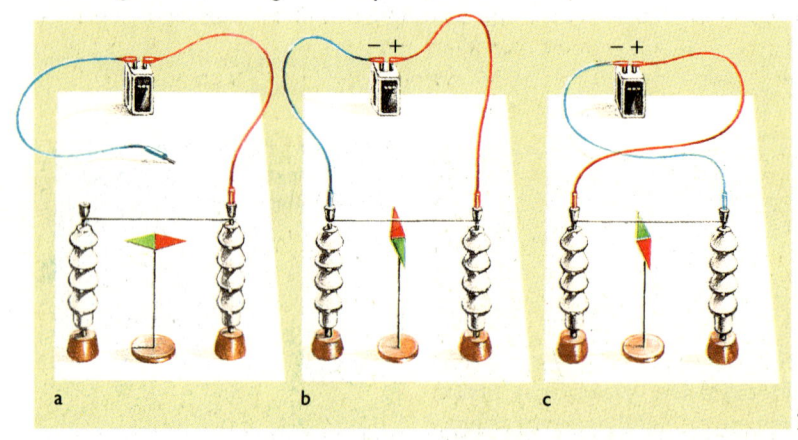

Experiment 4
Solange der elektrische Stromkreis noch nicht geschlossen ist, zeigt die Magnetnadel nach Norden (Bild a).
Schließen wir den Schalter, so zeigt die Magnetnadel in eine andere Richtung (Bild b).
Vertauschen wir die Anschlüsse an der elektrischen Energiequelle, ändert sich die Richtung der Magnetnadel erneut (Bild c).

Wir schließen daraus: Der elektrische Strom erzeugt in seiner Umgebung magnetische Kräfte.

Stromdurchflossene Leiter wirken wie Magnete.

Die magnetische Wirkung des elektrischen Stromes vergrößert sich, wenn wir den Draht zu einer Spule wickeln und in die Spule einen Eisenkern hineinbringen. So kann bereits eine kleine Spule große magnetische Wirkungen hervorrufen und beispielsweise schwere Lasten aus Eisen halten.

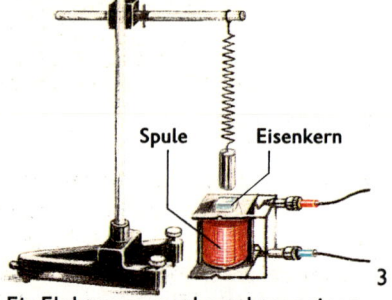

Ein Elektromagnet besteht aus einer Drahtspule und einem Eisenkern.

WIRKUNGEN DES ELEKTRISCHEN STROMES

Ein Blick in die Technik

Heckscheibenheizung. Die Heizdrähte in der Heckscheibe des Pkw sind über einen Schalter und eine Sicherung an den Akkumulator angeschlossen. Im Winter kann der Fahrer mit dieser Heizung die vereiste Scheibe schnell auftauen.

Schmelzsicherung. Wenn wir mehrere elektrische Geräte im Haushalt gleichzeitig in Betrieb nehmen oder wenn ein Gerät defekt ist, kann der elektrische Strom so stark werden, daß die Leitungen sehr heiß werden und einen Brand auslösen. Das verhindern Sicherungen. Wenn der Strom zu stark wird, erhitzt sich der Schmelzdraht so sehr, daß er schmilzt und damit den Stromkreis unterbricht.

Beheizte Heckscheibe eines Pkw Aufbau einer Schmelzsicherung Verchromtes Pedal

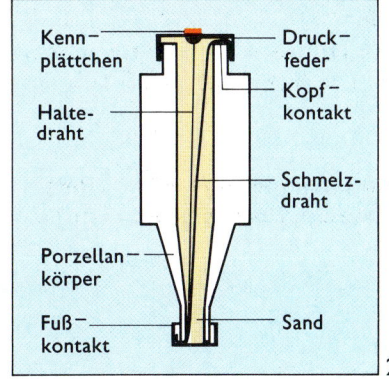

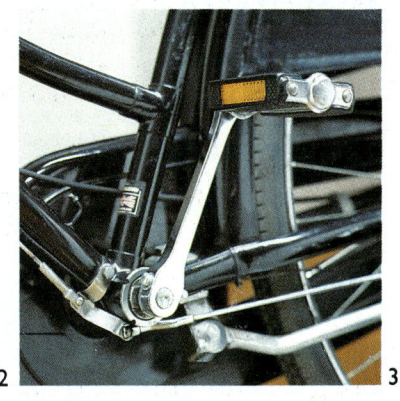

Galvanisieren. So nennt man die Anwendung der chemischen Wirkung zum Veredeln der Oberfläche von Gegenständen. Um beispielsweise die Pedalen eines Fahrrades vor dem Rost zu schützen, werden sie verchromt. Schmuck versilbert oder vergoldet man.

Lasthebemagnete. Sie beruhen auf der magnetischen Wirkung des elektrischen Stromes. Ihre Hauptteile sind Spulen mit Eisenkernen. Ein Hebemagnet kann mehrere Tonnen Eisen festhalten. Sobald der Stromkreis unterbrochen wird, fällt die Last ab.

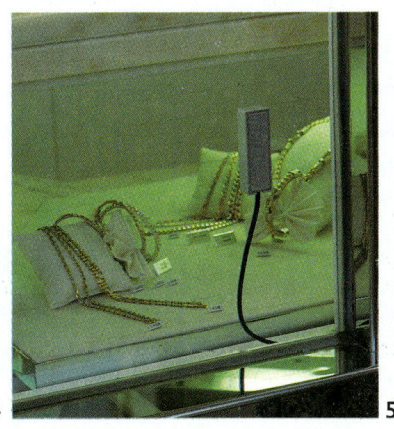

Lasthebemagnet Sicherung eines Kunstwerkes Schaltplan der Anlage

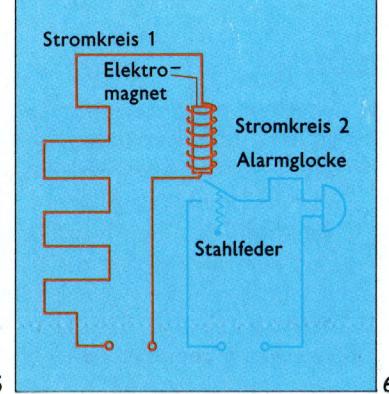

Alarmvorrichtung. Die magnetische Wirkung des elektrischen Stromes nutzt man auch für das Ein- oder Ausschalten eines Stromes in einem zweiten Stromkreis. Das Bild zeigt die Sicherungsdrähte in der Glasplatte. Die Drähte gehören zum Stromkreis 1, in dem ständig ein Strom fließt. Zerschlägt ein Dieb die Scheibe, wird der Stromkreis 1 unterbrochen. Der Elektromagnet gibt die Stahlfeder frei. Sie schließt beim Zurückfedern den Stromkreis 2 mit der Alarmglocke (Bild 6).

Ein Blick in die Geschichte

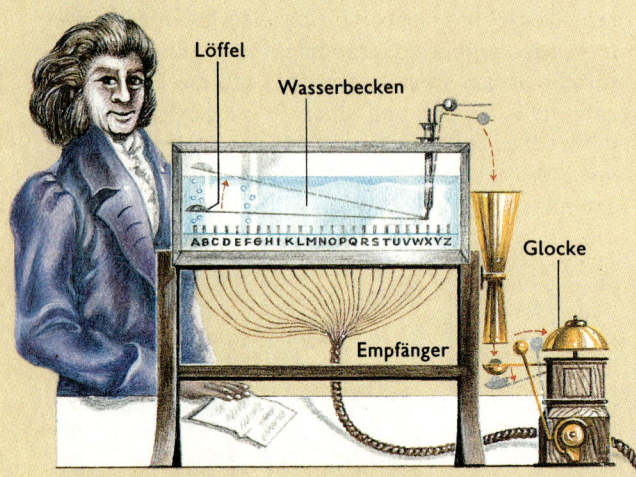

Blasentelegraf. Viele Erfinder versuchten, die Wirkungen des elektrischen Stromes für ganz verschiedene Zwecke zu nutzen. Schon zwei Jahre nach der Entdeckung der chemischen Wirkung des Stromes erfanden der Spanier *Francisco Salva* und der Deutsche *von Sömmering* den Blasentelegrafen. Mit diesem konnten Nachrichten über eine Entfernung von etwa 3,5 km übertragen werden (Bild 1). Für jeden Buchstaben gab es eine eigene Leitung vom Anrufer zum Empfänger. Dort endete jede Leitung in einem Glasrohr, in dem sich angesäuertes Wasser befand. Vom Empfänger zum Anrufer zurück diente für alle Buchstaben eine einzige Leitung.

Verband der Anrufer die Leitung vom Buchstaben F mit der Batterie, so stiegen beim Empfänger im Röhrchen F Blasen empor. Entsprechendes galt für alle anderen Buchstaben. Der Empfänger mußte nur die Buchstaben der Reihe nach aufschreiben und die Wörter und Sätze lesen. Zu Beginn signalisierte der Empfänger gleichzeitig die Buchstaben A und B. Die beim Empfänger aufsteigenden Blasen hoben den Löffel. Eine herabfallende Kugel löste einen Glockenton aus.

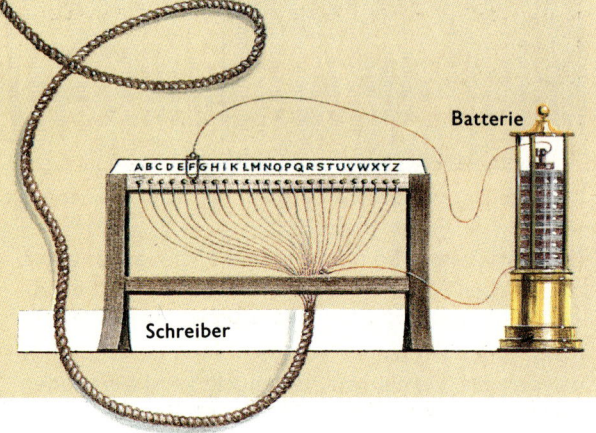

Weißt du es? Kannst du es?

1. Stelle in einer Tabelle elektrische Haushaltgeräte und Spielzeuge zusammen! Gib an, welche Wirkungen des elektrischen Stromes jeweils genutzt werden!
2. Beschreibe eine Experimentieranordnung, mit der du die Wärmewirkung des elektrischen Stromes nachweisen kannst!
3. Warum „brennt" bei einem zu starken elektrischen Strom die Sicherung durch und nicht irgendeine Leitung?
4. Laß dir eine Sicherung für einen Pkw zeigen! Wie funktioniert diese Sicherung?
5. Baue dir aus einem Nagel (als Eisenkern) und einem mehrfach darum gewickelten isolierten Draht (als Spule) einen Elektromagneten! Schließe ihn an eine Batterie an und benutze ihn als Elektromagneten! Berichte über deine Beobachtungen!
6. Erkläre die Wirkungsweise des Türgongs!
7. Wie kann man mit einer Glimmlampe prüfen, ob eine elektrische Energiequelle Gleichstrom oder Wechselstrom erzeugt?

KURZ UND KNAPP

Elektrischer Stromkreis

Ein elektrischer Strom fließt nur in einem geschlossenen Stromkreis.

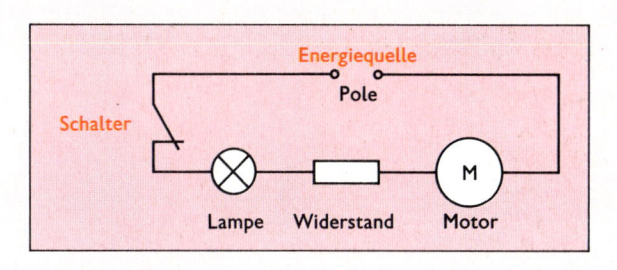

Wichtige Schaltungen

Reihenschaltung (unverzweigter Stromkreis)

Parallelschaltung (verzweigter Stromkreis)

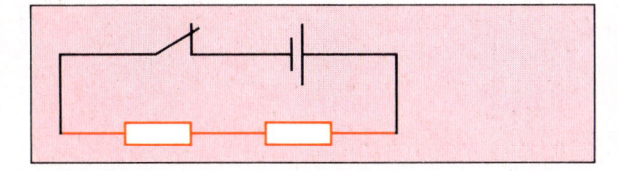

Der Strom fließt der Reihe nach durch beide Bauelemente.
UND-Schaltung

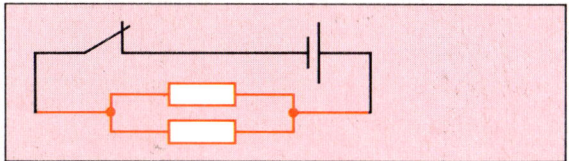

Der Strom verzweigt sich in zwei Teilströme, die sich wieder vereinigen.
ODER-Schaltung

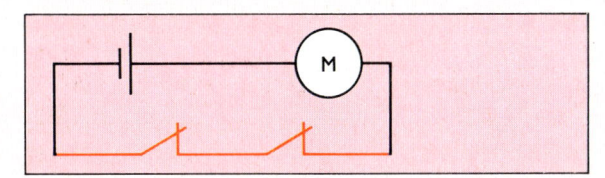

Für den Stromfluß müssen beide Schalter geschlossen sein.

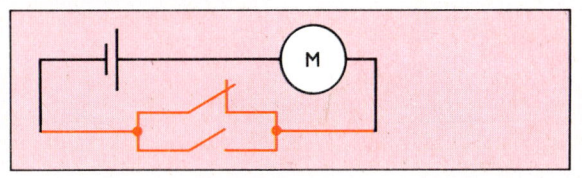

Für den Stromfluß braucht nur ein Schalter geschlossen zu sein.

Wirkungen des elektrischen Stromes

Wärmewirkung. Elektrische Energie kann in Wärme umgewandelt werden.

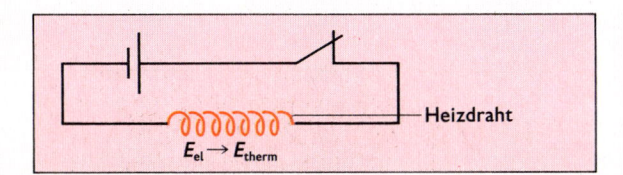

Lichtwirkung. Glühdrähte bestehen aus einfach oder doppelt gewendelten Drähten. In Leuchtstofflampen und Leuchtröhren regt der elektrische Strom Gase zum Leuchten an.

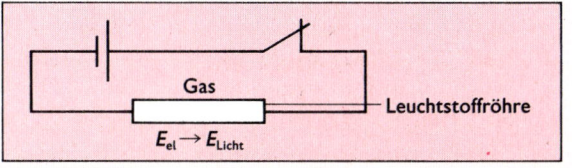

$E_{el} \rightarrow E_{therm}$ — Heizdraht

$E_{el} \rightarrow E_{Licht}$ — Gas — Leuchtstoffröhre

Chemische Wirkung. Fließt Strom durch eine Flüssigkeit, so entstehen Gase oder Metallüberzüge an eintauchenden Körpern (Zersetzen von Flüssigkeiten, Veredeln von Oberflächen).

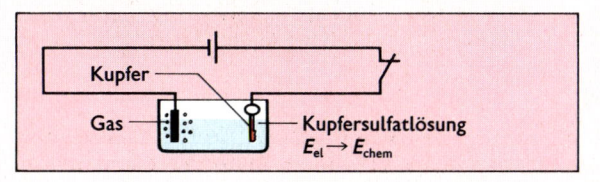

Magnetische Wirkung. Stromdurchflossene Leiter wirken wie Magnete. Eisenkerne in Spulen vergrößern die magnetische Wirkung.

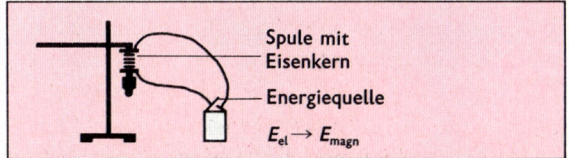

Kupfer — Gas — Kupfersulfatlösung
$E_{el} \rightarrow E_{chem}$

Spule mit Eisenkern — Energiequelle
$E_{el} \rightarrow E_{magn}$

3 Elektrische Ladungen

Gewitter mit ihren grellen Blitzen und lauten Donnern sind beeindruckende Naturschauspiele. Wie entstehen Gewitter, und was sind Blitze?

Eigenschaften elektrischer Ladungen

Sicher hast du schon einmal bemerkt, daß beim Ausziehen Hemden, Blusen oder Strümpfe von anderen Kleidungsstücken angezogen werden. Allen diesen Vorgängen ist eines gemeinsam: Beim Ausziehen gleiten die Kleidungsstücke dicht aneinander, sie reiben einander und werden dabei elektrisch aufgeladen.

Ähnliche Beobachtungen machten die Griechen schon vor etwa 600 v. Chr. mit *Bernstein*. Rieben sie Bernstein mit einem Fell oder mit einem Tuch, konnte es Wollfasern, Spreu oder Federn anziehen. Bernstein heißt auf griechisch „Elektron". So erklärt sich die Entstehung des Wortes Elektrizität. Als Ursache der elektrischen Erscheinungen erkannte man später elektrische Ladungen. Welche Eigenschaften haben elektrische Ladungen?

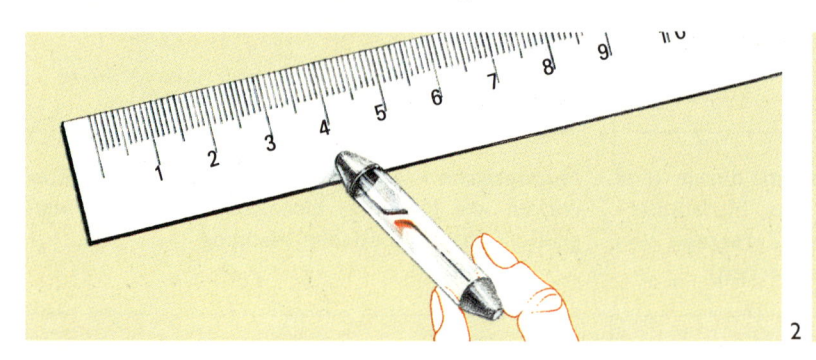

Experiment 1
Wir reiben ein Lineal aus Kunststoff mit einem Tuch. Anschließend halten wir eine Glimmlampe an verschiedene Stellen des Lineals (Bild 2). Berührt eine Glimmlampe einen elektrisch geladenen Körper, leuchtet sie kurzzeitig auf.

Wir erkennen:

Elektrisch geladene Körper besitzen elektrische Energie.

ELEKTRISCHE LADUNGEN

Können elektrische Ladungen von einem Körper auf einen anderen übertragen werden?

Experiment 2
Wir streifen mit einem elektrisch geladenen Lineal aus Kunststoff an einer isolierten Metallkugel entlang. Danach berühren wir mit der Glimmlampe die Kugel.

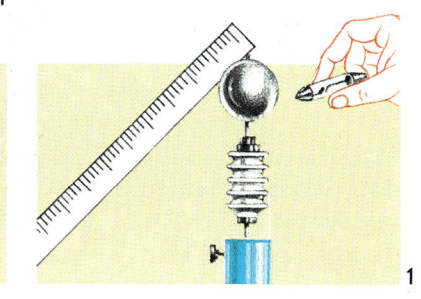

Wir beobachten:
Bei der Berührung der Kugel leuchtet die Glimmlampe auf.
Wir schließen daraus:

Elektrische Ladungen lassen sich übertragen und teilen.

Lassen sich Ladungen auch auf andere Weise übertragen?

Experiment 3
Wir verbinden die elektrisch geladene Haube eines Bandgenerators und eine zweite Kugel mittels verschiedener Leiter und Isolatoren. Danach berühren wir jeweils die zweite Kugel mit einer Glimmlampe.

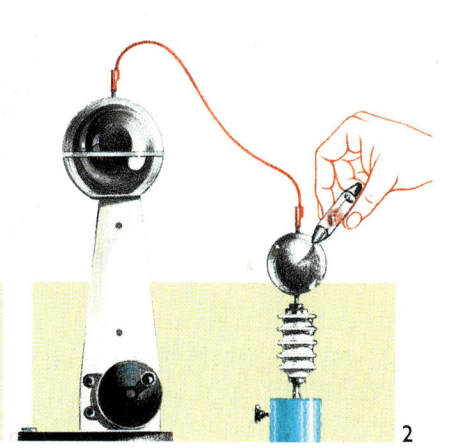

Wir beobachten: Nur wenn die geladene Haube und die Kugel mit Leitern verbunden sind, leuchtet die Glimmlampe auf.
Wir schließen daraus:

Leiter übertragen elektrische Ladungen.

Isolatoren behindern das Übertragen von elektrischen Ladungen.

Kräfte zwischen geladenen Körpern

Wie verhalten sich zwei elektrisch geladene Körper, wenn wir sie einander nähern?

Experiment 4
Wir setzen eine elektrisch geladene Platte aus Kunststoff auf eine Nadel und nähern der Platte nacheinander einen elektrisch geladenen Stab aus Kunststoff und einen elektrisch geladenen Glasstab.

Wir beobachten: Die Platte aus Kunststoff wird vom Stab aus Kunststoff abgestoßen und vom Glasstab angezogen. Wir erkennen:

Zwischen elektrisch geladenen Körpern wirken Kräfte.

Die unterschiedlichen Kraftwirkungen werden durch zwei Arten von elektrischen Ladungen hervorgerufen.
Man bezeichnet sie als *positive elektrische Ladungen* und als *negative elektrische Ladungen*.

Gleichnamig elektrisch geladene Körper stoßen einander ab, ungleichnamig elektrisch geladene Körper ziehen einander an.

Die Abstoßung gleichnamig geladener Körper nutzt man beim Elektroskop (Bild 1). Ein Elektroskop zeigt an, ob ein Körper elektrisch geladen ist. Berührt der elektrisch geladene Körper das Elektroskop, geht ein Teil seiner elektrischen Ladung auf den Metallträger und auf den drehbaren Metallzeiger über. Je größer die auf das Elektroskop übertragene elektrische Ladung ist, desto mehr wird der Zeiger abgestoßen.

Elektroskop zum Nachweis von elektrischen Ladungen

Ladungstrennung

Beim Experiment 1 haben wir einen Körper aus Kunststoff durch Reiben mit einem Tuch elektrisch aufgeladen. Lädt sich dabei auch das Tuch auf?

Experiment 5
Wir laden wie im Bild 3, vorhergehende Seite, eine drehbar gelagerte Platte aus Kunststoff elektrisch auf. Dann reiben wir ein Lineal aus Kunststoff mit einem Tuch und nähern abwechselnd das Lineal bzw. das Tuch der Platte.

Das Experiment 5 zeigt: Auch das Tuch ist elektrisch aufgeladen. Es trägt aber eine entgegengesetzte elektrische Ladung.
Beim Berühren zweier Körper durch Reiben laden sich beide auf. Ein Körper ist elektrisch positiv, der andere ist elektrisch negativ geladen. Diesen Vorgang nennt man *Ladungstrennung*.
Die Ladungstrennung durch Reibung nutzt man beim Bandgenerator (Bild 2).

Getrennte elektrische Ladungen können über längere Zeit gespeichert werden. Dazu dienen *Kondensatoren*. Da getrennte elektrische Ladungen elektrische Energie haben, speichern Kondensatoren zusammen mit den elektrischen Ladungen auch deren Energie.
Es gibt verschiedene *Arten von Kondensatoren*. Beim Plattenkondensator (Bild 3) dient beispielsweise Luft zwischen den Platten als Isolator. In anderen Kondensatoren nutzt man Ölpapier, Keramik oder nichtleitende Flüssigkeiten als Isolator.

Die Ladungstrennung erfolgt an der Berührungsfläche von Gummiband und Kunststoffbügel. Die positiven elektrischen Ladungen sammeln sich in der Haube, die negativen elektrischen Ladungen fließen auf die kleine Kugel.

Kondensatoren speichern elektrische Ladungen.

Der Plattenkondensator speichert die elektrischen Ladungen auf den beiden Metallplatten.

ELEKTRISCHE LADUNGEN

Ladungsausgleich

Bisher haben wir mit elektrisch geladenen Körpern experimentiert, zwischen denen sich Isolatoren befanden. Was geschieht, wenn wir zwei elektrisch geladene Körper durch einen elektrischen Leiter miteinander verbinden?

Experiment 6
Wir laden einen Bandgenerator elektrisch auf. Seine Haube mit den Holundermarkkügelchen wird elektrisch positiv aufgeladen, die kleine Kugel lädt sich elektrisch negativ auf. Wegen der gleichnamigen Aufladung stoßen die beiden Holundermarkkügelchen einander ab.
Wir verbinden die Haube und die kleine Kugel mit Hilfe eines Kabels (Bild 1).

Wir beobachten: Sobald das Kabel die Haube mit der kleinen Kugel verbindet, fallen die Holundermarkkügelchen nach unten.
Wir schließen daraus: Werden elektrisch ungleichnamig geladene Körper durch einen Leiter verbunden, so gleichen sich die Ladungen aus.
Der Ladungsausgleich kann auch durch einen Funken erfolgen.

Experiment 7
Wir laden den Bandgenerator erneut elektrisch auf. Dann nähern wir die kleine Kugel der Haube. Wenn ein Funken überspringt, fallen die Holundermarkkügelchen ebenfalls nach unten.

Weitere Experimente zeigen: Spitzen an geladenen Körpern begünstigen den Ladungsausgleich durch Funken.
Um den Ladungsausgleich genauer zu untersuchen, führen wir ein weiteres Experiment durch.

Experiment 8
Wir verbinden die Haube und die kleine Kugel mit Hilfe einer Glimmlampe.

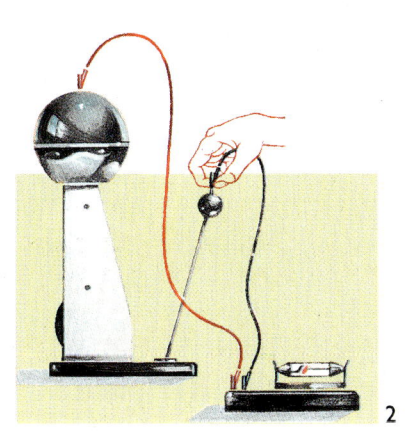

Wir beobachten: Während des Ladungsausgleichs leuchtet die Glimmlampe auf.
Wir erkennen:

Der elektrische Strom ist die Bewegung von elektrischen Ladungen.

Ein Blick in die Natur

Entstehen von Gewitterwolken. Sicher bist du schon von Gewittern überrascht worden und weißt, wie schnell an schwülen Tagen Gewitterwolken aufziehen können. Die warme feuchte Luft steigt in die Höhe. Dort kondensiert Wasserdampf zu Tropfen und bildet Wolken. An sehr heißen Tagen erreicht diese Luftströmung Geschwindigkeiten von mehr als 100 km/h. Sie trägt die Wolken in Höhen über 8000 m. Dort erstarren die Tropfen zu Eiskristallen.

Wenn die Wassertropfen und Eiskristalle aufsteigen, kommt es infolge der Reibung zu Ladungstrennungen. Der größte Teil der positiven Ladungen befindet sich auf den Eiskristallen der hohen Wolkenteile. Die negativen Ladungen befinden sich vorwiegend in den unteren Wolken. Obwohl die Wassertropfen dort bereits so schwer sind, daß sie nicht mehr von allein schweben können, regnet es noch nicht. Der Aufwind und die Anziehung der negativ geladenen Wolken durch die positiv geladenen Wolken halten die Tropfen.

Ladungsausgleich. Haben sich große elektrische Ladungen angesammelt, beginnt der Ladungsausgleich durch Blitze. Die Blitze springen sowohl zwischen einzelnen ungleichnamig geladenen Wolken als auch zwischen den Wolken und der Erde über. Im Blitz erwärmt sich die Luft sehr stark und dehnt sich plötzlich aus. Anschließend stürzt in diesen Raum von allen Seiten Luft zurück und erzeugt so den Donner. Durch die mehrfache Reflexion des Donners an verschiedenen Wolken kommt das „Grollen" zustande.

Mit den ersten Blitzen beginnt der Ladungsausgleich zwischen den Wolken. Die elektrischen Anziehungskräfte zwischen den positiven oberen Wolken und den negativen unteren Wolken werden kleiner und können die Regentropfen in den unteren Wolken nicht mehr halten. Daher setzt nach den ersten Blitzen meist ein starker Regenguß ein, dem manchmal ein Hagelschauer folgt.

Beim Entstehen der Gewitterwolken kommt es zu einer Ladungstrennung in den Wolken.

Blitze führen zum Ladungsausgleich zwischen den Wolken sowie zwischen den Wolken und der Erde.

Verhalten bei Gewittern im Freien. Wirst du von einem Gewitter überrascht, dann suche möglichst Schutz in einem Haus, einem Auto oder in einer Schutzhütte! Geht das nicht, dann lege dich flach auf die Erde, möglichst in eine Bodenvertiefung! Meide Lichtmaste, Drahtzäune, hohe Bäume und Metallgegenstände aller Art! Bleibe mindestens 5 m bis 15 m von Felswänden und Wasserläufen entfernt! Gehe nicht baden!

ELEKTRISCHE LADUNGEN

Ein Blick in die Geschichte

Faraday-Käfig. Im Pkw sind wir vor Blitzen sicher. Der englische Physiker *Michael Faraday* (1791 bis 1861) hatte entdeckt, daß ein Raum gegen Blitze geschützt werden kann, wenn er mit metallischen Wänden umgeben ist. Es genügt dafür schon ein engmaschiges Drahtnetz, ein *Faraday*-Käfig.

Erster Blitzableiter. In Nordamerika untersuchte vor allem *Benjamin Franklin* die Elektrizität. Er vermutete, daß elektrische Funken und elektrische Blitze die gleiche Ursache haben. Für ihn entstanden Blitze aus elektrisch geladenen Wolken. Um das zu beweisen, führte er 1752 seinen berühmten Versuch mit einem „elektrischen Drachen" durch (Bild 1). An einem gewittrigen Tag ließ *Franklin* einen Papierdrachen steigen, an dem sich eine Drahtspitze und ein leitendes Seil befanden. Damit konnte er elektrische Ladungen aus der Luft in sein Labor holen und speichern.

Weißt du es? Kannst du es?

1. Wie kannst du einen Körper elektrisch laden?
2. Wie kannst du feststellen, ob ein Körper elektrisch geladen ist? Nenne mehrere Möglichkeiten!
3. Wie kannst du einen elektrisch geladenen Körper entladen?
4. Bei welchen Gelegenheiten hast du schon elektrische Schläge verspürt?
5. Warum beginnt ein Gewitter meist mit kräftigen Blitzen und nicht mit heftigem Regen?
6. Erkunde mit einem Fernglas, ob hohe Schornsteine oder Kirchtürme Blitzschutzanlagen haben!
7. Wie denkst du über diesen Blitzschutz von Herrn Findig (Bild 2)?

4 Der elektrische Strom

Jürgen hat sich eine neue Fahrradbeleuchtung gekauft. Nun montiert er sie. Dabei fragt er seine ältere Schwester: „Was geschieht eigentlich in dem Kabel, wenn ein elektrischer Strom fließt?"

Aufbau von elektrischen Leitern und Isolatoren

Alle Stoffe bestehen aus *Atomen*, und diese sind aus einem *Atomkern* und einer *Atomhülle* aufgebaut (Bild 2). Der Atomkern enthält elektrisch positiv geladene Teilchen, die *Protonen*. In der Atomhülle befinden sich elektrisch negativ geladene Teilchen, die *Elektronen*. Das gesamte Atom ist elektrisch neutral. Es enthält im Kern ebenso viele elektrisch positiv geladene Protonen wie elektrisch negativ geladene Elektronen in der Atomhülle. Wenn ein Elektron die Atomhülle verläßt, ist das zurückbleibende „Restatom" elektrisch positiv geladen. Man bezeichnet es dann als positives *Ion*. Auch Metalle und Isolatoren bestehen aus Atomen. Zwischen Metallen und Isolatoren bestehen aber Unterschiede.

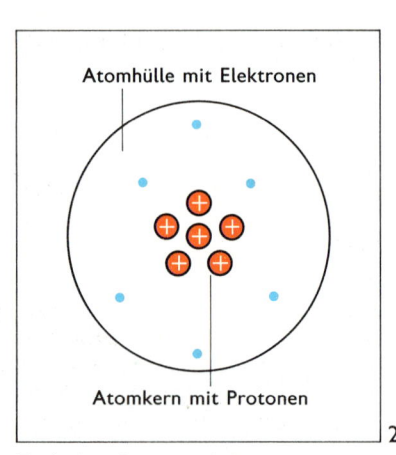

Einfaches Atommodell

Die Außenelektronen der Metallatome sind so locker in der Atomhülle gebunden, daß sie sich leicht von Atom zu Atom bewegen können. Diese Elektronen sind nahezu frei beweglich.

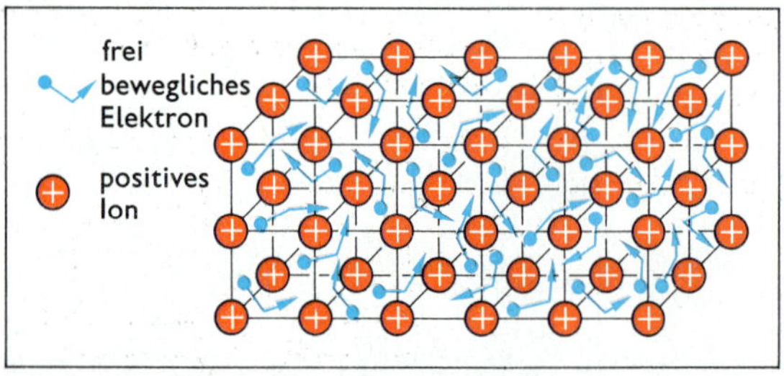

Die Elektronen von Isolatoren sind so fest in der Atomhülle gebunden, daß sie sich kaum von Atom zu Atom bewegen können. Es gibt nur sehr wenige frei bewegliche Elektronen.

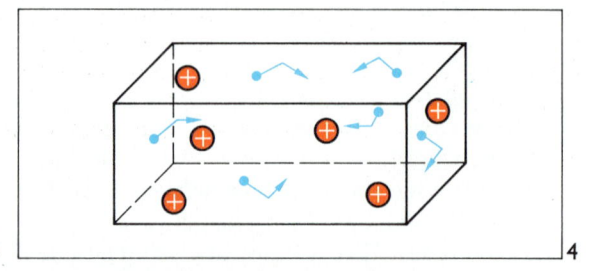

In Metallen gibt es positive Metall-Ionen und sehr viele frei bewegliche Elektronen.

In Isolatoren gibt es nur wenige positive Ionen und frei bewegliche Elektronen.

DER ELEKTRISCHE STROM
249

Mit diesen Vorstellungen können wir verstehen, wie sich zwei Körper in inniger gegenseitiger Berührung (z. B. beim Reiben) elektrisch aufladen.

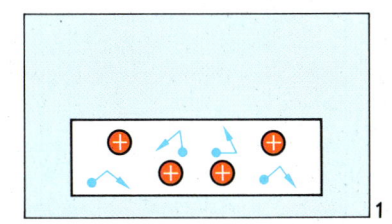

In einem ungeladenen Körper gibt es ebenso viele Elektronen wie positive Ladungen.

Der Körper ist elektrisch neutral.

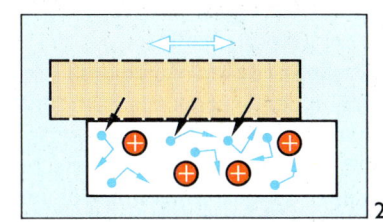

Wenn ein Körper durch Berührung von einem anderen Körper Elektronen erhält, entsteht auf ihm ein Elektronenüberschuß.

Der Körper ist jetzt elektrisch negativ geladen.

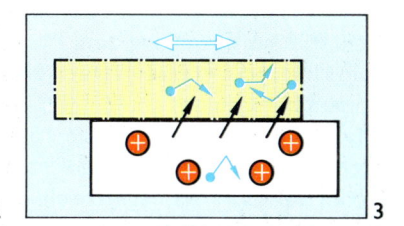

Wenn ein Körper durch Berührung an einen anderen Körper Elektronen abgibt, entsteht auf ihm ein Elektronenmangel.

Der Körper ist jetzt elektrisch positiv geladen.

Körper sind elektrisch geladen, wenn ein Mangel oder ein Überschuß an Elektronen vorhanden ist.

Ein Blick über die Schulter des Physikers

Wenn der Physiker einen Vorgang oder eine Erscheinung verstehen will, dann benutzt er häufig ein Modell. So wie ein Flugzeugmodell viel einfacher ist als ein wirkliches Flugzeug, so sind auch die von Physikern benutzten Modelle Vereinfachungen.
Jedes Modell weicht von der Wirklichkeit ab. Deshalb kann man auch nicht sagen, ein Modell sei richtig oder falsch. Ein Modell kann nur hilfreich und somit brauchbar oder nutzlos und somit unbrauchbar sein. Für das Fließen des elektrischen Stromes gibt es verschiedene Modelle. Die Bilder 1 bis 3 zeigen einige. Ein Modell des elektrischen Stromes ist eine Wasserströmung in einem geschlossenen Wasserkreislauf (Bild 4). Dabei vergleicht man die elektrische Energiequelle mit der Wasserpumpe, den Elektromotor mit dem Wasserrad, den Schalter mit dem Wasserhahn und die Leitungen mit den Wasserrohren. Von diesem Modell stammt auch die Bezeichnung elektrischer Strom. Als elektrische Stromrichtung legte man willkürlich die Richtung vom Pluspol zum Minuspol der elektrischen Energiequelle fest.
Ein anderes Modell für den elektrischen Strom ist das *Modell der Elektronenleitung.*

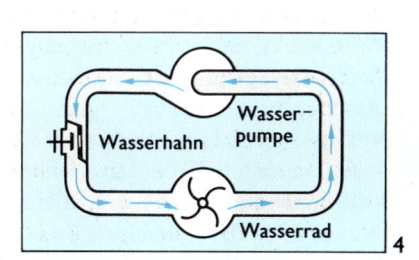

Vergleich des elektrischen Stromkreises mit einer Wasserströmung

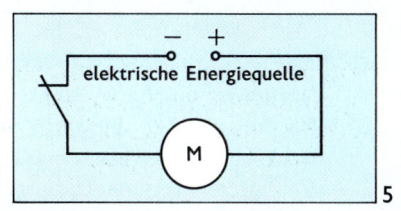

Schaltplan eines elektrischen Stromkreises

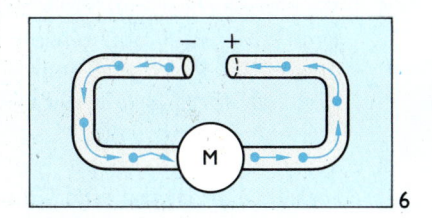

Modell der Elektronenleitung

Das Modell der Elektronenleitung

Verbindet man eine elektrische Energiequelle und ein elektrisches Gerät, so wirken an jeder Stelle des Stromkreises auf die frei beweglichen Elektronen Kräfte. Diese Kräfte versetzen die Elektronen im Stromkreis in eine Bewegung zum Pluspol der Energiequelle.

Vom Minuspol der elektrischen Energiequelle rücken wegen des Elektronenüberschusses ständig Elektronen in den Stromkreis nach, und auf der anderen Seite gelangen Elektronen zum Pluspol der Energiequelle, wo Elektronenmangel herrscht. Das heißt: Der elektrische Strom transportiert negative elektrische Ladungen vom Minuspol der elektrischen Energiequelle zum Pluspol. Dies müßte früher oder später zum Ladungsausgleich führen. Die elektrische Energiequelle wäre „leer". Damit ein elektrischer Strom ständig fließen kann, muß in der elektrischen Energiequelle fortwährend für Nachschub an Elektronen gesorgt werden. Dazu muß der elektrischen Energiequelle Energie zugeführt werden. Diese wird in der Energiequelle in elektrische Energie umgewandelt. Im Stromkreis wird sie dann wieder in andere Energieformen umgewandelt.

In metallischen Leitern ist der elektrische Strom die Bewegung von Elektronen. Die Bewegung der Elektronen ist vom Minuspol zum Pluspol der Energiequelle gerichtet.

Obwohl im elektrischen Stromkreis auf die Elektronen ständig eine Kraft wirkt, ist ihre Geschwindigkeit nicht sehr groß. Durch Zusammenstöße mit den Metall-Ionen werden sie immer wieder abgebremst. Als Durchschnittswert ergibt sich 0,1 mm/s bis 1 mm/s.

Warum leuchtet eine Lampe mit einem 2 m langen Kabel aber trotzdem sofort nach dem Einschalten? Beim Schließen des Stromkreises wirken sofort an jeder Stelle des Stromkreises Kräfte auf die Elektronen.
Hinweis: In den folgenden Bildern geben die blauen Pfeile stets die Bewegungsrichtung der Elektronen an.

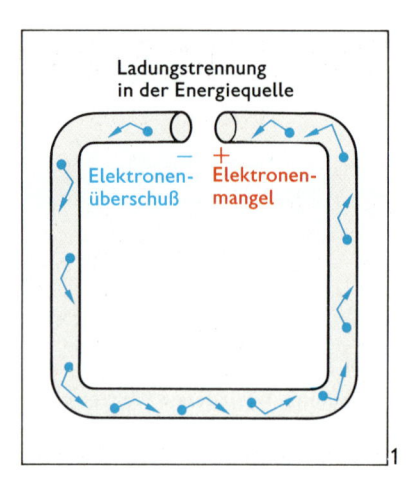

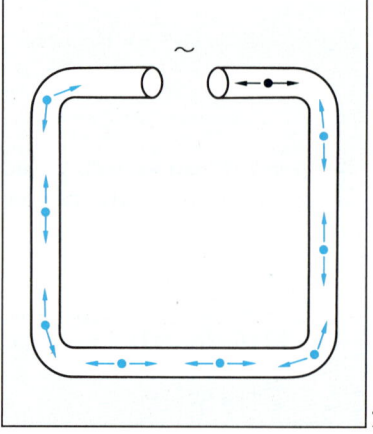

1

Im Wechselstromkreis wechseln an der Energiequelle periodisch die Pole. Im gleichen Takt ändern die Elektronen ihre Bewegungsrichtung.

Weißt du es? Kannst du es?

1. Warum ist ein Atom elektrisch neutral?
2. Warum ist der gesamte Metallkristall im Bild 3, S. 248, elektrisch neutral?
3. Welche elektrische Ladung hat ein Körper, auf dem a) Elektronenüberschuß bzw. b) Elektronenmangel besteht?
4. Warum leuchtet eine Glühlampe sofort nach dem Einschalten auf, obwohl die Geschwindigkeit der Elektronen sehr klein ist?
5. Welcher Vorgang vollzieht sich in einer elektrischen Energiequelle?
6. Wenn du einen Körper elektrisch auflädst und dann an diesen eine Glimmlampe hältst, leuchtet sie kurz auf. Woher stammt die Energie dafür?

KURZ UND KNAPP

Elektrische Ladungen

Es gibt positive und negative elektrische Ladungen.

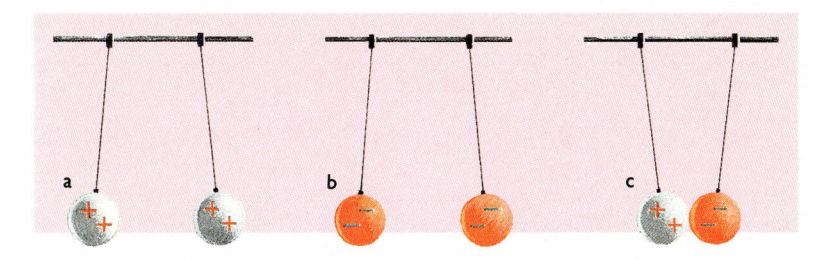

Gleichnamige elektrische Ladungen stoßen einander ab, ungleichnamige elektrische Ladungen ziehen einander an.

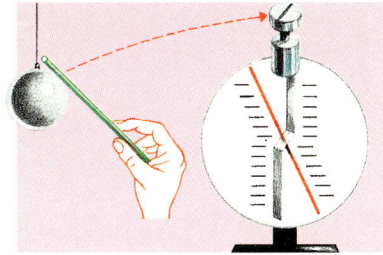

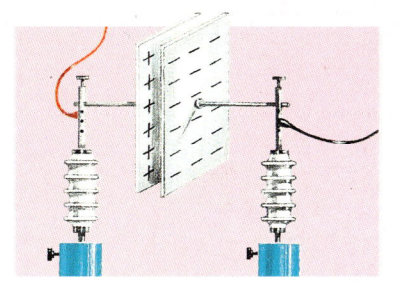

Elektrische Ladungen lassen sich teilen, übertragen und speichern.

Ladungstrennung

Beim innigen Berühren zweier Körper laden sich beide Körper elektrisch entgegengesetzt auf.

Ladungsausgleich

Werden elektrisch unterschiedlich geladene Körper durch einen Leiter verbunden, so gleichen sich die Ladungen aus.

Elektrisch geladene Körper

In einem elektrisch neutralen Körper ist die Anzahl der Elektronen genau so groß wie die Anzahl der positiven Ladungen.

In einem elektrisch negativ geladenen Körper besteht ein Elektronenüberschuß.

In einem elektrisch positiv geladenen Körper besteht ein Elektronenmangel.

Das Modell der Elektronenleitung

Der elektrische Strom ist die Bewegung von elektrischen Ladungen. In metallischen Leitern ist der elektrische Strom die Bewegung der Elektronen. Die Elektronen bewegen sich vom Minuspol zum Pluspol der Energiequelle. Auf ihrem Weg durch den Stromkreis stoßen die Elektronen mehrfach mit den Metall-Ionen zusammen.

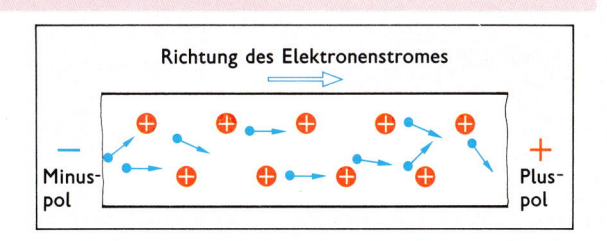

GRÖSSEN DES ELEKTRISCHEN STROMES

1 Die elektrische Stromstärke

Als Anzeige für die Stärke des elektrischen Stromes diente bisher die Helligkeit einer Glühlampe. Die beiden Mädchen messen die Stärke des Stromes mit einem Meßgerät.

Physikalische Bedeutung der elektrischen Stromstärke

Wir betrachten zunächst strömendes Wasser. Durch die zwei Rohre fließt in gleichen Zeiten unterschiedlich viel Wasser (Bild 2). Die Stärke der zwei Wasserströme können wir vergleichen. Wir messen, wieviel Wasser in einer Sekunde durch die Rohre fließt.
Ähnlich wie bei einem Wasserstrom sprechen wir auch beim elektrischen Strom von seiner Stärke. Wir nennen sie *elektrische Stromstärke*.

Die elektrische Stromstärke gibt an, wieviel elektrische Ladung in einer Sekunde durch den Querschnitt des Leiters fließt.

Die elektrische Stromstärke können wir uns mit dem Modell der Elektronenleitung so vorstellen: Wir denken uns den Leiter aufgeschnitten. Die elektrische Stromstärke ist um so größer, je mehr Elektronen je Sekunde durch den Querschnitt des Leiters fließen.

Formelzeichen, Einheit und Meßgerät für die elektrische Stromstärke

Das Formelzeichen für die elektrische Stromstärke ist *I* (vom Anfangsbuchstaben des englischen Wortes für Stärke: intensity). Als Einheit für die elektrische Stromstärke wurde international das Ampere (A) festgelegt. Damit werden die Leistungen des französischen Physikers *André-Marie Ampère* für die Entwicklung der Elektrizitätslehre gewürdigt.

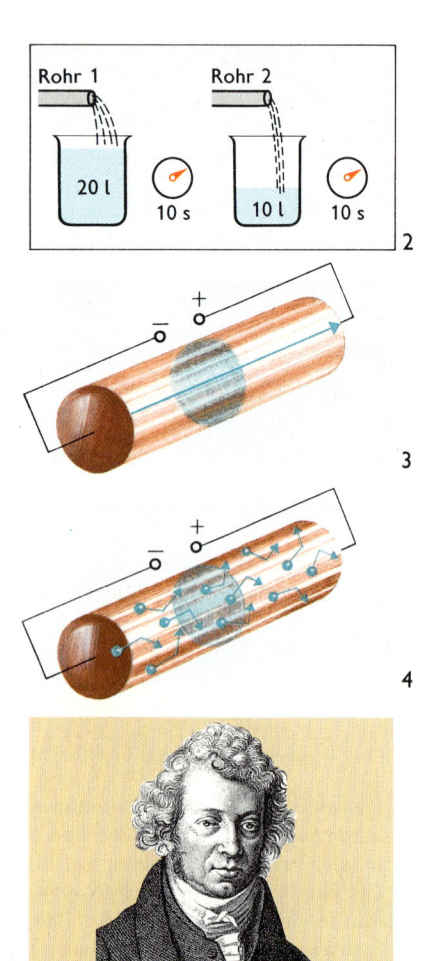

André-Marie Ampère
(1775 bis 1836)

DIE ELEKTRISCHE STROMSTÄRKE

Als Teil der Einheit wird das Milliampere (mA) benutzt. Es gilt:
1 A = 1 000 mA
1 mA = 0,001 A
Bei einer elektrischen Stromstärke von 1 A fließen in einer Sekunde ungefähr 6 Trillionen (6 000 000 000 000 000 000) Elektronen durch den Querschnitt des Leiters.
Zum Messen der elektrischen Stromstärke werden Strommesser benutzt. Die Meßgeräte schaltet man in Reihe zum Gerät, so daß sie vom elektrischen Strom durchflossen werden (Bilder 1 und 2).
Bei Gleichstrom ist darauf zu achten, daß die am Meßgerät mit ≃ gekennzeichnete Buchse stets mit dem Minuspol (−) der elektrischen Energiequelle verbunden ist (Bild 2).

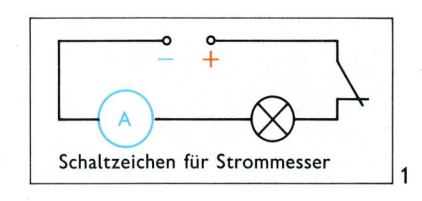

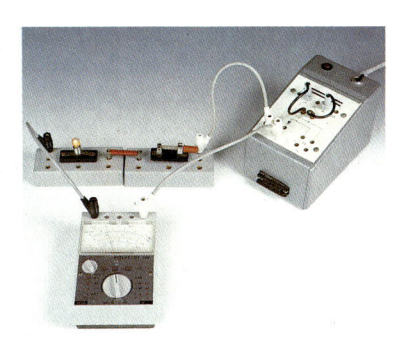

Schaltzeichen für Strommesser 1

Ausführung der Schaltung 2

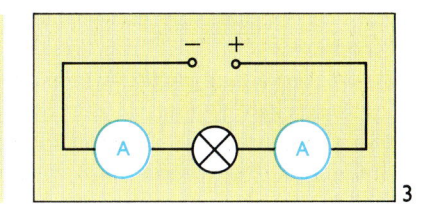

Die elektrische Stromstärke im einfachen Stromkreis

Manchmal werden Glühlampen und andere elektrische Geräte als „Stromverbraucher" bezeichnet. Ist das physikalisch richtig?

Experiment 1
Wir messen die elektrische Stromstärke vor und hinter einer Glühlampe und vergleichen beide Meßwerte.

3

Die Meßergebnisse widerlegen die Bezeichnung „Stromverbraucher". Es gilt vielmehr das physikalische Gesetz:
Im einfachen Stromkreis ist die elektrische Stromstärke an allen Stellen gleich groß.
Mit dem Modell der Elektronenleitung können wir das so deuten: An keiner Stelle des Stromkreises kommen Elektronen hinzu, und an keiner Stelle gehen Elektronen verloren.

Die elektrische Stromstärke im unverzweigten Stromkreis

Zwei Glühlampen sind in Reihe geschaltet. An verschiedenen Stellen können wir Strommesser einbauen und die elektrische Stromstärke messen. Bevor wir messen, wollen wir mit Hilfe des Modells der Elektronenleitung eine Voraussage über die elektrische Stromstärke im unverzweigten Stromkreis ableiten.
Im unverzweigten Stromkreis fließen die Elektronen durch jeden Teil des elektrischen Stromkreises. An keiner Stelle gehen Elektronen verloren, und an keiner Stelle kommen Elektronen hinzu. Es tritt auch nirgendwo ein Stau von Elektronen auf. Daher müßte an allen Stellen die Anzahl der Elektronen, die je Sekunde den Querschnitt passieren, gleich sein. Somit müßte im unverzweigten Stromkreis die elektrische Stromstärke an allen Stellen gleich groß sein.

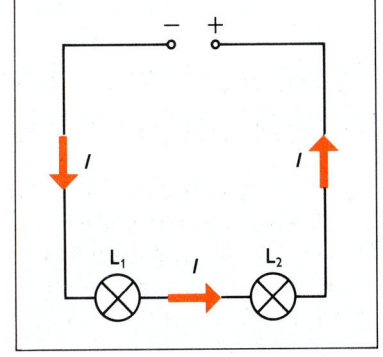

4

Experiment 2
Wir prüfen die Voraussage, indem wir an verschiedenen Stellen die elektrische Stromstärke messen.

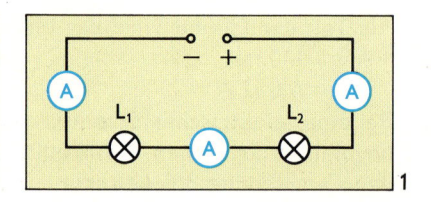

Die Meßergebnisse bestätigen die Voraussage. Auch Messungen in anderen unverzweigten Stromkreisen führen immer wieder zu denselben Ergebnissen. Es gilt:

Im unverzweigten Stromkreis ist die elektrische Stromstärke an allen Stellen gleich groß.

Die elektrische Stromstärke im verzweigten Stromkreis

Nunmehr leiten wir für zwei parallelgeschaltete Glühlampen eine Voraussage über die elektrische Stromstärke ab: Im verzweigten Stromkreis teilt sich der Elektronenstrom mit der elektrischen Stromstärke I im Punkt A in zwei Teilströme mit den elektrischen Stromstärken I_1 und I_2 auf. Für jeden der zwei Verzweigungspunkte A und B gilt: Die Anzahl der einem Verzweigungspunkt zufließenden Elektronen muß gleich der Anzahl der abfließenden Elektronen sein.

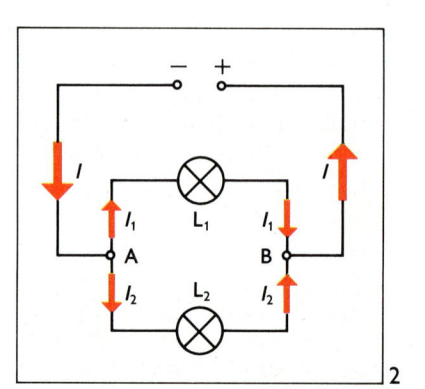

Experiment 3
Wir prüfen unsere Voraussage, indem wir die elektrischen Stromstärken I, I_1 und I_2 messen.

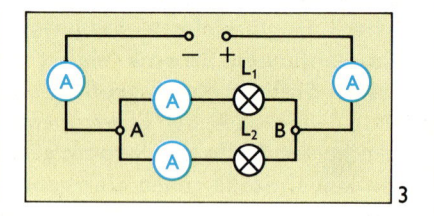

Die Meßergebnisse bestätigen die Voraussage. Auch Messungen in anderen verzweigten Stromkreisen führen immer wieder zu denselben Ergebnissen. Es gilt:

Im verzweigten Stromkreis ist die elektrische Stromstärke gleich der Summe aus den Stromstärken der Teilströme.

$$I = I_1 + I_2$$

Weißt du es? Kannst du es?

1. Gib die folgenden elektrischen Stromstärken in der Einheit Ampere an:
   a) 270 mA,   b) 60 mA,   c) 5 mA!
2. Gib die folgenden elektrischen Stromstärken in der Einheit Milliampere an:
   a) 3 A,   b) 0,5 A,   c) 0,08 A!
3. Wie würde sich die elektrische Stromstärke in einem Leiter ändern, wenn sich die Geschwindigkeit der Elektronen in diesem Leiter a) verdoppeln bzw. b) auf die Hälfte verkleinern würde?

Ein Blick in die Natur

Wirkungen des elektrischen Stromes im menschlichen Körper. Fließt ein elektrischer Strom durch den menschlichen Körper, so ruft er chemische Veränderungen in den Körperzellen und ein Zucken von Muskeln hervor. Die Auswirkungen hängen davon ab, welche Körperteile durchflossen werden und wie groß die elektrische Stromstärke ist. Folgendes ist bekannt: *Stromstärken*
- von 10 mA rufen ein unangenehmes Kribbeln hervor,
- von 15 mA verursachen Schmerzen,
- von 50 mA sind bereits lebensgefährlich, können zur Ohnmacht und zu schweren Verbrennungen führen,
- von 100 mA sind im allgemeinen tödlich.

Besonders gefährlich ist es, wenn der elektrische Strom durch den Brustkorb und das Herz fließt. Dann kann er die Bewegungen der Herzmuskulatur so aus dem Rhythmus bringen, daß der Tod eintritt. Umgekehrt kann der Arzt den elektrischen Strom auch zur Rettung des Lebens einsetzen. Kommt es zum Beispiel infolge eines Unfalls bei einem Menschen zum Herzstillstand, kann der Unfallarzt mit Hilfe eines Elektroschockgerätes die Herztätigkeit manchmal wieder in Gang bringen.

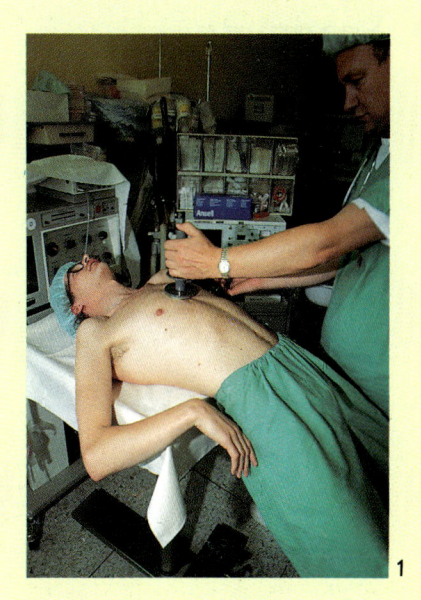

Ein Blick in die Geschichte

Messen der Stromstärke. Heute ist es leicht, die elektrische Stromstärke zu messen. Als vor fast 200 Jahren die ersten physikalischen Gesetze des elektrischen Stromes entdeckt wurden, standen den Physikern noch keine Strommesser zur Verfügung.
Als erster schuf sich *Michael Faraday* ein Meßinstrument. Er nutzte dafür die chemische Wirkung des elektrischen Stromes. Wollte er die Stromstärke messen, ließ er den Strom durch eine verdünnte Säure fließen. Über der Lösung fing er die an eingetauchten Platten entstehenden Gase auf. Für seine Messungen legte er fest:
Die Einheit der Stromstärke hat der Strom, der in einer bestimmten Zeit 1 Kubikzoll Knallgas erzeugt.
Das Auffangen der Gase war kompliziert und gefährlich. Sie konnten mit lautem Knall explodieren.
Der deutsche Physiker *Georg Simon Ohm* nutzte die magnetische Wirkung des elektrischen Stromes zum Messen der Stromstärke. Er hängte an einen Goldfaden eine magnetisierte Stahlnadel und richtete sie so aus, daß sie parallel über einem Draht schwebte. Um die Stromstärke zu messen, ließ er den Strom durch diesen Draht fließen. Der Draht wirkte dann wie ein Magnet und drehte die Magnetnadel seitlich weg. Hieraus entwickelte er ein Maß für die Stromstärke.
Heute nutzt man die magnetische Wirkung zwischen zwei stromdurchflossenen Leitern für die Festlegung der Einheit der Stromstärke.

Faradays Strommesser

2 Die elektrische Spannung

Auf jeder elektrischen Energiequelle ist angegeben, mit welcher elektrischen Spannung sie die Energie liefert. Was verstehen wir unter elektrischer Spannung?

Physikalische Bedeutung der elektrischen Spannung

Wir betrachten zunächst wieder Wasser (Bild 2). Aus dem Abflußrohr auf der Baustelle strömt in jeder Sekunde genauso viel Wasser wie aus der Spritze der Feuerwehr. Dennoch unterscheiden sich beide Wasserströme. Durch die verschiedenen Pumpen erhält das Wasser in den zwei Rohren einen unterschiedlich großen Antrieb.

Die Pumpe des Löschfahrzeuges verleiht dem Wasser einen größeren Antrieb als die Pumpe auf der Baustelle.

Wir betrachten jetzt wieder den elektrischen Strom (Bild 3). Der Strom erhält von verschiedenen elektrischen Energiequellen einen unterschiedlich großen Antrieb. Diesen Antrieb nennt man *elektrische Spannung*.

Die elektrische Spannung einer Energiequelle gibt an, wie stark der Antrieb des Stromes durch diese Energiequelle ist.

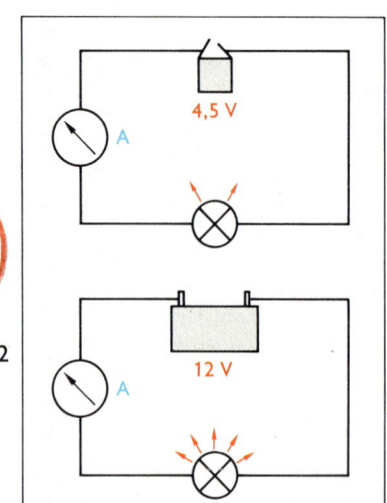

Trotz gleicher Stromstärke leuchtet die an den Akkumulator angeschlossene Lampe heller als die an die Flachbatterie angeschlossene Lampe. Der Akkumulator hat eine größere elektrische Spannung.

DIE ELEKTRISCHE SPANNUNG

Formelzeichen, Einheit und Meßgerät

Das Formelzeichen für die elektrische Spannung ist U. Als Einheit der elektrischen Spannung wurde international das Volt (V) festgelegt. Damit werden die Leistungen von Alessandro Volta bei der Entwicklung von elektrischen Energiequellen gewürdigt.
Eine Spannung von 1 V entspricht etwa der Spannung, die Volta mit dem von ihm erfundenen Kupfer-Zink-Element erreichte. Für größere Spannungen wird das Vielfache der Einheit benutzt, das Kilovolt (kV). Es gilt:
1 kV = 1 000 V
Zum Messen der Spannung benutzen wir Spannungsmesser. Die meisten elektrischen Meßgeräte sind Vielfachmeßgeräte. Sie können noch weitere elektrische Größen messen.
Zum Messen der Spannung einer elektrischen Energiequelle wird das Meßgerät an die zwei Pole angeschlossen (Bilder 1 und 2).

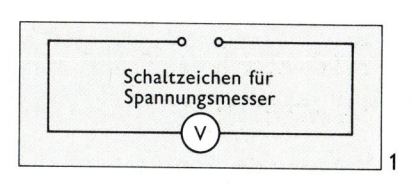

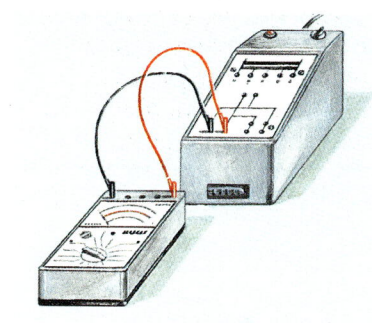

Messung der elektrischen Spannung einer Energiequelle

Leerlaufspannung und Klemmenspannung

Bei elektrischen Energiequellen unterscheidet man:

Leerlaufspannung U_{Leer} Klemmenspannung U_{Kl}

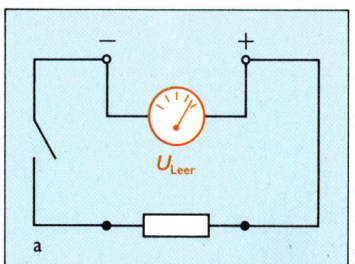

Als Leerlaufspannung bezeichnet man die elektrische Spannung zwischen den Polen einer Energiequelle, wenn ihr keine Energie entnommen wird.

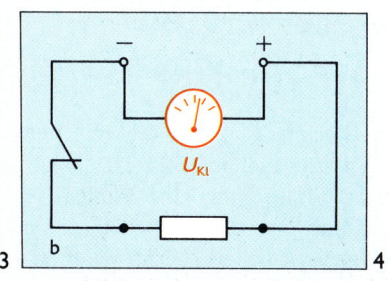

Als Klemmenspannung bezeichnet man die elektrische Spannung zwischen den Polen einer Energiequelle, wenn ihr Energie entnommen wird.

Aus Messungen können wir folgende Zusammenhänge erkennen:

Die Klemmenspannung ist stets kleiner als die Leerlaufspannung.

$U_{Kl} < U_{Leer}$

Dafür gibt es eine einfache Erklärung. Der elektrische Strom fließt nicht nur von einem Pol der Energiequelle durch ein Gerät zum anderen Pol. Er fließt auch in der Energiequelle in gleicher Richtung weiter. Ein Teil der Spannung ist für den Antrieb des Stromes in der Energiequelle selbst erforderlich.

Einige in Natur und Technik vorkommende elektrische Spannungen

Batterien

Knopfzelle	1,35 V
Monozelle, Mignonzelle	1,5 V
Akkumulator für Pkw	12 V

Generatoren

Fahrraddynamo	6 V
Lichtmaschine im Pkw	12 V
Generator im Kraftwerk	15 kV

Natur

Blitz	mehrere 100 000 V
Zitteraal	800 V
Meeresrochen	60 V

Die elektrische Spannung im einfachen Stromkreis

Wenn wir ein Gerät an eine elektrische Energiequelle anschließen, können wir auch zwischen den Anschlüssen des Gerätes eine elektrische Spannung messen.

> **Experiment 1**
> Wir schließen eine elektrische Energiequelle, eine Glühlampe und einen Schalter zu einem Stromkreis zusammen. Wir messen die Klemmenspannung U_{Kl} der Energiequelle und die elektrische Spannung U an der Glühlampe.

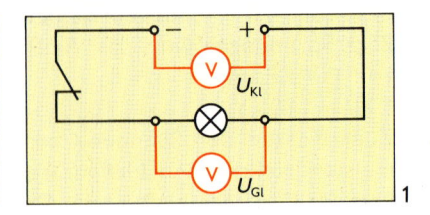

Hinweis: Anstelle der Glühlampe können wir einen Widerstand, eine Spule oder ein anderes Bauteil anschließen. Wir benutzen für sie den Sammelnamen Bauelement.
Sooft wir auch die Messungen mit anderen Energiequellen und Bauelementen wiederholen, immer stellen wir fest:

Im einfachen Stromkreis ist die Spannung am Bauelement gleich der Klemmenspannung an der Energiequelle.

Die Spannung im unverzweigten und im verzweigten Stromkreis

Jede Lampe einer Weihnachtsbaumbeleuchtung mit 10 elektrischen Kerzen ist für eine Spannung von 22 V vorgesehen (Bild 2).
Warum können wir diese Lichterkette dennoch an eine Steckdose mit einer Spannung von 220 V anschließen?
Als Modell für die Weihnachtsbaumbeleuchtung benutzen wir zwei Glühlampen. Diese können wir zu einem unverzweigten Stromkreis (Bild 3) oder zu einem verzweigten Stromkreis (Bild 1, S. 259) zusammenschalten. Wir untersuchen, welchen Einfluß die Art der Schaltung auf die elektrischen Spannungen an den Glühlampen hat.

> **Experiment 2**
> Wir messen die Spannungen U, U_1 und U_2 im unverzweigten Stromkreis.

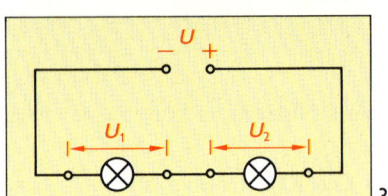

Auch Messungen mit anderen Bauelementen zeigen, daß folgendes Gesetz gilt:

Im unverzweigten Stromkreis verteilt sich die Klemmenspannung U auf die beiden Bauelemente.

$$U = U_1 + U_2$$

DIE ELEKTRISCHE SPANNUNG

Experiment 3
Wir messen die Spannungen U, U_1 und U_2 in einem verzweigten Stromkreis.

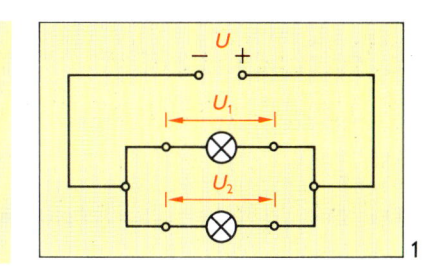

Auch Messungen mit anderen Bauelementen zeigen, daß folgendes Gesetz gilt:

Im verzweigten Stromkreis ist die elektrische Spannung an allen Bauelementen gleich der Klemmenspannung U.

Nun verstehen wir auch, warum wir die Lichterkette für den Weihnachtsbaum an eine Steckdose anschließen können. Die zehn Lampen sind zu einem unverzweigten Stromkreis geschaltet. Hierbei verteilt sich die Klemmenspannung der Steckdose (220 V) zu gleichen Teilen auf jede der zehn Lampen. Für jede einzelne Lampe ergibt sich dadurch die Spannung von 22 V.

Reihen- und Parallelschaltung von elektrischen Energiequellen

Eine einzelne elektrische Energiequelle reicht oft nicht aus, um ein elektrisches Gerät zu betreiben. Das zeigt ein Vergleich der Leerlaufspannungen einiger elektrischer Energiequellen mit den Betriebsspannungen verschiedener elektrischer Geräte. Um die Spannung zu erhöhen, werden mehrere gleichartige Energiequellen in Reihe geschaltet. Die Spannung wird dadurch größer. In manchen Taschenlampen werden beispielsweise zwei Batterien in Reihe geschaltet. Dadurch addieren sich die Spannungen zu einer Gesamtspannung von 3 V (Bild 2).
Wird hingegen eine größere elektrische Stromstärke verlangt, werden die elektrischen Energiequellen parallel geschaltet (Bild 3).
In einem Akkumulator werden die Reihenschaltung und die Parallelschaltung gleichzeitig angewendet. Grundbaustein eines Akkumulators ist ein Plattenpaar aus einer Blei- und einer Bleioxidplatte. Es befindet sich in verdünnter Schwefelsäure. Ein solches Plattenpaar ergibt eine elektrische Spannung von 2 V. Jeweils vier bis fünf solcher Plattenpaare werden parallel geschaltet, sie bilden eine Zelle. Durch diese Parallelschaltung kann eine Zelle einen vier- bis fünfmal so starken Strom liefern wie ein einzelnes Plattenpaar. Die elektrische Spannung einer Zelle beträgt aber nur 2 V. Um die erforderliche elektrische Spannung von 12 V zu erreichen, werden sechs solcher Zellen in Reihe geschaltet. Beim Starten kann dieser Akkumulator einen Strom mit einer Stromstärke bis zu 150 A abgeben, ohne daß die Klemmenspannung zu sehr absinkt. Der Akkumulator wird während der Fahrt durch die Lichtmaschine wieder aufgeladen.

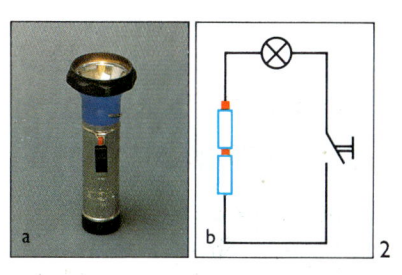

a) Mit zwei Batterien betriebene Taschenlampe
b) Schaltplan des Stromkreises

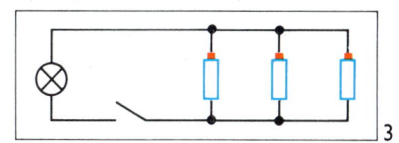

Parallelschaltung von 3 Batterien

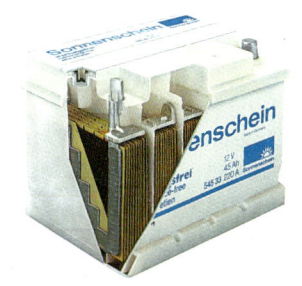

Aufbau eines Bleiakkumulators

Ein Blick in die Natur

Zitteraale. Nach der Entdeckung Amerikas gelangte die Kunde über einen „elektrischen Fisch" nach Europa. Im Urwald des Amazonas wurden beim Durchwaten flacher Wasserstellen einzelne Goldsucher mit einem kräftigen elektrischen Schlag zu Boden geworfen. Erst nach mehreren Tagen ging die Lähmung der Beine zurück. Ursache dieser Schläge waren die im Süßwasser lebenden Zitteraale.

Der Zitteraal kann elektrische Spannungen von 800 V und Ströme mit einer Stromstärke von 1 A bis 2 A erzeugen. Ohne die hohe elektrische Spannung wäre die Wirkung nur gering, da Süßwasser ein schlechter elektrischer Leiter ist.

Bei allen Lebewesen erzeugen die großen Muskeln, insbesondere die Herzmuskeln und die Bewegungsmuskeln, elektrische Spannungen. In den „elektrischen Fischen" haben sich einige Muskeln, die sich nicht mehr bewegen, zu elektrischen Organen umgewandelt. Der Zitteraal hat zwei Organe. Sie bestehen aus mehr als 6 000 „elektrischen Zellen", die „in Reihe geschaltet" sind. Dadurch kann die Gesamtspannung bis 800 V betragen. Der Pluspol befindet sich am Kopf, der Minuspol am Schwanzende.

Ein Zitteraal kann eine Länge von 2 m erreichen.

Ein Blick in die Technik

Auswahl von elektrischen Energiequellen. Elektrische Energiequellen unterscheiden sich in mehrfacher Hinsicht: Sie können unterschiedlich viel Energie zur Verfügung stellen, und sie können diese Energie bei unterschiedlichen Spannungen abgeben. Auch die Geräte, in denen die elektrische Energie genutzt wird, unterscheiden sich: Ein Rundfunkempfänger für einen Pkw benötigt beispielsweise eine Spannung von 12 Volt, ein Rundfunkempfänger für die Wohnung eine Spannung von 220 V.

Die Spannung, die für den Betrieb eines elektrischen Gerätes erforderlich ist, heißt Betriebsspannung. Vor Inbetriebnahme eines elektrischen Gerätes ist unbedingt zu beachten: Die Betriebsspannung eines elektrischen Gerätes muß mit der Leerlaufspannung der elektrischen Energiequelle übereinstimmen.

Parallelschaltung. Haushaltgeräte werden gewöhnlich für eine Betriebsspannung von 220 V hergestellt. Damit wir mehrere Geräte gleichzeitig benutzen können, werden in Wohnungen Anschlüsse für Steckdosen als Parallelschaltung ausgeführt.

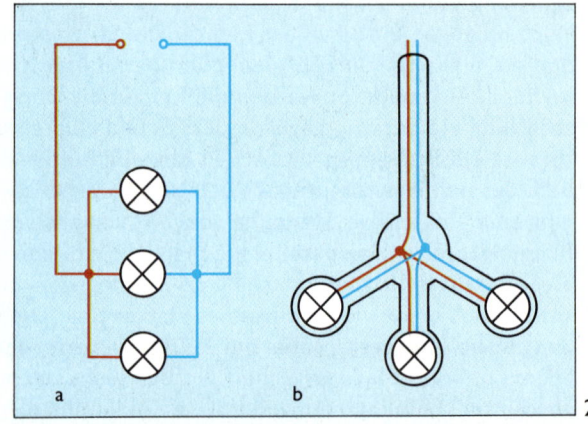

Schaltplan und Ausführung der Parallelschaltung in einem Kronleuchter

DIE ELEKTRISCHE SPANNUNG

Weißt du es? Kannst du es?

1. Erkundige dich, welche elektrischen Spannungen liefern: a) die im Handel angebotenen Batterien, b) die Lichtmaschine eines Mopeds, c) der Akkumulator eines Motorrades und d) die Lichtmaschine in einem Lkw oder Bus!

2. Wenn der Akkumulator eines Pkw entladen ist, kann ein Kraftfahrer dem anderen so helfen, wie es das Bild 1 zeigt. Was muß man bei der Polung der Kabel beachten?

3. Für den Fall einer Stromstörung hat sich Herr Findig mit vielen Monozellen versorgt. Wie will er sie wohl nutzen? Ist er auf dem Holzweg?

4. Wie lauten die Gesetze für die elektrische Spannung, wenn man drei elektrische Bauelemente zu einem unverzweigten bzw. verzweigten Stromkreis zusammenschaltet? Zeichne die Schaltpläne für die Stromkreise, mit denen du deine Vermutung überprüfen könntest!

5. Schalten wir zwei neue Mignonzellen nach Bild 3a, dann leuchtet die 3-V-Lampe hell auf. Bei der Schaltung nach Bild 3b bleibt die Lampe dunkel. Warum?

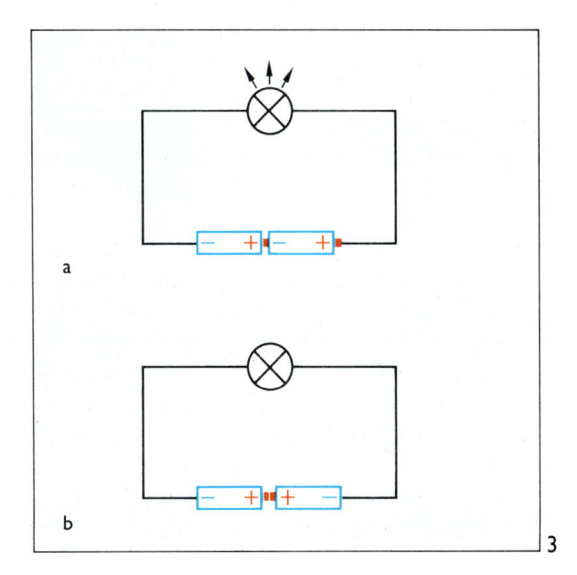

6. Im Bild 4 sind drei Stromkreise dargestellt. Welche Meßwerte zeigen jeweils die Meßgeräte an, die farbig gezeichnet sind?

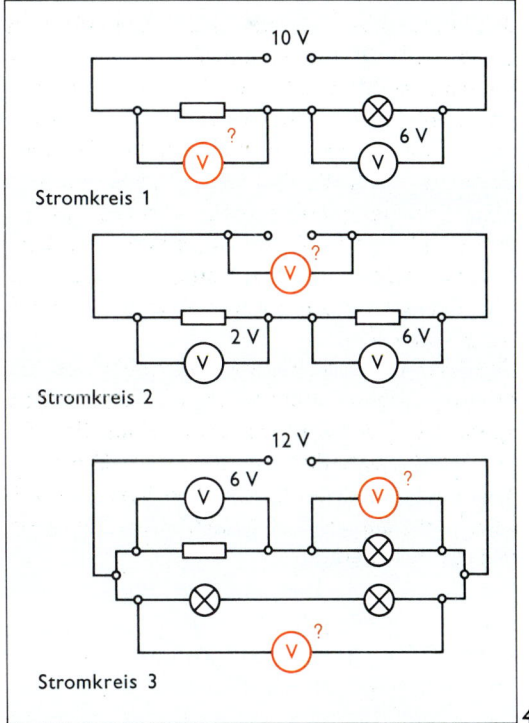

3 Der Zusammenhang zwischen elektrischer Stromstärke und elektrischer Spannung

Petra hat zwei gleiche Taschenlampen. Eine Lampe leuchtet aber heller, weil sie gerade neue Batterien eingesetzt hat.
Wie kommt das?

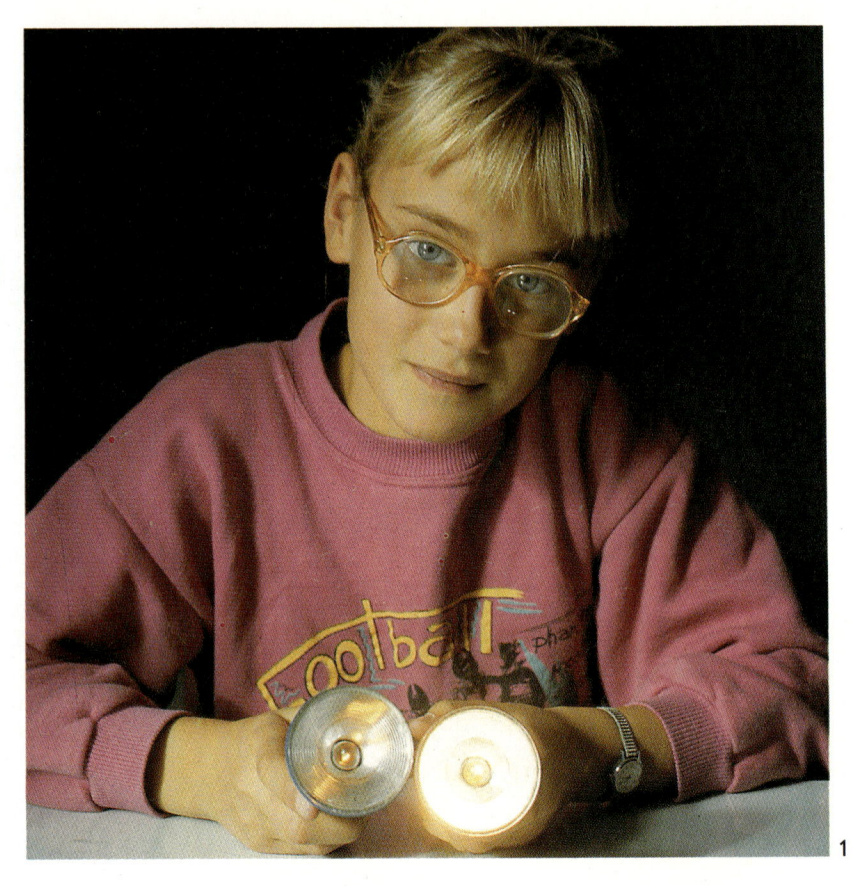

In beiden Taschenlampen befinden sich gleiche Glühlampen. Daher vermuten wir: Die Ursache für die verschiedenen Helligkeiten der Lampen liegt in den unterschiedlichen elektrischen Spannungen der neuen und der alten Batterien.
Im Experiment untersuchen wir, ob unterschiedliche Spannungen auch zu unterschiedlichen Stromstärken führen.

Experiment 1
Wir schließen eine Lampe an eine Energiequelle an, von der wir verschiedene elektrische Spannungen abnehmen können. Nacheinander stellen wir Spannungen von 1 V, 2 V usw. bis 6 V ein und messen jeweils die elektrische Stromstärke.

Die Meßwerte sind im Bild 3 in einem Stromstärke-Spannung-Diagramm dargestellt. Die Ergebnisse bestätigen die Vermutung: Je größer die elektrische Spannung ist, desto größer ist auch die elektrische Stromstärke.
Das können wir auch mit dem Modell der Elektronenleitung verstehen. Je größer die elektrische Spannung ist, desto größer ist der Antrieb des elektrischen Stromes und desto schneller fließen auch die Elektronen. Je schneller aber die Elektronen sind, desto mehr Elektronen fließen je Sekunde durch den Leiterquerschnitt.

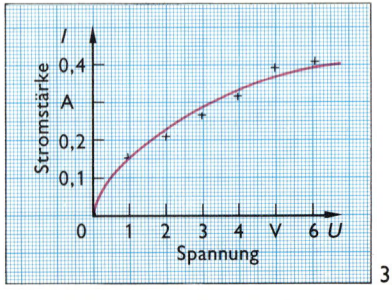

DER ZUSAMMENHANG ZWISCHEN ELEKTRISCHER STROMSTÄRKE UND ELEKTRISCHER SPANNUNG

Ohmsches Gesetz

Je größer die elektrische Spannung ist, desto größer ist die elektrische Stromstärke. Gilt dieser Zusammenhang nur für Glühlampen oder auch für andere Bauelemente, z. B. Spulen und Widerstände?

Experiment 2
Wir wiederholen das Experiment 1, wobei wir aber statt der Lampe nacheinander eine Spule und verschiedene Widerstände anschließen.

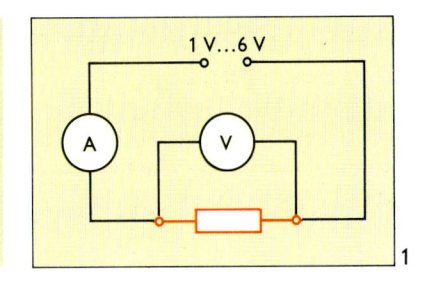

Als Ergebnis erhalten wir die im Bild 2 dargestellten Stromstärke-Spannung-Diagramme.
Aus den Diagrammen erkennen wir: Die elektrische Stromstärke ist um so größer, je größer die elektrische Spannung ist. Im Unterschied zur Glühlampe gilt für die Widerstände sogar:
Die elektrische Stromstärke ist der Spannung direkt proportional. $I \sim U$
Das heißt: Wird die elektrische Spannung verdoppelt, so wächst auch die elektrische Stromstärke auf das Doppelte an. Wird die Spannung verdreifacht, so wird auch die elektrische Stromstärke dreimal so groß. Dieses Gesetz hat der deutsche Physiker *Georg Simon Ohm* entdeckt. Es gilt nur bei konstanter Temperatur. Daher gilt es zum Beispiel nicht für eine Glühlampe.
Seinem Entdecker zu Ehren nennt man es Ohmsches Gesetz:

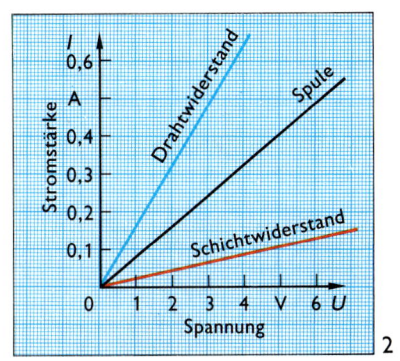

Stromstärke-Spannung-Diagramme für Drahtwiderstand, Spule und Schichtwiderstand

Bei konstanter Temperatur eines elektrischen Leiters gilt:
Die elektrische Stromstärke ist der elektrischen Spannung $\quad I \sim U$
direkt proportional.

Weißt du es? Kannst du es?

1. Für vier Bauelemente wurden nach Bild 1 die Spannungen und die dazugehörigen Stromstärken gemessen.
   Welches Bauelement könnte eine Lampe sein?

2. Woran kannst du in einer Meßwerttabelle eine direkte Proportionalität erkennen, woran in einem Diagramm?

elektrische Spannung	elektrische Stromstärke			
	Bauelement 1	Bauelement 2	Bauelement 3	Bauelement 4
2 V	0,17 A	0,23 A	0,65 A	0,03 A
4 V	0,30 A	0,45 A	0,22 A	0,06 A
6 V	0,35 A	0,70 A	0,13 A	0,10 A

Welches Bauelement könnte eine Lampe sein?

4 Der elektrische Widerstand

Je mehr Glühlampen wir in Reihe schalten, desto schwächer leuchten sie. Jede Glühlampe verringert die Stromstärke. In der Physik sagt man: Die Glühlampe hat einen elektrischen Widerstand. Wie kommt der elektrische Widerstand zustande?

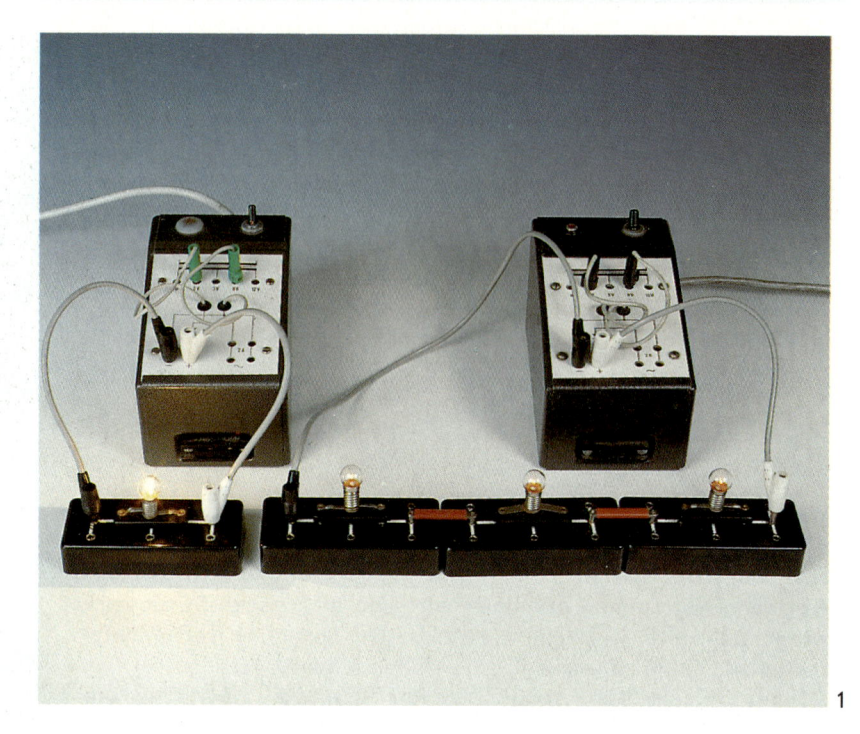

Physikalische Bedeutung

Durch elektrische Geräte und Bauelemente, aber auch durch die Leitungen selbst wird das Fließen des Stromes begrenzt. Jeder Draht, jedes Bauelement und jedes Gerät setzt dem elektrischen Strom einen Widerstand entgegen. Den elektrischen Widerstand in Metallen können wir uns mit dem Modell der Elektronenleitung so vorstellen: Durch die ständigen Zusammenstöße der Elektronen mit den Metall-Ionen wird die Bewegung der Elektronen behindert (Bild 2). Je mehr die Bewegung der Elektronen behindert wird, desto größer ist der elektrische Widerstand.

Durch die Zusammenstöße mit den Metall-Ionen werden die Elektronen immer wieder abgebremst.

Berechnung und Messung

In den Bildern 3 bis 5 sind die Stromstärke-Spannung-Diagramme für einen Schichtwiderstand, eine Spule und einen Drahtwiderstand dargestellt. Für die gleiche Stromstärke von

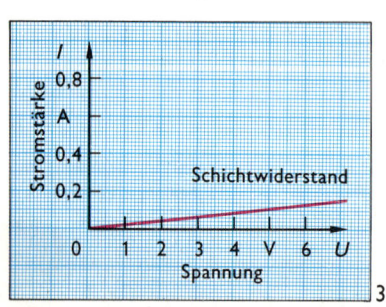

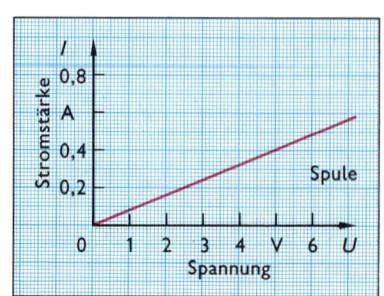

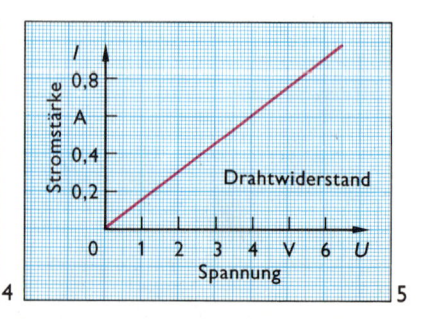

Stromstärke-Spannung-Diagramme

DER ELEKTRISCHE WIDERSTAND

1 A sind jeweils unterschiedliche Spannungen erforderlich. Der Schichtwiderstand hat den größten elektrischen Widerstand. Bei diesem muß die elektrische Spannung 52 V betragen, damit die Stromstärke den Wert von 1 A erreicht. Bei dem Drahtwiderstand genügen hierfür 6,5 V. Aus diesem Vergleich ergibt sich eine Möglichkeit, den elektrischen Widerstand für jedes Bauelement anzugeben. Dazu hat man festgelegt:

Der elektrische Widerstand eines Bauelementes gibt an, welche Spannung erforderlich ist, damit ein Strom von 1 A fließt.

Den elektrischen Widerstand können wir deshalb so berechnen:

elektrischer Widerstand = $\dfrac{\textbf{Spannung am Bauelement}}{\textbf{Stromstärke im Bauelement}}$

Als Formelzeichen für den elektrischen Widerstand hat man international den Buchstaben R festgelegt (nach dem Anfangsbuchstaben des englischen Wortes für Widerstand: resistance). Mit den entsprechenden Formelzeichen können wir schreiben:

$$R = \frac{U}{I}$$

Als Einheit des elektrischen Widerstandes wurde international das Ohm (Ω) festgelegt (Bild 2). Damit werden die Leistungen von Georg Simon Ohm bei der Entdeckung des Zusammenhanges zwischen der elektrischen Stromstärke und der elektrischen Spannung gewürdigt (Bild 1).

Die Einheit Ohm wird durch den griechischen Buchstaben Omega abgekürzt. Im Zusammenhang mit der Angabe von Widerständen lesen wir diesen Buchstaben als „Ohm".

Das Ohm ist eine kleine Einheit. Deshalb benutzt man meist die Vielfachen dieser Einheit: das Kiloohm (kΩ) oder das Megaohm (MΩ). Es gilt:

1 kΩ = 1 000 Ω
1 MΩ = 1 000 000 Ω

Vielfachmeßgeräte können meist auch als *Widerstandsmesser* benutzt werden. Als elektrische Energiequelle dient beispielsweise eine in das Meßgerät eingelegte Batterie.

Aufgabe

Zur Berechnung des elektrischen Widerstandes einer Spule wurden die Spannung und die Stromstärke gemessen: $U = 6{,}5$ V, $I = 320$ mA. Wie groß ist der elektrische Widerstand der Spule?

Analyse: Gesucht: R
Gegeben: $U = 6{,}5$ V
$I = 320$ mA $= 0{,}32$ A

Lösung: $R = \dfrac{U}{I}$

$R = \dfrac{6{,}5\text{ V}}{0{,}32\text{ A}}$

$R \approx 20\ \Omega$

Ergebnis: Der elektrische Widerstand der Spule beträgt 20 Ω.

Georg Simon Ohm (1789 bis 1854)

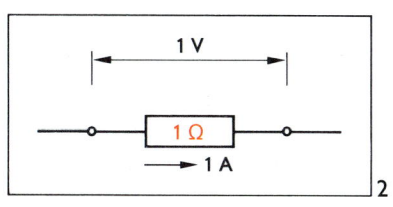

Ein Leiter hat einen elektrischen Widerstand von 1 Ω, wenn bei einer Spannung von 1 V ein Strom mit der Stromstärke 1 A fließt.

In der Technik vorkommende elektrische Widerstände

Leitungen

1 m Leitung: Bruchteile von 1 Ω

Haushaltgeräte

Heizwendeln: 30 Ω bis 50 Ω
Glühfaden einer 100-W-Lampe: 500 Ω

Widerstände

in Rundfunkgeräten: einige Kiloohm bis zu vielen Megaohm

Temperaturabhängigkeit des elektrischen Widerstandes

Aus der Gültigkeitsbedingung des *Ohm*schen Gesetzes wissen wir: Der elektrische Widerstand eines metallischen Leiters ist von dessen Temperatur abhängig. Wie ändert sich der elektrische Widerstand, wenn die Temperatur zunimmt?
Voraussage: Im Modell der Elektronenleitung müssen wir uns vorstellen, daß die Metall-Ionen um ihre Plätze schwingen. Bei einer Erhöhung der Temperatur des Leiters schwingen sie weiter und schneller. Dadurch stoßen die Elektronen häufiger mit den Metall-Ionen zusammen. Die Elektronen werden somit noch stärker als vorher behindert. Das heißt: Bei Erhöhung der Temperatur eines metallischen Leiters müßte dessen elektrischer Widerstand größer werden.
Prüfen der Voraussage: In einem Experiment müßte sich diese Voraussage so zeigen: Wenn die Temperatur eines metallischen Leiters wächst, dann müßte trotz gleichbleibender elektrischer Spannung die elektrische Stromstärke kleiner werden.

Experiment 1
In einen einfachen Stromkreis schalten wir einen Stahldraht. Mit einem Brenner erhöhen wir seine Temperatur.

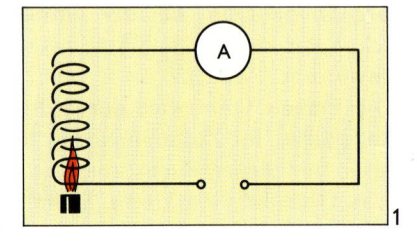

Wir beobachten: Während des Temperaturanstiegs verkleinert sich die Stromstärke. Sobald der Draht abkühlt, wächst die Stromstärke wieder an. Auch Experimente mit anderen metallischen Leitern führen immer wieder zu demselben Ergebnis.
Wenn die Temperatur eines metallischen Leiters erhöht wird, vergrößert sich sein elektrischer Widerstand.
Sehr deutlich zeigt sich die Abhängigkeit des elektrischen Widerstandes von der Temperatur bei Glühlampen. Wenn man für eine Glühlampe bei verschiedenen Spannungen die zugehörigen Stromstärken mißt, dann stellt man fest, daß die Stromstärke kleiner wird, wenn sich die Temperatur des Glühdrahtes erhöht.

Der Gesamtwiderstand im unverzweigten und im verzweigten Stromkreis

Spulen und Widerstände werden häufig in Reihe oder parallel geschaltet. Jedes dieser Bauelemente hat einen bestimmten elektrischen Widerstand, den wir mit R_1, R_2 usw. bezeichnen wollen. Wie groß ist der Gesamtwiderstand R_{ges} von zwei Bauelementen, wenn sie in Reihe oder parallel geschaltet sind?

DER ELEKTRISCHE WIDERSTAND

Experiment 2
Wir bestimmen mit einem Widerstandsmesser den Gesamtwiderstand R_{ges} von zwei in Reihe geschalteten Widerständen R_1 und R_2.

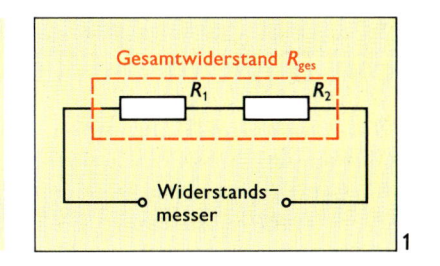

Auch Messungen mit anderen Spulen und Widerständen zeigen, daß folgendes Gesetz gilt:

Bei Reihenschaltung ist der Gesamtwiderstand R_{ges} gleich der Summe der beiden elektrischen Widerstände R_1 und R_2.

$$R_{ges} = R_1 + R_2$$

Experiment 3
Wir schalten jetzt die zwei Widerstände parallel und bestimmen erneut den Gesamtwiderstand R_{ges}.

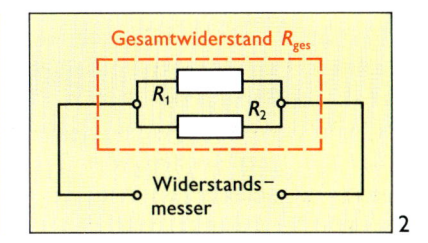

Die Ergebnisse zeigen:

Bei Parallelschaltung ist der Gesamtwiderstand R_{ges} kleiner als der kleinste Einzelwiderstand.

$$\frac{1}{R_{ges}} = \frac{1}{R_1} + \frac{1}{R_2}$$

Physiker haben für die Berechnung des Gesamtwiderstandes R_{ges} bei Parallelschaltung die angegebene Gleichung gefunden.

Weißt du es? Kannst du es?

1. Bei einer elektrischen Spannung von 10 V werden an drei verschiedenen elektrischen Bauelementen folgende Stromstärken gemessen:
   a) 0,5 A, b) 1 A und c) 2 A.
   Vergleiche die drei elektrischen Widerstände, ohne sie zu berechnen!
   Überprüfe deine Antwort durch Berechnung der elektrischen Widerstände!

2. Durch eine Glühlampe und durch einen Konstantandraht fließen bei einer Spannung von 220 V jeweils Ströme mit der gleichen Stromstärke von 72 mA. Wie groß ist der elektrische Widerstand dieser Leiter? Was kannst du über die Stromstärke und über den elektrischen Widerstand der beiden Bauelemente bei einer Spannung von 110 V voraussagen?

3. Ein Draht aus Konstantan hat einen elektrischen Widerstand von 6 Ω. Wie groß muß die elektrische Spannung zwischen den Enden des Drahtes sein, damit die elektrische Stromstärke
   a) 1 A, b) 2 A und c) 0,5 A beträgt?

4. Wie ändert sich der elektrische Widerstand eines metallischen Leiters, wenn dieser abgekühlt wird? Begründe deine Antwort!

5. Warum benutzen wir bei Schülerexperimenten nur Spannungen bis zu 12 V? Schätze dazu die elektrische Stromstärke, die auftreten könnte!

6. Vielleicht hat ein Arzt oder eine Krankenschwester bei dir schon einmal ein EKG aufgenommen. Warum werden wohl die Kontaktplättchen vorher angefeuchtet?

Ein Blick in die Technik

Widerstand von Glühlampen. Der Metalldraht in Glühlampen ändert nach dem Einschalten seine Temperatur und damit seinen elektrischen Widerstand. Im kalten Zustand (nicht leuchtend) hat eine 100-W-Lampe einen elektrischen Widerstand von etwa 40 Ω. Wenn sie in Betrieb ist und voll aufleuchtet, dann ist ihr elektrischer Widerstand auf fast 500 Ω angestiegen. Deshalb muß man bei Glühlampen und anderen elektrischen Geräten, die im Betrieb warm werden, zwischen dem Kaltwiderstand und dem Betriebswiderstand unterscheiden.

Meßwiderstände. Für sehr genaue elektrische Messungen werden Widerstände benötigt, die ihren elektrischen Widerstand beibehalten, auch wenn sich die Temperatur ändert. Solche Meßwiderstände bestehen beispielsweise aus Konstantan. Bei der Untersuchung der Temperaturabhängigkeit des elektrischen Widerstandes von Metallen wurde festgestellt, daß der elektrische Widerstand von Legierungen nicht so stark von der Temperatur abhängt wie der von reinen Metallen. Man suchte nun nach einer Legierung, deren elektrischer Widerstand auch bei Temperaturänderungen nahezu konstant bleibt. Als eine solche Legierung gefunden wurde, nannte man sie „Konstantan".

Widerstandsthermometer. Die Abhängigkeit des elektrischen Widerstandes eines Drahtes von der Temperatur kann auch zur Temperaturmessung genutzt werden. Diese Thermometer sind sowohl für sehr tiefe Temperaturen (unter −200 °C) als auch für sehr hohe Temperaturen (bis hinauf zu 600 °C) äußerst genau. Der Meßdraht befindet sich im Innern einer Schutzröhre. Meist werden Drähte aus Platin, für tiefe Temperaturen aber auch Drähte aus Gold verwendet.

Messung der Geschwindigkeit von Gasen. Auch beim Messen der Strömungsgeschwindigkeit von Gasen kann man die Temperaturabhängigkeit des elektrischen Widerstandes nutzen. Dazu wird in den Gasstrom ein Draht gespannt, der vom elektrischen Strom durchflossen und dabei erwärmt wird. Je größer die Strömungsgeschwindigkeit des Gases ist, desto stärker wird der Draht abgekühlt. Die angezeigte Stromstärke ist ein Maß für die Geschwindigkeit des Gases.

Glühlampen

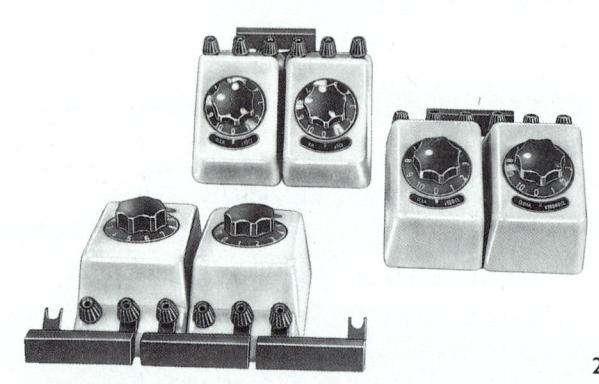

Meßwiderstände

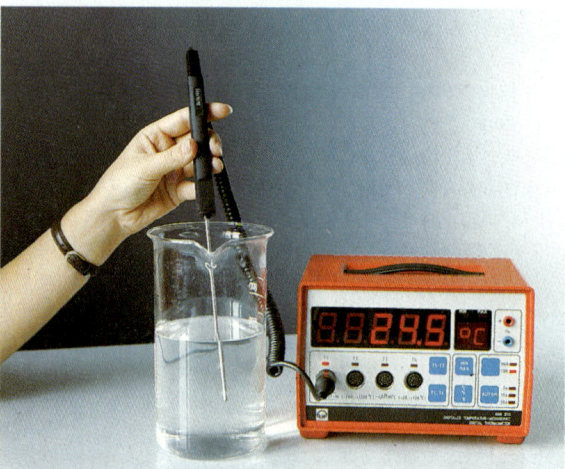

Widerstandsthermometer

KURZ UND KNAPP

Physikalische Größen des elektrischen Stromkreises

	Elektrische Stromstärke	Elektrische Spannung	Elektrischer Widerstand
Physikalische Bedeutung	Die elektrische Stromstärke gibt an, wieviel elektrische Ladung in einer Sekunde durch den Querschnitt des Leiters fließt.	Die elektrische Spannung gibt an, wie stark der Antrieb des Stromes durch die elektrische Energiequelle ist.	Der elektrische Widerstand eines Bauelementes gibt an, welche Spannung erforderlich ist, damit ein Strom mit einer Stromstärke von 1 A fließt.
Formelzeichen	I	U	R
Gleichung	–	–	$R = \dfrac{U}{I}$
Einheit	Ampere (A) 1 A = 1 000 mA	Volt (V) 1 000 V = 1 kV	Ohm (Ω) $1\,\Omega = \dfrac{1\,\text{V}}{1\,\text{A}}$
Meßgerät und Schaltung	Strommesser	Spannungsmesser	Widerstandsmesser (oder Berechnung aus U und I)

Elektrische Spannung von elektrischen Energiequellen

Leerlaufspannung
(offener Stromkreis)

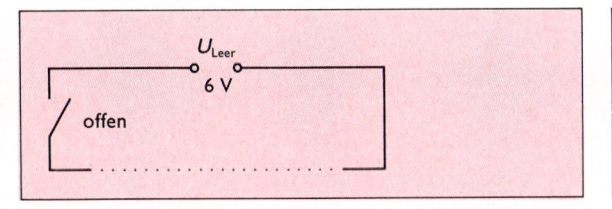

U_{Leer}
6 V
offen

Klemmenspannung
(geschlossener Stromkreis)

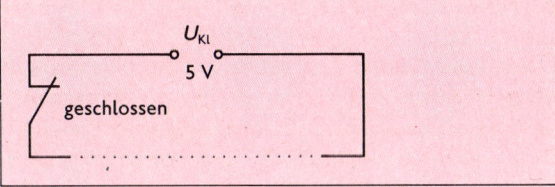

U_{Kl}
5 V
geschlossen

Die Klemmenspannung ist kleiner als die Leerlaufspannung ($U_{\text{Kl}} < U_{\text{Leer}}$).

Bei der Reihenschaltung von elektrischen Energiequellen addieren sich die elektrischen Spannungen der einzelnen Energiequellen.

Bei der Parallelschaltung von elektrischen Energiequellen kann eine größere elektrische Stromstärke erreicht werden.

1 Stromstärke, Spannung und Widerstand

Wie zweckmäßig ist doch ein Telefon! Über Hunderte, ja Tausende Kilometer kannst du mit jemanden sprechen, wie wenn er neben dir steht. In Sekundenschnelle kannst du beispielsweise eine wichtige Nachricht übermitteln. Wie funktioniert so ein Telefon?

Wie du weißt, besteht zwischen der elektrischen Stromstärke I, der elektrischen Spannung U und dem elektrischen Widerstand R die Beziehung $R = \dfrac{U}{I}$.

Diese Gleichung zeigt den Zusammenhang zwischen den drei physikalischen Größen. Beim Lösen von Aufgaben mußt du mitunter eine dieser drei Größen berechnen, die elektrische Stromstärke, die elektrische Spannung oder den elektrischen Widerstand.
Zur Berechnung der elektrischen Stromstärke oder der elektrischen Spannung muß die Gleichung umgestellt werden. Durch das Umstellen erhält man:

Abhängigkeit der Stromstärke von Spannung und Widerstand $I = \dfrac{U}{R}$

Abhängigkeit der Spannung von Stromstärke und Widerstand $U = I \cdot R$

Abhängigkeit des Widerstandes von Spannung und Stromstärke $R = \dfrac{U}{I}$

Abhängigkeit der Stromstärke von der Spannung und vom Widerstand

Damit eine Lampe hell genug leuchtet, ist eine bestimmte elektrische Stromstärke erforderlich. Ist sie beispielsweise zu groß, wird die Lampe zerstört. Auch alle anderen elektrischen Geräte brauchen für ihr einwandfreies Funktionieren eine bestimmte elektrische Stromstärke. Wie hängt diese elektrische Stromstärke von der angelegten elektrischen Spannung und vom elektrischen Widerstand des elektrischen Gerätes ab?
Du weißt bereits: Wenn du die Abhängigkeit zwischen zwei Größen erkennen willst, mußt du dafür sorgen, daß sich alle anderen Größen nicht ändern. Deshalb gibt es folgende zwei Fälle:
– Entweder der elektrische Widerstand bleibt konstant, oder
– die elektrische Spannung bleibt konstant.

STROMSTÄRKE, SPANNUNG UND WIDERSTAND

In der folgenden Übersicht sind beide Fälle dargestellt.

1. Du veränderst die elektrische Spannung U (und hältst den elektrischen Widerstand R konstant). Beispiel: An einem Draht aus Konstantan mit einem elektrischen Widerstand von 20 Ω wird die elektrische Spannung verändert. (Bei Konstantan ändert sich der elektrische Widerstand nicht, wenn sich die Temperatur ändert.)	2. Du veränderst den elektrischen Widerstand R (und hältst die elektrische Spannung U konstant). Beispiel: An eine Energiequelle mit einer Klemmenspannung von 6 V werden nacheinander verschiedene Glühlampen angeschlossen. (Sie sind alle für 6 V hergestellt, der Glühdraht hat also etwa die gleiche Temperatur.)

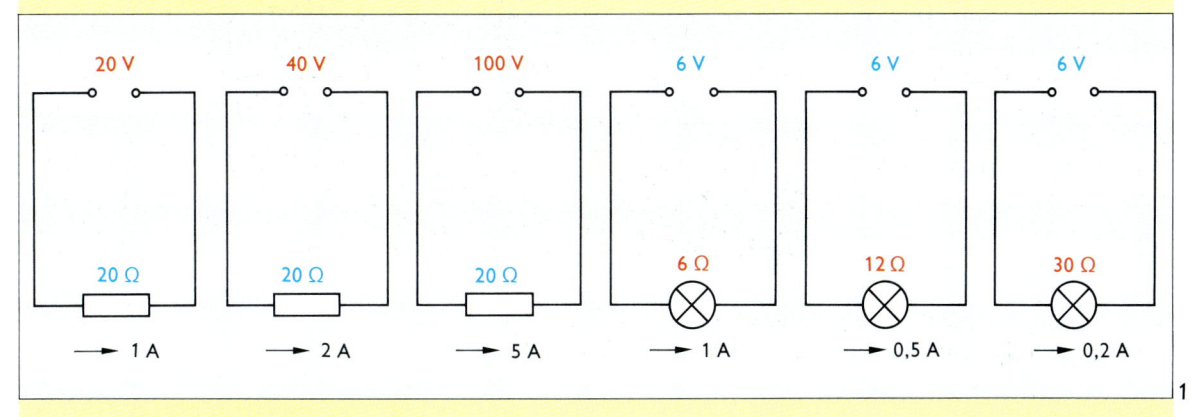

(Schaltbilder: 20 V/20 Ω → 1 A; 40 V/20 Ω → 2 A; 100 V/20 Ω → 5 A; 6 V/6 Ω → 1 A; 6 V/12 Ω → 0,5 A; 6 V/30 Ω → 0,2 A)

Es gilt:

$I \sim U$ (für R = konstant)

Es gilt:

$I \sim \dfrac{1}{R}$ (für U = konstant)

Abhängigkeit der Spannung von der Stromstärke und vom Widerstand

Auf einer Spule ist außer dem elektrischen Widerstand die elektrische Stromstärke angegeben. Diese darf über längere Zeit nicht wesentlich überschritten werden (Bild 2). Solche Angaben findest du z. B. auch auf Gleitwiderständen. Beim Experimentieren kannst du verschiedene Spannungen an die Spule anlegen. Wie groß darf die elektrische Spannung höchstens sein?

Aufgabe
Bei welcher Spannung wird für die Spule im Bild 2 die höchstmögliche elektrische Stromstärke erreicht?

Gesucht: Gegeben: Lösung:
U (in V) $R = 3\,\Omega$ $U = I \cdot R$
            $I_{max} = 2\,A$ $U = 2\,A \cdot 3\,\Omega$
                         $U = 6\,A \cdot \Omega$
                         $U = 6\,A \cdot \dfrac{V}{A}$
                         $\underline{\underline{U = 6\,V}}$

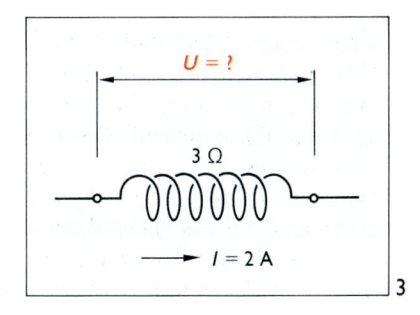

Ergebnis: An die Spule darf im Höchstfalle eine elektrische Spannung von 6 V angelegt werden. Beim Anschließen an eine höhere Spannung würde sich die Spule so stark erhitzen, daß sie „durchbrennt".

Der elektrische Widerstand im unverzweigten Stromkreis

Auf den Leiterplatten elektronischer Geräte sind oftmals viele Spulen, Widerstände, Transistoren – also Bauelemente – in Reihe geschaltet (Bild 1). Wie ändert sich der elektrische Widerstand in einem elektrischen Stromkreis, wenn zu einem Bauelement ein zweites in Reihe geschaltet wird? Zur Beantwortung dieser Frage dient ein Experiment.

Experiment 1
Entsprechend Bild 2 werden jeweils 2 Bauelemente mit den elektrischen Widerständen R_1 und R_2 in Reihe geschaltet. Es werden die elektrischen Stromstärken im elektrischen Stromkreis und die elektrischen Spannungen U_1 und U_2 an den Bauelementen gemessen. Die Meßergebnisse sind in der Tabelle dargestellt.

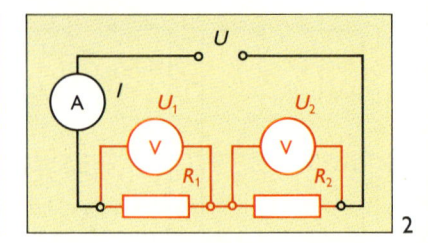

Meßergebnisse

R_1 in Ω	R_2 in Ω	U in V	U_1 in V	U_2 in V	I in A	R in Ω
10	15	10	4	6	0,4	25
5	10	15	5	10	1,0	15
20	20	20	10	10	0,5	40

Vergleiche in jeder Zeile der Tabelle die Teilwiderstände R_1 und R_2 (erste und zweite Spalte) mit dem Gesamtwiderstand R (letzte Spalte)! Du findest folgendes Gesetz:
Bei der Reihenschaltung zweier Bauelemente ist der Gesamtwiderstand gleich der Summe der elektrischen Widerstände der Bauelemente.

Elektrischer Widerstand im unverzweigten Stromkreis (Reihenschaltung)

$$R = R_1 + R_2$$

Es läßt sich leicht erklären, warum der elektrische Widerstand zunimmt, wenn man zu einem Bauelement ein zweites in Reihe schaltet. Die Elektronen müssen jetzt nacheinander beide Bauelemente durchdringen.
Der Vergleich der Meßwerte in der Tabelle läßt noch einen weiteren Zusammenhang erkennen. Am Bauelement mit dem größeren elektrischen Widerstand liegt auch die größere elektrische Spannung an. Es gilt:
Bei der Reihenschaltung zweier Bauelemente verhalten sich die elektrischen Widerstände zueinander wie die elektrischen Spannungen.

Elektrische Spannungen und elektrische Widerstände im unverzweigten Stromkreis (Reihenschaltung)

$$\frac{U_1}{U_2} = \frac{R_1}{R_2}$$

STROMSTÄRKE, SPANNUNG UND WIDERSTAND

Der elektrische Widerstand im verzweigten Stromkreis

Du hast bereits die elektrische Stromstärke bei zwei parallel geschalteten Bauelementen untersucht. Es gilt:
$I = I_1 + I_2$.
Wie groß ist nun der Gesamtwiderstand, wenn zwei Bauelemente parallel geschaltet sind? Die dafür geltende Gleichung kann man aus $I = I_1 + I_2$ und
$I = \dfrac{U}{R}$ herleiten.

Die Gleichung $I = \dfrac{U}{R}$ gilt auch für die beiden Teilströme, z. B.
$I_1 = \dfrac{U}{R_1}$.
Deshalb folgt aus der Gleichung $I = I_1 + I_2$ die Gleichung
$\dfrac{U}{R} = \dfrac{U}{R_1} + \dfrac{U}{R_2}$.
Wird diese Gleichung durch U dividiert, erhält man:

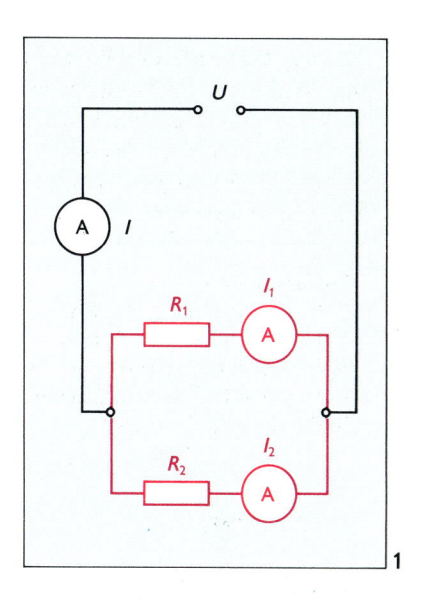

Elektrischer Widerstand im verzweigten Stromkreis (Parallelschaltung)

$$\dfrac{1}{R} = \dfrac{1}{R_1} + \dfrac{1}{R_2}$$

Berechnung des elektrischen Widerstandes

Zwei Widerstände von 10 Ω und 40 Ω werden parallel geschaltet. Wie groß ist der Gesamtwiderstand?

Gesucht: R (in Ω)

Gegeben: $R_1 = 10$ Ω
$R_2 = 40$ Ω

Lösung: $\dfrac{1}{R} = \dfrac{1}{R_1} + \dfrac{1}{R_2}$
$\dfrac{1}{R} = \dfrac{1}{10\,\Omega} + \dfrac{1}{40\,\Omega}$
$R = 8\,\Omega$

Ergebnis: Der Gesamtwiderstand beträgt 8 Ω.
Vergleicht man die Teilwiderstände mit dem Gesamtwiderstand, so fällt auf, daß dieser kleiner ist als der kleinste der beiden Teilwiderstände. Das ist verständlich, da durch das Parallelschalten die Behinderung für die gerichtete Bewegung der Elektronen geringer wird (2 Wege!). Der elektrische Widerstand nimmt ab.

Wie sich Herr Findig die Bewegung der Elektronen bei der Reihenschaltung (Bild 3, vorhergehende Seite) und bei der Parallelschaltung von Widerständen (Bild 2) vorstellt.

Ein Blick in die Technik

Kurzschluß. Der Kurzschluß ist eine häufige Brandursache. In diesem Falle fließt der elektrische Strom nicht mehr durch das angeschlossene elektrische Gerät. Es gibt für ihn einen anderen Weg mit einem sehr kleinen elektrischen Widerstand, auf dem er von einem Pol der Energiequelle zum anderen gelangt.

Wie kann es zu einem Kurzschluß kommen? Ein Kurzschluß kann auftreten, wenn die Isolation eines Kabels beschädigt ist. In alten Kabeln sind oft die isolierenden Materialien um die elektrischen Leiter herum nicht mehr elastisch; sie werden spröde und brechen beim Verbiegen. Auch kann durch häufiges Biegen eines Kabels die Isolierung so stark beschädigt werden, daß sich die blanken Leiter berühren. In diesem Falle fließt der elektrische Strom über die Berührungsstelle direkt wieder zur elektrischen Energiequelle zurück (Bild 2).

> **Tod bei Staubsauger-Reparatur:**
> **Der Stecker war noch in der Dose**
>
> Ein schrecklicher Unfall geschah Montagabend in dem grauen Mehrfamilienhaus in der Abraham-Werner-Straße 1 in Chemnitz: Steffen H. (37) wollte seiner Frau eine Freude machen. In ihrer Abwesenheit reparierte er den defekten Staubsauger. Dabei übersah der Knappschafts-Angestellte, daß der Stecker noch in der Steckdose war. Ein Stromschlag tötete den Mann in Sekundenschnelle. Die Ehefrau fand ihren Mann erst gegen Abend. Doch niemand konnte ihm mehr helfen. Polizeisprecher Reinhad Walther warnt: "Vorsicht bei Reparaturen an elektrischen Geräten. Prüfen Sie immer nach, ob der Stecker gezogen ist!"

Da der elektrische Widerstand R der Drähte im Kabel sehr klein ist, kann die elektrische Stromstärke sehr groß werden. Es gilt ja die Beziehung $I = \dfrac{U}{R}$. Da U konstant ist, folgt daraus $I \sim \dfrac{1}{R}$. Infolge der großen elektrischen Stromstärke könnten sich die Drähte so stark erhitzen, daß sich die Isolierstoffe des Kabels entzünden.

Schmelzsicherung. Damit in einem Stromkreis die zulässige Stromstärke nicht überschritten wird, ist eine Sicherung eingebaut, beispielsweise eine Schmelzsicherung. Überschreitet die Stromstärke einen bestimmten Betrag, schmilzt der Draht in der Sicherung und öffnet dadurch den elektrischen Stromkreis.

Der Draht befindet sich in einem Porzellanröhrchen, das mit Sand gefüllt ist (Bild 3). Deshalb geht von einer Sicherung keine Brandgefahr aus. Warum entstehen Brände, obwohl die elektrischen Stromkreise durch Sicherungen geschützt sind? Im Moment der Berührung der beiden Leitungsdrähte kann an der Berührungsstelle eine starke Erwärmung auftreten, die zur Entzündung brennbarer Stoffe führt.

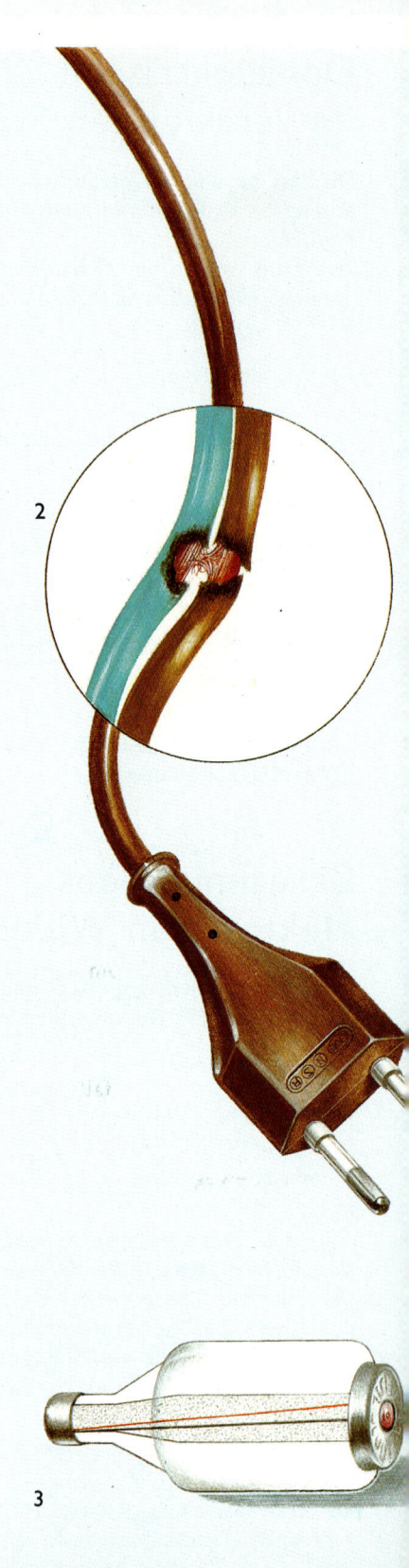

STROMSTÄRKE, SPANNUNG UND WIDERSTAND

Telefon. Die wichtigsten Teile des Telefons sind im Handapparat untergebracht. Es ist das Mikrofon, in das man hineinspricht, und der Hörer, den man an das Ohr hält. Damit man telefonieren kann, sind außerdem noch elektrische Energiequellen erforderlich. Diese befinden sich meist im Fernsprechamt.

Im Mikrofon werden die Schallschwingungen (Sprache, Musik) in Stromschwingungen umgewandelt. Das einfachste Mikrofon ist das Kohlemikrofon. Es besteht aus einer Kapsel, die vollständig mit Kohlekörnern gefüllt ist. Eine sehr dünne Metallplatte (Membran) bildet den Deckel, mit dem die Kapsel verschlossen ist. Drückt man auf die Membran, so werden die Kohlekörner zusammengepreßt. Dadurch verringert sich ihr elektrischer Widerstand. Die elektrische Stromstärke nimmt zu, da sich die elektrische Spannung nicht ändert. Spricht man gegen die Membran, so schwingt sie hin und her. Dadurch werden die Kohlekörner abwechselnd mehr oder we-

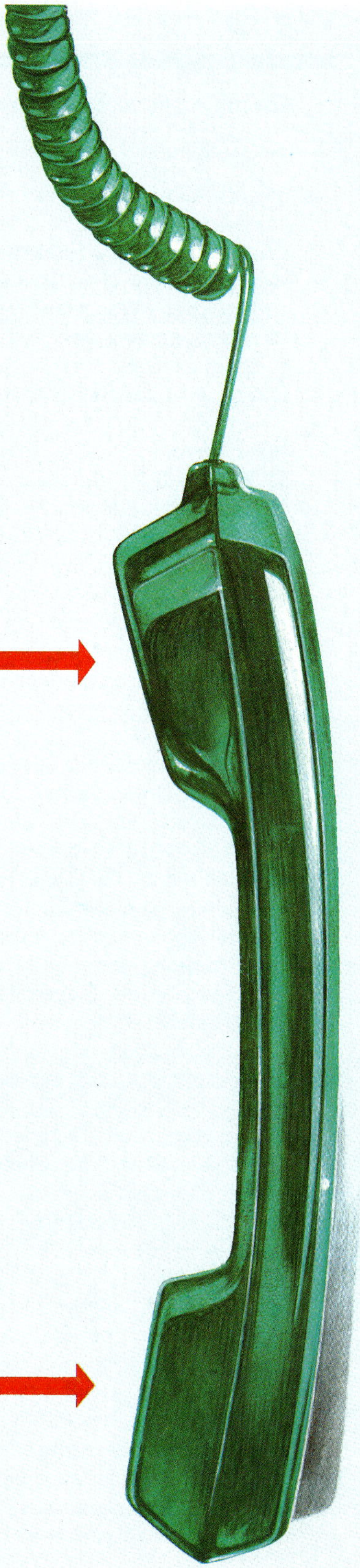

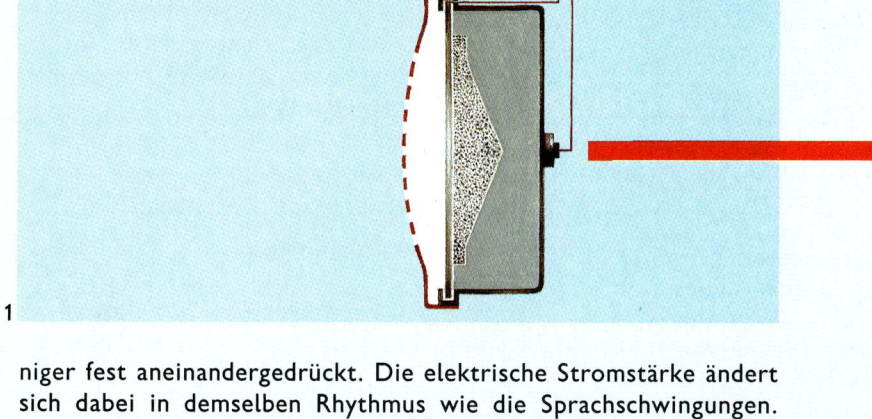

niger fest aneinandergedrückt. Die elektrische Stromstärke ändert sich dabei in demselben Rhythmus wie die Sprachschwingungen. Dieser elektrische Strom wird verstärkt und in den Hörer des Gesprächspartners geleitet. Dort wandelt der Hörer die Stromschwingungen wieder zurück in Sprachschwingungen. Der Hörer besteht aus einer Kapsel, in der sich ein Elektromagnet befindet. Diese Kapsel ist ebenfalls mit einer Membran verschlossen. Bei großer elektrischer Stromstärke wird die Membran stark vom Elektromagneten angezogen, bei geringer Stromstärke weniger stark. Dadurch bewegt sich die Membran im Rhythmus der Sprachschwingungen.

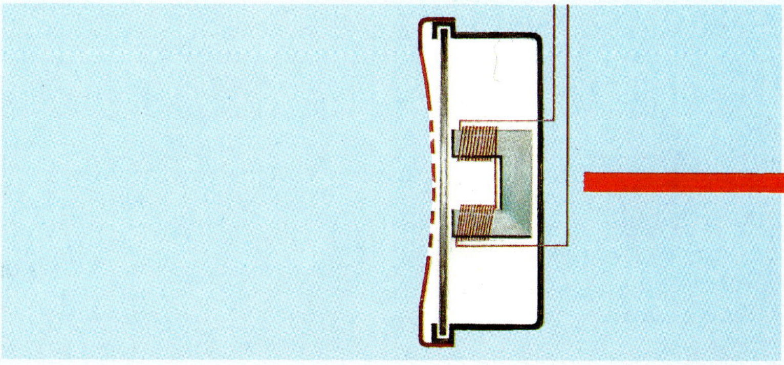

Weißt du es? Kannst du es?

1. Formuliere je eine Aufgabe, zu deren Lösung die Gleichung $I = \dfrac{U}{R}$, die Gleichung $R = \dfrac{U}{I}$ und die Gleichung $U = I \cdot R$ benutzt werden können!
2. Wie groß ist die elektrische Stromstärke, wenn an einem elektrischen Gerät mit einem elektrischen Widerstand von 20 Ω eine elektrische Spannung von 100 V gemessen wird? Rechne im Kopf!
3. Durch ein Bauelement mit einem elektrischen Widerstand von 80 Ω fließt ein elektrischer Strom.
   a) Wie groß ist die elektrische Stromstärke, wenn die elektrische Spannung a) 16 V, b) 40 V, c) 80 V, d) 120 V und e) 400 V beträgt?
   b) Vergleiche die Ergebnisse! Welchen Zusammenhang erkennst du?
4. In einem Elektroherd wird eine Heizplatte gegen eine andere ausgetauscht. Wie ändert sich die elektrische Stromstärke, wenn der elektrische Widerstand
   a) kleiner und
   b) größer als der der ausgebauten Platte ist?
5. Die Glühlampe einer Taschenlampe mit Flachbatterie für eine elektrische Spannung von 4,5 V wird an eine Monozelle von 1,5 V angeschlossen. Erkläre, warum die Glühlampe nur schwach leuchtet!
6. Warum kann man bei einem Stromausfall in der Wohnung dennoch telefonieren?
7. Die Spule eines Elektromagneten hat einen elektrischen Widerstand von 6 Ω. Welche elektrische Spannung muß man an die Spule anlegen, damit die elektrische Stromstärke a) 1 A, b) 2 A und c) 0,5 A beträgt?
8. Wie groß darf die elektrische Spannung höchstens sein, damit bei einem Bauelement mit einem elektrischen Widerstand von 50 Ω die elektrische Stromstärke nicht größer als 0,250 A wird?
9. Eine Glühlampe (1,8 V/0,2 A) soll an eine Flachbatterie angeschlossen werden. Wie groß muß der Vorwiderstand sein?
10. Zwei Bauelemente mit elektrischen Widerständen von 1 Ω und 4 Ω werden a) in Reihe, b) parallel geschaltet. Wie groß ist jeweils der Gesamtwiderstand? Welche elektrische Spannung liegt an den Bauelementen, wenn die Klemmenspannung 10 V beträgt? Versuche im Kopf zu rechnen!
11. Die Experimentierspulen mit 750 Windungen (3 Ω) und 1 500 Windungen (22 Ω) werden in Reihe geschaltet und an eine Spannung von 10 V angeschlossen.
    a) Berechne den Gesamtwiderstand, die elektrische Stromstärke und die elektrische Spannung an jeder Spule!
    b) Wie groß sind Gesamtwiderstand und elektrische Stromstärke bei Parallelschaltung der Spulen?
    c) Wie groß ist die elektrische Stromstärke in jeder Spule?
12. Wie groß müßten in den elektrischen Stromkreisen a), c) und d) die elektrischen Widerstände der Bauelemente sein, an denen ein Fragezeichen steht (Bild 1)? Welche Meßwerte zeigen in den Schaltungen die Strom- und Spannungsmesser an, die mit einem Fragezeichen versehen sind?

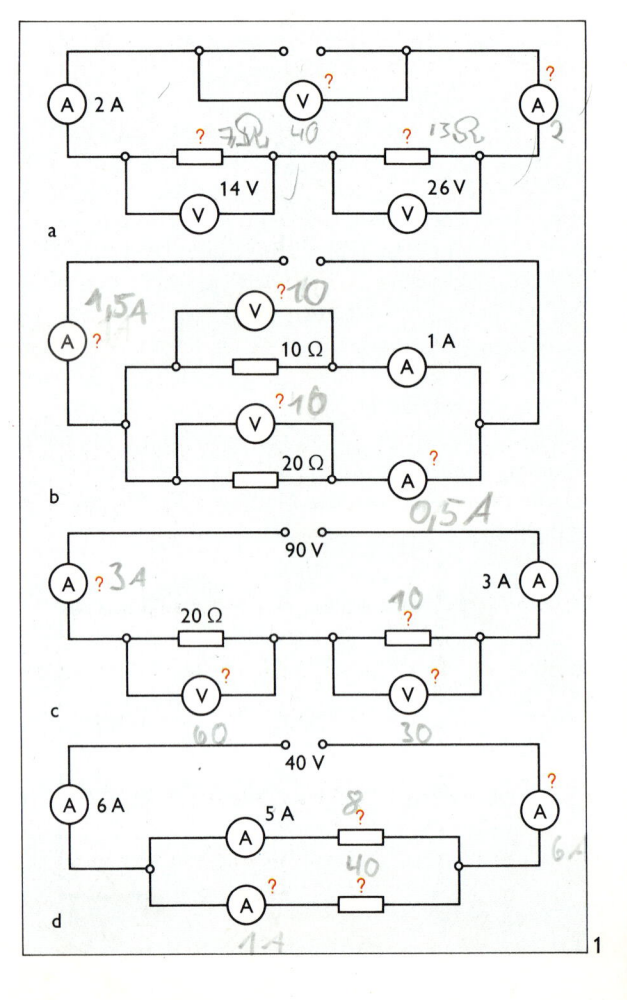

Gesetze des unverzweigten und des verzweigten Stromkreises

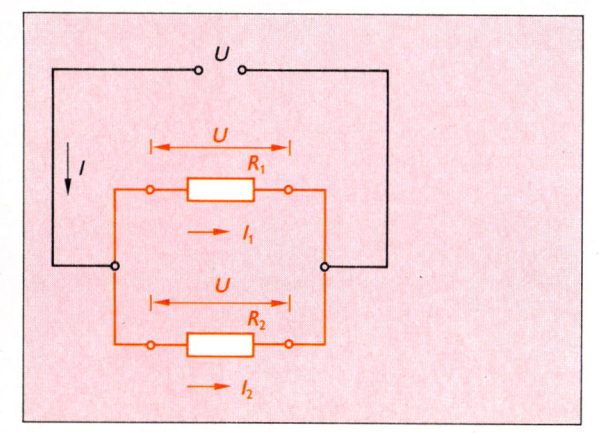

Unverzweigter Stromkreis

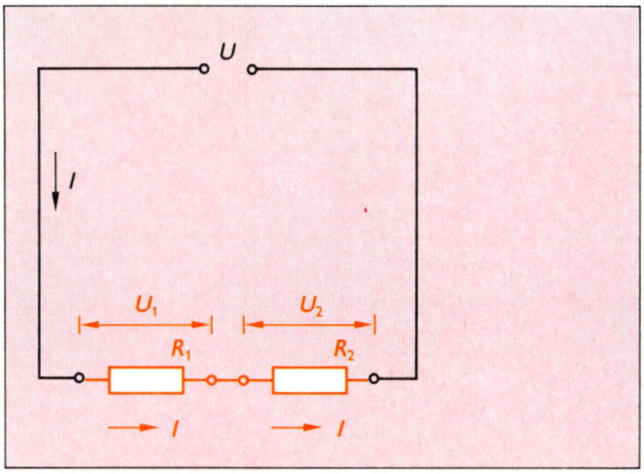

Verzweigter Stromkreis

Elektrische Stromstärke

Im unverzweigten Stromkreis ist die elektrische Stromstärke an allen Stellen gleich groß.

Im verzweigten Stromkreis ist die elektrische Stromstärke gleich der Summe aus den Stromstärken der Teilströme.
$I = I_1 + I_2$

Elektrische Spannung

Im unverzweigten Stromkreis verteilt sich die Klemmenspannung auf die beiden Bauelemente.
$U = U_1 + U_2$

Im verzweigten Stromkreis ist die elektrische Spannung an allen Bauelementen gleich der Klemmenspannung U.

Elektrischer Widerstand

Im unverzweigten Stromkreis ist der Gesamtwiderstand gleich der Summe der elektrischen Widerstände der einzelnen Bauelemente.
$R = R_1 + R_2$

Im verzweigten Stromkreis ist der Gesamtwiderstand kleiner als der kleinste Teilwiderstand.
$\dfrac{1}{R} = \dfrac{1}{R_1} + \dfrac{1}{R_2}$

Stromstärke, Spannung, Widerstand

In jedem Stromkreis und jedem Bauelement gelten die drei Gleichungen

$I = \dfrac{U}{R}$ $\qquad R = \dfrac{U}{I}$ $\qquad U = I \cdot R$

Spannungen und Widerstände

Im unverzweigten Stromkreis gilt für Spannungen und Widerstände
$\dfrac{U_1}{U_2} = \dfrac{R_1}{R_2}$

WIDERSTÄNDE IN STROMKREISEN

2 Das Widerstandsgesetz

Wenn die Vorstellung beginnt, geht im Theater allmählich das Licht aus. Damit die Lampen langsam dunkler werden, muß der elektrische Widerstand im elektrischen Stromkreis allmählich größer werden. Wie kann man das erreichen? Wovon hängt der elektrische Widerstand eines elektrischen Gerätes ab?

Abhängigkeit des elektrischen Widerstandes

Vergleiche die Metalldrähte im Bild 2 miteinander! Sie unterscheiden sich voneinander, denn sie besitzen unterschiedliche Längen, unterschiedliche Querschnitte und bestehen aus verschiedenen Materialien. Legt man an jeden dieser Drähte die gleiche Spannung an, so ist zu erwarten, daß die Stromstärke in allen Fällen unterschiedlich ist. Das rührt daher, daß die Bewegung der Elektronen in unterschiedlichen Drähten unterschiedlich stark behindert wird.

Abhängigkeit von der Länge des Drahtes. Je länger ein Draht ist, um so länger ist der Weg, den die Elektronen durchwandern müssen. Je länger aber ihr Weg ist, desto mehr werden die Elektronen durch die Metall-Ionen behindert. Was vermutest du daher für eine Abhängigkeit des elektrischen Widerstandes?

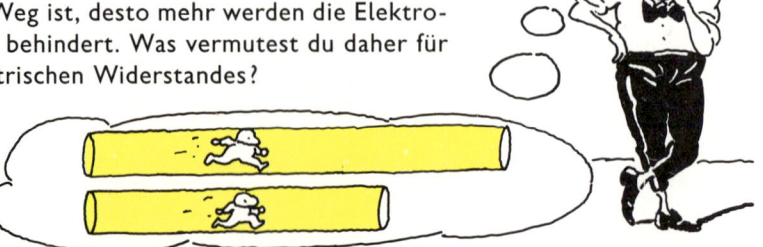

Wir vermuten: Je länger der Draht ist, desto größer ist sein elektrischer Widerstand.

Wie sich Herr Findig die Bewegung der Elektronen in unterschiedlich langen Leitern vorstellt.

DAS WIDERSTANDSGESETZ

Experiment 1
Wir verbinden einen Draht und einen in Reihe geschalteten Strommesser mit der elektrischen Energiequelle. Parallel zum Draht schalten wir einen Spannungsmesser (Bild 1). Wir messen die elektrische Stromstärke und die elektrische Spannung.
Nun schalten wir zu dem Draht einen zweiten in Reihe. Der zweite Draht muß die gleiche Länge und den gleichen Querschnitt haben und aus dem gleichen Material bestehen wie der erste (Bild 2). Wir messen die elektrische Stromstärke und die elektrische Spannung an den beiden Drähten.
Schließlich schalten wir einen dritten, gleichartigen Draht mit den anderen beiden in Reihe (Bild 3) und ermitteln die elektrische Stromstärke und die elektrische Spannung an den drei Drähten.

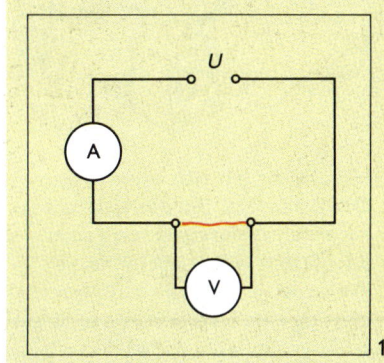

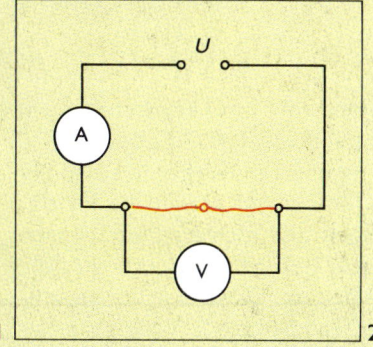

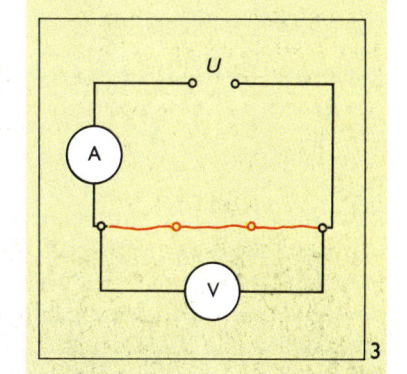

Die berechneten elektrischen Widerstände bestätigen unsere Vermutung. Es gilt $R \sim l$.
Abhängigkeit vom Querschnitt des Drahtes. Je größer der Querschnitt eines Drahtes ist, desto mehr Elektronen können sich gleichzeitig durch den Draht bewegen.
Wir vermuten: Je größer der Querschnitt eines Drahtes ist, desto kleiner ist sein elektrischer Widerstand.

Experiment 2
Wir beginnen das Experiment wie Experiment 1. Danach schalten wir parallel zum ersten Draht einen zweiten, gleichartigen Draht. Wir messen erneut die elektrische Stromstärke und die elektrische Spannung. Nun schalten wir einen dritten, gleichartigen Draht parallel zu den beiden ersten und messen wiederum die elektrische Stromstärke und die elektrische Spannung.

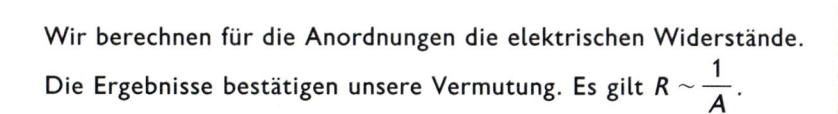

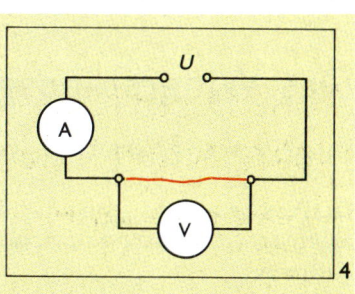

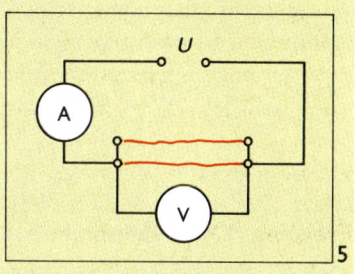

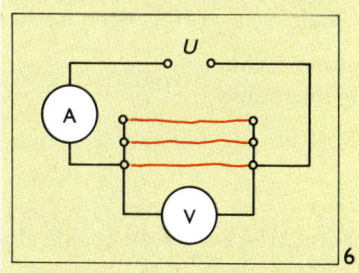

Wir berechnen für die Anordnungen die elektrischen Widerstände. Die Ergebnisse bestätigen unsere Vermutung. Es gilt $R \sim \dfrac{1}{A}$.

Abhängigkeit vom Material des Drahtes. Drei Drähte haben die gleiche Länge und den gleichen Querschnitt. Trotzdem unterscheiden sie sich voneinander: Sie bestehen aus unterschiedlichen Metallen. In verschiedenen Metallen sind auch die Metall-Ionen unterschiedlich angeordnet. Dadurch wird die gerichtete Bewegung der Elektronen in Drähten aus unterschiedlichen Metallen unterschiedlich stark behindert. Deshalb unterscheiden sich die elektrischen Widerstände solcher Drähte. Der für jedes Material charakteristische Wert des Widerstandes ist der spezifische Widerstand ϱ (sprich: rho).

Kupfer hat z. B. einen spezifischen Widerstand von

$$\varrho = 0,017 \frac{\Omega \cdot mm^2}{m}.$$

Der spezifische Widerstand

$$\varrho = 0,017 \frac{\Omega \cdot mm^2}{m}$$

für Kupfer gibt an, daß ein Kupferdraht von 1 m Länge und einem Querschnitt von 1 mm² einen Widerstand von 0,017 Ω besitzt.

Du weißt, daß sich alle Teilchen in einem festen Körper in ständiger Bewegung befinden. Mit steigender Temperatur nimmt die Heftigkeit der Bewegung zu. Deshalb bewegen sich auch die Metall-Ionen in einem Draht bei höherer Temperatur heftiger. Dadurch wird die Bewegung der Elektronen stärker behindert. Darum ist der spezifische elektrische Widerstand von der Temperatur abhängig. In Tabellen wird er meistens für eine Temperatur von 20 °C angegeben.

Herr Findig hat sich einen langen Draht besorgt. 1 m dieses Drahtes hat einen Widerstand von genau 3 Ω. Damit will er auf moderne Weise seine Wohnung ausmessen. Hast du eine Idee, wie er den Draht schalten muß und wie er damit Längen messen kann?

Das Widerstandsgesetz

Mit Hilfe deiner Kenntnisse über den elektrischen Widerstand von Drähten kannst du den elektrischen Widerstand eines beliebigen Drahtes berechnen, ohne daß du die elektrische Spannung und die elektrische Stromstärke messen mußt.

Aufgabe

Wie groß ist der elektrische Widerstand eines Kupferdrahtes von 400 m Länge und 2 mm² Querschnitt?

Gesucht: R (in Ω) *Gegeben*: $\varrho_{Kupfer} = 0,017 \frac{\Omega \cdot mm^2}{m}$

$l = 400$ m

$A = 2$ mm²

Lösung: Ein Kupferdraht von 1 m Länge und 1 mm² Querschnitt hat einen Widerstand von 0,017 Ω. Ein Kupferdraht von 400 m Länge und 1 mm² Querschnitt hat einen 400mal so großen Widerstand (400 · 0,017 Ω = 6,8 Ω). Der Kupferdraht von 400 m Länge und 2 mm² Querschnitt hat einen halb so großen Widerstand (0,5 · 6,8 Ω = 3,4 Ω).

Ergebnis: Der Kupferdraht hat einen Widerstand von 3,4 Ω.

Damit hast du folgenden Rechenweg beschritten:

elektrischer Widerstand = spezifischer Widerstand · $\frac{\text{Länge}}{\text{Querschnitt}}$

Deshalb gilt folgende Gleichung:

Elektrischer Widerstand eines Drahtes

$$R = \varrho \cdot \frac{l}{A}$$

Aufbau und Wirkungsweise technischer Widerstände

In der Technik werden Bauelemente mit den verschiedensten elektrischen Widerständen benötigt. Man schaltet diese in den Stromkreis ein, um den elektrischen Strom im gewünschten Maße zu begrenzen. Solche Bauelemente nennen wir *technische Widerstände*. Damit verwenden wir das Wort *Widerstand* in folgenden Zusammenhängen:
- elektrischer Widerstand als Eigenschaft eines Bauelements oder Gerätes, den elektrischen Strom zu hemmen,
- elektrischer Widerstand als physikalische Größe mit dem Formelzeichen R,
- technischer Widerstand als Bauelement oder Gerät, das in Schaltungen eingebaut wird.

Man unterscheidet bei technischen Widerständen:

	Drahtwiderstände	*Schichtwiderstände*
Aufbau	Auf einem Isolator ist ein langer Draht gleichmäßig aufgewickelt.	Ein Isolator ist mit einer sehr dünnen Schicht aus Kohle oder Metall überzogen.
Herstellung	Der Draht wird gleichmäßig (Windung für Windung) nebeneinander aufgewickelt.	Der Isolator wird mit Kohle oder einer Metallegierung bedampft.
Physikalisches Gesetz	$R \sim l$	$R \sim \dfrac{1}{A}$
Bereich	bis zu einigen Kiloohm (z. B. 5 kΩ)	bis zu einigen hundert Megaohm (z. B. 500 MΩ)

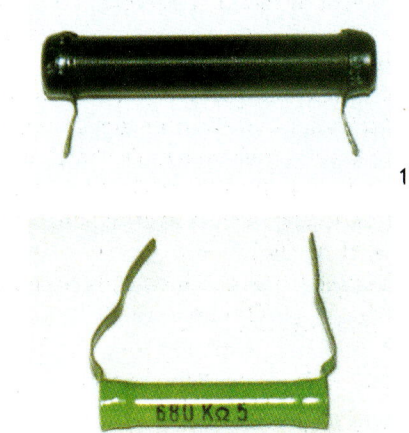

Festwiderstände. Für manche Zwecke muß das Bauelement einen bestimmten elektrischen Widerstand besitzen. Damit z. B. die Halogenlampe in einem Schreibprojektor länger hält, wird ihr bei einer bestimmten Schalterstellung ein technischer Widerstand vorgeschaltet („Sparschaltung"). Nur wenn man das volle Licht braucht, überbrückt man diesen technischen Widerstand. Solche technischen Widerstände (R = konst.) nennt man Festwiderstände (Bilder 1 und 2).

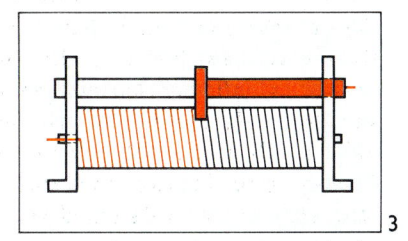

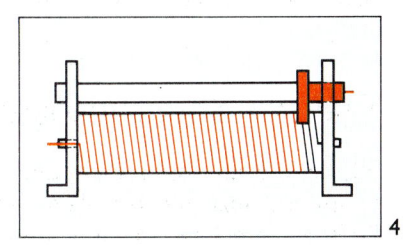

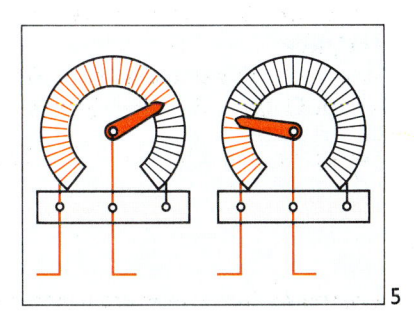

Verstellbare Widerstände. Sollen Glühlampen allmählich immer weniger hell leuchten (Bild 1, S. 278), so muß der elektrische Widerstand im elektrischen Stromkreis gleichmäßig vergrößert werden. Für diese Zwecke stellt man verstellbare Widerstände her. Gebaut werden sie als Gleitwiderstand (Bilder 3 und 4) oder Drehwiderstand (Bild 5). Wenn die Stellung des Gleit- oder Drehkontaktes verändert wird, ändert sich die Länge des Drahtes, der vom elektrischen Strom durchflossen wird. Da $R \sim l$ ist, ändert sich mit der Drahtlänge auch der elektrische Widerstand. Dadurch kann der elektrische Widerstand zwischen Null und einem Höchstwert (Gesamtwiderstand) eingestellt werden. Für verstellbare Widerstände werden die Schaltzeichen im Bild 6 benutzt.

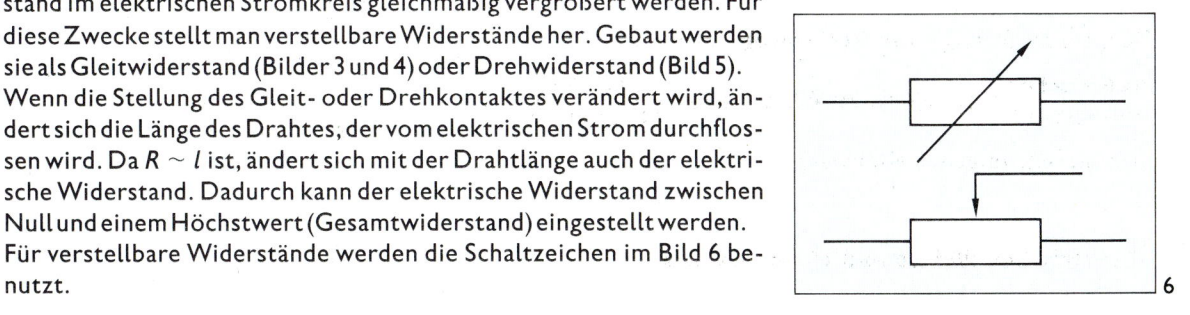

Ein Blick in die Technik

Kabel. Sie bestehen aus einzelnen Drähten. Diese liegen parallel. Dadurch vergrößert sich der Querschnitt (Bilder 1 und 2). Trotzdem bleibt das Kabel biegsam. Würde man statt der vielen dünnen Drähte nur einen dicken Draht verwenden, wäre er nicht so leicht beweglich und würde beim häufigen Biegen brechen. Dicke Drähte verwendet man deshalb nur bei fest verlegten Leitungen.

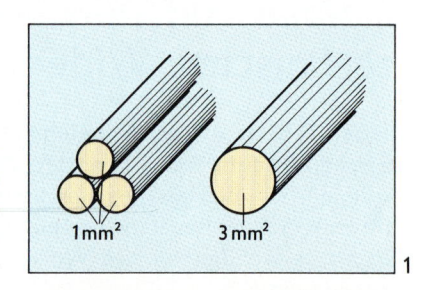

Warum „brennt" eine Glühlampe durch? Der wichtigste Bestandteil einer Glühlampe ist ein dünner Wolframdraht. Bei einer Glühlampe für 220 Volt mit einer elektrischen Leistung von 100 Watt hat er eine Länge von 1 Meter. Diese große Länge ist erforderlich, damit der Draht dem elektrischen Strom bei einer so hohen elektrischen Spannung einen ausreichend großen elektrischen Widerstand entgegensetzt. Um einen so langen Draht gut in der Lampe unterzubringen, ist er aufgewickelt (doppelt gewendelt, Bild 3). Dadurch gibt er auch nicht soviel Wärme an die Umgebung ab. Die Lebensdauer einer Glühlampe gibt der Hersteller meist mit 1 000 Betriebsstunden an. Nach dieser Zeit „brennt" die Lampe irgendwann durch. Warum? Beim Leuchten hat der Draht eine Temperatur von über 2 500 °C. Bei dieser hohen Temperatur verdampft immer etwas Wolfram, jedoch nicht an allen Stellen gleich stark. Deshalb wird der Draht nur an bestimmten Stellen dünner, sein Querschnitt nimmt dort ab. Wegen des geringeren Querschnitts ist an diesen Stellen der elektrische Widerstand größer als an anderen. Da die elektrische Stromstärke überall gleich ist, erwärmen sich solche Stellen mit kleinerem Querschnitt stärker. Dadurch verdampft dort das Wolfram schneller. Der Draht wird noch dünner. Schließlich schmilzt der Draht an einer solchen Stelle durch.

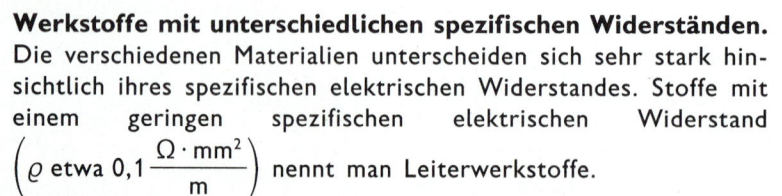

Werkstoffe mit unterschiedlichen spezifischen Widerständen. Die verschiedenen Materialien unterscheiden sich sehr stark hinsichtlich ihres spezifischen elektrischen Widerstandes. Stoffe mit einem geringen spezifischen elektrischen Widerstand $\left(\varrho \text{ etwa } 0{,}1 \frac{\Omega \cdot mm^2}{m}\right)$ nennt man Leiterwerkstoffe.

Aus solchen Leiterwerkstoffen bestehen die elektrischen Leitungen, Spulen in Elektromagneten und Relais, Wicklungen in Motoren und Transformatoren. Materialien mit einem größeren spezifischen elektrischen Widerstand nennt man Widerstandswerkstoffe $\left(\varrho \text{ etwa } 1 \frac{\Omega \cdot mm^2}{m}\right)$. Sie finden in Heizwendeln, Glühwendeln und technischen Widerständen Verwendung.

Isolierwerkstoffe sind Materialien mit einem sehr großen spezifischen Widerstand $\left(\varrho \text{ über } 10^{15} \frac{\Omega \cdot mm^2}{m}\right)$. Man verwendet sie zum Isolieren von Kabeln, in Kondensatoren, Steckdosen und Schaltern sowie zum Herstellen von Isolatoren.

DAS WIDERSTANDSGESETZ

Spezifische elektrische Widerstände (bei 20 °C)

	Material	spezifischer elektrischer Widerstand ϱ in $\frac{\Omega \cdot mm^2}{m}$
Leiterwerkstoffe	Aluminium	0,028
	Gold	0,024
	Kupfer	0,017
	Silber	0,016
	Eisen	0,10
	Nickel	0,06
Widerstandswerkstoffe	Konstantan	0,50
	Nickelin	0,43
Isolierwerkstoffe	Bernstein	über 10^{22}
	Glimmer	bis 10^{19}
	Paraffin	bis 10^{21}
	Piacryl	bis 10^{21}
	Polyäthylen	bis 10^{18}
	Porzellan	bis 10^{19}

Warum erwärmt sich nur der Tauchsieder? Warum erwärmt sich nicht auch sein Anschlußkabel? Die Stromstärke in einem Tauchsieder beträgt etwa 4,5 A. Im Tauchsieder ist (gut isoliert) ein langer dünner Draht aus einem Widerstandswerkstoff aufgewickelt. Dieser Draht erwärmt sich, wenn er vom Strom durchflossen wird. Der elektrische Strom fließt aber nicht nur im Heizdraht, sondern auch durch das Kabel. Warum erwärmt sich das Kabel nur wenig? Das liegt an seinem sehr kleinen elektrischen Widerstand. Wie erreicht man das? Auch für das Kabel gilt das Widerstandsgesetz $R = \varrho \cdot \frac{l}{A}$. Als Leiterwerkstoff findet Kupfer Verwendung. Für Kupfer ist der spezifische elektrische Widerstand ϱ sehr klein. Die Länge l des Kabels ist klein. Der Kupferdraht des Kabels hat gegenüber dem Heizdraht einen großen Querschnitt A. Damit sich die Zuleitungen zu einem Gerät nicht stark erwärmen, müssen sie – je nach der elektrischen Stromstärke – einen bestimmten Querschnitt besitzen (Bild 1). Die Tabelle gibt einen Überblick.

Mindestquerschnitte von Kupferdrähten

Elektrische Stromstärke	Querschnitt
bis 1 A	0,1 mm²
bis 2,5 A	0,5 mm²
bis 10 A	0,75 mm²
bis 16 A	1,0 mm²

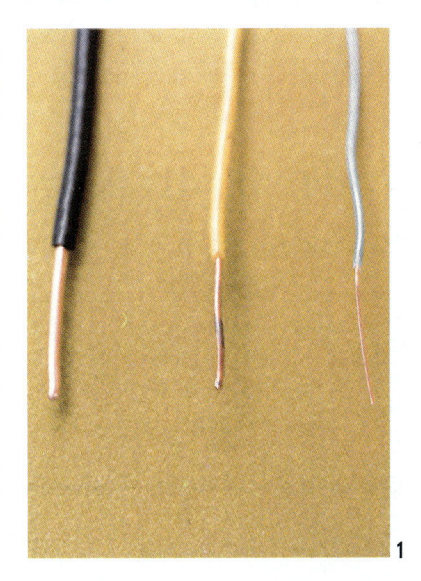

Erzeugen von veränderlichen Teilspannungen. Soll die Drehzahl eines Motors oder die Lautstärke eines Lautsprechers verändert werden, so muß man die elektrische Spannung an diesen Geräten verändern. Hierfür kann man verstellbare Widerstände (Gleit- oder Drehwiderstände) benutzen. Sie werden – wie ein Vorwiderstand – mit dem jeweiligen elektrischen Gerät in Reihe geschaltet (Bild 1). Die angelegte elektrische Spannung teilt sich dabei auf den verstellbaren Widerstand und das elektrische Gerät auf. Durch Verstellen des Kontaktes am Widerstand nimmt die elektrische Spannung an diesem Widerstand zu oder ab. Die Spannung am Gerät nimmt ab oder zu.

Es gilt die Gleichung: $\dfrac{U_1}{U_2} = \dfrac{R_1}{R_2}$.

Der Ton vom Lautsprecher wird leiser oder lauter. Teilspannungen kann man auch durch einen Widerstand mit Gleitkontakt erzeugen. Der Kontakt teilt den Gesamtwiderstand in die Teilwiderstände R_1 und R_2. Diese Schaltung nennt man Spannungsteiler- oder **Potentiometerschaltung** (Bild 2).

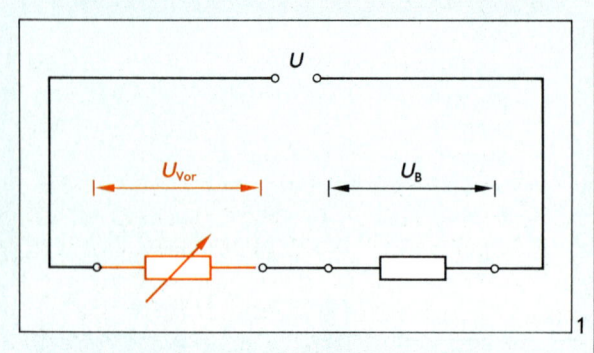

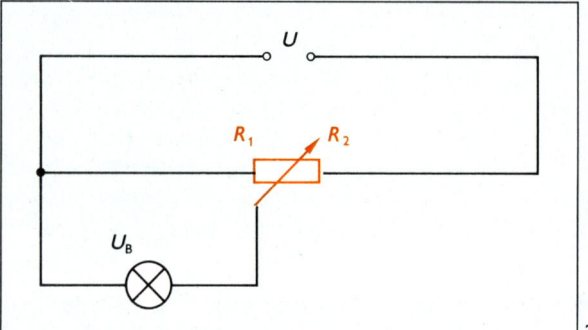

Widerstandsgesetz

Für den elektrischen Widerstand eines Drahtes gilt $R = \varrho \cdot \dfrac{l}{A}$. Der spezifische Widerstand ϱ gibt zahlenmäßig an, wie groß der Widerstand eines Drahtes von 1 m Länge und 1 mm² Querschnitt ist. Das Gesetz enthält folgende Abhängigkeiten:

$R \sim l$ (gleiches Material, gleicher Querschnitt) $R \sim \dfrac{1}{A}$ (gleiches Material, gleiche Länge)

Erzeugung von Teilspannungen durch Vorwiderstände

Konstante Teilspannung   Einstellbare Teilspannung

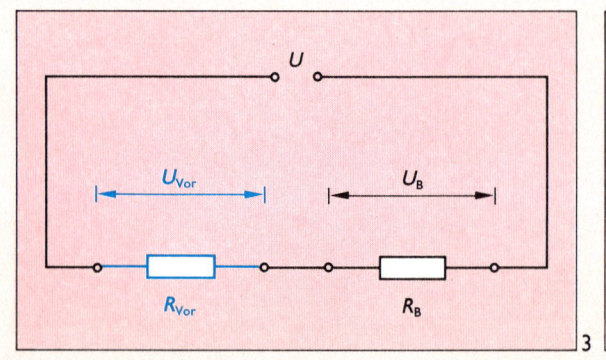

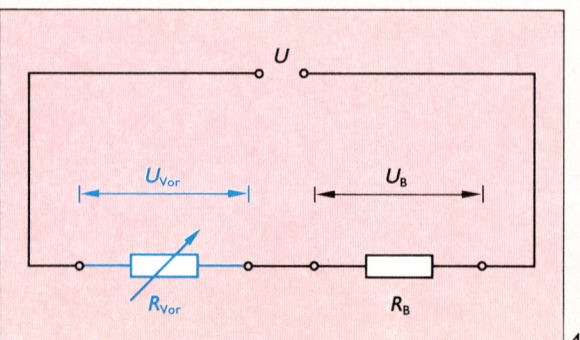

DAS WIDERSTANDSGESETZ

Weißt du es? Kannst du es?

1. Wie ändert sich der elektrische Widerstand eines Drahtes, wenn dessen Länge a) verdoppelt, b) halbiert und c) verzehnfacht wird?
2. Wie muß man die Länge eines Drahtes ändern, damit sich dessen elektrischer Widerstand a) verdoppelt, b) halbiert und c) verzehnfacht?
3. Wie muß der Querschnitt eines Drahtes verändert werden, damit dessen elektrischer Widerstand a) doppelt so groß, b) halb so groß und c) zehnmal so groß wird?
4. Ein Draht wird gegen einen gleich langen Draht aus demselben Material ausgetauscht. Wie ändert sich der elektrische Widerstand, wenn der Querschnitt des neuen Drahtes a) doppelt so groß, b) halb so groß und c) zehnmal so groß wie der des ursprünglichen Drahtes ist?
5. Wie groß ist der spezifische elektrische Widerstand von Aluminium, Eisen, Kupfer und Konstantan? Was geben diese Werte an?
6. Begründe, warum man technische Widerstände mit einem sehr großen elektrischen Widerstand, wie z. B. 1 MΩ, nicht als Drahtwiderstand herstellt!
7. In welche Richtung muß der Schleifkontakt im Bild 5, S. 277, gedreht werden, damit der elektrische Widerstand größer wird?
8. Wie ändert sich die elektrische Stromstärke in einem elektrischen Stromkreis, wenn ein Kupferdraht gegen einen Draht aus a) Eisen, b) Aluminium und c) Konstantan ausgewechselt wird? Diese Drähte sollen die gleichen Abmessungen haben wie der Kupferdraht.
9. Eine Klingelleitung aus Aluminium hat eine Länge von 40 m (Hin- und Rückweg) und einen Querschnitt von 0,5 mm².
   a) Berechne den elektrischen Widerstand der Leitung!
   b) Die Klemmenspannung beträgt 6 V. Die Klingel hat einen elektrischen Widerstand von 10 Ω. Welche elektrische Spannung liegt an der Klingel an?
   c) Die Klingel benötigt eine Mindeststromstärke von 0,3 A, damit sie läutet. Funktioniert die Klingel unter den genannten Bedingungen?
10.*Wie groß kann bei einer Spannungsteilerschaltung die Teilspannung U_B in bezug auf die Klemmenspannung U_{Kl} höchstens werden?
11. Wie ändert sich im Bild 5, S. 277, die elektrische Stromstärke, wenn der Abgriff des Drahtwiderstandes a) nach rechts und b) nach links gedreht wird? Begründe!

3 Die elektrische Leistung und Energie

Intercityzüge legen große Entfernungen in kurzen Zeiten zurück. So brauchen sie z. B. für die Strecke Berlin–Hamburg (306 km) etwa 3 Stunden und 20 Minuten.

Die Elektrolokomotiven dieser Züge haben Motoren mit sehr großen Leistungen. Sie können deshalb schneller anfahren und größere Geschwindigkeiten erreichen als andere Lokomotiven. Was ist elektrische Leistung, und wie kann man sie bestimmen?

Die elektrische Leistung

Elektrische Wärmequellen, wie Tauchsieder und Kochplatten, geben unterschiedlich viel Wärme ab. Sie wandeln in 1 Sekunde unterschiedlich viel elektrische Energie in Wärme um. Auch andere elektrische Geräte, wie Motoren, nutzen in 1 Sekunde unterschiedlich viel elektrische Energie. So muß in den Motoren der Intercity-Lokomotiven je Sekunde wesentlich mehr elektrische Energie in mechanische Energie umgewandelt werden als im Motor einer Straßenbahn oder eines elektrischen Haushaltgerätes. Auch in unterschiedlichen elektrischen Glühlampen wird in 1 Sekunde verschieden viel elektrische Energie in Licht umgewandelt. Wie bei der mechanischen Leistung und der thermischen Leistung spricht man auch hier von Leistung, und zwar von *elektrischer Leistung*.
Die elektrische Leistung erhält wie die mechanische und die thermische Leistung das Formelzeichen P.

Die elektrische Leistung gibt an, wieviel elektrische Energie in 1 Sekunde zum Verrichten von mechanischer Arbeit, zum Abgeben von Wärme oder zur Abstrahlung von Licht genutzt wird.

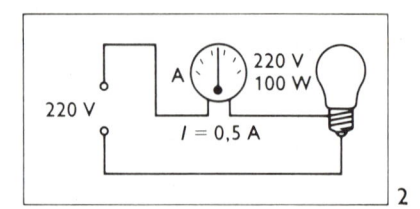

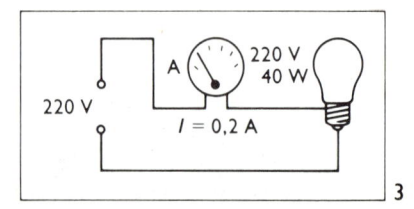

DIE ELEKTRISCHE LEISTUNG UND ENERGIE

Berechnung der elektrischen Leistung

Die Lampen in den Bildern 2 und 3, S. 282, sind für die gleiche elektrische Spannung von 220 V hergestellt. In der kleinen Lampe (40 W) beträgt die elektrische Stromstärke 0,2 A. Durch die große Lampe (100 W) fließt ein elektrischer Strom mit der elektrischen Stromstärke 0,5 A. Bei gleicher elektrischer Spannung hängt die elektrische Leistung offenbar von der elektrischen Stromstärke ab.

Die elektrische Leistung ist um so größer, je größer bei gleicher elektrischer Spannung die elektrische Stromstärke ist.

Auf der Glühlampe für deine Fahrradbeleuchtung findest du die Aufschrift 6 V/3 W. Die elektrische Stromstärke in der Fahrradlampe beträgt 0,5 A (Bild 1). Das ist dieselbe elektrische Stromstärke wie in der Glühlampe 220 V/100 W. Die kleine Lampe leuchtet aber durchaus nicht so hell wie die große. Beide Lampen unterscheiden sich in der Betriebsspannung. Bei gleicher elektrischer Stromstärke hängt die elektrische Leistung offenbar von der elektrischen Spannung ab.

Die elektrische Leistung ist um so größer, je größer bei gleicher elektrischer Stromstärke die elektrische Spannung ist.

Aus diesen Beispielen kannst du erkennen, daß die elektrische Leistung eines elektrischen Gerätes um so größer ist, je größer die elektrische Spannung und je größer die elektrische Stromstärke ist. Es gilt die Gleichung

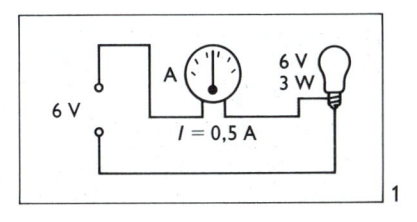

Elektrische Leistung $P_{el} = U \cdot I$

Berechnet man mit dieser Gleichung die elektrische Leistung für die Fahrradlampe, so erhält man

$P_{el} = 6\ V \cdot 0,5\ A$

$\underline{P_{el} = 3\ V \cdot A}$

Die Leistung ergibt sich in der Einheit Voltampere. Diese Einheit ist gleich der Einheit Watt. Es gilt

Einheit der Leistung $1\ V \cdot A = 1\ W$

Damit stimmt die für die Glühlampe berechnete elektrische Leistung von 3 W mit der Beschriftung auf der Fahrradlampe überein. Vielfache der Einheit für die elektrische Leistung sind das Kilowatt (kW) und das Megawatt (MW).

1 kW = 1 000 W
1 MW = 1 000 000 W

Messen der elektrischen Leistung

Um die elektrische Leistung eines elektrischen Gerätes zu bestimmen, kann man die elektrische Stromstärke und die elektrische Spannung messen und die elektrische Leistung nach der Gleichung $P_{el} = U \cdot I$ berechnen. Die elektrische Leistung kann jedoch auch mit einem *Leistungsmesser* gemessen werden (Bild 2).

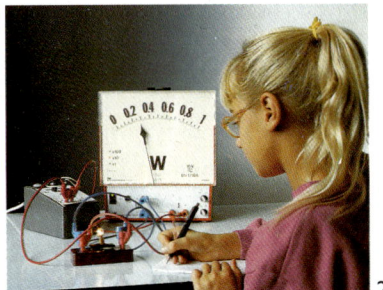

Leistungsmesser

Aus der Gleichung $P_{el} = U \cdot I$ sind folgende Abhängigkeiten zu erkennen: $P_{el} \sim U$ (wenn I = konstant) und $P_{el} \sim I$ (wenn U = konstant). Die elektrische Leistung eines elektrischen Gerätes hängt deshalb immer von beiden Größen ab, von der elektrischen Spannung U und von der elektrischen Stromstärke I. Bei großer Spannung und kleiner Stromstärke kann die gleiche Leistung erreicht werden wie bei kleiner Spannung und großer Stromstärke.

Elektrische Leistungen

Gerät	Leistung	
Hörer des Telefons	0,1 W	(1 V)
elektrische Klingel	0,5 W	(6 V)
Spielzeugmotor	1 W	(4,5 V)
Fahrradlampe	3 W	(6 V)
Leuchtstoff-Kompaktlampe	20 W	(220 V)
Haushalt-Glühlampe	25 W bis 100 W	(220 V)
Küchenmaschine	200 W	(220 V)
Lichtanlage eines Pkw	250 W	(12 V)
Tauchsieder	bis 1 000 W	(220 V)
Waschmaschine	2 kW	(220 V)
Straßenbahn	160 kW	(600 V)
Elektro-Lokomotive	5 000 kW	(15 kV)
Karbidofen	30 000 kW	(350 V)

Elektrische Leistung einer Haushaltglühlampe

220 V, 0,18 A

$P_{el} = U \cdot I$
$P_{el} = 220\,V \cdot 0{,}18\,A$
$P_{el} = 40\,W$

Elektrische Leistung einer Autolampe

12 V, 3,3 A

$P_{el} = U \cdot I$
$P_{el} = 12\,V \cdot 3{,}3\,A$
$P_{el} = 40\,W$

Die elektrische Energie

Regelmäßig erhalten deine Eltern Rechnungen über die elektrische Energie, die ihr im Haushalt genutzt habt. Auf der Rechnung steht, wie viele Kilowattstunden es waren. Wie kann man die elektrische Energie bestimmen?
Die elektrische Leistung gibt an, wieviel elektrische Energie in 1 Sekunde genutzt wird. In 2 Sekunden wird doppelt so viel Energie genutzt, in 10 Sekunden ist es zehnmal so viel. Da für die elektrische Leistung die Gleichung gilt $P_{el} = U \cdot I$, kann man die gesamte in der Zeit t genutzte Energie nach folgender Gleichung berechnen:
elektrische Energie $E_{el} = P_{el} \cdot t$
oder
elektrische Energie $E_{el} = U \cdot I \cdot t$
Bei der Benutzung der Gleichung $E_{el} = P_{el} \cdot t$ ergibt sich als Einheit für die elektrische Energie Watt · Sekunde. Diese Einheit nennt man Wattsekunde. Eine Wattsekunde ist eine sehr kleine Einheit. Deshalb benutzt man meist als Vielfaches dieser Einheit die Kilowattstunde (kWh).
Es gilt: 1 kWh = 3 600 000 W · s
Zwischen der Einheit Joule (J), die du von der mechanischen Arbeit und der Wärme her kennst, und der Einheit Wattsekunde (W · s) besteht die Beziehung 1 J = 1 W · s.
Die in einem elektrischen Gerät genutzte Energie kann mit dem elektrischen Energiezähler (Kilowattstundenzähler) gemessen werden (Bild 3).

Kilowattstundenzähler

DIE ELEKTRISCHE LEISTUNG UND ENERGIE

Weißt du es? Kannst du es?

1. Warum werden Straßenbahnen und Elektrolokomotiven mit einer wesentlich höheren elektrischen Spannung als 220 V betrieben?
2. Welchen Querschnitt muß das Kupferkabel für einen Haushalt-Heißwasserspeicher mit einer elektrischen Leistung von 2 000 W haben? Benutze zur Lösung dieser Aufgabe die Tabelle in diesem Buch!
3. Die Heizplatte für Schülerexperimente hat bei einer elektrischen Spannung von 220 V eine elektrische Leistung von 150 W. Wie groß ist die elektrische Stromstärke?
4. Die Leitung zu einer Doppelsteckdose in einer Küche ist mit einer Sicherung von 6 A abgesichert. Können an diese Steckdose gleichzeitig ein Elektrogrill (220 V/1 500 W) und eine Küchenmaschine (220 V/170 W) angeschlossen werden?
5. Welche der in eurer Wohnung vorhandenen Elektrogeräte können gleichzeitig in Betrieb genommen werden, wenn eine Sicherung für
   a) 6 A bzw. b) 10 A eingesetzt ist?
6. Schreibe im Beisein deines Vaters oder deiner Mutter die Leistungen einiger elektrischer Haushaltgeräte auf! Ordne in Geräte, die vorwiegend
   a) zur Ausstrahlung von Licht,
   b) zur Abgabe von Wärme,
   c) zum Verrichten mechanischer Arbeit und
   d) zur Nachrichtenübertragung dienen!
7. Formuliere den physikalischen Inhalt der Gleichung $E_{el} = P_{el} \cdot t$ in Worten! Beginne so: „Die elektrische Energie ist um so größer, je ..."
8. Lies an zwei aufeinanderfolgenden Sonntagen den Stand des Kilowattstundenzählers ab! Berechne daraus die für diese Woche entstandenen Kosten (ohne Grundpreis)!
9. In einem Kleinmotor für eine Aquariumpumpe beträgt die elektrische Stromstärke 0,05 A bei einer elektrischen Spannung von 220 V. Wie groß ist die elektrische Leistung? Wie groß ist die elektrische Arbeit, die die Pumpe in einem Monat verrichtet?

Leistung und Energie

Die elektrische Leistung eines elektrischen Gerätes gibt an, wieviel elektrische Energie in 1 Sekunde genutzt wird.

Physikalische Größe	Elektrische Leistung P_{el}	Elektrische Energie E_{el}
Gleichung zur Berechnung	$P_{el} = U \cdot I$	$E_{el} = U \cdot I \cdot t$
Einheit	W (kW, MW)	W · s (kWh)
Meßgerät	Leistungsmesser (Wattmeter)	Energiezähler (Kilowattstundenzähler)

Register

ABBE 32
absolute Temperatur 166
absoluter Nullpunkt 165
Absorption 212
Aggregatzustand 198 ff.
Aggregatzustandsänderung 218
AMPERE 252
Angriffspunkt 40 f.
Anomalie des Wassers 177
Arbeit, mechanische 84 ff., 91, 93
Archimedisches Gesetz 131 ff., 142
Atom 248 f.
Auflagedruck 64 ff.
Auftrieb 130 ff.
–, in Gasen 142, 163
–, dynamischer 154 ff., 163
–, statischer 154, 163
Auftriebskraft 130 ff.
Auge 36 f.
Ausbreitungsrichtung 22, 27
Ausdehnungskoeffizient 169 ff., 177, 182

Balkenwaage 58
Beharrungsvermögen 59
BENZ 226
BERNOULLI 155
Bernoullisches Gesetz 155 ff.
Bewegung 39, 42
Bild, Konstruktion 29 ff.
–, reelles 30, 33
–, scheinbares 30 f., 33
–, virtuelles 30
–, wirkliches 30
Bildentstehung 28 ff.
Bildpunkt 29
Bildwerfer 26, 35 f.
Bimetallstreifen 171
BOSCH 226
Boyle-Mariottesches Gesetz 163
Brechung 20 ff.
Brechungsgesetz 20 ff.
Brechungswinkel 21 f., 27
Brennpunkt 17 f.
Brennpunktstrahl 25, 27
Brennweite 24
Brillen 36 f.

CELSIUS 166
Celsiusskale 166
chemische Wirkung 237, 241

DAIMLER 226
Dampf 202
Dichte 62 ff., 68, 134, 177

Dichteänderung 177, 187
DIESEL 226
Dieselmotor 227
Differenzmessung 63
Dispersion 37
Drehachse 80 f.
Druck 181 ff., 199
–, Ausbreitung 116 f.
– in Flüssigkeiten 114 ff., 162
– in Gasen 148 ff., 163
Druckausgleich 142
Druckkraft 71
Druck-Volumen-Gesetz 182
dynamischer Auftrieb 154 ff., 163

ebener Spiegel 15 ff.
Einfallslot 15 f., 27
Einfallspunkt 21 f.
Einfallswinkel 15 f., 19, 21 f., 27
Einspritzpumpe 224
elektrische Ladung 241 ff.
– Spannung 256 ff., 269 ff.
– Stromstärke 252 ff., 269 ff.
elektrischer Strom 248 ff.
– Strom, Wirkungen 236 ff., 241
– Stromkreis 228 ff., 241
– Widerstand 264 ff., 269 ff.
Elektron 248 f.
Elektronenleitung 251
Energie 94 ff., 112, 219, 286 ff.
–, chemische 98, 112
–, elektrische 98, 112, 236 ff., 242 f., 288 f.
–, kinetische 97
–, mechanische 97, 223
–, potentielle 96
–, thermische 97, 220 f., 223
Energiebedarf 110 f.
Energieformen 94 ff.
Energiehaushalt 213 ff.
Energiequelle 109 f., 229 f., 256, 259, 262, 269
Energietransport 219
Energieübertragung 100 ff., 208 ff., 219
Energieumwandler 228
Energieumwandlung 100 ff., 113, 223
Erstarrungswärme 200

FARADAY 247
Federkonstante 44
Federkraftmesser 40
Finsternis 10 f.

FIZEAU 11
Flaschenzug 70 ff.
Flüssigkeiten, Ausdehnung von 176 ff.
Flüssigkeitsreibung 53
Fotoapparat 34 ff.
FRANKLIN 247

GALILEI 11, 42, 144
GALVANI 234
Galvanisieren 239
Gas 220 ff., 268
–, Verflüssigung 205
Gasdruck 148 ff., 163
Gase, Auftrieb 142
–, Ausdehnung 180 ff.
–, strömende 154 ff.
Gasgesetze 180 ff., 187
Gefrieren 202
Gegenkraft 41, 68
Gegenstand 31
geneigte Ebene 76 ff.
Gesamtkraft 46
Gesamtwiderstand 266 f.
Geschwindigkeit 39 f.
Gesetz von der Erhaltung der Energie 102, 113
Gewichtskraft 48, 56 ff., 69, 76, 131, 138
Gewitter 246
Gleichgewicht 81 f.
Gleitreibung 54
Gleitreibungskraft 50 f.
Goldene Regel der Mechanik 72, 93
Gravitationskraft 56
Grenzfläche 27
GUERICKE 145 f.

Haftreibung 54
Haftreibungskraft 50 f.
Halbschatten 10
Hangabtriebskraft 48
Hebel 80 ff.
–, einseitiger 81
–, zweiseitiger 81
Hebelgesetz 80 ff.
Heizwert 189
Hohlspiegel 17 f., 19
hydraulische Einrichtung 118 f.

Ion 248
Isolator 230, 248 f.

JOULE 86

Kelvin 166
Kelvinskale 166
Kernschatten 10
Klemmenspannung 257
Kolbendruck 114 ff., 162
Kondensationswärme 201
Kondensator 244
Konvektion 208 f.
Körper, Ausdehnung 168 ff.
—, beleuchtete 5 f., 13
—, Längenänderung 168 ff.
—, lichtundurchlässiger 9 f.
—, selbstleuchtender 13
Kraft 38 ff., 68, 80 f., 85 ff., 112, 243
—, Messung 39 f.
Kraftarm 80
Kräfte, Addition 46 ff.
—, Zerlegung 48 f.
—, Zusammensetzung 46 ff.
Kräfteaddition 69
Kräftegleichgewicht 48
Kräfteparallelogramm 47
Kraftkomponente 48
kraftumformende Einrichtung 70 ff.
Kugellager 54

Ladung, elektrische 242 ff., 251
Ladungsausgleich 245, 251
Ladungstrennung 244, 251
Lageenergie 96
Längenänderung 186
Lasthebemagnet 239
Leerlaufspannung 257
Leistung, elektrische 286 ff., 289
—, mechanische 90 ff.
—, thermische 188 f.
Leiter, elektrischer 230, 243, 248 f.
Licht, Ausbreitung 4 ff.
Lichtbündel 8, 15 ff.
Lichtgeschwindigkeit 11
Lichtquelle 5, 9 f., 13
Lichtstrahl 31
Lichtwirkung 237, 241
Lilienthal 160
Linse, optische 23 ff.
Linsenarten 23
Luftdruck 138 ff., 163
Luftströmung 163
Luftthermometer 184

magnetische Wirkung 238, 241
Manometer 149
Masse 56 ff., 62, 68 f.
Maybach 226
Meßwiderstand 268
Meyer 102
Mittelpunktstrahl 25, 27
Modell 34, 251

Molekül 148
Mondfinsternis 10

Naturgesetz 19
Netzhaut 36 f.
Newton 40
Normalkraft 51 f.
Nullpunkt, absoluter 165

ODER-Schaltung 231, 233, 241
Ohmsches Gesetz 263
optische Achse 17 f., 19
— Geräte 34 ff.
Otto 226
Ottomotor 227

Parabolspiegel 17
Parallelschaltung 231, 241, 259, 267, 273
Parallelstrahl 25, 27
Pascal 115, 128, 145
Pascalsches Gesetz 117
Prisma 37

reelles Bild 30, 33
Reflexion 14 ff., 19, 212
— an ebenen Flächen 14 ff.
Reflexionsgesetz 15 ff., 19
Reflexionswinkel 15 f., 19
Reibung 50 ff.
Reibungsarbeit 45
Reibungskraft 50 ff., 69
Reibungszahl 52
Reihenschaltung 231, 241, 259, 267, 272
Resultierende 47
Rolle 70 ff.
—, feste 71
—, lose 71
Rollreibungskraft 52
Römer 11

Sammellinse 23 ff., 27 ff.
Schatten 9 f., 13
scheinbares Bild 30 f., 33
Scheinwerfer 18
Schmelzsicherung 274
Schmelztemperatur 199
Schmelzwärme 200
Schott 32
Schweben 134
Schweredruck 122 ff., 162
Schwerelosigkeit 57
Schwerkraft 56 ff., 69
Schwimmen 134
Seil 70 ff.
Seilstück 72
Siedetemperatur 199

Sinken 134
Solarzelle 109, 113
Sonnenfinsternis 10 f.
Sonnenkollektor 109
Spannung, elektrische 256 ff., 269 ff.
Spannungsquelle 228
Spektrograf 37
Spektrum 37
spezifische Wärmekapazität 192 ff., 218
spezifischer elektrischer Widerstand 280, 283
Spiegel, gewölbter 17
statischer Auftrieb 154, 163
Stoff, lichtdurchlässiger 20 f., 27
Strahl, einfallender 15 f.
—, reflektierter 15 f.
Strahlenverlauf 25
Strom, elektrischer 248 ff.
Stromkreis 253 ff.
—, elektrischer 228 ff., 241
—, unverzweigter 231, 258 f., 272, 277
—, verzweigter 231, 254, 258 f., 273, 277
Stromlinienform 157
Stromstärke, Messung 255
strömende Gase 154 ff.
Strömungswiderstand 156 f.

Tauchen 151
technischer Widerstand 281
Teilspannung 284
Telefon 275
Temperatur 164 ff., 181 ff., 209
—, absolute 166
Temperaturabhängigkeit 266
Temperaturänderung 166, 186 f.
Temperaturdifferenz 166
Temperaturerhöhung 192 f.
Temperaturmessung 164 ff.
Torricelli 144
Trägheitsgesetz 42, 69
Turbine 220 ff.

Umwandlungstemperatur 198 f.
Umwandlungswärme 200
UND-Schaltung 231, 233, 241

Vakuum 141
Vektoraddition 47
Verbrennungsmotor 220 ff.
verbundene Gefäße 125
Verdampfungswärme 201
Verdunsten 201
Verlängerung 43
Verwirbelung 157
Viertakt-Dieselmotor 224

Viertakt-Ottomotor 221 ff.
virtuelles Bild 30
Vakuumtrocknung 205
VOLTA 234
Volumen 63, 150, 181 ff.
Volumenänderung 176 f., 186 f., 202
Vorwiderstand 284

Wärme 188 ff., 236 ff.
Wärmedämmung 111, 210, 216
Wärmekapazität, spezifische 192 ff., 218
Wärmeleiter 210
Wärmeleitung 209 ff.
Wärmemenge 193
Wärmepumpe 206
Wärmequelle 188 ff., 218
Wärmestrahler 212
Wärmestrahlung 211 f.
Wärmewirkung 236, 241
Wasserkreislauf 214
WATT 91, 226
Weg 86 f.
Widerstand, elektrischer 264 ff., 269 ff.
–, spezifischer 280
–, technischer 281
Widerstandsgesetz 278 ff., 284
Widerstandsthermometer 268
wirkliches Bild 30
Wirkungsgrad 106 ff., 113
Wirkungslinie 47
Wölbspiegel 17

ZEISS 32
Zerstreuungslinse 23, 27
Zugkraft 43, 50, 71, 76
Zweitaktmotor 223

Quellenverzeichnis der Abbildungen

Adam Opel AG, Rüsselsheim: 239/1; ADN, Berlin: 38/1(3)–3, 36/3–4, 37/1, 94/2, 97/1–2, 98/1, 106/1; Bannister A./OSR/OKAPIA, Frankfurt/M.: 203/2; Banse, S., Berlin: 229/2–3, 229/6–7, 230/2, 232/3, 239/3, 239/5, 255/1, 259/2, 268/1; bild der wissenschaft, Stuttgart: 104/1, 152/1; BILDART, Berlin: 5/1–3, 6/2, 7/1–4, 12/2, 14/1–3, 15/1–2, 17/1–5, 20/1, 21/4–5, 23/1–3, 24/2, 26/1, 26/2, 28/1, 29/1, 31/1–2, 33/1–2, 34/1, 34/3, 36/2, 39/2, 46/2, 55/2, 58/1–3, 62/1, 64/1(1), 84/1(1), 109/1, 111/1, 140/2, 171/2, 172/2, 176/1(2), 180/1, 188/2, 192/1, 194/1, 198/1, 203/3, 205/1, 205/5, 220/1; Deutsche Bundesbahn, Frankfurt/M.: 286/1; Deutsches Museum, München: 74/1, 247/1; dpa, Frankfurt/M.: 172/1; Eschmat, H., Wuppertal: 55/1; Festung Königstein, Archiv: 54/2; Fried. Krupp GmbH, Essen: 175/1, 205/3; Gierschner, N., Berlin: 127/1; Grimm, B., Berlin: 39/3, 54/3, 66/2, 77/4, 80/1(2), 80/2, 82/1–4, 90/1, 95/1, 98/2, 112/4–5, 112/7–8, 130/1(2), 133/1, 141/3, 148/1, 149/1, 151/3, 281/1–2; Handrick, H., Potsdam: 52/3; Helga Lade Fotoagentur, Berlin: 4/1, 12/3, 18/5, 20/2, 31/3, 34/2, 45/1 56/1, 64/1(1), 66/1, 73/1, 77/3, 88/1, 94/1, 96/3, 97/3, 99/1, 99/4, 110/1, 112/6, 119/3, 121/1, 122/1, 126/1, 138/1, 142/2, 154/1, 158/1–4, 163/4–4, 164/1, 167/2, 168/1, 173/1, 174/1–2, 183/1, 196/1–2, 203/1, 204/2, 204/4, 229/8, 242/1, 258/2; Industrieofen- und Maschinenbau Jena GmbH, Jena: 172/3; IZE, Frankfurt/M.: 109/3; Jankowski, D., Hennigsdorf: 217/1; Josef Wiegand GmbH, Rasdorf: 50/1; KDH Agrartechnik GmbH, Köln: 66/3; Kraus-Maffei AG, München: 205/2; LEYBOLD DIDACTIC GmbH, Hürth: 168/2, 212/1; Mannesmann Demag, Wetter: 239/4; Mossny, Leipzig: 49/1; Mercedes-Benz AG, Stuttgart: 205/4, 226/1–3; Osram, München: 237/4; PHYWE SYSTEM GmbH, Göttingen: 108/1, 289/1; Quinger, W., Dresden: 76/1; RWE Energie AG, Essen: 225/2(1); Schwarzer, K., Berlin: 127/2–3, 228/1, 233/1, 236/1(2), 240/2, 244/1, 244/3, 245/1, 248/1, 252/1, 253/2, 256/1, 262/1, 264/1, 268/3, 270/1, 271/2, 272/1, 278/1, 287/2, 288/3; Sonnenschein GmbH, Bündigen: 259/4; Steinbach, D., Zwickau: 151/2; Superbild, Berlin: 46/1,84/1(1); TARDANO FAUN GmbH, Lauf a. d. Pegnitz: 72/3; Theuerkauf, H., Gotha: 39/3, 49/1, 53/1, 54/3, 60/1–2, 67/2, 98/3, 100/1, 112/9, 114/2–3, 137/1, 140/1; Tyssen AG, Archiv, Duisburg: 191/1; URANIA-Verlagsgesellschaft mbH, Leipzig: 99/2; VWV, Archiv, Berlin: 40/1, 42/1, 44/1, 86/4, 91/1, 102/1, 115/5, 126/2, 144/1, 145/1–2, 146/1, 157/2–4, 160/1(2), 166/1, 166/3, 167/3, 184/2–3, 187/2, 188/1, 195/1–2, 234/1, 234/3, 252/5, 265/1, 282/3, 289/2; Weber-Haus GmbH, Rheinau-Linx: 208/1; Wörstenfeld, W., Berlin: 114/1, 282/2, 283/1.